本丛书由贵州师范大学政治学博士点建设资金资助出版

中国特色
政治文明建设
研究丛书

新生代农民工择业行为研究

罗竖元／著

科学出版社
北京

内 容 简 介

新生代农民工已成农民工群体的现实主体。本书运用规范的实证研究方法，以问卷调查法、文献法、个案访谈法收集资料，在系统地分析新生代农民工择业行为现状的基础上，探讨了新生代农民工的择业观念、人力资本、社会网络和就业环境对其择业机会、职业选择和职业适应的影响，并在实证研究的基础上提出了相应的对策建议。

本书可供社会学、政治学、经济学、管理学领域的学者及相关专业的本科生、研究生阅读与参考。

图书在版编目（CIP）数据

新生代农民工择业行为研究／罗竖元著. —北京：科学出版社，2017.6
（中国特色政治文明建设研究丛书）
ISBN 978-7-03-052536-9

Ⅰ. ①新… Ⅱ. ①罗… Ⅲ. ①民工-职业选择-研究-中国 Ⅳ. ①D669.2

中国版本图书馆 CIP 数据核字（2017）第 079367 号

责任编辑：陈 亮 范鹏伟／责任校对：李 影
责任印制：张 伟／封面设计：黄华斌
编辑部电话：010-64026975
E-mail: chenliang@mail.sciencep.com

科学出版社 出版
北京东黄城根北街 16 号
邮政编码：100717
http://www.sciencep.com

北京京华虎彩印刷有限公司 印刷
科学出版社发行 各地新华书店经销

*

2017 年 6 月第 一 版　开本：720×1000　B5
2018 年 1 月第二次印刷　印张：21 1/2
字数：330 000
定价：80.00 元
（如有印装质量问题，我社负责调换）

"中国特色政治文明建设研究丛书"编委会

主　　　任：韩　卉　李建军
执行主任：徐晓光　陈华森
委　　　员：韩　卉　李建军　徐晓光　唐昆雄
　　　　　　陈华森　朱健华　杨　芳　欧阳恩良
　　　　　　阳黔花　黎　珍　岳　蓉

总　　序

"政者，正也"。政治文明是人类社会政治观念、政治制度、政治行为的进步过程及所取得的进步成果。高度的政治文明，是有史以来人类共同憧憬的美好梦想。政治文明建设通过上层建筑的能动作用，推动公共权力的规范运行、社会治理体制机制的优化、社会共识的凝聚、社会资源的优化配置、社会力量的整合，为人类社会的持续进步提供丰沛的能量，为人们的社会福祉提供坚强的保障。

在人类文明奔涌不息的历史长河中，中华民族以深邃的政治智慧和深入的政治实践，为世界政治文明作出了独特的巨大贡献。科举考试制度就是古代中国政治文明的创举，并作为西方国家选修的范本，成就了西方的文官制度。新中国成立以来，中国人民立足中国国情、解决中国问题，在政治建设、经济建设、社会建设、文化建设、生态建设进程中，探索、确立、完善人民民主专政的政治进步成果，创造了令世界瞩目的、具有中国特色的政治文明形态和制度体系。如今，"北京共识"获得了国际学界的广泛认可；"言必称孔子"成为西方社会的时尚。

"路漫漫其修远兮，吾将上下而求索"。进一步推进中国特色政治文明建设，以促进物质文明建设、精神文明建设、政治文明建设、生态文明建设，实现中华民族的伟大复兴，仍然是一项长期而艰巨的历史任务，也是每一个中国政治学人义不容辞的历史使命。为此，贵州师范大学聚集了一批年富力强、志趣高远的政治学人，他们以推进中国特色政治文明建设为己任，立足中国现实国情，深入中国现实社会，传承中国政治文明传统，借鉴西方政治文明成果，从丰富的多学科视角展开理论探讨和实践总结。

"中国特色政治文明建设研究丛书",既是其研究成果的展示,更是引玉之砖,欢迎学界同仁批评指正、指点迷津,共同为推进中国特色政治文明建设,为人类命运共同体的发展进步贡献智慧和力量。

本丛书编委会

2017 年 3 月

前　言

农民工是我国城乡二元结构下调整农村经济结构与社会结构，加快工业化、城镇化与农业现代化进程的产物。而随着农民工群体的世代更替，新生代农民工已成农民工群体的现实主体，因其具有不同于第一代农民工的群体特征和生活经历，导致他们的择业行为既具有农民工的一般特征，同时又具有不同于第一代农民工的独特特征。但因其"亦工亦农"的身份特征，存在被农村和城市双重"边缘化"的倾向，直接影响他们的生存与发展。基于此，2010年中央一号文件提出：要"采取有针对性的措施，着力解决新生代农民工问题"。就业乃民生之本，新生代农民工的择业行为与其就业质量息息相关，进而直接影响其市民化的进程。而以往仅仅将农民工视为同质性群体的传统研究方法不能凸显新生代农民工择业行为的真实状况。因此，本书试图通过对新生代农民工的随机抽样调查，全面了解其择业行为的现状，揭示制约当前新生代农民工理性择业的深层次原因，并在实证研究的基础上构建一套具有一定咨询、借鉴和推广价值的引导新生代农民工理性择业的创新方案，引导新生代农民工从"生存型择业"向"发展型择业"转变，将有助于新生代农民工实现职业的"去体力化"程度，加快其"去农民工化"的进程。

本书运用社会学规范的实证研究方法，以问卷调查法为主，文献法、个案访谈为辅的方式收集资料。在湖南、安徽和贵州三省随机抽取1182名新生代农民工作为调查样本，在系统地分析新生代农民工择业行为现状的基础上，分别探讨了新生代农民工的择业观念、人力资本、社会网络和就业环境对其择业机会、职业选择和职业适应的影响程度，并在实证研究的基础上提出了相应的对策和建议。

本书的实证研究发现：第一，从新生代农民工择业行为的内涵与实证分析结果来看，新生代农民工择业行为是一个包括"择业机会"、"职业选择"与"职业适应"在内的不断获得职业地位的过程。现阶段新生代农民工择业行为呈现出不同程度的不理性状态，具体表现为把握择业机会的能力较弱、职业选择呈现出盲目性及职业适应呈现出被动性与困难性。第二，目前新生代农民工的择业观念呈现出积极与理性的特征，但其职业发展观、职业报酬观、职业声望观和择业代价观等四个方面发展的进程不同步，凸显出其职业理想与现实选择的矛盾性，而新生代农民工择业过程中择业观念从"生存型择业观"到"发展型择业观"的转变程度对其提升就业质量，实现职业向上流动有显著影响。第三，新生代农民工身心健康状况不容乐观，但在健康筛选机制和健康风险城乡转移机制的影响下，其健康在生理健康和精神健康两个维度上呈现出明显的差异性。同时，新生代农民工的人力资本有较大幅度的提升，但人力资本的结构失衡，其"技能型"人力资本提升滞后于"通用型"人力资本，导致其在就业市场中的可替代性强，而新生代农民工择业过程中实现人力资本机制从"通用型"到"技能型"的转型是提高就业质量的主要途径。第四，新生代农民工的社会网络得到了一定程度的拓展，但自致性社会网络的拓展有限，社会网络资源结构的严重失衡成为制约其理性择业的重要原因。而新生代农民工实现择业过程中社会网络机制从"先赋性社会网络"到"自致性社会网络"的转换能为其择业行为提供"信息桥"和异质性社会资源，从而有效突破职业向上流动中的"瓶颈"。第五，新生代农民工的就业政策环境和就业市场环境得到了显著的改善，但就业政策环境的改善滞后于就业市场环境的改善。而随着市场经济体制的逐渐完善，新生代农民工面临的就业环境已经经历了从"政策型"到"市场型"的变迁，劳动力市场业已形成的"强资本，弱劳工"格局难以扭转，导致新生代农民工因就业政策"庇护"的缺位造成劳动权益频繁受损。同时，在具体工作环境中，由于新生代农民工对劳动时间与劳动强度的接受程度、生产安全防范措施与职业病预防措施的感知程度的差异，其对择业行为的影响也呈现出明显的差异性。因此，优化就业环境是新生代农民工改变在劳动力市场中的"弱势地位"，实现公平、自由、合理择业的前提。第六，从择业行为与新生代农民工就业质量的内在逻辑与作用机制来看，首先，择业机会与职业适应对新生代农民工月均收入与职业满意度的影响呈现出截然不同的二元路径模式；其次，月均收入与满意度影响机制的不同导致了职业流动对其截然相反的影响轨迹，即职业流动次数与月均收入呈倒"U"型关系，而与职业满意度则呈"U"型关系；再次，市场化程度对新生代农民工择业行为的月均收入效应与职业满意度的消极效应均有显著的促进作用，即其择业行为对就业质量的影响会因就业地区的市场化程度的提高而加强；最后，新生代农民工择业对就业质量的影响会因劳动力类型的不同而呈现出差异性，即技能型劳动力因"内部劳动力市场"的存在降低了择业对就业质量的提升效应，而体能型劳动力的择业则是在缺乏"职业庇护"情况下利用市场机制来提高就业质量的理性选择。

总之，在新型城镇化背景下，引导新生代农民工进行合理择业，实现"高质量"就业，进而顺利适应、融入城市社会，实现"市民化"，是落实"人的城镇化"，加快新型城镇化进程的最重要环节与最终归属。顺利实现市民化的前提和基础是市民化主体有较强的市民化能力，只有市民化能力与市民化进程同步的市民化模式才是健康、可持续的市民化模式。而就业质量是衡量新生代农民工市民化能力最核心的评价指标，只有高质量就业的新生代农民工才能真正地实现市民化，并能有效防止因市民化能力与市民化进程不同步而陷入"半市民化"的陷阱。因此，要引导新生代农民工实现理性择业，必须加强新生代农民工就业市场的"顶层设计"，通过积极引导新生代农民工由被动的"生存型"择业向能动的"发展型"择业转变，优化新生代农民工择业的政策与市场环境，充分发挥"市场自律"与"社会保护"的双重"庇护"作用，引导新生代农民工实现从"先赋性社会网络"向"自致性社会网络"的转换，同时通过提高新生代农民工职业培训的积极性与有效性切实提升职业竞争力。这才是新生代农民工从根本上实现从"农村转出"向"城市融入"的转变，真正实现市民化的重要途径和有效举措。

目 录

总序 ·· i

前言 ··· iii

第一章 绪论 ··· 1

第一节 问题的提出 ··· 1

第二节 研究综述 ·· 7

  一、新生代农民工城市融入问题研究 ··· 8

  二、新生代农民工职业流动的动因探讨 ··· 11

  三、新生代农民工职业地位获得的理论模型研究 ·························· 14

  四、新生代农民工职业发展问题研究 ··· 22

  五、新生代农民工择业行为的收入效应研究 ································· 24

第三节 研究内容 ··· 29

第四节 研究意义 ··· 30

第二章 研究设计 ·· 32

第一节 概念的界定与测量 ··· 32

  一、新生代农民工 ·· 32

  二、择业观念 ·· 34

三、人力资本…………………………………………………38
四、社会网络…………………………………………………41
五、就业环境…………………………………………………44
六、择业行为…………………………………………………45
七、就业质量…………………………………………………49

第二节 资料来源与样本情况……………………………………52
一、资料来源…………………………………………………52
二、样本情况…………………………………………………53

第三节 数据的整理与分析………………………………………59

第三章 新生代农民工择业行为的内涵界定与实证分析……61

第一节 新生代农民工择业行为的理论探讨……………………61
一、新生代农民工择业行为的现实基础……………………63
二、新生代农民工择业行为的内在机制……………………66
三、新生代农民工择业行为的外显效果……………………69

第二节 新生代农民工择业行为的实证分析……………………72
一、新生代农民工的择业机会………………………………72
二、新生代农民工的职业选择………………………………76
三、新生代农民工的职业适应………………………………87

第三节 结论与讨论………………………………………………97

第四章 择业观念与新生代农民工的择业行为……………100

第一节 新生代农民工的择业观念的实证分析…………………100
一、新生代农民工的职业发展观……………………………101
二、新生代农民工的职业报酬观……………………………104
三、新生代农民工的职业声望观……………………………107
四、新生代农民工的择业代价观……………………………110

第二节 择业观念对新生代农民工择业行为的影响……………114

一、择业观念与新生代农民工的择业机会··············115
　　二、择业观念与新生代农民工的职业选择··············119
　　三、择业观念与新生代农民工的职业适应··············125
第三节　结论与讨论····································129
　　一、新生代农民工的择业观念呈现职业理想与现实选择的
　　　　矛盾性··129
　　二、从"生存型"到"发展型"：新生代农民工择业过程中
　　　　择业观念的转变··································131

第五章　人力资本与新生代农民工的择业行为············135

第一节　新生代农民工人力资本的基本现状分析··············137
　　一、年龄分布··138
　　二、健康状况··140
　　三、文化程度··145
　　四、职业培训··146
　　五、择业效能感······································150
第二节　人力资本对新生代农民工择业行为的影响············154
　　一、人力资本与新生代农民工的择业机会··············154
　　二、人力资本与新生代农民工的职业选择··············158
　　三、人力资本与新生代农民工的职业适应··············164
第三节　结论与讨论····································168
　　一、新生代农民工身心健康状况不容乐观，且健康在生理
　　　　健康和精神健康两个维度上呈现出明显的差异性······168
　　二、新生代农民工"技能型"人力资本提升滞后于"通用
　　　　型"人力资本，导致其在就业市场中的可替代性强······172
　　三、从"通用型"到"技能型"：新生代农民工择业行为
　　　　人力资本机制的转型······························174

第六章 社会网络与新生代农民工的择业行为······178

第一节 社会网络的研究现状······180
一、国外有关社会网络的研究······180
二、本土化社会网络模型建构探索······183

第二节 新生代农民工社会网络的实证分析······185
一、新生代农民工社会网络的构成······185
二、新生代农民工的先赋性社会网络······185
三、新生代农民工的自致性社会网络······189

第三节 社会网络对新生代农民工择业行为的影响······192
一、社会网络与新生代农民工的择业机会······192
二、社会网络与新生代农民工的职业选择······195
三、社会网络与新生代农民工的职业适应······200

第四节 结论与讨论······204
一、新生代农民工社会网络结构的严重失衡成为制约其理性择业，实现职业向上流动的"瓶颈"······204
二、从"先赋性社会网络资源"到"自致性社会网络资源"：新生代农民工择业行为的社会网络机制转换······207

第七章 就业环境与新生代农民工的择业行为······211

第一节 新生代农民工就业环境的实证分析······213
一、新生代农民工的就业政策环境······213
二、新生代农民工的就业市场环境······215
三、新生代农民工的具体工作环境······221

第二节 就业环境对新生代农民工择业行为的影响······227
一、就业环境与新生代农民工的择业机会······227
二、就业环境与新生代农民工的职业选择······230
三、就业环境与新生代农民工的职业适应······236

第三节 结论与讨论······241

一、新生代农民工就业政策环境的改善滞后于就业市场环境的改善，使"强资本，弱劳工"格局难以扭转·················241

二、从"政策型"到"市场型"：新生代农民工择业过程中就业环境的变迁·················242

三、具体工作环境对新生代农民工择业行为的影响呈现出明显的差异性·················245

第八章 择业行为与新生代农民工的就业质量·················248

第一节 新生代农民工的就业质量的实证分析·················250

一、新生代农民工的月均收入·················250

二、新生代农民工的职业满意度·················252

第二节 择业行为对新生代农民工就业质量的影响·················254

一、择业行为与新生代农民工月均收入·················257

二、择业行为与新生代农民工职业满意度·················259

第三节 结论与讨论·················260

一、择业机会与职业适应对新生代农民工月均收入与职业满意度的影响呈现出截然不同的二元路径模式·················260

二、新生代农民工月均收入与职业满意度影响机制的不同导致了职业流动对其截然相反的影响路径·················261

三、市场化程度对新生代农民工择业行为的月均收入提升效应与职业满意度的消极效应均有显著的促进作用·················262

四、新生代农民工择业行为对就业质量的影响因其劳动力类型的不同而呈现出差异性·················263

第九章 引导新生代农民工理性择业的路径选择·················266

第一节 转变择业观念：引导新生代农民工实现从"生存型"择业向"发展型"择业的转变·················268

第二节 提升人力资本：激励新生代农民工提高参与职业技能培训的积极性与有效性·················273

第三节 转换社会网络：鼓励新生代农民工实现从"先赋性"
社会网络向"自致性"社会网络的转换 ……………… 278

第四节 优化就业环境：切实为新生代农民工理性择业提供
"市场自律"与"社会保护"的双重庇护 ……………… 284

参考文献 ……………………………………………………………… 290

附录 新生代农民工择业行为及其影响因素研究调查问卷 …… 312

后记 ……………………………………………………………………… 324

第一章

绪　论

第一节　问题的提出

伴随着我国城市化的快速推进与农村经济体制改革的深入，农村剩余劳动力的模式逐渐从"政府推进的政策型转移"转换为"利益诱导的市场型转移"，真正让农民的迁移行为成为其在衡量迁移收益与迁移成本考虑下的理性选择[①]，使计划经济时期城乡二元治理体制下的隔离政策所造成的长期积累的人口流动"势能"开始得到补偿性释放，在农村农业部门"蓄水池"功能弱化产生的"推力"和城市非农部门"比较收益"产生的"拉力"双重作用下，数以亿计的农村剩余劳动力开始自由地从农村向城市转移。同时，随着城市对农民群体的限制逐渐松动与减弱，以及就业机会的增加，农民工由初期的离土不离乡，发展到后来的离土又离乡的流动模式，甚至是举家迁移在城市"落地生根"。特别是到了20世纪80年代末期，大量的农民潮涌般地流向城市，产生了所谓的"民工潮"。可以说，"民工潮是中国历史上，也可能是世界历史上，一次规模最宏大的社会流动，这也是世界各国城市化过程中速度最快的一次移民行动"[②]。民工潮涌现，波澜壮阔，

---

① Dorigo G, Tobler W. Push-Pull Migration Laws. *Annals of the Association of American Geographers*, 1983, 73（1）: 1-17.

② 朱力：《中国民工潮》，福州：福建人民出版社，2002年，第3页。

举世瞩目,被美国《时代周刊》惊呼为"有史以来最大的人口流动",成为当代中国重大的政治问题、经济问题和社会问题[①]。随着农民工群体的出现,我国社会结构的急剧转型导致了社会阶层结构的迅速嬗变,"农民工"这一特殊社会群体已由原来的隐蔽状态开始凸显出来,引起了全社会的极大关注。据 2008 年 11 月 20 日国务院新闻办发布官方数据:中国农民工数量为 2.3 亿,成为仅次于农民的我国第二大劳动力群体,其数量超过了城市工人[②],并呈现逐年上升的趋势。国家统计局发布的 2008—2015 年全国农民工监测调查报告指出,我国农民工总量呈逐年增长的趋势,其中 2008 年全国农民工总量为 22 542 万人,2009 年全国农民工总量为 22 978 万人,2010 年全国农民工总量为 24 223 万人,2011 年全国农民工总量为 25 278 万人,2012 年全国农民工总量为 26 261 万人,2013 年全国农民工总量为 26 894 万人,2014 年全国农民工总量为 27 395 万人,2015 年全国农民工总量达到 27 747 万人(图 1-1)。

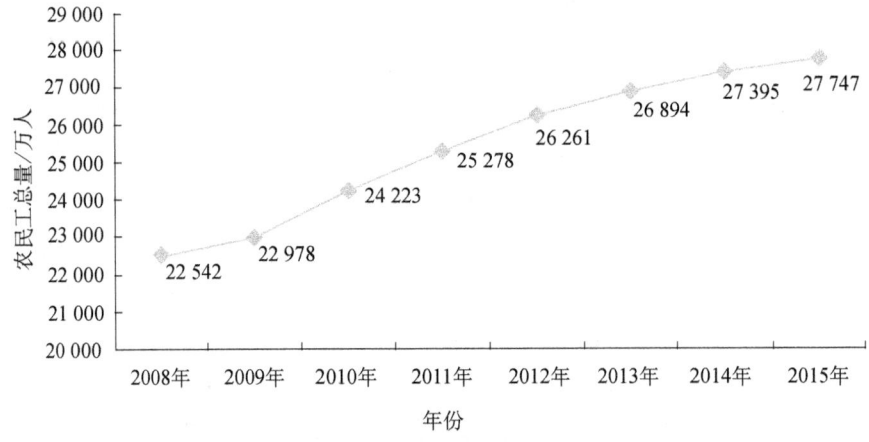

图 1-1　2008—2015 年农民工总量统计图

数据来源:国家统计局发布的农民工监测调查报告

历史经验证明,大规模的农村剩余劳动力向城市地区流动和迁移现象是传统农业国家或地区的工业化和城市化进程中必然出现的现象和必然经历的结构转型。众所周知,我国的改革首先是从农村开始的。包产到户成

---

① 池子华:《农民工与近代社会变迁》,合肥:安徽人民出版社,2006 年。
② 国家统计局:《截至 2008 年末全国农民工总量为 22 542 万人》,http://www.gov.cn/gzdt/2009-03/25/content_1268173.htm. [2009-03-05].

为改革精英力推的农村改革的方向。美国著名的新自由主义经济学家舒尔茨在考察了我国农村的改革后评价说,"包产到户是农村社会进步的第一推动力"。但仅仅用"一包就灵"来解释改革初期农业所取得的成就也过于简单化了。因为我国农村改革依靠外部短时间内密集的投入所能带来的增长是难以维持的,国家政策性投入给农村带来的收益在短时间就消耗殆尽。目前我国农村存在大量的剩余劳动力,农业长期处于过密化状态[①]。加之农业具有生产周期长、受气候影响大和边际投资递减的特征,这些特征使得农业成为一个低利润弱势产业,除非尽快实现规模经营或集约化生产,否则从事农业生产的收入一般较低[②]。作为"中国改革第一村"的安徽凤阳县小岗村,"一夜越过温饱线,二十年没有跨过富裕坎"的发展现状是这一问题极好的脚注。小农经济难以维持,结果是从集体中"解放"出来的农民,还没来得及细细享用那短暂的自由,便进入了市场时代,为了生存,不得不走上外出打工的道路。因此,在改革开放年代,中国开启了出口导向型的经济发展模式,将中国变成了世界的工厂。世界工厂的发展需要大量的劳动力,外向型的经济发展模式对劳动力的需求,与小农经济对劳动力的排斥,构成了一对相互配合的推力和拉力,将一批又一批农村青壮年劳动力送上进城打工之路[③]。

农民工群体对我国工业化的快速发展、城市建设、"三农"问题的解决具有重要意义。农民工已经成为农村和城市社会互动的重要桥梁,为中国两个原本相对封闭的社会的融合提供了新契机,通过在城市务工能有效地缩小在价值观念、行为方式及社会结构等方面的城乡差异,逐渐消除城乡经济、社会与文化的巨大鸿沟,在有意和无意之间,推动我国现代化进程[④]。有学者研究发现,农民工的流入数量与全国各省的人均国内生产总值(GDP)都是明显的正相关关系,农民工对各省人均GDP的社会贡献最大。美国《时代周刊》2009年称"中国农民工"是中国经济"保八"的最大功

[①] 黄宗智:《中国小农经济的过去与现在》,载于《中国乡村研究》第6辑,厦门:福建教育出版社,2008年。
[②] 史清华:《农户经济增长与发展研究》,北京:中国农业出版社,1999年。
[③] 潘毅、卢晖临、张慧鹏:《大工地:建筑业农民工的生存图景》,北京:北京大学出版社,2012年,第34页。
[④] Feng W, Zuo X, Ruan D. Rural Migrants in Shanghai: Living Under the Shadow of Socialism. *International Migration Review*, 2002, 36(2): 520-545.

臣①。但农民工进城后,既给城市带来了活力,又给城市带来了压力,因此,国家和各地方政府为加强对城市外来人口的管理,出台了一些相关的管理法规和制度。特别是一些地方政府对城市居民的保护性政策,无形当中加剧了对农民工的排斥与歧视。其结果是,一方面大量的农村劳动力不得不进城打工,成为新兴工人阶级的主体,另一方面由于多种因素所造成的壁垒,从而形成"农民工"这样一种特殊的身份。"农民工"一定程度上象征着一种时代的"创伤",而这种"创伤"让农民工很难完成向工人身份的转变②。户籍制度导致中国在改革开放以前就形成了城乡二元的局面③。而改革开放以来的户籍制度改革仍不足以使农民工实现户口转换,成为合法的城市居民④。以往的国际经验显示,大量的农村移民往往与当地居民形成"隐性"的隔离,导致社会群体间的分裂,进而引发群体之间的矛盾,并带来其他一系列社会问题⑤。

我国城镇化进程严重滞后于工业化步伐,据统计,2011年,中国城镇人口超过6.9亿,城市化率首次突破50%,达到51.3%⑥。虽然从统计数据上来看,中国取得了大约只用30年时间走完大多数西方发达国家上百年城市化历程的举世瞩目的成绩,但从现实状况来看,统计数据中城镇人口中的2亿多农民工大都陷入了"虚城市化"或"半城市化"的陷阱,农民工尽管表面上与城市本地居民生活在同一"共存空间",但实质上两个群体彼此是处于相互隔离状态,形成"一座城市、两个生活圈子"的现象,促使其心态与身份的边缘化,进而在城市中形成了新"二元社会"结构。这是由于户籍限制和城乡一体化就业政策的缺失与缺位,以及劳动力市场供大于求的"社会事实",在客观上损害了农民工的合法利益,严重制约着其在城市社会中的现实生存境遇,强化了其业已存在的相对剥夺感和弱势地位,直接导致我国工业化和城镇化进程中各种性质和形态的社会矛盾呈现出显

---

① 李强:《为什么农民工"有技术无地位"》,《江苏社会科学》2010年第6期。
② 潘毅、卢晖临、张慧鹏:《大工地:建筑业农民工的生存图景》,北京:北京大学出版社,2012年,第6页。
③ Chan K W. *Cities With Invisible Walls: Reinterpreting Urbanization in Post-1949 China*. Hong Kong: Oxford University Press, 1991.
④ Chan K W, Zhang L. The Hukou System and Rural-Urban Migration in China: Processes and Changes. *The China Quarterly*, 1999, 160 (1): 818-855.
⑤ 谢桂华:《农民工与城市劳动力市场》,《社会学研究》2007年第5期。
⑥ 李培林、田丰:《中国农民工社会融入的代际比较》,《社会》2012年第5期。

著的上升态势。同时，农民工进城也将城乡之间原来处于分割状态的城乡二元性矛盾直接引入了城市内部，"城里人"与"乡下人"的社会互动由间接性转变为直接性，原来存在的"想象中的城乡差距"直接进入农民工的现实生活。同时，农民工的就业目前尚处于"生存型"就业阶段，缺乏向上流动的资本与动力，从而容易导致"阶层固化"的趋势加剧。因此，"数量庞大而未能融入城市的农民工群体，一旦遇到困难而又想在城市居留，却无法获得'市民待遇'时，就容易出现'自我救济式犯罪'，有可能演化为社会的不稳定因素"[①]。近几年英国发生的大规模移民骚乱和法国发生的的巴黎骚乱事件启示我们：移民群体不能融入主流社会可能会产生极其严重的政治社会后果[②]。

因此，加强对农民工群体的研究，是解决农民工问题的重要前提。但在我国学术界关于社会分化、分层的研究中，农民工更多地被视为一个同质性群体，导致农民工群体内不断增加的多样性和差异性，以及事实上已经出现的分化的事实，在静态的社会分层框架中往往被忽略。新生代农民工的实际存在和其概念的确认，为农民工群体研究的深入发展提供了新的条件和契机。中国社会科学院王春光研究员2000年在温州、杭州和深圳三市选取了样本对新生代农民工这一群体进行了调查，并于2001年首次提出了"新生代农民工"这一学术性概念。2010年2月1日，时任中央农村工作领导小组办公室副主任唐仁健表示，"新生代农民工"主要是指的"80后"、"90后"农民工，目前新生代农民工在1.5亿外出打工的农民工里占到60%，大约有1亿人[③]。国家统计局发布的2010—2015年全国农民工监测调查报告，从农民工年龄段分布来看，农民工仍以青壮年为主，2010—2015年中，40岁以下农民工所占比例分别高达65.9%、61.7%、59.3%、58.4%、56.5%、55.2%（图1-2）。虽然受我国居民整体年龄结构的影响，40岁以下农民工的比例呈逐年下降的趋势，但仍然是我国农民工群体的现实主体。

"新生代农民工"是中国农村经济社会结构变化，乃至整个中国社会结构变化所产生的现象。与第一代农民工相比，新生代农民工具有"三高一

---

① 赵光伟：《农民工问题与社会稳定相关性研究》，《人民论坛》2010年第17期。
② 罗卡：《融合模式的失败？》，《读书》2006年第5期。
③ 唐仁健：《目前中国"新生代农民工"大约有1亿人》，http://www.chinanews.com.cn/cj/cj-gncj/news/2010/02-01/2102110.shtml.［2010-02-01］。

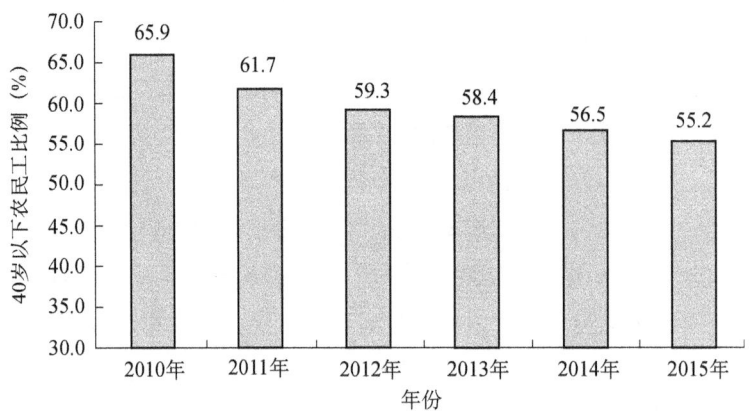

图 1-2　2010—2015 年 40 岁以下农民工比例统计图
数据来源：国家统计局发布的农民工监测调查报告

低"的特征，即受教育程度高、职业期望值高、物质和精神享受要求高、工作耐受力低[1]。这一群体基本上没有务农的经历，对土地的依赖性不强，多数人是从学校毕业后就直接到城市务工，而且大部分是农民工群体中的"精英"，职业期望值高，不愿干脏活、累活和收入低的活。打工不再只是为了赚钱、回家盖房子、娶媳妇生孩子，而是带有"闯天下、寻发展"的目的[2]。在生活目标上，与老一代农民工对自己赖以生存的土地十分记挂，终归要回农村去的目标明显不同。新生代农民工大部分初高中毕业后就离开农村，其中不少在城市长大甚至出生在城市，因而他们没有父辈那么强烈的乡土情结。比起父辈，他们更希望留在城市中生活，对于城市的依赖感和归属感要远远大于农村。因为，在现代化语境下，新生代农民工获得城市性与现代性的动力源于吉登斯的"脱域"机制，是"社会关系从彼此互动的地域性关联中'脱离出来'"，是把社会关系从地方性的场景中"挖出来"，然后再使社会关系在无限的时空地带中进行"再联结"或"再重组"[3]。而新生代农民工对乡土社会的"嵌入"不会太深，容易从"乡土社会"的地域性关联中"脱嵌"出来，并在城市这一现代性的"场域"中"再联结"与"重新嵌入"。

实现新生代农民工留城意愿的最根本途径是引导其实现市民化。已有

---

[1]　王正中：《"民工荒"现象与新生代农民工的理性选择》，《理论学刊》2006 年第 9 期。
[2]　王春光：《新生代农村流动人口的社会认同与城乡融合的关系》，《社会学研究》2001 年第 3 期。
[3]　[英] 安东尼·吉登斯：《现代性的后果》，南京：译林出版社，2000 年，第 42 页。

研究发现有 68.73%的新生代农民工具有市民化意愿①，远高于第一代农民工群体，但其整体市民化水平仅为 50.18%②。理想与现实的巨大差距折射出目前新生代农民工市民化的进展不顺利，其根本原因是自身在城市的职业发展受阻，缺乏市民化的职业支撑力量，而理性的择业行为有利于其职业的"去体力化"程度，实现职业向上流动，从而顺利实现市民化。从社会学的视角来看，择业行为实质上是一个职业地位的选择与获得过程。新生代农民工的择业行为直接影响其就业质量，并影响其对城市的认同与融入程度及市民化的进程，更关系到"中国创造"战略转型的实现③。可以说，新生代农民工的择业行为问题不仅关乎其自身，更关系到当前我国城乡融合和一体化进程与社会主义和谐社会的顺利实现。因此，本书立足于职业地位获得理论视角，运用社会学规范的实证研究方法，以问卷调查法为主，文献法、个案访谈为辅的方式收集资料。在对新生代农民工择业行为进行理论探讨和现状分析的基础上，分别探讨了新生代农民工的择业观念、人力资本、社会网络和就业环境对其择业机会、职业选择和职业适应的影响程度，同时分析新生代农民工择业行为对其就业质量的影响程度与作用机制，并在实证研究的基础上，从转变择业观念、增强职业技能、转换社会网络和优化就业环境四个维度提出一些具有一定可操作性与可行性的措施，为引导新生代农民工进行理性择业，实现职业向上流动提供有益的理论参考和实证依据。

第二节 研 究 综 述

新生代农民工群体规模逐渐壮大，已成为农民工群体中的主体，其社会生活状况与其所处社会经济地位受到国内外经济学、政治学和社会学等学术领域的广泛关注。2009 年底的中央经济工作会议上，胡锦涛总书记在报告里已提到新生代农民工这个问题，2010 年中央一号文件中第一次正式提出"新生代农民工"概念，并明确提出：要"采取有针对性的措施，着

---

① 夏显力、张华：《新生代农民工市民化意愿及其影响因素分析》，《西北人口》2011 年第 2 期。
② 李荣彬、袁城、王国宏，等：《新生代农民工市民化水平的现状及影响因素分析》，《青年研究》2013 年第 1 期。
③ 李国梁：《新生代农民工职业发展的政府干预策略：困境与路径优化》，《中国人力资源开发》2016 年第 19 期。

力解决新生代农民工问题"。可见,新生代农民工的问题已经引起了党和政府的高度关注。由于历史条件和具体发展道路的差异,有关农民工的研究,在中西方具有较大的差异。

农民工是我国现有城乡二元结构下特有的产物。尽管国外对农民工概念的界定与我国在一定程度上存在着差别,但其本质基本上是一致的,指的都是从乡土社会流入城市社会寻找工作的人群。由于发达国家的城市化水平已经相当高,大量农民进城转变成城市产业工人大多是发生在城市化早中期,而且农民在国外没有户籍的限制,因此目前国外没有专门关于农民工的研究。综观国内外关于这一领域的研究,主要集中于以下五个方面。

一、新生代农民工城市融入问题研究

流动人口与流入地主流社会的关系一直是学术界关注的经典问题。由于新生代农民工是我国城乡二元结构下特有的产物。在国外,相关研究主要集中于移民群体的研究。在理论与经验研究方面取得了丰硕的成果。

(1) 在理论研究方面,学术界围绕移民群体与主流社会的相互关系,形成了"同化论"、"多元文化论"和"区隔融合论"等三大理论流派[①]。其中"同化论"认为同化是处于弱势地位的群体不断抛弃自己原有的亚文化和行为模式,逐渐地适应融入城市社会的主流文化和行为方式并最终获得与主流群体具有同等机会和权利的过程,而这一过程具有不可逆性[②]。"多元文化论"则"强调不同种族或社会集团之间享有保持'差别'的权利"[③]。认为移民是难以完全被同化的,不同民族的移民群体可以按照各自适应的不同方式,同时生活在一个国家里。而"区隔融合论"则认为,传统的线性融合理论不再适合揭示当代移民的融合趋势和路径。相反,当代移民群体中和群体间将会产生不同的融合结果,主要表现为三种不同的模式,即融入主流社会、融入城市贫困文化和选择性融入模式[④]。

---

① 杨菊华:《从隔离、选择融入到融合:流动人口社会融入问题的理论思考》,《人口研究》2009年第1期。
② Park R E. Human Migration and the Marginal Man. *American Journal of Sociology*, 1928, 33 (6): 881-893.
③ 李明欢:《20世纪西方国际移民理论》,《厦门大学学报》2000年第4期。
④ 杨菊华:《从隔离、选择融入到融合:流动人口社会融入问题的理论思考》,《人口研究》2009年第1期。

（2）在实地调研方面，学者们首先对城市融入的测量指标设计进行了探讨。其中比较有代表性的有戈登（Gordon）为代表的"二维度"模型、杨格-塔斯（Junger-Tas）等为代表的"三维度"模型、恩泽格尔（Entzinger）等为代表的"四维度"模型[①]，并在理论的指导下，进行了大量的经验调查研究。如有学者通过调查发现，"韩裔族群"融入美国主流社会是一个"非零和型同化"过程，特别是社会地位较高的群体，往往在文化上适应了美国社会，但在社会融入方面严重滞后，并将这种城市融入形态称为"执着性适应"[②]。周敏和林闽钢通过对华人新移民的社会融合状况的研究发现，具有雄厚的人力资本的新移民能够更好地融入美国主流社会，然而华人移民仍不愿意放弃聚居的习惯[③]。法裔美国学者克雷夫科尔提出了著名的"熔炉论"，他认为美国已经并且仍将继续把来自不同国家、不同民族、拥有不同宗教信仰的个人熔化成为一个新的人种——美国人[④]。而贝恩斯在其著作中用定量分析的方法对英格兰和威尔士19世纪下半叶农村人口向城市和海外的流动及城市人口外流进行了详细的分析[⑤]。切茨维克在进行多项经验研究后，对其研究过程进行总结，认为移民如果在美国的居留时间越长，就越可以积累相关的劳动经验、语言与工作技能等人力资本，从而更可能获得经济上的成功[⑥]。

与此同时，也有部分学者从社会文化的角度对移民城市融入的影响进行了实证研究。例如，广田康生的研究发现日裔移民未成年子女城市融入的过程普遍遇到融入的障碍，其中语言障碍、风俗习惯及异文化体验问题相当突出，韩裔和华裔移民的未成年子女在适应美国城市社会时也表现为"非零和型同化"的"执着性适应"典型特征[⑦]。并在此基础上探讨其影响的原因，发现儿童的年龄，语言的熟练状况，个体观和人格特征，移民经

[①] 梁波、王海英：《国外移民社会融入研究综述》，《甘肃行政学院院报》2010年第2期。

[②] Hurh W M, Kim K C. Adhesive Sociocultural Adaptation of Korean Immigrants in the U.S.: An Alternative Strategy of Minority Adaptation. *Int Migr Rev*, 1984, 18（2）: 188-216.

[③] 周敏、林闽钢：《族裔资本与美国华人移民社区的转型》，《社会学研究》2004年第3期。

[④] 李明欢：《20世纪西方国际移民理论》，《厦门大学学报》（哲学社会科学版）2000年第4期。

[⑤] D. 贝恩斯：《一种成熟经济的移民，英格兰和威尔士的向外移民和国内移民，1961—1900年》，1910: 216.

[⑥] Chriswick B R. The Labor Market Status of American Jews: Patterns and Determinants. *American Jewish Year Book*, 1985.

[⑦] ［日］广田康生：《移民和城市》，马铭等译，北京：商务印书馆，2005年。

历和移民原因①，公共文化场域与社会资本，流入社区公共政策和社区公共资源的接纳与排斥，流入社区能否在社会、经济、文化生活层面上给予平等地重视和关怀，以及所居住社区中同辈群体间互相信任、欣赏和友善的人际关系等因素对移民及其未成年子女城市融入的过程及结果产生至关重要的作用②。

在国内，随着城市化的快速推进，新生代农民工城市融入问题已成为学术界关注的热点问题。已有研究主要集中于新生代农民工城市融入的现状及实现城市融入困境的原因阐释。

（1）基于社会冲突论、功能论与互动论的理论视角对新生代农民工城市融入的现状进行考察。一是基于社会冲突论视角分析农民工与市民之间的摩擦、冲突与隔离③，具体表现为市民对农民工"经济性接纳、社会性排斥"，从而导致农民工"半城市化"④。二是基于结构功能论视角从经济、社会、心理适应等方面来分析农民工城市社会适应⑤，并分析其在引导农民工形成城市社会认同并实现市民化过程中所起的关键作用⑥。三是基于社会互动论视角分析农民工与市民互动的社会距离，已有研究结果显示：现阶段农民工与城市本地居民的社会距离正在逐渐增大，其互动主要局限于经济合作或相互依赖的互动⑦，因而导致与城市居民交往有较大的局限性，呈现出社会交往的"表层性"和"内倾性"，带有明显的功利性质⑧。

（2）基于现代化、社会网络与制度主义解释范式的视角，对造成农民工城市融入的困境的原因进行了规范性阐释。一是基于现代化理论的解释范式，把农民工的城市融入理解为城市化、现代化过程中，农民工逐步放弃其原有的乡土性，进而获得城市性与现代性的过程。具体而言，农民工在逐步适应城市社会各种生产方式、生活方式、文化规则、意义系统的过

---

① Wickrama K A S, Bryant C M. Community Context of Social Resources and Adolescent Mental Health. *Journal of Marriage and Family*, 2003, 65 (4): 850-866.

② Birgit J. Migrant Integration in Rural and Urban Areas of New Settlement Countries: Thematic Introduction. *International Journal of Multicultural Societies*, 2007 (1).

③ 朱力：《群体性偏见与歧视——农民工与市民的磨擦性互动》，《江海学刊》2001 年第 6 期。

④ 王春光：《农村流动人口的"半城市化"问题研究》，《社会学研究》2006 年第 5 期。

⑤ 朱力：《论农民工阶层的城市适应》，《江海学刊》2002 年第 6 期。

⑥ 刘传江、程建林：《第二代农民工市民化：现状分析与进程测度》，《人口研究》2008 年第 5 期。

⑦ 罗忆源：《城市不同社会阶层的和谐关系及实现途径》，《理论研究》2007 年第 1 期。

⑧ 朱力：《论农民工阶层的城市适应》，《江海学刊》2002 年第 6 期。

程中,逐步从一个农民转向现代市民的过程①。二是基于社会网络的解释范式,认为农民工个体或群体拥有的社会资本的多少,社会关系网络的规模与质量,特别是其关系网络中可动用的社会资源的性质对于农民工城市融入具有决定性作用。社会资本是指嵌入一个人社会网络中的权力、财富和声望,虽然不为个人直接占有,但是可以通过个人直接或间接的社会关系借用和摄取②。社会资本会带动和促进农民工与当地主流社会的融合③,而农民工在社会流动过程中对血缘、地缘等关系的依赖,可以降低交易费用,节约成本,相对于他们可以利用的社会资源来说,是一种非常理性的行为选择④。三是基于制度主义的解释范式,认为我国城乡二元户籍制度及依附于户籍制度上的一系列的资源分配制度,如社会福利与社会保障制度、文化教育制度、劳动就业制度等,基于身份制度上的区别与排斥,我国的农民工被"屏蔽"在城市社会福利与保障制度之外,成为体制之外的边缘群体⑤。

二、新生代农民工职业流动的动因探讨

已有研究在对农村剩余劳动力乡-城转移、实现职业流动的动力机制分析的过程中形成了刘易斯模式、托达罗模式、推拉理论等代表性理论。早期的城市化基本上是人口由农村向城市迁移的结果。克拉潘通过城市人口出生地的研究,证明城市人口增长主要是农村人口流入的结果。他指出:"城镇,总的来说,主要是移民寄居之所。"⑥马克思也指出:城市人口与农村人口"增长率的差额是由于农村人口流入城市造成的"⑦。

(1)刘易斯模式。刘易斯以无限的劳动力供给为前提条件提出了其理论模式。刘易斯的两部门模式成为20世纪50年代末和60年代的大部分时间里为劳动力剩余的第三世界国家所接受的"一般"理论。刘易斯认为,在广大发展中国家存在着截然不同的两个部门和两种生产方式,即落后的

---

① 潘泽泉:《农民工融入城市的困境:共有的空间何以可能》,《中州学刊》2008年第3期。
② Lin N. Social Resources and Instrumental Action. In Peter V. Marsden and Nan Lin (Eds.), *Social Structure and Network Analysis*, Beverly Hills, C.A.: Sage, 1982.
③ 周敏、林闽钢:《族裔资本与美国华人移民社区的转型》,《社会学研究》2004年第3期。
④ 李培林:《流动民工的社会网络和社会地位》,《社会学研究》1996年第4期。
⑤ 项继权:《农民工的社会融合及其制度基础》,《襄樊学院学报》2007年第12期。
⑥ [英]克拉潘:《现代英国经济史》(上卷),姚曾廙译,北京:商务印书馆,1964年,第657页。
⑦ [德]马克思:《资本论》(第一卷),北京:人民出版社,1975年,第705页。

农业部门和现代的工业部门，农业部门仍然使用传统生产方式，而工业部门却使用现代生产方式，这就是所谓的二元经济结构特征。在自给的农业部门中，劳动力相对于资本和土地过于丰富，以至把一部分劳动力转移出农业，农业的产量不会减少。这就意味着，对于资本主义部门（现代部门）按照现行工资所提供的就业机会来说，劳动力的供给是无限的，而两大部门工资的差别，也诱使传统部门的劳动力源源不断地向现代部门转移，加之资本家把利润转化为资本的行为，造成了现代部门进一步增强其吸收劳动力的能力[①]。随后，学者们大都采纳刘易斯的观点来论证移民对现代化作出了贡献，因为廉价的农村劳动力使得工业可以积累资金注入工业的扩大再生产，从而促进对移民劳动力的需求。依照这种解释，只有"过剩的"或者"零价值的"劳动力流动。一旦农村剩余劳动力枯竭，城市劳动力市场趋于饱和，按照供求关系，农村工资就会上升，城市工资就会下降。如果发生这种情况，资本就会从高工资部门流向低工资部门，从而降低工资比率的差距。在这个模式中，劳动力的流动性最终依据城乡间工资比率的均等来自我调节，一般是趋于平衡。

（2）托达罗模式。虽然刘易斯模式具有较强的解释力，能对农村劳动力转移的一些规律作出解释，但未能解释为何农民向城市流动会不顾城市事实上存在的失业而继续进行。与新古典模式预设了一种脱离社会经济因素而运行的经济不同，托达罗模式认为理性的个人作出决定的依据是对在不同地区和经济部门工作的成本与收益的权衡不同。在此基础上，托达罗对新古典模式的标准作了调整，提出了预期收入理论以解释农民工在打工地区可能会失业或者只能找到少量工作的事实。他解释道，农民工的流动决定依据的是不充分的信息，或者仅仅是出于对在城市打工获得较高物质回报的期望[②]。托达罗模式假定人口迁移是按城市与农村预期收入而不是实际收入的差别进行的。它的基本前提是移民们考虑在农村和城市部门中能在各种劳动力市场获得就业机会，以及选择从迁移中使他们的预期收入最大化的机会，预期收入是按农村和城市工作之间的实际收入差别和一个新

---

① Lewis W A. Economic Development With Unlimited Supplies of Labour. *The Manchester School*, 1954, 22 (2): 139-191.

② Todaro M P. A Model of Labor Migration and Urban Unemployment in Less Developed Countries. *The American Economic Review*, 1969: 138-148.

移民得到城市工作的可能性来衡量的①。

（3）推拉理论。推拉理论（the push and pull theory）是解释人口迁移原因的主要理论。这一理论认为，人口迁移存在着两种动因，一是居住地存在着推动人口迁移的力量；二是迁入地存在吸引人口迁移的力量。两种力量的共同或单方作用导致了人口迁移。推拉理论起源于雷文斯坦（Ravenstien）对人口迁移的研究，他认为：大多数的移民均是短距离的，且较长距离的迁移则是受到较大的工业和商业的中心吸引，而且大部分的移民欲改善他们的物质生活。后来赫伯拉、米切尔等正式提出推拉理论，认为原住地的失业、就业不足、耕地不足、学校医院等基本生活设施的缺乏、关系的疏远及紧张、自然灾害等构成原住地的推力；同时，迁移目的地更好的就业机会、更高的工资、更好的教育和卫生设施等构成了目的地的拉力，这些拉力吸引人们前往此地。迁移就是原住地的推力与目的地的拉力相互作用的结果。博格在继承前述思想的基础上进一步分析了推力和拉力对迁移选择性的影响。Lee 强调原住地与迁移地之中间障碍因素的重要性，并把迁移的决定与过程归纳成：与原居地有关的因素、与目的地有关的因素、中间障碍和个人因素四种。推拉理论在解释农民迁移时具有很强的适应性，因为这一理论设计了一个弹性空间很大的理论框架，往里进行实质性"填充"的研究者享有相当自由的想象空间②。

但就中国的实际情况来看，就业率固然重要，更重要的是影响就业和就业机会均等等深层次因素，而这些因素在上述理论中并没有涉及。推拉理论及前述理论有所深入，但终究没有对影响城乡劳动力转移的因素作出具体解释，尤其是这些理论对中国农民工"流而不入"这一特殊现象缺乏较强的解释力③。基于此，国内学者将西方的农民剩余劳动力转移及实现市民化的理论与我国实际情况相结合，进行了有益的本土化探索，提出了农村劳动力转移的"中国路径"。认为在绝大多数市场经济国家里，"农村人口城市化"和"农业剩余劳动力非农化"这两个进程是基本同步进行，因而也是合二为一的④，即"一步转移理论"。但用传统发展经济学的"一步

---

① ［美］托达罗：《第三世界的经济发展》，印金强等译，北京：中国人民大学出版社，1989 年，第 278 页。
② 李明欢：《欧洲华侨华人史》，北京：中国华侨出版社，2002 年，第 4 页。
③ 刘传江、董延芳：《农民工的代际分化、行为选择与市民化》，北京：科学出版社，2014 年，第 3 页。
④ 刘传江、徐建玲：《第二代农民工及其市民化研究》，《中国人口·资源与环境》2007 年第 1 期。

转移理论"无法解释我国农村剩余劳动力转移的特殊情况。在研究中逐渐形成了"两阶段论"和"三阶段论"等代表性观点。"两阶段论"认为在二元户籍制度下,农民市民化过程包括两个阶段,其迁移过程被分割成农民非农化和农民工市民化两个阶段,迁移人口在迁移到城市以后仍然面临进一步向城市居民转变的市民化过程[①]。并认为从农民到农民工的过程已无障碍,但从农民工到市民的转变过程,目前依然步履维艰。而"三阶段论"则认为我国城乡二元分割体制下的城市化进程实际上包括"集中化阶段"、"常住化阶段"和"市民化阶段"三个阶段,在以上三个阶段中,农民工市民化应划归为第三阶段——市民化阶段[②]。同时也有学者对于农村剩余劳动力转移进行了有益的理论总结,将已有的农村剩余劳动力理论研究成果总结为"亦工亦农论"、"内外部转移论"、"劳务输出论"、"农田集中经营论"、"就地转移论"、"城市化论"、"深分工论"、"定向转移论"、"复合转移论"、"私营经济论"和"区域经济持续发展论"等11种代表性观点[③]。

三、新生代农民工职业地位获得的理论模型研究

地位获得研究的分析重点是职业地位的获得过程与结果。在职业地位获得的研究理论中,传统的理论视角是"地位结构观",即假定个人是一个独立决策的"理性经济人","社会"被假定是一个常态的场域,个人与关系无涉。与之相区别的"网络结构观"则认为,个人是一个嵌入关系网络中的"理性社会人",所以"社会"被看作变化的场域,人们的社会联系也被视为影响人们行动的社会变量。从"理性经济人"假设到"理性社会人"假设,职业地位获得研究领域产生了四种代表性的理论模型,即人力资本模型、先赋-自致模型、结构分割模型、社会网络模型[④]。

1. 人力资本模型

人力资本是指人们花费在教育、健康、训练、移民和信息获得等方面

---

① 张广胜、周密:《新生代农民工市民化进程的测量及其决定机制——基于人力资本与社会资本耦合的视角》,北京:经济科学出版社,2013年。
② 王桂新、沈建法、刘建波:《中国城市农民工市民化研究——以上海为例》,《人口与发展》2008年第1期。
③ 刘怀廉:《农村剩余劳动力转移新论》,北京:中国经济出版社,2004年,第16页。
④ 边燕杰:《社会网络与地位获得》,北京:社会科学文献出版社,2012年,第4页。

的开支所形成的资本①，是与物质资本相对应的资本形式，亦称"非物力资本"。西奥多·W. 舒尔茨也指出："人力资本的显著标志是它属于人的一部分，它是人类的，因为它表现在人的身上；他又是资本，因为它是未来满足或未来收入的源泉或两者的源泉。"② 同时，舒尔茨也指出，个体所获得的人力资本既有可能增加受雇就业机会，也有可能提高经营能力及运营业务③。人力资本模型的理论出发点是经济学的理性人假设，强调个体行动者在利益最大化的驱使下努力提高其职业地位，而决定性的力量是其人力资本的多寡、优劣、高低④。贝克尔于1962年发表论文首次阐述了人力资本投资对于个人收入增加的意义，并于1964年出版了人力资本理论的专著。基于前人研究，认为人力产值主要源于自身人力资本的存量，即受教育水平、工作经验、在职培训⑤。该理论进而指出，求职者的人力资本存量越高，其生产能力也越高，相对于其他生产者，就会有较高的边际生产力和边际产值，从而获得更多的收入、更高的劳动力市场地位⑥。

在国内，农民工人力资本能促进其职业流动和职业上升的效应已成为学术界的共识，并认为以往劳动力市场中的抑制和异化农民工人力资本效用的结构性因素会随着市场化程度的提高而不断减弱甚至消退，人力资本的收益率将不断提高，其存量和质量直接影响着新生代农民工的职业成功。而现阶段农民工人力资本偏低的状况限制了其在内部劳动力市场晋升和向外部劳动力市场的自由流动。如有研究发现，农民工的职业技能、文化程度等人力资本因素对其职业行业的分布和职业向上流动均有显著影响，拥有丰富人力资本的农民工能获得较好工作机会、进入较高职业层次，以及获得稳定性更大职业岗位的概率远高于人力资本匮乏的农民工⑦。有研究进一步发现，农民工的受教育年限每增加1年，其劳动报酬将提高6.1%，

---

① 王爱武：《简论成人教育促进人力资本的增殖》，《中国成人教育》2002年第5期。
② [美]西奥多·W.舒尔茨：《论人力资本投资》，北京：北京经济学院出版社，1990年，第123页。
③ Schultz T W. The Value of the Ability to Deal With Disequilibria. *Journal of Economic Literature*，1975，13：827.
④ Schuhz T W. *The Economic Value of Education*. New York：Columbia University Press，1963.
⑤ Becker G S.*Human Capital：A Theoretical and Empirical Analysis With Special Reference to Education*. Chicago：University of Chicago' Press，1964.
⑥ 边燕杰：《社会网络与地位获得》，北京：社会科学文献出版社，2012年，第5页。
⑦ 姚先国、俞玲：《农民工职业分层与人力资本约束》，《浙江大学学报》（人文社会科学版）2006年第5期。

而与没有参加培训职业技能的农民工相比,参加培训农民工的劳动收入会高出 15.7%。这意味着随着市场化程度逐步提高,教育、培训等人力资本因素对农民工工资增长效应逐渐显现出来[①]。

2. 先赋-自致模型

社会学家认为人力资本的收入效用嵌入社会结构中,所以必须从社会结构变量入手才能揭示职业地位获得的真实逻辑过程与结果。布劳和邓肯在研究美国社会结构时,提出了社会地位获得模型。在研究过程中,他们将职业作为社会地位的重要指标,可以看作是对韦伯职业地位群体的呼应。在他们的社会地位获得模型中,布劳和邓肯用先赋性因素与自致性因素作为解释变量,社会地位作为因变量,建构了线性回归模型。先赋性因素包括父亲职业地位、父亲教育程度,自致性因素包括本人教育程度、初职与现职,对社会地位的测量通过本人教育程度、职业声望与收入水平来实现。通过模型运算,他们获得了影响社会地位获得的主要因素。研究发现:个人的教育程度、初职情况对现在的职业地位有影响,家庭对现在职业地位的直接影响较小,家庭的影响主要通过对个人教育及对初职情况的影响间接影响个人现在职业地位。他们提出关于社会流动模型:如果父亲情况直接影响到子代的职业地位,即先赋性因素直接影响到个人的地位获得,那么社会的开放性较弱;如果自致性因素(如教育等)对社会地位获得的影响较大,则认为社会的开放性强。社会地位模型第一次将职业作为现代社会中测量社会地位的量化指标,从统计意义上提出了社会地位获得的途径,同时也指出社会的流动与职业、代际之间的关系。该模型的提出为分析社会流动与分层研究提供了系统的理论,奠定了社会地位定量研究的基础。

布劳和邓肯的社会地位获得模型源于市场经济高速发展期的美国,与目前快速发展的中国有一定的相似性。20 世纪六七十年代正处于美国社会结构发生较大变动时,社会地位获得模型的提出反映了当时社会结构的基本情况。我国正处在社会结构发生较大改变的时期,翁定军、何丽等借用布劳和邓肯的社会地位获得模型对上海市的常住居民进行了调查,发现母亲的教育程度与职业地位对子代的职业地位有影响,先赋性因素的作用对人们社会地位的影响逐步降低,父辈的教育程度对子代教育程度的影响大

---

① 赵显洲:《人力资本、市场分割与农民工的工资决定》,《农业经济问题》2012 年第 4 期。

于父辈的职业地位。他们认为在市场经济发展较快的上海，先赋性因素对个人社会地位的影响力小于美国，权力的影响在减弱①。

但布劳和邓肯的社会地位获得模型只考虑了先赋性作用与自致性作用两个大的影响因素，而针对中国的实际情况，不少学者加入了政治因素的相关变量。例如，魏昂德认为家庭出身即政治地位对社会流动有明显的影响②，泽兰尼提出政治忠诚是获得较高社会地位的保证③。现阶段，再分配体制的作用尚未完全消除，在距离权力与资源中心越近的单位工作，职位越高，可以获得的资源越多，社会地位越高④。因此，职业地位不仅受到个人能力的影响，也受到权力与政治地位的影响。就进城务工的农民工而言，其职业地位的获得受到进入市场前的教育歧视和进入市场后的户籍歧视⑤。有研究发现，农民工与城市居民收入差距的30%是由现行的户籍歧视所造成的⑥。户籍制度对农民工工资收入的限制效应主要是通过城市倾向的就业政策和对城市工人不合理的制度性保护实现的。

3. 结构分割模型

关于个体职业流动的实现，学术界主要有两种解释范式：即空缺驱动模型（vacancy-driven models）和劳动力市场分隔理论（labor market segmentation theory）。如果决定人们社会地位的核心因素是能力与机会，那么人力资本模型和先赋-自致模型强调的是能力，基于新结构主义视角的结构分割模型则强调机会，将职业地位获得研究从个人视角提高到结构视角。以劳动力市场分割理论为基础的结构分割模型是其代表⑦。该理论首先认为，劳动力市场是分割的。概括地讲，个人在劳动力市场中的地位获得过程并不是发生在一个完全平等、整体均质的市场体系中，而是在一个个

---

① 翁定军、何丽：《社会地位与阶层意识的定量研究——以上海地区的阶层分化为例》，上海：上海人民出版社、格致出版社，2007年。
② Walder A G. Career Mobility and the Communist Political Order. *American Sociological Review*，1995，60（3）.
③ Szelenyi I. The Intelligentsia in the Class Structure of State Socialist Societies. *American Journal of Sociology*，1982.
④ Lin N，Bian Y. Getting Ahead in Urban China . *American Journal of Sociology*，1991，97（3）：657-688.
⑤ 郭凤鸣、张世伟：《教育和户籍歧视对城镇工和农民工工资差异的影响》，《农业经济问题》2011年第6期。
⑥ 姚先国、赖普清：《中国劳资关系的城乡户籍差异》，《经济研究》2004年第7期。
⑦ Kalleberg A M，Wallace M，Althauser R P. Economic Segmentation, Worker Power, and Income Lnequafity. *American Journal of Sociology*，1981，87：651-683.

相对独立、彼此间隔的分割部分中完成的。由于各个分割部分的性质不同，在有些分割的单元中，个人的收入获得、地位获得、社会流动得到了促进和提升；在另一些分割的单元中，个人的收入获得、地位获得、社会流动却有可能受到一定的抑制和阻碍①。但在劳动力市场分割的诸多情形中，最重要的一组分割是初级市场和次级市场，或"核心"与"边缘"。通常，次级劳动力市场中的工作流动率较高，因为这些部门中的工作欠稳定、缺乏晋升空间②。在欧美学术界，通常从劳动力市场分割的视角来分析移民的就业和经济适应问题，认为大多数移民缺乏职业竞争力，往往进入次级劳动力市场。与此同时，分割同化理论认为移民可以在同种族的经济企业中获益③。而在我国，新生代农民工是移民的典型代表，其面临的劳动力市场也是一个典型的分割劳动力市场，他们往往进入次级劳动力市场④。但新生代农民工外出务工过程中，由于其在城市中人际关系的拓展缓慢及我国人际关系结构的特殊性，"同乡同业"的聚集现象是一种常态⑤，形成主要以地域为纽带的"同乡聚集"⑥。

就劳动力市场分割理论的分割形成机制而言，包括内生机制和外生机制。内生机制是指劳动力市场的分割来自经济力量本身。外生机制是指劳动力市场的分割来自非经济因素，如城乡分割、区域分割、性别分割、种族分割等，其力量是社会性的，外在于劳动力市场，所以依靠市场自身的力量无法消除，需要借助政府、社会的力量来克服、改进⑦。虽然计划经济时期的中国不存在可称为"市场"的劳动力市场，但不同等级的单位所能够提供的保障和福利有明显的差别，单位内的控制手段也是全方位的⑧，这种明显的差别和控制能力在能够自由流动的时期就变成工作流动的影响因

---

① 边燕杰：《社会网络与地位获得》，北京：社会科学文献出版社，2012 年，第 6 页。
② Reich M, Gordon D M, Edwards R C. A Theory of Labor Market Segmentation. *The American Economic review*, 1973, 63: 359-365.
③ Xie M G Y. Ethnic Enclaves and the Earnings of Immigrants. *Demography*, 2011, 48 (4): 1293-1315.
④ 吴愈晓：《劳动力市场分割、职业流动与城市劳动者经济地位获得的二元路径模式》，《中国社会科学》2011 年第 1 期。
⑤ 郑莉：《东南亚华人的同乡同业传统——以马来西亚芙蓉坡兴化人为例》，《开放时代》2014 年第 1 期。
⑥ 张春泥、谢宇：《同乡的力量：同乡聚集对农民工工资收入的影响》，《社会》2013 年第 1 期。
⑦ 边燕杰：《社会网络与地位获得》，北京：社会科学文献出版社，2012 年。
⑧ [美] 华尔德：《共产党社会的新传统主义：中国工业中的工作环境和权力结构》，龚小夏译，香港：牛津大学出版社，1996 年。

素。转型时期，城市居民从国有部门向非国有部门的流动意味着放弃体制内福利和保障，使得这种工作流动实际上很有限①，拥有较高人力资本者普遍不愿意放弃体制内的稳定工作②。有学者在已有研究的基础上将中国劳动力市场分割的机制归纳为三种：市场制度中人力资本的正向回报机制、再分配制度传统下的体制内外差别机制及户籍制度形塑下的城乡身份差别机制③。这些劳动力市场分割机制会极大地弱化市场的力量，人力资本的发挥效应要受制于不同劳动力市场部门特有的保护模式④。

随着农民工进入城市劳动力市场，原有的基于城乡分割的二元劳动力市场演变为基于户籍身份的城市劳动力市场区隔⑤。在劳动力市场的结构分割下，政府对城市工人的保护性政策使得农民工与城市工人在城市劳动力市场上具有不同的薪酬回报机制，主要就业于次级劳动力市场的农民工冲破劳动力逆向流动的壁垒进入首要劳动力市场要经历多层的市场性障碍和制度性阻隔，遭受在工作机会和劳动收入方面的双重歧视。在收入分配上的不公平性主要表现在：一是农民工的工资水平远远低于同等经济贡献率城市居民平均工资水平；二是工资收入的增长水平远落后于国民经济发展速度⑥。如有研究发现 2001—2005 年我国农民工对经济增长的贡献率分别为 21.81%、21.85%、21.89%、21.91% 和 21.94%，而其分享率则仅为 3.58%、3.49%、3.75%、3.79% 和 3.87%⑦。但随着改革的深入和市场经济体制的逐步完善，也有研究发现城市工人和外来农民工之间人力资本的回报方面在方向上存在趋同现象⑧，城市二元劳动力市场正在走向融合⑨，至少在城市

---

① Zhou X, Tuma N B, Moen P. Institutional Change and Job-Shift Pattern in Urban China, 1949—1994. *American Sociological Review*, 1997, 62（3）: 339-365.
② 吴晓刚:《1993—2000 年中国城市的自愿与非自愿就业流动与收入不平等》,《社会学研究》2008 年第 6 期。
③ 张春泥:《农民工为何频繁变换工作：户籍制度下农民工的工作流动研究》,《社会》2011 年第 6 期。
④ Lewin-Epstein N, Semyonov M. Sheltered Labor Markets, Public Sector Employment, and Socioeconomic Returns to Education of Arabs in Israel. *American Journal of Sociology*, 1994, 100（3）: 622-651.
⑤ Meng X, Zhang J. Occupational Segregation and Wage Differentials Between Urban Residents and Rural Migrants in Shanghai. *Journal of Comparative Economics*, 2001, 29（3）: 485-504.
⑥ 彭红碧:《我国农民工工资水平非公平性的实质与根源》,《现代经济探讨》2010 年第 6 期。
⑦ 严于龙、李小云:《农民工对经济增长贡献及成果分享的定量测量》,《统计研究》2007 年第 1 期。
⑧ 李春玲:《流动人口地位获得的非制度途径——流动劳动力与非流动劳动力之比较》,《社会学研究》2006 年第 5 期。
⑨ Appleton S, Knight J, Song L, et al. Towards a Competitive Labour Market? Urban Workers, Rural Migrants, Redundancies and Hardships in China. 2001.

低端劳动力市场上呈现一种融合趋势，农民工逐渐融入福利要求低的劳动力市场，其与城市工人收入差距更多地来源于基于户籍身份的社会保障制度的设置①。

4. 社会网络模型

从社会学的视角来看，上述的人力资本模型、先赋-自致模型、结构分割模型等三种模型属于典型的地位结构观。后来社会学者在对地位结构观的批评与补充的基础上，形成了社会网络结构观，认为现实中的个体是嵌入社会关系网络之中的，关系嵌入性影响人们的经济行为，包括求职行为；也就是说，人们的职业地位获得在一定程度上是人们的社会关系网络及其运用的结果②。那么社会关系网络如何影响职业地位获得？从关系网络测量方式看，可分为四个流派：第一，关系强度观。格兰诺维特最先从理论上阐述了"弱关系"对职业地位获得的影响。他认为人际关系网络通过促进劳动力市场中的信息流动来影响职业获得，从而影响求职者的职业地位获得，而那些交往不频繁的"弱关系"往往联结着更加广阔的劳动力市场。"弱关系"可以为求职者带来更丰富却不冗余的职业信息，这使得求职者能够拥有更多的机会去获得较高地位或者较高收入的职业，"弱关系"能够提供非重复信息，通过"弱关系"能够获得更好的工作与更高收入③；边燕杰运用1988年天津市的调查数据，提出了与格兰诺维特"弱关系力量假设"相反的"强关系力量假设"，认为社会关系网络在再分配体制中发挥的主要是"人情网"的功能，而非"信息桥"的功能④。并进一步验证了"强关系力量假设"在职业流动中发挥的资源配置作用⑤。这表明"权力维续"的社会体制为"人情关系"交易提供了存在空间⑥。第二，关系资源观。林南认为，使用"弱关系"的求职者，能够找到有资源的关系人，是有资源

---

① 谢桂华：《农民工与城市劳动力市场》，《社会学研究》2007年第5期。
② Granovetter M. Afierword: Reconsiderations and a New Agenda. In *Getting A Job*, Chicago: The University of Chicago Press, 1995: 139-182.
③ Granovetter M. The Strength of Weak Ties. *American Journal of Sociology*, 1973, (78): 1360-1380.
④ Bian Y. Bringing Strong Ties Back in: Indirect Ties, Network Bridges, and Job Searches in China. *American Sociological Review*, 1997, 62(3): 366-385.
⑤ 边燕杰、张文宏：《经济体制、社会网络与职业流动》，《中国社会科学》2001年第2期。
⑥ 边燕杰、罗根：《市场转型与权力的维持：中国城市分层体系之分析》，载于边燕杰编：《市场转型与社会分层》，北京：生活•读书•新知三联书店，2002年，第427—459页。

的关系人而非关系强度有助于找到更好的工作①。第三，网络结构观。博特认为处于结构洞位置的求职者，有竞争优势，能够获得更好的职业机会与收入②。第四，网络信号观。认为求职者的社会关系具有信号功能，求职者如果能够找到较高地位的关系人，就会给招聘者传递特有信息，帮助求职者得到较好的工作与收入③。

后来，这些理论被不同学者在实证研究中加以运用和验证。如在国际移民研究中，Ports 指出，劳动力跨国移动的迁移决定与选择及在迁移后的城市适应等都与其社会网络密不可分。他把移民的社会资本定义为移民个人通过其在社会网络和更为广泛的社会结构中的成员身份而获得的调动稀缺资源的能力，认为移民可以利用这种成员身份来获取工作机会、廉价劳动力及低息贷款等各种资源，从而提高自身的经济地位④。Sanders 和 Nee 讨论了美国移民家庭社会资本及人力资本对于他们获得"自雇"地位的作用⑤。Massey 等根据历史资料与统计数据，详尽分析了社会资本在墨西哥移民迁移美国过程中的作用⑥。

同时，社会网络能够影响劳动力市场上找到工作的机会和工作类型也得到了经验研究的证实⑦，研究进一步分析了对于工资收入的影响，但结果发现存在分歧，没有得到一致的结论，如有研究发现个人拥有的社会网络与工资收入之间存在显著的正向相关关系⑧，同时也有研究发现社会网络对工作机会⑨

---

① Lin N. Social Resources and Instrumental Action. In Peter Marsten and Nan Lin (eds.), *Social Structure and Network Analysis*. London: Sage Publications, 1982.

② Burt R S. *Structural Holes: The Social Structure of Competition*. Cambridge, Mass: Harvard University Press, 1992.

③ Podolny J M. A Status-Based Model of Market Competition. *American Journal of Sociology*, 1993, 98 (4): 829-872.

④ Ports A. Economic Sociology and the Sociology of Immigration: A Conceptual Overview. In Porter Alejandro (Ed.), *The Economic Sociology of Immigration*, NewYork: Russell Sage Foundation, 1995.

⑤ Sanders J M, Nee V. Immigrant Self-Employment: The Family as Social Capital and the Value of Human Capital. *American Sociological Review*, 1996, 61 (2): 231.

⑥ Massey D S, Espinosa K E. What's Driving Mexico-U.S. Migration? A Theoretical, Empirical, and Policy Analysis. *American Journal of Sociology*, 1997, 102 (4): 939-999.

⑦ Mortensen D T, Vishwanath T. Personal Contacts and Earnings: It's Who You Know! *Labor Economics*, 1994, 1 (2): 187-201.

⑧ Simon C J, Warner J T. Matchmaker, Matchmaker: The Effect of Old Boy Networks on Job Match Quality, Earning and Tenure. *Journal of Labor Economics*, 1992, 10 (3): 306-330.

⑨ Lin N. Social Network and Status Attainment. *Annual Review of Sociology*, 1999, 25 (1): 467-487.

及工资收入没有显著影响①。而就农民工社会网络而言，社会网络的研究在理论上主要有强调社会结构对农民工求职行为制约的"结构制约范式"、关注农民工利用社会网络实现求职行为的"个体利用和再建构范式"和侧重于通过求职行为的实践过程进行剖析而揭示社会网络的作用逻辑的"实践研究范式"等三种研究范式②。而在经验研究方面，有研究发现，社会网络能够有效传递就业信息，提高农民工与就业岗位的匹配度，从而提高其工资水平③。也有学者通过对22个省（市）的农民工调研发现，随着市场化程度的不断提高，社会网络对农民工的工资增长效应逐渐下降，具体而言，市场化程度每提高1个单位，农民工社会网络的工资增长效应将下降0.3%④。与此同时，也有研究注重对农民工社会网络的实际运作的微观过程进行探析，实现研究对象从"抽象农民工社会网络"到"具体农民工社会网络"的转变，如有学者在对"浙江村"形成过程的分析基础上提出了"新社会空间"和"传统网络的市场化"的概念，对农民工社会网络的形成过程及效用进行阐述⑤。也有学者发现社会关系网络对农民工职业流动和职业地位获得的影响机制，既不同于"信息桥"机制⑥，也不同于"人情网"机制，而是一种依托一定关系的"闯市场"机制，社会关系网络的"闯市场"机制是农民工与市场的"共同演化"的互动过程⑦。

四、新生代农民工职业发展问题研究

新生代农民工职业发展指新生代农民工在务工期间，通过合理的职业规划，在工作过程中逐渐提升自身的职业技能和工作经验及技能，不断适应城市工作环境，建立和谐的劳动关系，以实现职业向上流动的过程。已

---

① Elliott J R. Social Isolation and Labor Market Insulation: Network and Neighborhood Effects on Less-Educated Urban Workers. *Sociological Quarterly*, 1999, 40（2）: 199-216.
② 李健、刘永功：《农民工社会网络研究的3种范式：一个反思性的文献综述》，《中国农学通报》2011年第6期。
③ 刘林平、张春泥：《农民工工资：人力资本、社会资本、企业制度还是社会环境？——珠江三角洲农民工工资的决定模型》，《社会学研究》2007年第6期。
④ 郝君富、文学：《市场化程度与社会网络的收入效应——基于农民工数据的实证研究》，《财经研究》2013年第6期。
⑤ 项飙：《跨越边界的社区：北京"浙江村"的生活史》，北京：生活·读书·新知三联书店，2000年。
⑥ Granovetter M S. The Strength of Weak Ties. *American Journal of Sociology*, 1973（78）: 1360-1380.
⑦ 陆益龙：《关系网络与农户劳动力的非农化转移——基于2006年中国综合社会调查的实证分析》，《中国人民大学学报》2011年第1期。

有相关新生代农民工职业发展的研究主要集中在以下三个方面。

（1）对农民工职业发展的现状进行实证分析。有学者通过实证研究发现，农民工是我国职业流动最为频繁的群体①，且农民工职业流动性存在代际差异，因新生代农民工大都具有受教育程度较高、职业期望高且工作耐受能力低等特征，会直接或间接地影响他们的职业选择②。新生代农民工的就业表现出稳定性差的现象③，其职业流动性远高于老一代农民工④，职业发展的"内卷化"倾向明显，职业发展预期不乐观，职业满意度低，导致"无用感"、"无根感"和"无路感"的萌生⑤。其中，年龄、工资、企业用工环境与新生代农民工就业稳定性呈正相关，择业机会识别与新生代农民工就业稳定性呈负相关⑥。

（2）对新生代农民工职业发展特征进行归纳。如有学者认为新生代农民工的职业发展存在着一种内卷化倾向，即他们在职业上处于一种无渐进式积累也无渐进式的增长状态，缺乏向上的流动通道⑦。由于成长环境和职业诉求的不同，与第一代农民工相比，新生代农民工的职业结构、行业结构、职业目标和职业诉求、职业稳定性都呈现出显著的代际差异⑧。

（3）对新生代农民工职业发展的影响因素进行探讨。在人口学变量因素对职业流动的影响方面，如"迁移者-停驻者"模型对年龄、职业技能等个体特征与劳动者职业流动和发展的关系进行了分析⑨。同时，性别⑩、婚

---

① 谢建社：《新生代农民工融入城镇问题研究》，北京：人民出版社，2011年，第67页。
② 王超恩、符平：《农民工的职业流动及其影响因素——基于职业分层与代际差异视角的考察》，《人口与经济》2013年第5期。
③ 陈昭玖、艾勇波、邓莹，等：《新生代农民工就业稳定性及其影响因素的实证分析》，《江西农业大学学报》（社会科学版）2011年第3期。
④ 郭锦墉、杨国强、梁志民：《农民工职业流动性代际差异分析——基于江西省农民工调研数据》，《农业技术经济》2014年第10期。
⑤ 李国梁：《新生代农民工职业发展的政府干预策略：困境与路径优化》，《中国人力资源开发》2016年第19期。
⑥ 陈昭玖、艾勇波、邓莹，等：《新生代农民工就业稳定性及其影响因素的实证分析》，《江西农业大学学报》（社会科学版）2011年第1期。
⑦ 何卫平：《新生代农民工职业发展内卷化倾向及选择性城市融入——以新生代青年农民工H为个案的研究》，《西华师范大学学报》（哲学社会科学版）2013年第3期。
⑧ 田艳平：《农民工职业选择影响因素的代际差异》，《中国人口·资源与环境》2013年第1期。
⑨ Guitton H, Blumen L, Kogan M, et al. The Industrial Mobility of Labor as a Probability Process. *Revue De L Institut International De Statistique*, 1957, 8（2）.
⑩ 宋月萍：《职业流动中的性别差异：审视中国城市劳动力市场》，《经济学》（季刊）2007年第2期。

姻状况[1]、常联系朋友数、兄弟姐妹数、有亲戚在政府部门工作、工作经验[2]、个人偏好、禀赋特征、家庭背景也是影响农民工的职业流动的重要因素[3]。在人力资本方面，个人的职业发展与其人力资本投资密切相关[4]，特别是个体的受教育程度，在职业发展过程中发挥着举足轻重的作用[5]。国内学者通过调查也发现，农民工进入城市务工的受教育程度、岗位从业的持续时间、职业技能培训状况有助于其职业的向上流动[6]。同时有研究发现，具有较高的职业信息需求、信息获取渠道多、获取方法先进的新生代农民工的职业上升空间和概率要大[7]。在社会资本方面，有学者指出：社会资本是新生代农民工职业发展的助推器，对个人的职业成功有着重要的作用[8]，但也有学者发现，对血缘、地缘关系等社会资本的过度利用反而不利于职业的提升[9]。因此，应不断在城市突破血缘、地缘、业缘关系的局限，社会资本的拓展应实现从传统"三缘时代"向现代"多缘时代"的转型[10]。

五、新生代农民工择业行为的收入效应研究

职业流动是否导致了劳动者在社会分层体系中位置的变化一直是社会学者普遍关注的一个重要议题。具体来说，"职业流动"是指劳动者在劳动

---

[1] Zhou H. Rural-urban Disparity and Sectoral Labour Allocation in China. *Journal of Development Studies*, 1997, 35 (3): 105-133.

[2] 康兰媛、朱红根：《"民工荒"背景下农民工择业稳定性影响因素实证分析》，《江西农业大学学报》（社会科学版）2013年第3期。

[3] Dries N, Pepermans R, Carlier O. Career Success: Constructing a Multidimensional Model. *Journal of Vocational Behavior*, 2008, 73 (2): 254-267.

[4] Boskin M J. A Conditional Logit Model of Occupational Choice. *Journal of Political Economy*, 1974, 82 (2): 389-398.

[5] Chevalier A. Education, Occupation and Career Expectations: Determinants of the Gender Pay Gap for UK Graduates. *Oxford Bulletin of Economics and Statistics*, 2007, 69 (6): 819-842.

[6] 曾福生、周化明：《农民工职业发展影响因素的实证分析——基于25个省（区、市）1141个农民工的调查数据》，《中国农村观察》2013年第1期。

[7] 姚缘、张广胜：《信息获取与新生代农民工职业流动》，《农业技术经济》2013年第9期。

[8] 王忠军、龙立荣：《员工的职业成功：社会资本的影响机制与解释效力》，《管理评论》2009年第8期。

[9] 曾福生、周化明：《农民工职业发展影响因素的实证分析——基于25个省（区、市）1141个农民工的调查数据》，《中国农村观察》2013年第1期。

[10] 胥仕元：《新生代农民工职业发展影响因素的理论分析》，《河北大学学报》（哲学社会科学版）2013年第6期。

力市场变换劳动角色，进行工作单位、职位及工作地点变更的过程，是劳动力流动的一种最重要的形式[①]，它既是衡量劳动力市场开放性程度的重要指标，同时也是考察社会经济结构性变化的重要依据。麦克南等则将各种职业流动的方式概括为四种，即工作改变但职业和居住地未变、职业间流动而不涉及地点变换、地区间流动但不涉及职业的改变、伴随着职业改变的跨地区流动[②]。关于职业流动是否导致了劳动者职业地位的变化，学者们进行了诸多理论与实证探讨。一方面，学者们进行理论探讨，如有学者提出的"空位竞争模型"（vacancy competition model）解释劳动力市场中职业地位获得，认为职业地位主要是由劳动者所处的结构性位置（职业）决定的，即职业流动是影响劳动力市场中劳动者职业地位获得的主要因素[③]。而布鲁门等人从劳动者的个体特征出发，认为流动性高低是劳动者的一种内在倾向，不同的人有不同的倾向性，并提出了著名的"迁移者-停驻者"模型，从理论上分析劳动者因个性差异而导致不同的职业流动结果，天生喜欢流动的劳动者，往往生产率不会太高，他们称之为"迁移者"；另一种生产率较高的劳动者，则往往会尽量避免发生工作的转换，他们称之为"停驻者"[④]。另一方面，学者们在理论的指导下进行了大量实证研究，从其研究成果来看，主要有择业的职业"水平化"效应、择业的"地位提升论"、择业效应的"有限性"和职业流动的收入负向效应四种代表性观点。

（1）择业的职业"水平化"效应。研究表明，我国农民工的职业流动性非常显著，不仅明显高于城市劳动者，也远远高于市场经济体制发达的国家[⑤]。但其择业对职业地位的影响不大，当前新生代农民工频繁变换工作的情况十分普遍，即呈现出"短工化"特征，并在近年来有增加的趋势，同时，新生代农民工变换工作后职业地位提升有限，面临着"水平化"的

[①] 赵延东、王奋宇：《当前我国城市职业流动的障碍分析》，《人口与经济》2004年第5期。
[②] 坎贝尔·R. 麦克南、斯坦利·L. 布鲁、大卫·A. 麦克菲逊：《当代劳动经济学》（第七版），北京：人民邮电出版社，2006年。
[③] Sorensen A B, Kalleberg A L. An Outline of a Theory of the Matching of Persons to jobs. In David B. Grusky (ed.), *Social Stratification: Class, Race, and Gender in Sociological Perspective*, Colorado: Westview Press, 2001: 438-446.
[④] Blumen L, Kogan M, McCarthy P J. *The Industrial Mobility of Labor as a Probability Process*. Ithaca: Cornell University Press, 1955.
[⑤] Knight J, Yueh L.Job Mobility of Residents and Migrants in Urban China, *Journal of Comparative Economics*, 2004, (32): 637-660.

困境。即农民工无论是在用工单位的内部,还是通过变更工作单位而实现用工单位之间的转换,其职业地位都未获得实质性的提升[1]。当新生代农民工的择业行为不再仅仅是一种出于经济目的或个人发展考虑的理性选择行为,而是在农民工群体中建构的、具有"理所当然"性质的"流动文化"驱动的习惯性行为时,容易导致新生代农民工的职业流动沦落为"为流动而流动"[2]。同时,农民工大多数集中在同质性较强的低端劳动力市场,职业流动更多是同阶层的横向流动,缺乏上向职业流动的渠道[3],这时职业流动的结果大多只能是"水平流动"。

(2) 择业的"地位提升论"。如格兰德等在研究职业流动与收入水平之间的关系时发现不同收入水平的劳动者的职业流动存在差异性[4]。这主要是因为当在某一城市的打工经历已经让他积累了足够转移的资本后,他们倾向于流动到其他能够给他提供更好工作机会或更多发展机会的城市。这样的流动甚至可以让他们流入更高一层的职业或社会阶层[5]。有学者通过实证研究也发现:高学历群体与低学历群体在劳动力市场中经济地位晋升的路径是截然不同的,高学历群体主要通过人力资本的投入与积累实现职业地位的提升,而新生代农民工等低学历劳动者的职业流动是提升他们职业地位的最重要因素[6]。究其原因,人力资本理论认为农民工在城市的职业流动能增强其在城市的就业能力,进而增加了职业上升的机会,这种能力形成的直接效应一般是增加了进城农民的收入水平[7]。工资匹配理论认为劳动者开始进入劳动力市场时,雇主与劳动者自身对劳动者的生产率存在信息不对称的问题。但随着工作时间的逐渐增加,雇主会根据劳动者真实的劳动效率来支付其劳动报酬,其中优质"匹配"的劳动者的职业报酬会增加,

---

[1] 沈原:《社会转型与新生代农民工》,北京:社会科学文献出版社,2013年。
[2] 郭云涛:《农民非农初职间隔及其影响因素作用的代际差异——基于"CGSS2006"调查数据的实证研究》,《中国人口科学》2010年第4期。
[3] 刘士杰:《人力资本、职业搜寻渠道、职业流动对农民工工资的影响》,《人口学刊》2011年第5期。
[4] Grand C L, Tåhlin M. Job Mobility and Earnings Growth. *European Sociological Review*, 2002, 18(4): 381-400.
[5] 杨肖丽、张广胜:《城市化进程中新生代农民工迁移行为及模式研究》,北京:中国农业出版社,2011年,第57页。
[6] 吴愈晓:《劳动力市场分割、职业流动与城市劳动者经济地位获得的二元路径模式》,《中国社会科学》2011年第1期。
[7] 杨云彦、褚清华:《外出务工人员的职业流动、能力形成和社会融合》,《中国人口·资源与环境》2013年第1期。

而劣质"匹配"者的劳动报酬则将降低或者只有缓慢的增长。这时,劣质"匹配"者会积极通过职业流动寻求更合适的"匹配"职业。因此,劳动者的工资会随着职业的变换而增加[1]。而职业搜寻理论主要关注劳动者在劳动力市场中的职业搜寻成本和劳动力市场的摩擦性失业,假设劳动力市场的就业信息是不完全的,劳动者职业变换是劳动者寻找更适合自己的职业的过程,而劳动者只有在新的职业更适合自己或有更高的职业报酬的前提下才会变换工作[2]。其实农民工职业流动是一种"用脚投票"的行为,主要目标是寻找下一个适合自己的工作岗位[3],一般来说,随着在城市务工年限的增加,农民工获得的市场供求信息势必增加,进而寻找到优质"匹配"的职业,其职业流动的结果应该是"从收入较低的工作流动到收入高的工作或从工作条件差的工作流向工作条件好的工作"[4],与此同时,有学者通过对农民工的实证分析,发现职业流动是农民工一种重要的人力资本投资过程,将对工资水平产生正向促进作用[5],对珠江三角洲农民工的研究也得出相似的结论。

(3) 择业效应的"有限性"。即初次或前几次职业流动对新生代农民工等流动人口的职业地位提升明显,而频繁的择业则对职业地位的提升有抑制作用。如李强认为新生代农民工的初次职业流动实现了职业地位的较大上升,而新生代农民工再次职业流动却基本上是水平流动[6]。而符平等通过调查研究发现:新生代农民工的流动轨迹呈倒"U"型,即前几次流动是向上流动,但当流动次数达到某个特定的值以后,无论是流入地、职业类型、流动原因还是获得新工作的途径,都呈现出逆向选择或向下流动的特点[7]。但进一步研究发现,这种择业效应的"有限性"在农民工群体中呈现显著的代际差异、性别差异和区域差异。如有研究发现新生代农民工收入水平与职业流动频次呈现倒"U"型非线性关系,而第一代农民工群体中

---

[1] Jovanovic B. Firm-specific Capital and Turnover. *Journal of Political Economy*, 1979, 87 (6): 1246-1260.
[2] Mortensen D T, Pissarides C A. Job Creation and Job Destruction in the Theory of Unemployment. *Review of Economic Studies*, 1994, 61 (3): 397-415.
[3] 高颖:《农村富余劳动力的供需变动及分析》,《人口研究》2008年第8期。
[4] 刘士杰:《人力资本、职业搜寻渠道、职业流动对农民工工资的影响》,《人口学刊》2011年第5期。
[5] 李萌:《劳动力市场分割下乡城流动人口的就业分布与收入的实证分析》,《人口研究》2004年第6期。
[6] 李强:《中国大陆城市农民工的职业流动》,《社会学研究》1999年第3期。
[7] 符平、唐有财:《倒"U"型轨迹与新生代农民工的社会流动——新生代农民工的流动史研究》,《浙江社会科学》2009年第12期。

不存在倒"U"型非线性关系①。同时也有研究发现,职业流动次数与女性农民工的收入水平呈现倒"U"型的非线性变化,而男性农民工群体中则不存在倒"U"型关系模式②。此外,这种变化存在区域差异,如有研究发现,农民工从中西部城市流动到东部城市的职业流动会显著提升其工资水平,而从东部城市流动到中西部城市的职业流动则不利于其工资的增长③。这是因为我国虽然通过经济体制改革,引进了市场机制,局部地改变了过去完全由行政手段配置劳动力的局面,人们拥有了自主选择职业的机会,使能力主义原则在职业流动中发挥越来越重要甚至是最为关键的作用,但是,制约能力主义原则发挥作用的大小及范围的因素,如家庭背景、所有制、户籍制度等依然存在。从而形塑了一种"结构性的职业流动格局",即大多数劳动者只能在与其父母职业地位相近的职业范围内流动④,这种人口结构上的差异,即"非市场性的禀赋"(pre-market endowments)仍然是导致农民工与城市居民收入差距的重要原因⑤。

(4)职业流动的收入负向效应。如罗纳德·弗里德曼和阿莫斯·H.霍利根据密歇根州 1935 年人口与失业人口统计数据探讨了美国 1930—1935 年经济大萧条时移民与职业流动的关系,结果发现,与城市非移民相比,迁移到密歇根州的弗林特城和大急流城移民比非移民的职业流动次数要高出 2.7 倍,且迁移的结果直接导致了移民居高不下的失业率和频繁的职业流动率⑥。有学者从"内部劳动力市场"的角度出发,认为劳动者的特殊的工作经验等人力资本会随着工作时间的增加而增加,而频繁变换工作通常意味着工作经验的积累被中断,其工资会因职业的变换而降低⑦。后来的实证研究的结果也发现农民工的工资水平与其在同一城市内的就业流动呈负

---

① 杜妍冬、刘一伟:《职业流动对农民工收入的影响及其代际差异——基于我国七城市的调查数据》,《南京农业大学学报》(社会科学版)2015 年第 4 期。
② 林李月、朱宇:《流动人口职业流动的收入效应及其性别差异——基于福建的实证分析》,《人口与经济》2014 年第 2 期。
③ 吕晓兰:《工作转换、流动与农民工收入增长》,《农业经济问题》2013 年第 12 期。
④ 王春光:《中国职业流动中的社会不平等问题研究》,《中国人口科学》2003 年第 2 期。
⑤ Démurger S, Gurgand M, Li S, et al. Migrants as Second-class Workers in Urban China? A Decomposition Analysis. *Journal of Comparative Economics*, 2009, 37 (4): 610-628.
⑥ Freedman R, Hawley A H. Migration and Occupational Mobility in the Depression. *American Journal of Sociology*, 1949, 55: 171-177.
⑦ [日]小池和男:《仕事の経済学》(第 3 版),东京:东洋经济新报社,2005 年,第 38—42 页。

相关关系[①]。有学者发现稳定就业农民工的工资收入明显高于非稳定就业农民工,并且非稳定就业农民工的收入差距大于稳定就业农民工[②],这也从侧面说明职业流动对收入的负向效应。

第三节 研究内容

新生代农民工择业行为及其影响因素是一个非常值得研究的现实问题,本书立足于职业地位获得的理论视角,运用社会学定量分析与质性分析相结合的研究方法,在对新生代农民工择业行为现状进行全面调查的基础上,归纳其择业行为的典型特征,接着在这两者之间建立相应的多元线性回归模型,系统地分析制约新生代农民工理性择业的深层次原因,并在此基础上构建一套引导新生代农民工理性择业的创新方案。

本书从社会学实证研究的基本范式出发,主要内容由绪论、研究设计、新生代农民工择业行为的理论探讨与现状分析、择业观念与新生代农民工的择业行为、人力资本与新生代农民工的择业行为、社会网络与新生代农民工的择业行为、就业环境与新生代农民工的择业行为、择业行为与新生代农民工的就业质量及引导新生代农民工理性择业的路径选择等九个部分构成。

第一部分是绪论。在这部分中,主要对本书研究问题的提出、国内外研究综述、主要内容及研究意义作一个简要的介绍。

第二部分是研究设计。在这部分中,本书主要界定了新生代农民工这一核心概念,并进一步在对新生代农民工择业行为、择业观念、人力资本、社会网络、就业环境等自变量,择业机会、职业选择、职业适应等中介变量及就业质量这一因变量进行界定和具体操作化的基础上提出本书的研究框架,同时对本书的资料来源、样本情况和资料处理方法进行了详细的介绍。

第三部分是新生代农民工择业行为的内涵界定与实证分析。在这部分中,本书主要从理论上对新生代农民工择业行为进行界定,并对新生代农民工择业行为的现状进行分析。

第四部分是择业观念与新生代农民工的择业行为。在这部分中,本书

---

① 谢勇:《农民工就业流动的工资效应研究》,《人口与发展》2009年第4期。
② 黄乾:《城市农民工的就业稳定性及其工资效应》,《人口研究》2009年第3期。

主要对新生代农民工择业观念的构成与现状进行实证分析,并在此基础上通过多元回归分析探讨择业观念对新生代农民工择业行为的影响,并对实证结果进行反思与总结。

第五部分是人力资本与新生代农民工的择业行为。在这部分中,本书主要对新生代农民工人力资本的构成与现状进行实证分析,并在此基础上通过多元回归分析探讨人力资本对新生代农民工择业行为的影响,并对实证结果进行反思与总结。

第六部分是社会网络与新生代农民工的择业行为。在这部分中,本书主要对新生代农民工社会网络的构成与现状进行实证分析,并在此基础上通过多元回归分析探讨社会网络对新生代农民工择业行为的影响,并对实证结果进行反思与总结。

第七部分是就业环境与新生代农民工的择业行为。在这部分中,本书主要对新生代农民工就业环境的构成与现状进行实证分析,在此基础上通过多元回归分析探讨就业环境对新生代农民工择业行为的影响,并对实证结果进行反思与总结。

第八部分是择业行为与新生代农民工的就业质量。在这部分中,本书主要对新生代农民工就业质量的现状进行了实证分析,并通过构建多元回归模型探讨了择业行为对新生代农民工就业质量的影响机制与作用逻辑,并对实证结果进行反思与总结。

第九部分是引导新生代农民工理性择业的路径选择。在这部分中,本书在实证研究的基础上,提出了引导新生代农民工进行理性择业的对策建议,具体可从以下四方面入手:一是转变择业观念,引导新生代农民工从"生存型"择业向"发展型"择业的转变;二是增强职业技能,提高新生代农民工参与职业培训的积极性与有效性;三是转换社会网络,引导新生代农民工实现从先赋性社会网络向自致性社会网络的转换;四是优化就业环境,积极为新生代农民工提供"市场自律"与"社会保护"双重保护。

第四节 研究意义

引导农民工有序实现市民化是我国新型城镇化战略的最终目的和归

宿。目前农民工在大城市实现异地市民化步履艰难,大都处于"半市民化"的边缘状态。就业乃民生之本,新生代农民工的择业行为与其就业质量息息相关,进而直接影响其市民化的进程。随着农民工群体的世代更替,新生代农民工已成为农民工的现实主体,新生代农民工因其在成长经历、进城务工动因、参与劳动力市场的职业竞争力及对未来期望等方面与第一代农民工存在显著的差异,从而导致其择业行为不同于第一代农民工,以往大多数研究将农民工视为同质性群体的思路和范式已不能正确地揭示新生代农民工择业真实景象。因此,在对新生代农民工择业行为进行系统地理论探讨和实证分析的基础上,构建一套引导新生代农民工群体理性择业的创新方案,乃是构建社会主义和谐社会实践中提出的一个亟待解决的重要现实课题。

本书在系统地分析新生代农民工择业行为的基础上进一步探讨影响其择业行为的深层次原因,具有重要理论意义和应用价值。从理论意义来看,目前在中国学界关于社会分化、分层的研究中,农民工更多地被视为一个同质性群体,这一群体内不断增加的多样性和差异性,以及事实上已经出现的分化,在静态的社会分层框架中往往被忽略,导致将农民工视为同质性群体的研究思路和范式得出的普遍性结论"掩盖"了新生代农民工择业行为的"特殊性",从而得出与客观事实相偏离的结论。而本书将新生代农民工作为一个独立的研究对象,对其择业行为及其影响因素进行系统的研究,将有利于丰富有关农民工问题研究的理论宝库,有助于深化社会学的人口迁移和流动人口融入的相关理论,开拓社会学研究的新视域,展示社会学的应用价值;而从应用价值方面来看,本书通过对湖南、安徽和贵州3省新生代农民工的抽样调查数据的实证分析,不仅能较为全面客观地了解现阶段新生代农民工择业行为的状况和特征,解释择业观念、人力资本、社会网络、就业环境与择业行为影响逻辑和作用机制,而且能为相关政府部门提供一套关于引导新生代农民工理性择业的创新咨询方案,逐步引导新生代农民工从"生存型"择业转化为"发展型"择业,实现"高质量"就业,夯实新生代农民工城市适应和市民化的物质基础,从而有助于加快新生代农民工实现职业上的"去体力化"和身份上的"去农民工化"进程,进而加快我国推进新型城镇化战略与解决"三农"问题的步伐。

第二章

研 究 设 计

第一节 概念的界定与测量

一、新生代农民工

20世纪80年代以来,由于我国流动人口管理制度的变迁及户籍制度的改革,对农村剩余劳动力转移到城市的就业者的称谓几经变化,从刚开始的"盲流"、"民工",到今天的"农民工"、"新移民"、"新市民",其称谓的变化折射出的是社会主流意见对农民工态度的转变。这期间,农民工经历了从被排斥、打压到默许、认可,直至接纳、鼓励的过程[1]。1984年,中国社会科学院《社会学通讯》首次使用"农民工"一词,随后这个说法被大量地引用,这一称谓也逐渐被广泛使用,成为一种通用的说法。这一称谓形象地表述了农民工职业与身份相分离的事实[2]。2006年国务院研究室课题组对农民工进行了界定,即户籍身份还是农民、有承包土地,但主要从事非农业、以工资为主要收入来源的人员[3]。本书把持有农村户籍而在城镇的第二、三产业就业或受雇的人员定义为农民工,其身份是介于农民与工人或城市市民之间的流动性较强而职业报酬相对较低的劳动者群体。

---

[1] 朱光磊:《当代中国社会各阶层分析》,天津:天津人民出版社,2007年,第283页。
[2] 李玮:《农民工就业理论与实践研究》,北京:中国档案出版社,2008年,第1页。
[3] 国务院研究室课题组:《中国农民工调研报告》,北京:中国言实出版社,2006年,第1页。

绝大多数农民工在追求物质利益与寻求自身发展的双重"诱导"下流动到城镇打工,而现阶段离土又离乡的异地就业模式使其无法兼顾"农村的一亩三分地",使其成为以工资收入为主要生活来源的现代劳动者,但他们的户口还在农村,身份依然还是农民,身份改变滞后于职业变迁的困境往往导致其生活在城市主流社会之外而成为"边缘人"。随着身份与职业相分离的客观事实引发农民工问题的凸显及农民工自身权利意识的增强,目前学术界对"农民工"的研究经历了一个从生存论预设下的"生存-经济"叙事模式到公民权视野下的"身份-政治"叙事模式的转变[1]。

与此同时,农民工群体内部已经发生分化,已由一个同质性很强的群体分化成一个具有较高异质性的群体。新生代农民工是以老一代农民工为参照提出的新概念。"代"的提出是为了更好地区分与了解农民工群体的真实状况。德国社会学家卡尔·曼海姆在1952年发表的《代理论》是一篇从社会学角度出发系统阐述与"代"相关问题的经典文章。"代理论"认为在现代社会,"代"才是理解社会变迁和文化继承的关键。在卡尔·曼海姆看来,"没有代,社会变迁是不会出现的,代是社会变迁完成的基础"[2]。代是一个时代位置,在同一时代位置上,人们拥有共同的历史经历。因为经历共同的事件,从而拥有共同的思想模式和行为模式。上一代人与下一代人虽然经历共同事件,却有不同反应。这是"意识分层化"在起作用[3]。

伴随农民工总体数量的快速增长,农民工群体也经历着代际转换,第一代农民工随着年龄的老化逐渐返回农村,其后代逐渐成为农民工群体的主体力量登上了城镇化的大舞台。学者们不再像以往一样将农民工作为一个同质性很强的群体来研究,而是开始了从代际角度对农民工群体进行纵向研究。但目前在学术界对新生代农民工的划分没有一个统一的标准。中国社会科学院王春光研究员指出:"农村流动人口已经出现代际间的变化,他们不仅在流动动机上存在很大的差别,在许多社会特征上也很不相同",从而提出了"新生代农村流动人口"概念,主要把20世纪90年代后期进城务工且具有农村户籍的农民工称为新生代农村流动人口[4]。杨善华等则将

---

[1] 王小章:《从"生存"到"承认":公民权视野下的农民工问题》,《社会学研究》2009年第1期。
[2] Mannheim K. The Sociological Problem of Generations. *Essays on the Sociology of Knowledge*,1964.
[3] 梁幸枝:《代理论与城市青少年研究——以近年城市青少年消费研究为切入点》,《中国青年研究》2004年第7期。
[4] 王春光:《新生代农村流动人口的社会认同与城乡融合的关系》,《社会学研究》2001年第3期。

此称作新一代流动民工,也有的学者直接以"80后农民工"来称呼这个群体[1]。同时也有的学者根据我国改革开放前后两个时期不同的生育政策、成长环境和社会经济条件的差异,以出生年份在1980年前后为分界,把农民工群体划分为第一代农民工和第二代农民工[2]。2010年1月,《中共中央国务院关于加大统筹城乡发展力度进一步夯实农业农村发展基础的若干意见》的一号文件中首次使用了"新生代农民工"这一概念。同年,全国总工会将新生代农民工界定为出生于20世纪80年代以后,年龄在16岁以上,在异地以非农就业为主的农业户籍人口[3]。有学者认为第一代农民工群体具有低文化、保守、低技能和能吃苦的特征,而新生代农民工群体则具有文化型、开放型、中高技能型与享受型等特征[4]。综上所述,本书中的新生代农民工是指出生于20世纪80年代后,于20世纪90年代末或21世纪初开始进入城市从事打工、经商等非农生产6个月及以上的农业户籍人口。他们在务工过程中有着比第一代农民工更高的诉求、追求与理想,同时也面临着更多的发展困境与挑战,因而容易陷入向往现代性与被边缘化的两难境地。

二、择业观念

本书中的新生代农民工的择业观念是指新生代农民工在城市择业过程中对自己在工作中发挥才能与提高素质的期望,在工作过程中获得物质与精神回报、职业价值和等级层次,以及自己为获得理想的工作岗位必须为之付出时间、精力、资金等方面的主观认识与态度的综合性反应。具体包括新生代农民工的职业发展观、职业报酬观、职业声望观和择业代价观等四个方面。

(1)职业发展观。职业发展观是新生代农民工对于自己在工作中发挥才能与提高素质需要的满足程度的认识,具体表现为对个人的发展前途、

---

[1] 杨善华、朱伟志:《手机:全球化背景下的"主动"选择——珠三角地区农民工手机消费的文化和心态解读》,《广东社会科学》2005年第2期。

[2] 刘传江、程建林:《我国农民工的代际差异与市民化》,《经济纵横》2007年第4期。

[3] 全国总工会新生代农民工问题课题组:《关于新生代农民工问题的研究报告》,《江苏纺织》2010年第8期。

[4] 闻英:《新生代农民工的实证分析:基于与第一代农民工比较的视角》,《山东青年政治学院学报》2011第3期。

发挥自身特长,以及在工作过程中不断提升职业技能等方面的重视程度。本书设计了包括"选择工作时,发展前景最重要"、"我会优先选择能发挥我才能的工作岗位"、"选择工作时,我的特长是我考虑的首要因素"、"选择工作时,我的兴趣是第一位的"、"如果目前的工作发展空间很有限,待遇再好我也会辞职再择业"和"能提升职业技能的工作岗位,即使收入低点我也会继续干"等六个指标的新生代农民工职业发展观量表来测量新生代农民工职业发展观的现状。

为了检验新生代农民工职业发展观量表的信度,本书对试调查的新生代农民工样本进行信度分析,进行信度检验时采用克隆巴赫系数(Cronbach's alpha)和项目总体相关系数来评价各测量项目内部一致性。当克隆巴赫系数在 0.7 以上时问卷被认为可信度较高;而项目总体相关系数是对克隆巴赫系数信度检验的补充,对于项目总体相关系数小于 0.4 的变量一般需要剔除,剔除该变量后,如果克隆巴赫系数增大,则该变量应该被剔除[①]。通过统计分析,新生代农民工职业发展观量表的总体信度的克隆巴赫系数为 0.711,说明量表的信度较高,但从量表项目总体相关系数来看,其中"选择工作时,我的兴趣是第一位的"的项目总体相关系数为 0.350,小于标准值 0.4,因此将其剔除,剔除后新生代农民工职业发展观量表的克隆巴赫系数上升到 0.760,表明剔除"选择工作时,我的兴趣是第一位的"这一指标后,整个量表的信度更加理想(表 2-1)。因此,本书正式调查的新生代农民工职业发展观量表由包括项目总体相关系数大于 0.4 的 5 个指标构成。

表 2-1 新生代农民工职业发展观量表的信度分析

项目	均值(M)	标准差(S.D.)	项目总体相关系数	剔除后的克隆巴赫系数
选择工作时,发展前景最重要	3.45	0.59	0.573	0.702
我会优先选择能发挥我才能的工作岗位	3.48	0.48	0.527	0.717
选择工作时,我的特长是我考虑的首要因素	3.55	0.81	0.541	0.711
如果目前的工作发展空间很有限,待遇再好我也会辞职再择业	2.94	0.87	0.498	0.727

[①] 吴明隆:《问卷统计分析实务 SPSS 操作与应用》,重庆:重庆大学出版社,2010 年,第 184—188 页。

续表

项目	均值（M）	标准差（S.D.）	项目总体相关系数	剔除后的克隆巴赫系数
能提升职业技能的工作岗位，即使收入低点我也会继续干	2.73	1.03	0.503	0.725

注：量表克隆巴赫系数=0.760。

（2）职业报酬观。新生代农民工的职业报酬观是指新生代农民工对于自己通过工作获得的物质与精神回报状况的认识与态度。本书设计了包括"工作环境舒适度"、"工资性收入及各种奖励的高低"、"单位开展集体休闲文化活动的多寡"、"是否提供'五险一金'"、"工作的风险性和稳定性程度"和"能否实现职业向上流动的空间和机会"等六个指标的新生代农民工职业报酬观量表来测量新生代农民工职业报酬观的现状。本书通过对参加试调查新生代农民工样本进行量表信度分析，发现新生代农民工报酬观量表的总体信度的克隆巴赫系数为 0.717，说明量表的信度较高，但从量表项目总体相关系数来看，其中"单位开展集体休闲文化活动的多寡"的总体相关系数为 0.379，小于标准值 0.4，因此将其剔除，剔除后新生代农民工职业报酬观量表的克隆巴赫系数上升到 0.781，表明剔除"单位开展集体休闲文化活动的多寡"这一指标后，整个量表的信度更加理想（表 2-2）。因此，本书正式调查的新生代农民工职业报酬观量表由包括项目总体相关系数大于 0.4 的 5 个指标构成。

表 2-2　新生代农民工职业报酬观量表的信度分析

项目	均值（M）	标准差（S.D.）	项目总体相关系数	剔除后的克隆巴赫系数
工作环境舒适度	3.64	0.58	0.617	0.717
工资性收入及各种奖励的高低	4.23	0.27	0.564	0.735
是否提供"五险一金"	3.15	0.63	0.590	0.726
工作的风险性和稳定性程度	3.39	0.54	0.452	0.772
能否实现职业向上流动的空间和机会	3.32	0.62	0.550	0.740

注：量表克隆巴赫系数=0.781。

（3）职业声望观。新生代农民工职业声望观是指其对工作的职业权力、职业价值、等级层次和工作条件等社会地位资源情况的主观认识，亦即社会地位高低的主观评价。本书设计了包括"我偏向于喜欢在沿海地区或发达地区工作"、"我更喜欢在大城市或省会城市工作"、"我喜欢就业地点在城市中心地区的工作单位"、"我宁愿工资低一点，也不愿意干那些脏累差的工作"、"我比较看重工作单位的社会知名度"和"我比较看重工作单位的社会美誉度"等六个指标的新生代农民工职业声望观量表来测量新生代农民工职业声望观的现状。本书通过对参加试调查新生代农民工样本进行量表信度分析，发现新生代农民工报酬发展观量表的总体信度的克隆巴赫系数为0.794，说明量表的信度较高，但从量表项目总体相关系数来看，其中"我喜欢就业地点在城市中心地区的工作单位"的总体相关系数为0.383，小于标准值0.4，因此将其剔除，剔除后新生代农民工职业声望观量表的克隆巴赫系数上升到0.817，表明剔除"我喜欢就业地点在城市中心地区的工作单位"这一指标后，整个量表的信度更加理想（表2-3）。因此，本书正式调查的新生代农民工职业声望观量表由包括项目总体相关系数大于0.4的5个指标构成。

表2-3 新生代农民工职业声望观量表的信度分析

项目	均值（M）	标准差（S.D.）	项目总体相关系数	剔除后的克隆巴赫系数
我偏向于喜欢在沿海地区或发达地区工作	3.05	0.79	0.628	0.776
我更喜欢在大城市或省会城市工作	3.02	0.57	0.576	0.790
我宁愿工资低一点，也不愿意干那些脏累差的工作	3.53	0.47	0.624	0.776
我比较看重工作单位的社会知名度	3.32	0.62	0.654	0.766
我比较看重工作单位的社会美誉度	3.41	0.73	0.560	0.795

注：量表克隆巴赫系数=0.817。

（4）择业代价观。新生代农民工择业代价观是其对于自己在城市务工过程中获得某项理想工作岗位所必须为之付出时间、精力、资金等方面的看法和态度。本书设计了包括"我愿意在找工作上花大量时间"、"我愿意在找工作上花费较多金钱"、"为了找到好工作，我愿意承担频繁更换工作带来的损失"、"为了找到好工作，我愿意承担择业等待期的损失"、"为了获得理想的岗位，我会想办法动用各类关系"和"当理想的职业与家庭发生冲突时，我也不会轻易放弃"等六个指标的新生代农民工择业代价观量表来测量新生代农民工择业代价观的现状。本书通过对参加试调查新生代农民工样本进行量表信度分析，发现新生代农民工择业代价观量表的总体信度的克隆巴赫系数为0.805，说明量表的信度较高，但从量表项目总体相关系数来看，其中"为了找到好工作，我愿意承担频繁更换工作带来的损失"的总体相关系数为0.393，小于标准值0.4，因此将其剔除，剔除后新生代农民工择业代价观量表的克隆巴赫系数上升到0.829，表明剔除"为了找到好工作，我愿意承担频繁更换工作带来的损失"这一指标后，整个量表的信度更加理想（表2-4）。因此，本书正式调查的新生代农民工择业代价观量表由包括项目总体相关系数大于0.4的5个指标构成。

表2-4　新生代农民工择业代价观量表的信度分析

项目	均值（M）	标准差（S.D.）	项目总体相关系数	剔除后的克隆巴赫系数
我愿意在找工作上花大量时间	2.82	0.63	0.766	0.751
我愿意在找工作上花费较多金钱	2.91	0.54	0.651	0.787
为了找到好工作，我愿意承担择业等待期的损失	2.72	0.61	0.727	0.763
为了获得理想的岗位，我会想办法动用各类关系	3.31	0.35	0.582	0.807
当理想的职业与家庭发生冲突时，我也不会轻易放弃	2.75	0.84	0.423	0.819

注：量表克隆巴赫系数=0.829。

三、人力资本

人力资本是指个体通过教育、培训、迁移、健康投资等形成，并体现在劳动力身上的、以劳动者的素质表现出来的技能和生产知识的存量，包括知识、技能、智力、体力价值的总和[①]。本书将其操作化为新生代农民工的受教育程度、健康状况、职业培训次数、职业培训时间、职业资格证书获得情况及择业效能感等六个方面。其中受教育程度、职业培训次数、职业培训时间、职业资格证书获得情况为单一指标变量，通过问卷直接获得，而新生代农民工的健康状况和择业效能感分别设计健康状况量表和择业效能感量表来测量。其中健康状况量表包括"我感觉身体健康状况很好"、"我目前没有患各种慢性病"、"我每年很少去医院看病"、"我很少去药房买药吃"、"我经常觉得自己活着没意义"、"我经常觉得自己没有用"、"我经常

---

① [美]贝克尔：《人力资本》，北京：北京大学出版社，1987年。

感到很孤独"、"我经常感觉到对什么都不感兴趣"、"我容易哭泣或想哭"、"我经常烦躁易怒"、"我经常睡不着觉（失眠）"等 11 个测量指标，答选项设有"完全符合"、"比较符合"、"一般"、"不太符合"、"很不符合"，并对健康状况的正向测量指标分别赋值 5、4、3、2、1，而对健康状况的负向测量指标分别赋值 1、2、3、4、5。量表的总体信度的克隆巴赫系数为 0.814，各个指标的项目总体相关系数（CITC）均大于 0.4，说明量表的信度较高（表 2-5）。

表 2-5 新生代农民工健康状况量表的信度分析

项目	均值（M）	标准差（S.D.）	项目的总体相关系数	剔除后克隆巴赫系数
我感觉身体健康状况很好	3.57	0.45	0.453	0.785
我目前没有患慢性病	3.55	0.46	0.548	0.774
我每年很少去医院看病	3.73	0.53	0.553	0.774
我很少去药房买药吃	3.62	0.35	0.507	0.780
我经常觉得自己活着没意义	3.16	0.61	0.449	0.786
我经常觉得自己没有用	3.14	0.49	0.407	0.790
我经常感到很孤独	2.81	0.62	0.524	0.778
我经常感觉对什么都不感兴趣	3.08	0.51	0.488	0.782
我容易哭泣或想哭	2.93	0.33	0.450	0.791
我经常烦躁易怒	2.87	0.53	0.470	0.783
我经常睡不着觉（失眠）	3.53	0.48	0.403	0.793

注：量表的克隆巴赫系数=0.814。

新生代农民工的择业效能感从自我状况评价能力、就业信息获取能力、就业目标确定能力、职业发展规划能力和就业问题解决能力等五个维度进行探讨，并在此基础上设计了"我能对自己拥有的各项能力进行准确的评价"、"我非常清楚我的择业目的和就业目标"、"我完全明白实现职业发展的努力方向"、"我对选择职业的标准有准确的把握"、"我能准确预测从事职业的发展前景"、"我能准确判断企业招聘员工的技能要求"、"我善于向我想要应聘企业的员工了解信息"、"我能够运用多种途径寻找就业信息"、"我非常清楚我适合干什么工作"、"在理想的就业机会面前，我毫不犹豫"、"我有信心能找到自己理想的工作"、"我能够有计划地完成我的工作任务"、"我能够为实现职业的发展做好准备"、"我有信心应付求职过程中各种考核"、"我有能力规划自己职业生涯"、"我有能力及时调整我的职业规划"、"我能及时调试求职失败的消极情绪"、"我有信心完成工作中遇到的难题"、"我有信心实现理想工作岗位的转换"和"我对自己职业目标的实现充满信心"等20个指标进行测量。本书通过对参加试调查新生代农民工样本进行量表信度分析，发现新生代农民工择业效能感量表总体信度的克隆巴赫系数为0.823，且各指标的总体相关系数均大于标准值0.4，表明整个量表的信度比较理想（表2-6）。因此，本书正式调查的新生代农民工择业效能感量表由包括项目总体相关系数大于0.4的20个指标构成。

表2-6 新生代农民工择业效能感量表的信度分析

项目	均值（M）	标准差（S.D.）	项目总体相关系数	剔除后的克隆巴赫系数
我能对自己拥有的各项能力进行准确的评价	2.68	0.43	0.425	0.814
我非常清楚我的择业目的和就业目标	3.09	0.33	0.497	0.811
我完全明白实现职业发展的努力方向	2.84	0.54	0.430	0.814
我对选择职业的标准有准确的把握	2.95	0.32	0.493	0.811
我能准确预测从事职业的发展前景	2.67	0.64	0.512	0.809
我能准确判断企业招聘员工的技能要求	2.93	0.27	0.453	0.812
我善于向我想要应聘企业的员工了解信息	2.45	0.22	0.484	0.810
我能够运用多种途径寻找就业信息	3.06	0.48	0.521	0.810
我非常清楚我适合干什么工作	3.22	0.56	0.501	0.810
在理想的就业机会面前，我毫不犹豫	3.14	0.25	0.410	0.815
我有信心能找到自己理想的工作	2.73	0.51	0.447	0.813
我能够有计划地完成我的工作任务	2.67	0.64	0.468	0.733
我能够为实现职业的发展做好准备	2.68	0.43	0.581	0.715
我有信心应付求职过程中各种考核	2.79	0.46	0.535	0.723
我有能力规划自己职业生涯	2.81	0.62	0.466	0.734
我有能力及时调整我的职业规划	3.03	0.65	0.510	0.729
我能及时调试求职失败的消极情绪	3.07	0.71	0.422	0.741
我有信心完成工作中遇到的难题	2.92	0.51	0.608	0.603
我有信心实现理想工作岗位的转换	2.59	0.57	0.588	0.627
我对自己职业目标的实现充满信心	2.52	0.49	0.501	0.728

注：量表克隆巴赫系数=0.823。

四、社会网络

目前学术界对个人社会网络的测量通常采用三种方法：提名法、事件法与定位法。"提名法"通过让调查者自己说出关系人，可以描述出以调查者为中心的关系网络，但这种方法往往只涉及"强关系"者，缺少关系网络的强弱分析框架。"事件法"通过询问假设出现某一事件会想到谁的方式，可以完整地描述个人网络（如对餐饮网进行测量），但有时这样获得的关系网络太大，不适合有效的分析。考虑到职业等社会位置的"定位法"可以简略描述出关系网络中高低等级差异和可接触到的直接间接资源，但缺少对某一"关系桥"的具体化[①]。

春节是中国的重要传统节日，运用拜年网对中国的社会网络进行分析是一个极好的切入点。边燕杰也指出，拜年只发生在有一定交往的个人之间，属于某人拜年网中的个人可以看作与某人具有关系或者具有发展出关系的潜在可能。春节期间，大家走亲访友，增进感情。亲属的拜年、朋友之间的拜年主要是情感的维护。同时，利用春节向有交往的其他朋友拜年也是利用维护感情的名义进行的社会资源的投资。拜年网可看作是工具性与情感性的融合[②]。按照习俗，一般是晚辈向长辈拜年、员工向领导拜年，即社会资本较低者向社会资本较高者拜年，朋友之间互相拜年。可以说，个人向别人拜年的网络囊括了个人想要接触的而又有可能接触到的社会资源。个人的拜年活动可以看成个人对社会资源的维持与投资。同时，网络中心的个人自身也具有社会资本，与其他拥有社会资本的个人相联系，也会接受别人的拜年。也就是说，接受拜年者的社会资源相对丰富，拜年者愿意与接受拜年者建立关系，期望能够接触到被拜年者的资源，同时接受拜年者也很容易动用拜年者拥有的资源。拜年网（互相拜年）基本包括了个人可以动用与接触到的社会资本，可以看作个人关系网络的总括。

社会网络中的行动者可以是个人、团队、组织和企业等。根据行动者的层次不同，社会网络分析方法分为整体网络分析（global-network）和自我中心网络分析（ego-network）。整体网络分析旨在探讨团队、群体、组织

---

① Lin N. Buliding a Network Theory of Social Capital. Keynote Address at the XLX International Sunbelt Social Network Conference, Charleston, South Carolina, 1999, February.

② 边燕杰：《城市居民社会资本的来源及作用：网络观点与调查发现》，《中国社会科学》2004年第3期。

和社区等有边界的群体之行为对整个组织的影响。本书采用以自我中心网络作为社会网络分析的对象的社会网络分析方法。而对于中国人来说，拜年行为具有"表意性"和"工具性"的双重意义，因此，运用拜年网是中国特有文化背景下测量个体社会网络资源的较为有效的方法，并已在相关研究中得到广泛的应用，表现出较好的适用性[1]。本书在测量中也以春节拜年交往为事件依托，采用"定位法"来测量中国农民工的社会网络资源。这种方法在调查时更少涉及个人隐私，能有效地避免"提名法"测量得来的结果大都集中于"强关系"的缺憾[2]。同时，本书延续了边燕杰等在"春节拜年网"使用的19种职业，询问了被访者春节拜年的对象是否包括我们所列举的19种职业[3]。为了分别测量新生代农民工先赋性社会网络资源与自致性社会网络资源，在调查问卷中通过分别询问"如果回老家过年，在春节期间以各种方式（不含手机短信）互相拜年、交往的亲属、朋友和相识大概有多少人/户"和"如果在打工地过年，春节期间以各种方式（不含手机短信）互相拜年、交往的亲属、朋友和相识大概有多少人/户"，并在具体分析时分别从网络规模、网络顶端、网络差异和网络密度四个维度加以探讨。

在具体分析时，网络规模采用将新生代农民工春节拜年网中亲戚、朋友与熟人的人数加总的方法来测量。网络顶端即个人网络中拥有最多资源或者权力最大的他人，本书通过职业权力分数来体现非职业声望分数（表2-7），因为基于职业权力计算出来的社会网络在信度和效度方面都优于基于职业声望测算的结果[4]。网络顶端越高说明网络包含了拥有较多资源的他人，网络蕴含的社会资本越多。网络差异即职业的分布广度，各种职业职位可以形成互补的资源，网络差异越大，资源越丰富，本书用农民工拜年网中职位个数来测量。而网络密度则用春节拜年网中相互拜年的亲属数量与春节拜年网中的所有成员数量的比值来进行测量。

本书在对调查样本进行分析后发现，新生代农民工先赋性社会网络资源量表的克隆巴赫系数为0.643，说明这一量表的信度不太理想，但将项目

---

[1] 王卫东：《中国社会文化背景下社会网络资本的测量》，《社会》2009年第3期。
[2] 罗家德：《社会网分析讲义》，北京：社会科学文献出版社，2005年，第60页。
[3] 边燕杰：《城市居民社会资本的来源及作用：网络观点与调查发现》，《中国社会科学》2004年第3期。
[4] 尉建文、赵延东：《权力还是声望？——社会资本测量的争论与验证》，《社会学研究》2011年第3期。

表 2-7 不同职业的声望分数与权力分数[①]

职业类别	职业声望分数	职业权力分数
1. 科学研究人员	95	42
2. 法律专业人员	86	59
3. 工程技术人员	86	43
4. 大学教师	91	46
5. 中小学教师	77	38
6. 经济业务人员	64	28
7. 行政办事人员	53	56
8. 企事业单位领导	71	72
9. 党政机关领导干部	80	73
10. 厨师/炊事员	24	13
11. 民警	52	54
12. 会计	58	34
13. 司机	25	15
14. 护士	48	20
15. 营销人员	15	9
16. 饭店/餐馆服务员	11	6
17. 产业工人	20	7
18. 保姆、计时工	6	5
19. 医生	86	57

总体相关系数小于 0.4 的"网络密度"这一指标删掉后,这一量表的克隆巴赫系数上升为 0.720,表明剔除这一指标后量表的信度更加理想(表 2-8)[②]。

表 2-8 新生代农民工先赋性社会网络资源量表的信度分析

项目	均值（M）	标准差（S.D.）	项目总体相关系数	剔除后的克隆巴赫系数
网络差异	5.30	3.321	0.511	0.885
网络规模	34.01	24.567	0.785	0.603
网络顶端	48.17	23.163	0.757	0.643

注：量表克隆巴赫系数=0.720。

---

① 边燕杰、李煜：《中国城市家庭的社会网络资本》，《清华社会学评论》2001 年第 2 辑；尉建文、赵延东：《权力还是声望？——社会资本测量的争论与验证》，《社会学研究》2011 年第 3 期。

② 吴明隆：《问卷统计分析实务 SPSS 操作与应用》，重庆：重庆大学出版社，2010 年，第 184—188 页。

同时，在对调查样本进行分析后发现，新生代农民工自致性社会网络资源量表的克隆巴赫系数为 0.659，说明这一量表的信度不太理想，但将项目总体相关系数小于 0.4 的"网络密度"这一指标删掉后，这一量表的克隆巴赫系数上升为 0.708，表明剔除这一指标后量表的信度较为理想（表2-9）。

表 2-9 新生代农民工自致性社会网络资源量表的信度分析

项目	均值（M）	标准差（S.D.）	项目总体相关系数	剔除后的克隆巴赫系数
网络顶端	42.94	24.310	0.502	0.540
网络差异	3.87	2.308	0.445	0.590
网络规模	22.49	13.496	0.465	0.575

注：量表克隆巴赫系数=0.708。

五、就业环境

新生代农民工就业环境主要是指其与生产资料相结合的客观条件[①]。本书将其操作化为政策环境、市场需求环境和具体工作环境三个维度。其中政策环境主要包括现行的农民工就业培训、就业援助、社会保障、户籍管理和公共服务政策五个方面，其答案分为"非常满意"、"比较满意"、"一般"、"不太满意"、"很不满意"，分别赋值 5 至 1 分。

市场需求环境是指现阶段劳动力市场对新生代农民工的需求数量、需求结构及就业市场的公平性三个方面。其中劳动力需求数量的答案分为"非常大"、"比较大"、"一般"、"比较小"、"非常小"，分别赋值 5 至 1 分。需求结构从新生代农民工自身条件与劳动力市场招聘资质的匹配状况来测量，其答案分为"非常符合"、"比较符合"、"一般"、"不太符合"、"很不符合"，分别赋值 5 至 1 分。就业市场的公平性的答案分为："非常公平"、"比较公平"、"一般"、"不太公平"和"很不公平"，分别赋值 5 至 1 分。

新生代农民工具体工作环境是指新生代农民工在目前受聘单位开展工作过程中涉及日均劳动时间的长短、劳动的强度、劳动安全保护设施及职业病防范措施等方面的微观工作环境。其中日均劳动时间的长短的答案分为："12 小时及以上"、"10—12 小时"、"8—10 小时"和"8 小时及以下"，

---

① 冯兰瑞：《略论劳动就业环境的变革》，《特区经济》2003 年第 2 期。

分别赋值 4 至 1 分。劳动强度是指新生代农民工在从事目前工作时单位时间内承担工作量的客观状况及身心承受力的主观体验,其答案分为:"非常大"、"比较大"、"一般"、"不太大"和"非常小",分别赋值 5 至 1 分。劳动安全保护措施的答案分为:"非常好"、"比较好"、"一般"、"不太好"和"很不好",分别赋值 5 至 1 分。职业病防范措施的答案分为:"非常好"、"比较好"、"一般"、"不太好"和"很不好",分别赋值 5 至 1 分。

六、择业行为

从社会学的视角来看,择业实质上是一个择业者职业地位的选择与获得过程,新生代农民工择业行为应包括识别择业机会、职业选择和职业适应三个方面。在本书中新生代农民工择业行为主要是指新生代农民工在正确识别与把握择业机会的前提下,进行理性的职业选择,然后进行职业适应的过程。

1. 择业机会

择业机会是指新生代农民工择业意识的强弱及对择业机会的评价与利用。本书从择业意识、机会评价和机会利用三个维度设计包括"我经常会从身边的人打听新的就业信息"、"我经常会向亲戚朋友打听好的就业门路"、"我经常会留意网络与报纸上的招聘信息"、"我经常会留意身边不同的企业了解就业信息"、"我会通过自身实践来评估新的就业机会"、"我会向有经验的人请教就业机会的可行性"、"我会尽量向在新就业岗位上工作的人来打听情况"、"我会向就业单位了解就业信息的真实情况"、"如果有更好的就业机会我会尽快决定"、"我善于向新的潜在雇主展示自身优势"和"我会尽量通过熟人获得更好的工作"等 11 个指标的新生代农民工择业机会量表来测量其择业机会状况。答案分为"非常符合"、"比较符合"、"一般"、"不太符合"、"很不符合",分别赋值 5 至 1 分。

本书通过对参加试调查新生代农民工样本进行量表信度分析,发现新生代农民工择业机会量表的总体信度的克隆巴赫系数为 0.764,说明量表的信度较高,但从量表项目总体相关系数来看,其中"我经常会留意身边不同的企业了解就业信息"和"我会向就业单位了解就业信息的真实情况"的总体相关系数分别为 0.312 和 0.347,均小于 0.4,因此将其剔除,剔除后新生代农民工择业机会量表的克隆巴赫系数上升到 0.843,表明剔除"我经常会留意身边不同的企业了解就业信息"和"我会向就业单位了解就业信息的真实情况"这两个指标后,整个量表的信度更加理想(表2-10)。因此,本书正式调查的新生代农民工择业机会量表由包括项目总体相关系数大于0.4的9个指标构成。

表2-10 新生代农民工择业机会量表的信度分析

项目	均值(M)	标准差(S.D.)	项目总体相关系数	剔除后的克隆巴赫系数
我经常会从身边的人打听新的就业信息	3.82	0.832	0.666	0.813
我经常会向亲戚朋友打听好的就业门路	3.79	0.845	0.435	0.837
我经常会留意网络与报纸上的招聘信息	2.94	0.856	0.616	0.816
我会通过自身实践来评估新的就业机会	3.35	0.889	0.514	0.828
我会向有经验的人请教就业机会的可行性	3.61	0.865	0.597	0.819
我会尽量向在新就业岗位上工作的人来打听情况	2.96	0.959	0.566	0.822
如果有更好的就业机会我会尽快决定	3.56	0.737	0.548	0.824
我善于向新的潜在雇主展示自身优势	2.73	0.735	0.487	0.831
我会尽量通过熟人获得更好的工作	3.05	0.694	0.566	0.822

注:量表克隆巴赫系数=0.843。

2. 职业选择

职业选择是指新生代农民工根据自己的职业理想、职业期望、能力和兴趣等,从社会上众多类型职业中选择其中的一种作为自己从事职业的过程。在这个选择中应包含求职者对工作单位的选择和工作单位对求职者的选择,通过双向选择,最终达到求职者与工作岗位的优化组合[①]。可见,择业更多的是强调寻找职业的过程。在职业选择过程中,择业者不仅要考虑个人的需要、兴趣、能力等因素,还要考虑社会发展的需要。人们的兴趣、爱好和能力不同,个性特征和思想水平,特别是人生观和价值观不同,对职业的选择也就有所不同。基于此,本书将新生代农民工的职业选择操作化为工作转换次数、第一份工作持续时间、上份工作持续时间及平均每份工作持续时间四个方面,从而获取新生代农民工职业流动过程及职业稳定性等方面的信息。

---

① 吕建国:《职业心理学》,大连:东北财经大学出版社,2000年,第51—52页。

3. 职业适应

本书从新生代农民工过程性职业适应与结果性职业适应来探讨新生代农民工的职业适应性的真实状况。其中，过程性职业适应主要指新生代农民工在择业后，以期达到较高职业适应水平过程中采取的各种调试方式的总和，主要包括"被动型职业适应"与"主动型职业适应"两种职业适应方式。基于此，本书设计了包括"我经常会在工作之余向优秀员工学习技能与方法"、"我经常会通过网络或书籍来提升自身职业技能"、"我经常会主动与一起工作的同事逛街"、"我经常会主动与一起工作的同事聚餐"、"我经常愉快地与同事合作完成工作任务"、"我经常会积极调整心态，保持乐观进取的工作状态"、"我经常会采取集体维权方式来维护自己的合法劳动权益"、"我经常会借助政府或媒体的力量来维护自身的权益"、"我经常觉得向优秀员工学习会显示自己的无能"、"我觉得工作是一个人的事，与别人无关"、"我觉得自己出身低微，在单位没什么地位"、"我觉得势单力薄，面对老板的各种剥削无能为力"、"我经常感到在工作岗位上无所适从"和"我经常自己一个人独来独往，与其他同事交往很少"等14个指标的新生代农民工职业适应方式量表来测量其职业适应方式现状。答案分为"非常符合"、"比较符合"、"一般"、"不太符合"、"很不符合"，分别赋值5至1分。

为了检验新生代农民工职业适应方式量表的信度，本书对试调查的新生代农民工样本进行信度分析。通过统计分析，新生代农民工职业适应方式量表的总体信度的克隆巴赫系数为0.741，说明量表的信度较高，但从量表项目的总体相关系数来看，其中"我经常会通过网络或书籍来提升自身职业技能"、"我经常会主动与一起工作的同事逛街"和"我经常自己一个人独来独往，与其他同事交往很少"的项目总体相关系数分别为0.382、0.357和3.92，均小于0.4，因此将其剔除，剔除后新生代农民工职业适应方式量表的克隆巴赫系数上升到0.794，表明剔除"我经常会通过网络或书籍来提升自身职业技能"、"我经常会主动与一起工作的同事逛街"和"我经常自己一个人独来独往，与其他同事交往很少"这三个指标后，整个量表的信度更加理想（表2-11）。因此，本书正式调查的新生代农民工职业适应方式量表由包括项目总体相关系数大于0.4的11个指标构成。

表 2-11 新生代农民工职业适应方式量表的信度分析

项目	均值（M）	标准差（S.D.）	项目总体相关系数	剔除后的克隆巴赫系数
我经常会在工作之余向优秀员工学习技能与方法	3.13	0.856	0.568	0.768
我经常会主动与一起工作的同事聚餐	2.79	0.829	0.491	0.774
我经常愉快地与同事合作完成工作任务	2.92	0.834	0.401	0.798
我经常会积极调整心态，保持乐观进取的工作状态	2.79	0.771	0.455	0.777
我经常会采取集体维权方式来维护自己的合法劳动权益	2.75	0.832	0.546	0.769
我经常会借助政府或媒体的力量来维护自身的权益	2.47	0.762	0.438	0.779
我经常觉得向优秀员工学习会显示自己的无能	3.24	0.825	0.484	0.775
我觉得工作是一个人的事，与别人无关	3.37	0.854	0.512	0.772
我觉得自己出身低微，在单位没什么地位	3.54	0.791	0.490	0.775
我觉得势单力薄，面对老板的各种剥削无能为力	3.67	0.821	0.427	0.780
我经常感到在工作岗位上无所适从	3.66	0.827	0.512	0.772

注：量表克隆巴赫系数=0.794。

新生代农民工结果性职业适应是指新生代农民工职业适应的后果。本书设计了包括"我完全掌握了目前工作岗位所需的基本技能"、"在工作中能充分发挥我的才智"、"我在单位经常获得各种奖励或荣誉"、"我目前在工作中与上级领导相处得很融洽"、"我目前在工作中与同事相处得很融洽"、"我在目前工作岗位上很有成就感"、"我在工作时能消除我在城市的失落感"、"我对目前工作的待遇很满意"、"我非常喜欢目前单位的管理方式"、"我非常适应领导的管理风格"和"我非常喜欢目前与同事分工合作的工作方式"等 11 个指标的新生代农民工结果性职业适应量表来测量其职业适应的后果。答案分为"非常符合"、"比较符合"、"一般"、"不太符合"、"很不符合"，分别赋值 5 至 1 分。

为了检验新生代农民工结果性职业适应量表的信度，本书对试调查的新生代农民工样本进行信度分析。通过统计分析，新生代农民工结果性职业适应量表的总体信度的克隆巴赫系数为 0.799，说明量表的信度较高，但从量表项目的总体相关系数来看,其中"在工作中能充分发挥我的才智"和"我在工作时能消除我在城市的失落感"的总体相关系数分别为0.377、0.381和0.395,均小于0.4,因此将其剔除,剔除后新生代农民工结果性职业适应量表的克隆巴赫系数上升到0.841,表明剔除"在工作中能充分发挥我的才智"和"我在工作时能消除我在城市的失落感"这两个指标后,整个量表的信度更加理想(表2-12)。因此,本书正式调查的新生代农民工结果性职业适应量表由包括项目总体相关系数大于0.4的9个指标构成。

表2-12 新生代农民工结果性职业适应量表的信度分析

项目	均值（M）	标准差（S.D.）	项目总体相关系数	剔除后的克隆巴赫系数
我完全掌握了目前工作岗位所需的基本技能	2.92	1.012	0.533	0.832
我在单位经常获得各种奖励或荣誉	2.75	0.879	0.617	0.823
我目前在工作中与上级领导相处得很融洽	3.14	1.120	0.565	0.829
我目前在工作中与同事相处得很融洽	3.25	0.921	0.627	0.823
我在目前工作岗位上很有成就感	2.91	0.857	0.550	0.830
我对目前工作的待遇很满意	2.82	1.019	0.657	0.819
我非常喜欢目前单位的管理方式	3.23	0.965	0.513	0.835
我非常适应领导的管理风格	3.11	0.795	0.491	0.836
我非常喜欢目前与同事分工合作的工作方式	3.39	0.955	0.514	0.835

注：量表克隆巴赫系数=0.841。

七、就业质量

就业质量（quality of employment）最早来源于20世纪70年代在西方国家出现的"工作生活质量",国际劳工组织也于20世纪90年代初倡导使用体面就业（decent work）指标来衡量就业质量,后来欧盟委员会（European Commission）提出了工作质量（quality of work）。而欧洲基金会进而采用工作就业质量（quality of job and employment）来衡量就业质量状况,也提出了一系列的就业质量的指标体系,比较有代表性的指标体系有Bonnet等分别从劳动力市场、工作地与个人建立的体面工作的"三维度"衡量指标[1],

---

[1] Bonnet F, Figueiredo J B, Standing G. A Family of Decent Work Indexes. *International Labor Review*, 2003, 142 (2): 213-238.

Ghai 等设计的包括基本权利、就业、社会保障与社会对话在内的"四维度"指标[1]，以及 Anker 将指标体系分解为工作机会、在自由条件下工作、多产性工作、工作公平、工作保障和工作尊严等六个维度指标体系[2]。欧盟也于 2000 年开始推广"工作质量"体系，主要包括与就业相联系的客观特征、劳动者的特征、人和工作的匹配度及就业者的主观评价等方面[3]。近年来，国内学者也开始关注就业质量问题，有学者从"个体主义"视角出发，认为就业质量一般包括职业社会地位、工资水平、社会保障、发展空间等方面[4]。或者在就业、社会保障、基本权利和社会对话等四个维度的基础上建立指标体系，并利用调查数据对我国体面就业进行了评价[5]。也有学者从"结构主义"的视角出发，认为应从劳动就业环境、就业者的生产效率、劳动就业对经济生活的贡献程度等方面来综合地界定就业质量[6]。

通过文献的梳理发现，已有研究一般都通过建构多维度的指标体系来界定与测量就业质量。但因过分关注就业机会而往往缺乏对就业市场中某一特定的处于"劣势地位"的（如新生代农民工）就业质量的关注，并在测量指标的选取时过分强调客观性指标，而忽视了主观性指标的重要性。本书认为新生代农民工就业质量是指利用一整套普适性的测量指标对新生代农民工所处就业岗位的就业过程与结果的客观测量及自身主观评价的总和。基于此，本书主要从新生代农民工的月均收入与职业满意度两个主客指标来综合测量其就业质量，其中月均收入是就业质量的核心指标，主要包括新生代农民工就任现职以来所在单位发放的月总收入、工资单以外的每月奖金和其他收入三部分，在统计分析时将其转化为自然对数形式以减轻异方差。而职业满意度也称工作满意度，最早是由 Hoppock 于 1935 年提出的，是指劳动者对工作及环境的情感或态度，或对从事工作实际情况与预期进行比较后产生的情感状态[7]。因而从本质上来讲，职业满意度是一种对自身目前职业境遇的主观体验及对其职业能力实现价值程度的一种比

---

[1] Ghai D. Decent Work: Concept and Indicators. *International Labor Review*, 2003, 2 (34).
[2] Anker. Measuring Decent Work with Statistical Indicators. *International Labor Review*, 2003, 2 (142).
[3] 李长安：《实施就业优先战略的核心是提高就业质量》，《北京社会科学》2013 年第 1 期。
[4] 马庆发：《提升就业质量：职业教育发展的新视角》，《教育与职业》2004 年第 12 期。
[5] 宋国学：《就业能力开发的绩效衡量与实证分析》，北京：中国社会科学出版社，2008 年。
[6] 程蹊、尹宁波：《浅析农民工的就业质量与权益保护》，《农业经济》2003 年第 11 期。
[7] Lyubomirsky S, King L, Diener E. The Benefits of Frequent Positive Affect: Does Happiness Lead to Success? *Psychological Bulletin*, 2005, 131 (6): 803-855.

较性评价，是一种自我意识觉醒的能动过程。本书设计了包括"工作环境"、"劳动强度"、"劳动时间"、"工作稳定性"、"劳动报酬"、"发展前景"、"人际关系"和"劳动权益"等8个指标的新生代农民工职业满意度量表来测量其职业满意度现状。答案分为"非常满意"、"比较满意"、"一般"、"不太满意"、"很不满意"，分别赋值5至1分。

为了检验新生代农民工职业满意度量表的信度，本书对试调查的新生代农民工样本进行信度分析。通过统计分析，新生代农民工职业满意度量表的总体信度的克隆巴赫系数为0.797，说明量表的信度较高，但从量表项目的总体相关系数来看，其中"人际关系"的总体相关系数为0.352，小于0.4，因此将其剔除，剔除后新生代农民工职业满意度量表的克隆巴赫系数上升到0.836，表明剔除"人际关系"这一指标后，整个量表的信度更加理想（表2-13）。因此，本书正式调查的新生代农民工职业满意度量表由包括项目总体相关系数大于0.4的7个指标构成。

表2-13 新生代农民工职业满意度量表的信度分析

项目	均值（M）	标准差（S.D.）	项目总体相关系数	剔除后的克隆巴赫系数
工作环境	2.95	1.741	0.561	0.817
劳动强度	2.55	0.945	0.612	0.809
劳动时间	2.92	1.067	0.660	0.801
工作稳定性	2.93	1.023	0.647	0.803
劳动报酬	3.03	1.590	0.611	0.809
发展前景	2.56	1.276	0.554	0.818
劳动权益	2.57	1.028	0.457	0.833

注：量表克隆巴赫系数=0.836。

本书除了可以直接进入统计分析或虚拟处理的数据外，对变量的测量，采用李克特量表的结构对测量结果按变量的方向进行赋值，这主要是考虑到回归分析要求变量层次较高，而社会科学研究中由于研究对象和内容的特殊性，一般变量层次较低。因而本书对要分析的五等份的定序变量均采用李克特量表对其赋值，将定序的五个答案选项依次赋值为5分、4分、3分、2分和1分，使其转化为数值型变量，以便进行数据分析。

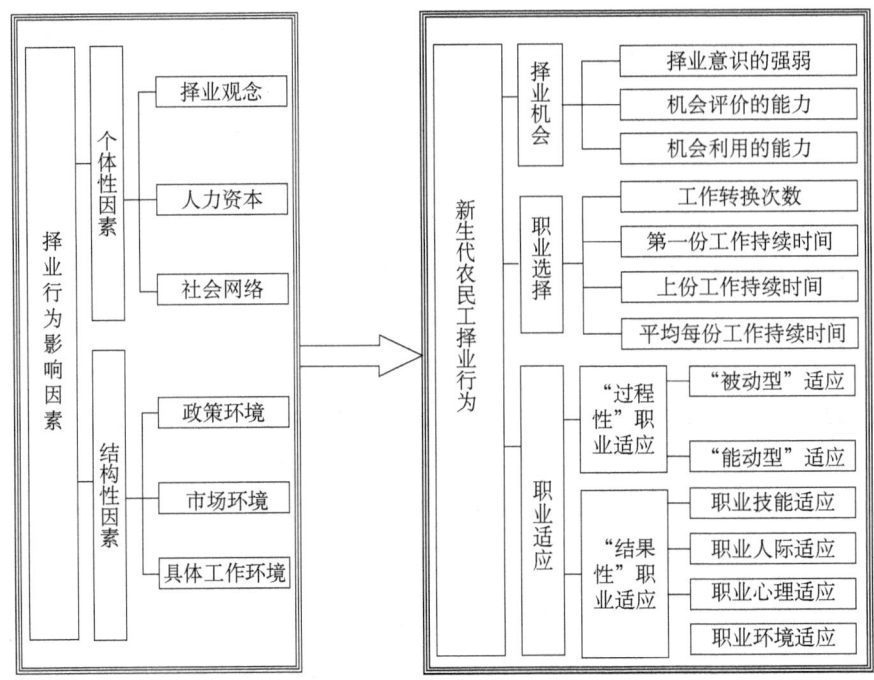

图 2-1 本研究变量关系图

第二节 资料来源与样本情况

一、资料来源

本书所使用的数据来自 2010 年度教育部人文社会科学研究青年基金项目"新生代农民工择业行为及其影响因素研究"课题组在湖南、安徽和贵州三省对新生代农民工进行的抽样问卷调查。本书以问卷调查法为主，观察法、文献法为辅的方式收集研究资料。在正式调查之前，我们就近选择 100 名新生代农民工进行了试调查，并对其中的 10 人进行深度个案访谈，在此基础上进行调查问卷特别是有关量表的信度和效度的评估，发现了一些调查问卷初稿的问题，在进一步修改问卷后，我们再实施大样本的问卷调查。

调查实施于 2012 年春节期间，调查对象为 1980 年后出生的新生代农民工。抽样具体包括两个步骤：第一步采用多阶段整群抽样法，首先，在综合考虑农民工来源地的区域分布和经济发展水平的基础上，选取了湖南、安徽和贵州3省作为调查的样本省份。其次，在各样本省分别随机抽取了3个样本县，然后在每个样本县范围内随机抽取3个样本村。最后在抽取的样本村中各随机抽取50个有新生代农民工的家庭进行问卷调查，这样共抽取到1350个新生代农民工家庭。第二步采用入户调查方法，从以上抽取的1350个新生代农民工家庭中各抽取1名新生代农民工进行问卷调查，若一个家庭中有多名新生代农民工，则采用生日法（选择生日最接近7月1日的新生代农民工进行调查）抽取调查对象，这样，最终获得的1350名新生代农民工即为调查的总样本。调研利用新生代农民工返乡过年的时间段从来源地获得调查样本，这样既能在对少量样本省份的调查中得到在全国绝大多数省份就业农民工的丰富信息，又能有效克服目前大多数农民工研究在缺乏农民工抽样框的情况下直接在城市进行抽样调查而造成样本代表性低的缺陷。此调查共发放问卷1350份，回收有效问卷1182份，有效回收率为87.6%。

同时，为了保证抽样问卷调查的有效性，此调查从高校采取生源地来自调查目的地学生优先的原则招募有社会调查经验的本科生担任调查员，并对挑选出来的这些学生进行了为期一周的培训，使他们都较好地理解了调查研究的目的、性质、内容和方法，并掌握了有关结构式访问的一些关键技巧。在经过一周的培训之后，我们将调查员分成6个调查小组，每组配备5个调查员，并在每一组调查员中指派一位组织能力较强的小组长，负责向课题组的研究人员及时反馈调查情况。调查采取结构式访问与自填问卷相结合的方式进行。对文化程度较高的新生代农民工直接采取问卷调查的形式进行，但对文化程度很低的少部分新生代农民工，则以问卷为访谈提纲进行结构式访谈。在问卷调查的组织实施过程中，课题组的研究人员始终亲临调查的第一线，指导、监督和管理调查员的访问，并亲自核实问卷资料，从而较好地保证了问卷调查的质量（图2-2）。

二、样本情况

本书从性别、流动距离、婚姻状况、就业的行业分布、以流出地农村为参照体系的阶层认同和以流入地城市为参照体系的阶层认同等几个方面对新生代农民工的基本情况进行描述，并在性别、流动距离、就业的行业分布等方面与全国农民工群体进行对比分析，以凸显新生代农民工的特征。

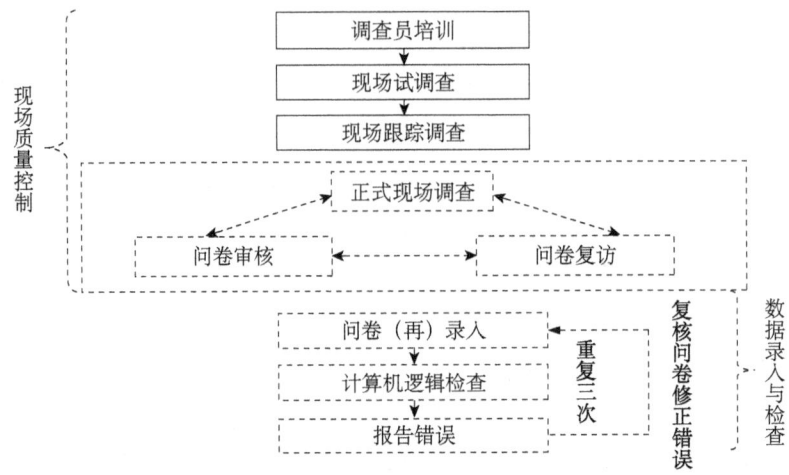

图 2-2　调查问卷质量控制流程表

（1）性别比例。在调查样本中，男性新生代农民工有 629 人，占调查总体的 53.2%；女性新生代农民工有 553 人，占调查总体的 46.8%，调查中男性新生代农民工略多于女性新生代农民工。而国家统计局发布的 2015 年农民工监测调查报告显示：在全部农民工中，男性占 66.4%，女性占 33.6%（图 2-3）。这表明新生代农民工群体中男女性别比例基本相同，与整个人口的性别比例大体一致，而在整个农民工群体中，男性农民工的比例比女性高出 32.8%。这可能是因为第一代农民工群体"男主外，女主内"的家庭观念浓厚，由于家庭原因，女性返回家乡照顾家庭，农村大量留守妇女的出现正是这一现象的真实写照。

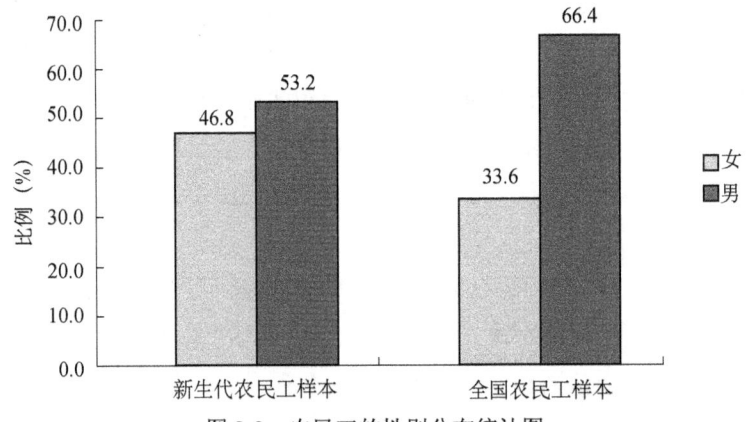

图 2-3　农民工的性别分布统计图

数据来源：国家统计局发布的 2015 年农民工监测调查报告

（2）流动距离。在调查样本中，跨省流动的新生代农民工有 738 人，占调查总体的 62.4%；省内流动的新生代农民工有 444 人，占调查总体的 37.6%。而国家统计局发布的 2015 年农民工监测调查报告显示：外出务工农民工中，跨省流动农民工占外出农民工总量的 45.9%，省内流动农民工占外出农民工总量的 54.1%。表明新生代农民工在流动区域选择上倾向于长距离流动，在城市选择上有大城市的"偏爱"，选择跨省流动的比例高出农民工平均值 16.5%（图 2-4）。这和已有研究结果相似，农民工就业地选择过程中具有明显的年龄选择特征，年龄每增加 10 岁，其选择省外就业的概率将会降低 3.67%[①]。这可能是：一方面，新生代农民工大都抱着"闯世界"和"见见世面"的态度，跨省流动正好能满足其这一需求，而第一代农民工经过多年的打拼，其外出打工一般持务实理性的态度，近年来我国掀起"大众创业"、"草根创业"的新浪潮，形成"万众创新"、"人人创新"的新态势。各地政府先后出台了很多优惠政策，鼓励农民工返乡创业，而返乡创业或就近就业已成为第一代农民工的理性选择。

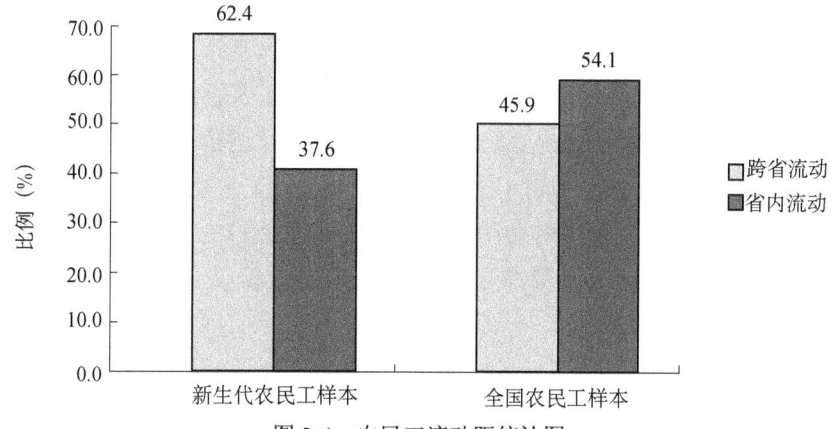

图 2-4　农民工流动距统计图

数据来源：国家统计局发布的 2015 年农民工监测调查报告

（3）婚姻状况。已婚的新生代农民工有 312 人，占调查总体的 26.4%；未婚的新生代农民工有 845 人，占调查总体的 71.5%；离异与丧偶的仅分别占调查总体的 1.8%和 0.3%（图 2-5）。

---

① 刘家强、王春蕊、刘嘉汉：《农民工就业地选择决策的影响因素分析》，《人口研究》2011 年第 2 期。

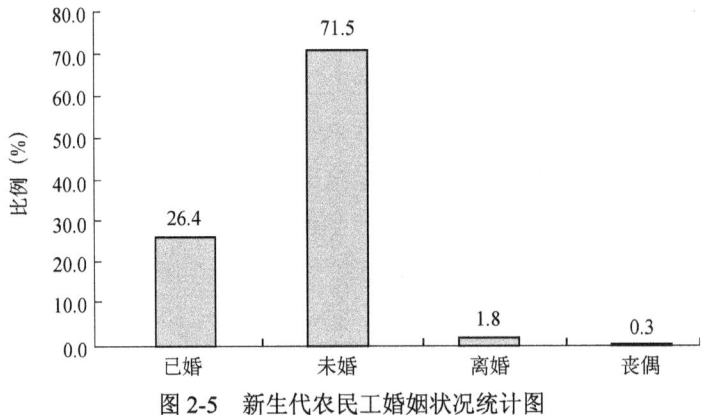

图 2-5　新生代农民工婚姻状况统计图

（4）就业的行业分布。在调查样本中，从事制造业的新生代农民工占调查总体的 40.1%；从事建筑业的新生代农民工占调查总体的 11.5%；从事批发和零售业的新生代农民工占调查总体的 8.1%；从事交通运输、仓储和邮政业的新生代农民工占调查总体的 8.3%；从事住宿和餐饮业的新生代农民工占调查总体的 9.2%；从事居民服务、修理和其他服务业的新生代农民工占调查总体的 12.5%；从事其他行业的新生代农民工占调查总体的 10.3%。而国家统计局发布的 2015 年农民工监测调查报告显示：从事制造业的农民工占总体的 31.1%；从事建筑业的农民工占总体的 21.1%；从事批发和零售业的农民工占总体的 11.9%；从事交通运输、仓储和邮政业的农民工占总体的 6.4%；从事住宿和餐饮业的农民工占总体的 5.8%；从事居民服务、修理和其他服务业的农民工占总体的 10.6%；从事上述行业以外的其他职业的农民工占调查总体的 13.1%（图 2-6）。

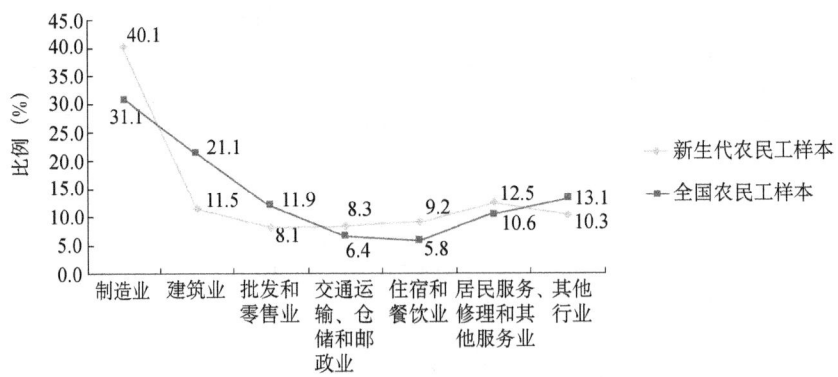

图 2-6　农民工就业的行业分布统计图

数据来源：国家统计局发布的 2015 年农民工监测调查报告

（5）以流出地农村为参照体系的阶层认同。在调查样本中，新生代农民工认为自己在社会分层体系中处于上层的有 127 人，占调查总体的 10.7%；认为自己在社会分层体系中处于中上层的有 346 人，占调查总体的 29.3%；认为自己在社会分层体系中处于中层的有 498 人，占调查总体的 42.1%；认为自己在社会分层体系中处于中下层的有 125 人，占调查总体的 10.6%；认为自己在社会分层体系中处于底层的仅有 86 人，占调查总体的 7.3%（图 2-7）。从以流出地农村为参照体系的阶层认同来看，新生代农民工大都处于中上层，表明新生代农民工在农村大都属于经济社会地位较高的精英富裕阶层。因为大多数新生代农民工进入城市务工，其本质上是一种职业的向上流动，特别是新生代农民工受教育程度一般高于农村居民，在城市务工不仅能获得较高的经济收入，而且生活方式和思想观念经过城市文化的洗礼，成为农村的"精英"，当以流出地农村为参照体系时，其经济社会地位迅速"上移"，因而阶层认同会极大地提升。

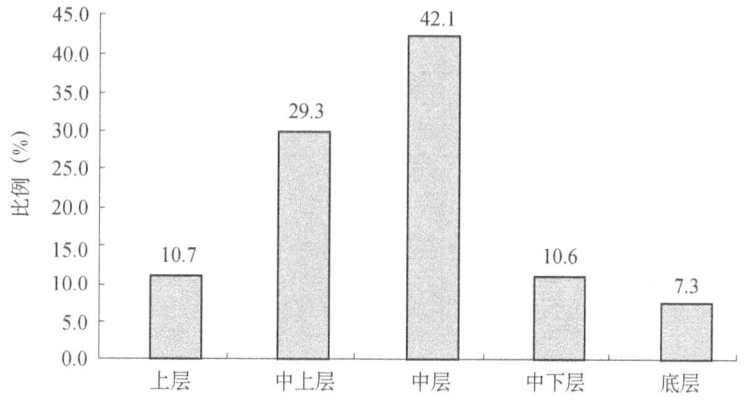

图 2-7 以流出地农村为参照体系的新生代农民工阶层认同统计图

（6）以流入地城市为参照体系的阶层认同。在调查样本中，新生代农民工认为自己在社会分层体系中处于上层的仅有 25 人，占调查总体的 2.1%；认为自己在社会分层体系中处于中上层的有 112 人，占调查总体的 9.5%；认为自己在社会分层体系中处于中层的有 258 人，占调查总体的 21.8%；认为自己在社会分层体系中处于中下层的有 372 人，占调查总体的 31.5%；认为自己在社会分层体系中处于底层的则多达 415 人，占到了调查总体的 35.1%（图 2-8）。从以流入地城市为参照体系的阶层认同来看，新生代农民工大都处于"中下层"与"底层"，表明新生代农民工在城市大都属于经济社会地位较低阶层。已有研究发现：即使是技术型新生代农民工，因其"技术流动的社会断裂"造成了"有技术无地位"的社会后果。对于普通新生代农民工而言，实现阶层向上流动更是一种奢望[1]。因而会导致新生代农民工主观的阶层认同是向下"偏移"的，中上层的比例极低，下层所占比例过高[2]。实际上，新生代农民工阶层认同是"自我与他者"互构共建的结果[3]，新生代农民工在城市经济上的低收入、社会关系上受到的各种排斥严重影响其在城市阶层认同的自我认定，而在务工过程中各种政策和制度上的藩篱及媒体和社会舆论的"污名化"反映"他者"的认同度偏低，新生代农民工在城市阶层认同偏低的客观事实在这种"自我与他者"互构共建中逐渐形成。

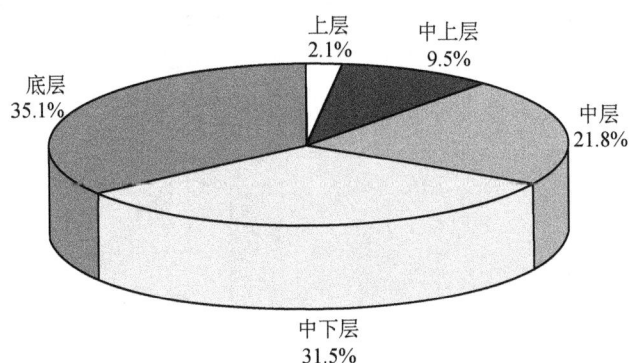

图 2-8　以流入地城市为参照体系的新生代农民工阶层认同统计图

新生代农民工调查样本基本情况的描述性分析见表 2-14。

表 2-14　调查样本基本情况的描述性统计分析（N=1182）

样本分布	类别	有效频数（人）	百分比（%）
性别比例	男	629	53.2
	女	553	46.8
流动距离	跨省流动	738	62.4
	省内流动	444	37.6

---

[1] 李强：《为什么农民工"有技术无地位"》，《江苏社会科学》2010 年第 6 期。
[2] 李梦迪、田飞：《农民工的阶层认同及其影响因素——基于 2006CGSS 的实证分析》，《内蒙古农业大学学报》（社会科学版）2012 年第 4 期。
[3] 姚德薇：《基于社会互构论的农民工阶层认同分析》，《社会学评论》2014 年第 2 期。

续表

样本分布	类别	有效频数（人）	百分比（%）
婚姻状况	已婚	312	26.4
	未婚	845	71.5
	离异	21	1.8
	丧偶	4	0.3
就业行业	制造业	474	40.1
	建筑业	136	11.5
	批发和零售业	96	8.1
	交通运输、仓储和邮政业	98	8.3
	住宿和餐饮业	109	9.2
	居民服务、修理和其他服务业	147	12.5
	其他行业	122	10.3
阶层认同（以流出地农村为参照体系）	上层	127	10.7
	中上层	346	29.3
	中层	498	42.1
	中下层	125	10.6
	底层	86	7.3
阶层认同（以流入地城市为参照体系）	上层	25	2.1
	中上层	112	9.5
	中层	258	21.8
	中下层	372	31.5
	底层	415	35.1

第三节 数据的整理与分析

本书除了可以直接进入统计分析或虚拟处理的数据外，对变量的测量，采用李克特量表的结构对测量结果按变量的方向进行赋值，使其转化为数值型变量，以便进行数据分析。而针对同一问题的多个问题，本书采取了因子分析方法，试图准确找出因子结构，并对因子得分进行了换算，以便进一步进行多元线性回归。对所获得的调查问卷与个案访谈资料，本书利用 SPSS 22.0 统计软件进行数据处理与统计分析（取置信度为 95%），并运用"内容分析技术"简化深入访谈获得的定性资料,充分挖掘了所获问卷资料的数量特征。具体操作是:首先运用频数分析方法描述自变量和控制变量的基本现状,再使用因子分析方法提取新生代农民工择业机会、职业适应等因变量的公因子,然后在此基础上构建多元线性回归模型以揭示二者的内在逻辑关系,以期为引导新生代农民工理性择业的实践提供理论依据与对策建议。

第三章
新生代农民工择业行为的内涵界定与实证分析

与已有研究将择业视为一瞬间的"决定"不同,本书将新生代农民工择业行为视为一个过程,具体而言,新生代农民工的择业行为一个是包括"择业机会"、"职业选择"与"职业适应"在内的不断循环的过程,是新生代农民工在拥有足够就业机会的城市空间里识别与利用择业机会,在需求、供给与供求匹配"三位一体"的择业机制下进行合理的职业选择,并在此基础上不断适应新就业岗位的过程。总之,新生代农民工择业行为是在一定社会结构和文化条件下,利用自身资源与职业规划不断调整和适应的社会过程[①]。

第一节 新生代农民工择业行为的理论探讨

职业问题历来就是各学科探讨的重要议题。择业行为是从动态的视角来探讨职业地位获得的过程。从社会学视角来看,择业作为一种社会行为,是一个职业地位获得的问题,它属于社会流动理论中的"职业地位获得"的范畴。面对就业,新生代农民工将在当前特定社会大背景下根据个人具

---

① 风笑天、王晓焘:《城市在职青年的工作转换:现状、特征及影响因素分析》,《社会科学》2013年第1期。

体情况进行理性选择,并获得自己的职业地位。对新生代农民工择业行为的影响因素分析,大都是基于两种视角来进行探讨。

(1) 自由意志论。认为新生代农民工的择业行为是自由选择的结果,其选择过程是不受外部约束的、主动进行的。在西方思想中,古希腊思想家最初是从道德伦理的角度提出意志自由问题的,主要强调人在行动时对善与恶、道德或不道德的一种选择自由,后来逐步发展成为对自由与必然、决定性与非决定性的探讨[1]。其中英国功利主义学说认为个体参加工作是出于"趋利避害",就业过程和就业选择都是经过明智计算的,只有当其获得远大于付出代价时才会去工作。班都拉则把自由看成是"自我影响力的运用",这种自由支配力在个人行动中起着至关重要的作用,引领个体在社会行动中作出对自己有利的决策[2]。

(2) 环境决定论。环境决定论是对肯定事物及事物之间具有客观的、普遍的因果性、必然性和规律性的学说的一种总称。早在古希腊,留基波和德谟克利特师徒就提出自发决定论,他们从其原子论出发,认为"一切都遵照必然性而产生",人只能消极地接受必然性的支配[3],认为人的行为完全是由个人之外的因素决定,个人并不能自由地选择某种行为。人自出生之日起就受到周围环境的影响,环境决定了他的生活经历和经验,决定了他的知识体系和价值结构,决定了他的行为目的和行为方式。根据环境决定论,新生代农民工之所以与老一代农民工不同,在于他们出生后所生活的环境与老一代存在差异。老一代农民工出生于20世纪60年代和70年代,甚至是50年代。这是社会主义计划经济的年代,个人完全附属于某个单位,从而形成认识和思想上的诸多"单位制"特征。新生代农民工出生于20世纪80年代特别是90年代,这个时代是中国社会主义市场经济时期,其重要特征是加入了市场体制因素,新的市场体制型塑了新生代与老一代明显不同的特征[4]。

当然,自由意志论和环境决定论因只看到择业行为的一个侧面,顾此失彼,因此不能完全正确对择业问题进行解释。基于此,本书综合"自由

---

[1] 张明仓:《实践意志论》,南宁:广西人民出版社,2002年,第357页。
[2] Bandura A. *Social Foundations of Thought and Action: A Social Cognitive Theory*. New York: Prentice-Hall,1986.
[3] 张明仓:《实践意志论》,南宁:广西人民出版社,2002年,第358页。
[4] 王同信、翟玉娟:《深圳新生代农民工调查报告》,北京:中国法制出版社,2013年,第2页。

意志论"和"环境决定论"的观点,认为新生代农民工的择业行为是一个在充分发挥自身能动性的基础上,抓住有利的就业资源并尽量摆脱各种不利因素对就业的制约,从而实现职业地位获得的理性选择过程。在这一过程中,作为积极择业者——新生代农民工具有以下特征。

(1)新生代农民工在劳动力市场是一个自身最大利益的追求者。合理性是理性行动者的基础,而行动者的行动原则可以表述为最大限度地获取利益[①]。具体而言,新生代农民工不仅从学校走向劳动力市场,不仅要解决生计问题,实现经济上的独立,而且还可能在经济上减轻家庭负担,为家庭提供经济支持(特别是农村贫困家庭)。这在客观上促使新生代农民工在城市就业过程追求经济报酬的最大化。同时,出于职业发展及家庭等因素的考量,在现实生活中,新生代农民工择业行为往往是非常复杂的,它不仅要追求经济利益的最大化,而且要追求社会及其他效益的最大化。因此,需要新生代农民工在经济收入与职业发展等方面之间进行权衡,在这两者之间寻找均衡点[②]。

(2)新生代农民工会在劳动力市场的特定的情境中对众多的不同的行为策略进行有利于自己的选择,并在理智上相信其不同的选择会导致不同的结果。我国开放型市场经济改革带来众多的就业机会,城乡流动的限制性政策的解除和"自主择业"的就业政策的实施,为新生代农民工创造了一个自主择业的良好机会。当然,不同文化水平、职业技能、家庭背景的新生代农民工都面临着不同的择业机会并采取不同的择业策略(就业途径、方式、方法)。在劳动力市场中,新生代农民工作为一个自由的择业者,通过各种途径寻找就业信息并评估职业的适合度,以便从众多的就业机会中进行有利于自己的选择,并在理智上相信其不同的选择会导致不同的结果,新生代农民工对自己的择业后果有一个清醒的认识,因而会根据自身的条件及未来的职业规划进行职业选择。

一、新生代农民工择业行为的现实基础

从新生代农民工择业的现实基础来看,城市空间中存在就业机会的"客观事实"与新生代农民工对识别与利用就业机会的"反思性监控"、"理性

---

① [美]詹姆斯·S. 科尔曼:《社会理论的基础》,北京:社会科学文献出版社,1999年,第18页。
② 卢现祥:《西方新制度经济学》,北京:中国发展出版社,1996年,第10页。

化"及"动机激发"是促进新生代农民工择业的前提条件。

（1）与传统农村相比，城市为新生代农民工提供更多充满"生活与经济机会"的生存和发展社会空间。H. 孟德拉斯曾经指出，没有选择是整个农民生活的特点，这在生活开始的时候特别明显，因为农业劳动者的职业从来就不是选择的。当然，一些农业劳动者感到他们本可以离开土地，他们是"自愿"留下来的，但是，必须说明，在真的出现"得到一项职业"的可能性时，为了"继续当农民"而拒绝这种可能性，这种事几乎是没有的[①]。有学者将这种新生代农民工被固定在仅限于生存的"一亩三分地"上而缺乏发展性社会空间的状态形象地界定为"盆景效应"，即农民被固定在农村就像盆景中的植物囿于盆中的土壤、养分和水分，从而多年都不会有什么成长方面的变化，而是活着，也仅仅是活着[②]，没有发展的空间。

而城市有着与农村巨大差异的六大社会空间，即分工日益深化的生产空间、多层次社会生存空间、多元化的社会生活空间、多选择性的社会创造空间、多层次社会享受空间、自我趋向型社会价值实现空间[③]，韦伯也将城市分化出消费者空间、生产者空间与商人城市等多种功能[④]，他们可以为城市中的人们提供更多的"生活机会"与"经济机会"。吉登斯指出，在一个社会中，对人们的整体数量及其在时间上的再生产进行协调，属于一种具有根本意义上的权威性资源。由权威性资源所产生的权力的性质和范围不仅仅取决于对身体的安排（这些安排都在时空路径中得以区域化了），而是取决于行动者能够获得的生活机会。所谓"生活机会"，首先意味着在不同的社会，以及社会的不同区域中，人们能够幸存下来的机会。不过，"生活机会"也指一系列范围广泛的倾向与能力[⑤]。韦伯说过：人的有用效益只要存在于一个积极的行为之中，就应该叫作"劳动效益"。然而，社会关系也是经济行动的预防措施的对象，它们被看作是当前或未来可能拥有对有益支配权力的源泉，通过习俗、利害关系（或者惯例、法律）来保证的制

---

① ［法］H. 孟德拉斯：《农民的终结》，李培林译，北京：社会科学文献出版社，2005年，第179页。
② 严新明：《生存与发展：中国农民发展的社会时空分析》，北京：社会科学文献出版社，2005年，第48页。
③ 张鸿雁：《侵入与接替：城市社会结构变迁新论》，南京：东南大学出版社，2000年，第205页。
④ ［德］马克斯·韦伯：《经济与社会》（下），林荣远译，北京：商务印书馆，1997年，第571页。
⑤ ［英］安东尼·吉登斯：《社会的构成》，李康、李猛译，北京：生活·读书·新知三联书店，1998年，第380—381页。

度而有利于经济的可期待的机会,应该叫作"经济机会"①。在农村,如果农民从自己拥有的"一亩三分地"上获得收入的话,其"生活机会"和"经济机会"就非常有限了。只有工业化的城市能够为新生代农民工提供更多充满"生活与经济机会"的生存和发展社会空间,从而为进城新生代农民工的择业行为提供了选择空间。

(2) 新生代农民工识别与利用就业机会的过程,是在城市承载能力范围内,具有反思性监控能力的"行动者"对其在城市择业"行为流"不断加以监控和理性化的过程。

新生代农民工识别与利用城市就业机会是在城市的经济、社会、基础设施、公共服务等能够承载新生代农民工在城市正常生活这一前提下进行的,其承载能力可以通过新生代农民工社会容量来衡量,在中国当前所处的工业化中期农村剩余劳动力和农村人口需要快速向城市转移的背景下,新生代农民工的社会容量是指以新生代农民工形式转移的劳动力能够为城市的社会经济体系所接纳,既不至于造成城市的社会紊乱,也不会导致进城新生代农民工自身境况相对于其在农村时绝对恶化。但是城市接纳新生代农民工的社会容量不存在一个长期的、绝对的阈值,任何限制都将随着时间的推移、技术的进步、经济的发展、社会的交往、城市的扩张等而逐渐得到解决②。

而在城市社会容量能够承载新生代农民进城务工的背景下,新生代农民工对识别与利用就业机会的"主观能动性"是在其对择业行为的"反思性监控"、"理性化"与"动机激发"的过程中产生的。在探讨个体行动者在社会结构中是如何发挥主观能动性而有意识行动时,吉登斯认为"人的行动是作为一种绵延而发生的,是一种持续不断的行为流。有目的的行动并不是由一堆或一系列单个分离的意图、理由或动机构成的,而是一种不间断的行动流,一个我们不断加以监控和理性化的过程"③。从察觉城市中的就业机会、识别就业机会到利用就业机会就是新生代农民工在面对众多客观的就业机会时产生"一种不间断的行动流"的过程。在安东尼·吉登

---

① [德] 马克斯·韦伯:《经济与社会》(下),林荣远译,北京:商务印书馆,1997年,第89—90页。
② 王崇举、张永鹏:《城市吸纳新生代农民工容量及其演变规律研究》,北京:科学出版社,2013年,第46页。
③ [英] 安东尼·吉登斯:《社会的构成》,李康、李猛译,北京:生活·读书·新知三联书店,1998年,第62页。

斯看来，这"一种不间断的行动流"的过程不是"一系列机械过程"，而是一个"充满技能的行动过程，主要体现在三个主要的方面：第一，个体行动者对行动具有"反思性监控"。他们在行动过程中留意、计算行为的结果，以便能够了解自己在其中的社会环境，行动者通过反思性监控对自己所做的事情和结果都有相当的了解。新生代农民工会对进城务工的行动进行"反思性监控"，对客观的就业机会进行合理评估，并极力发现与拓展进入更高层次工作的途径。第二，行动的理性化过程。即行动者对自身活动的根据始终保持"理性的理解"，这就意味着行动者具备了处理问题的"资格能力"。因为进城务工的决定及后来的职业选择对新生代农民工来说，都是一些影响自身生存与发展的"重大的抉择"，因此，在进行抉择前，都会对进城前后、岗位转换前后的"境遇"进行分析与比较，能更好地实现自身特定目标（职业报酬、工作环境、发展前景等）往往成为新生代农民工"理性的理解"后进行择业决定的"根据"。第三，行动的动机激发的过程。吉登斯指出理由是行动的根据，而动机指的是激发这一行动的需要。吉登斯认为他的行动分层模式"将对行动的反思性监控、理性化及动机的激发过程视作根植于行动中的一系列过程，他将行动视作一种持续不断的流，是一个过程"①。对于新生代农民工而言，进城作为一种理性选择的社会行为，随着制度性环境的逐步松动、市场性环境的继续开放及自身生存环境的持续改善，其进城抉择与职业选择也相应地实现了由"生存理性"向"经济理性"与"社会理性"的转变，这也体现了新生代农民工在城市能获得多样化的选择机会与空间，从侧面折射出新生代农民工在城市境遇的持续改善，其择业的动机也实现了实质性的飞跃，择业不再只停留在维持生存的最低限度，而逐步向实现在城市发展的方向迈进，最终目的一般是逐渐缩小与市民的差距，逐步实现城市融入，最终实现身份由"农民"向"市民"的转变。

二、新生代农民工择业行为的内在机制

从新生代农民工择业机制来看，新生代农民工在需求、供给与供求匹配"三位一体"的择业机制下进行合理的职业选择。本书遵循希金斯所提

---

① 孟祥远、邓智平：《如何超越二元对立？——对布迪厄与吉登斯比较性评析》，《南京社会科学》2009年第9期。

供的分析结构分别从需求、供给及供求匹配三个角度来透视新生代择业行为的内在择业机制[①]。

（1）城市劳动力市场对"劣价"的新生代农民工的需求。在城镇化与工业化快速推进的背景下，与农村不同，城市空间能提供更多的"生活机会"和"经济机会"，也就需要和接纳新生代农民工进城务工。这就为新生代农民工提供了就业机会，也为其在城市择业提供了可能性。城市的社会结构与经济状况是进城新生代农民工获得就业机会的重要原因。从经济结构来看，一是国有企事业单位太多，存在人浮于事的情况，特大城市是国有经济最为集中的地区，人浮于事的情况也相应地更加严重。估计全国至少有1000万新生代农民工在国有企事业单位打工。固定工在聊天、临时务工的新生代农民工在干活的现象在一些企业中不同程度地存在，正是这种所有制结构导致特大城市依赖大量的新生代农民工。二是大城市中劳动密集型产业过度发展。我国一方面控制大城市发展，另一方面又将大城市建设成生产性城市，因此其对新生代农民工的需求量持续增加。三是城市私营企业与外资企业的蓬勃发展和乡镇企业的"衰落"是密不可分的，这压缩了农民就近转移就业的空间而迅速地扩大了城市对相对廉价的新生代农民工的需求量。四是经济结构的升级创造出更多的新职业，城市市民对那些新兴的"白领"职业兴趣更大，本地居民出现白领化趋势，而传统的"蓝领"职业则需要众多的新生代农民工来补充。这些就业机会的提供为新生代农民工转移到城市就业并在此基础上进行择业提供了前提条件[②]。

（2）广大农村地区的新生代农民工对城市劳动力需求的供给。吸收绝大多数进城务工新生代农民工的城市工业生产与服务业岗位比从事务农的岗位要求高很多，因为在中国城乡二元体制下，农村与城市本来就属于不同的两个社会空间与运行系统，从社会流动的角度来看，新生代农民工从农村流入城市就已经实现了向上社会流动，在社会分层序列中处于较高位置的城市对其就业人员设置的"门槛"自然比传统的农村要高。一般来说，城市中的就业岗位都提出了对教育程度、工作经验、职业培训与身体状况

---

① O'Higgins N.Government Policy and Youth Employment. *Paper prepared for the World Youth Summit to be Held in Alexandria*，Egypt，2002：7-11.
② 严新明：《生存与发展：中国农民发展的社会时空分析》，北京：社会科学文献出版社，2005年，第215—218页。

等方面较为详细的岗位要求，对岗位提出的详细要求可以起到提高劳动力市场对劳动力配置的效率。一是对劳动力的选择起着"筛选"机制。因为教育程度、工作经验、职业培训与身体状况等是衡量劳动力质量的"指示器"，其外显性能使雇主在短时间内对众多受聘者进行筛选，从而找到合适的雇员。二是对雇员起着"激励机制"，因为现代化的企业对其雇员的岗位根据生产的实际需要设为不同类型与级别，其待遇与不同类型和级别直接挂钩，从而激励员工获得更高的教育水平、积累工作经验等。因此，新生代农民工进城后保障生存的就业机会及寻求发展的择业机会的获得，都受到城市就业岗位对新生代农民工岗位的具体要求的影响。只有那些满足城市岗位要求的新生代农民工才可以顺利将城市中"客观"的就业与择业机会转化为"现实"的与"可利用"的就业机会。

(3) 通过供求匹配机制提高劳动力配置的效率，达到供需平衡，使新生代农民工找到合适工作的同时也满足了城市劳动力市场对劳动力的需求。大多数新生代农民工进城务工是在次要劳动力市场寻找工作，由于其在劳动力市场中所处的地位不同，次要劳动力市场中劳动力的配置具有与首要劳动力不同的特征。就新生代农民工而言，在城市实现就业的供需匹配机制主要有三种：市场配置机制、政府引导机制与社会网络介绍机制。①市场配置机制是指新生代农民工利用用人单位发布的招聘信息，遵循现代企业招聘员工的程序找到合适的工作岗位，一般都会通过市场化手段建立与现代企业相适应的市场化劳资关系。②政府引导机制是政府相关部门通过政企合作的方式，辅以新生代农民工职业培训与跟踪服务从而引导新生代农民工"定向就业"的配置方式，新生代农民工一般对政府依赖性较强，大都借助政府这只"有形的手"帮助新生代农民工与企业建立"半市场化"的劳资关系；③社会网络介绍机制是目前新生代农民工择业中供需匹配的主要机制。这种配置方式既与我国特有的"差序格局"人际关系相符合，同时又能有效弥补我国劳动力市场发育不健全与政府在劳动力市场中宏观指导功能"缺位"的不足。它借助血缘、地缘、学缘等联系纽带为新生代农民工进城务工提供就业信息的同时，帮助新生代农民工在进城初期适应城市生活，并为其在城市遇到过长的就业等待期、失业等"风险"时提供必要的保障。

三、新生代农民工择业行为的外显效果

从新生代农民工择业效果来看,新生代农民工职业适应性水平是衡量择业质量的重要指标。它既是新生代农民工继续社会化的结果,同时又促使其策略性地利用城市结构中的"规则"和"资源"再生产新的职业与阶层"结构"。

（1）新生代农民工职业适应性是进城务工新生代农民工在扮演职业角色时产生"角色距离"与"角色失败"等角色失调的基础上,在职业"场域"内进行继续社会化的一种特殊形式。

新生代农民工职业适应性是具有反思性监控能力的能动性的"行动者"——进城务工新生代农民工城市职业"场域"中进行继续社会化的一种特殊形式。继续社会化是相对于初始社会化而言的,并且是在初始社会化的基础上进行的,是指成年人为了适应新形势提出的角色要求而进行的学习过程[①]。新生代农民工进城务工后,其扮演的职业角色发生了根本改变,如果不考虑户籍等人为制度性因素,新生代农民工实质上是由"农民"转变为"工人",其角色要求也随之发生了根本性改变,要求其遵守一整套与"工人"角色相适应的"权利、义务的规范与行为模式"。具体来说,当一次择业过程完成后,新生代农民工的择业后果可能出现以下两种情况：一是新生代农民工的资质与新就业岗位基本相符合,这时新生代农民工的能力、素质与其所扮演的"职业角色"是吻合的,经过短时间的工作磨合期就能适应新的工作岗位。这时他们很轻松地"进入角色"。但随着工作经验的积累与就业信息获得渠道的扩展,新生代农民工为了获得更高的报酬与发展机会,一般也会寻找更高层次的工作岗位。这表明个人与其角色之间,一个人所做的与其本性之间存在一道裂痕,这种实际上的表现说明,个体与其假定的角色存在着"角色差距"[②]。二是对新就业岗位严重地不适应,并通过时间证明自身的能力不能适应或不匹配新岗位的职业要求,这表明新生代农民工在扮演的职业角色过程中出现的"角色失败","是角色扮演过程中发生的一种极为严重的失调现象。它是指由于多种原因使角色扮演者无法进行成功的表演后,不得不半途中止表演,或者虽然还没有退出角

---

① 郑杭生：《社会学概念新修》（第三版），北京：中国人民大学出版社，2003年，第84页。
② [美] E.戈夫曼：《相遇：互动社会学的两项研究》，印第安纳波利斯市：鲍勃斯-梅里尔出版公司，1961年，第108页。

色，但已经困难重重，每前进一步都将遇到更多的困难"①。这时新生代农民工又会在提高自身"能力"的基础上，在就业市场上寻找新的就业机会，伺机在劳动力市场进行职业变换。

（2）职业适应水平是衡量新生代农民工择业质量的重要指标，是新生代农民工在城市场域的时空中利用城市结构中的"规则"和"资源"不断进行职业适应的策略性行动的结果，在利用城市结构中的"规则"和"资源"的同时，再生产了城市新的职业与阶层"结构"。

职业适应性既是衡量新生代农民工择业质量的核心指标与直接结果，同时又是其城市融入的基本内容与主要途径，这是因为在现代社会中，个体的经济社会地位主要由其职业地位决定，职业适应水平也直接决定着在城市社会适应的进程。职业适应良好的新生代农民工不仅可以为其城市融入提供稳定的较高收入，还可以为其提供学习与遵守团体规范的机会，使其更好地融入新的社会关系。因此，新生代农民工较高的职业适应水平，会增强其克服社会适应中所遇困难的能力，提升其融入城市的意愿②。

新生代农民工的职业适应的策略性行动都是在特定的社会结构下进行的。而已有研究大都认为现有的"失衡"的社会结构制约了新生代农民工在城市的职业适应性水平。而吉登斯把结构定义为在社会生产和再生产过程中"反复不断地组织起来的一系列规则或资源，除了作为记忆痕迹的具体体现和协调作用之外，还超越了时空的限制，其特点就是'主体的不在场'"③，其中规则是指行为的规范，它可以为行动者提供相关的方法论与技术，被行动者策略地利用。在吉登斯看来，规则并不仅仅是对行动的限制，它同时也是一种建构性的因素。规则并不外在于行动者及行动过程，它并非仅仅是约束性的，规则也可以被行动者利用，为行动服务。而目前与新生代农民工在城市企业就业密切相关的"规范"主要有在国家大力维护与提高农民待遇与权益的"三农政策"背景下政府层面的有关新生代农民工的优惠政策及相关规定，企业为了贯彻中央与地方政府的有关"三农问题"的精神而出台的企业层面的文件与规定，以及新生代农民工在城市

---

① 郑杭生：《社会学概念新修》（第三版），北京：中国人民大学出版社，2003年，第121页。
② Stein B N. Occupational Adjustment of Refugees: The Vietnamese in the Unites States. *International Migration Review*, 1979, (13): 25-45.
③ [英]安东尼·吉登斯：《社会的构成》，李康、李猛译，北京：生活·读书·新知三联书店，1998年，第81—82页。

工作与生活过程中建立起来的临时性的旨在维护在城市正常工作与生活的"规范"。文本上的"规范"大都从新生代农民工弱势地位的视角出发,描绘了一幅为保护其合法权益并提供合理的发展空间的"蓝图",而现实中政府与企业对"规范"的贯彻动力不足,往往容易使之成为"空纸一文"。这时就会产生美国功能学派社会学家默顿所说的"结构性张力",即所有文化都提出了作为普遍欲求的某些目标,同时也明确指出了实现这些目标的合法手段或社会认可的手段,当在社会快速发展和社会不平等广泛存在的环境中,属于某些群体的人可能很少或根本没有机会通过合法的途径去实现文化上的成功目标。社会结构限制了他们获得成功的机会[①]。当前新生代农民工在所工作企业的"境遇"与政府的"关怀"差距较大就是"文化确定的激情与实现这些激情的社会结构相互分离的表现"[②],这时新生代农民工可以利用这些"文本"上规定的权益与雇主进行理论或进行较为激烈的维权抗争,极大地改善职业环境,进而提高其职业适应性,为更好地适应城市并在城市"生根发芽"打下坚实的基础。

与此同时,吉登斯也认为,"行动者在利用资源时,他们实际上是拥有了权力,他们动用权力改变他人的行为,从而行动者具有改变社会结构的能力。这样,社会结构是被行动者所用的东西,而不是到处挤压行动者的外在事实。社会结构充满了转化性和灵活性,它是行动者在具体情境中的'一部分',是被他们用来在时空之中创造社会关系的模式"[③]。而新生代农民工作为城市社会的"新移民",可以说是十足的资源匮乏者,但也形成了一些可以利用与挖掘的"资源"。目前新生代农民工所拥有的资源主要包括新生代农民工在当前我国产业结构中所不可替代的"劣价"劳动力供给地位而使其具有的"优势地位",媒体所建构的新生代农民工群体作为"弱势群体"所拥有的"弱者的武器",新生代农民工群体由于地缘、业缘及阶层地位等因素形成的维权"动员网络"等,都可以随时转化为突破现有社会结构限制的"资源"。这些资源的灵活利用,可以为新生代农民工争取到比较满意的就业环境,改善劳资冲突,缓解人际关系的紧张,从而大大提高

---

① [美]戴维·波普诺:《社会学》(第十版),李强等译,北京:中国人民大学出版社,1999年,第214—215页。
② 谢立中:《西方社会学名著提要》,南昌:江西人民出版社,2007年,第211页。
③ [美]乔纳森·特纳:《社会学理论的结构》,北京:华夏出版社,2001年,第171页。

新生代农民工的职业适应水平。

因此,当前新生代农民工择业过程中面临的结构中的"规范"与"资源"不只是制约行动者的"外在客观事实",实际上,正是在使用这些规则和资源时,新生代农民工可以更好地适应新的工作岗位,在提高其职业结构中的地位、实现向上流动时,达到再生产城市新的职业与阶层"结构"的目的。

第二节 新生代农民工择业行为的实证分析

一、新生代农民工的择业机会

新生代农民工的择业机会应包括劳动力市场中存在的择业机会的数量与结构及新生代农民工识别这些客观择业机会的意识与能力。劳动力市场存在的客观择业机会与新生代农民工识别、评价和利用就业机会主观把握就业机会的能力构成了新生代农民工择业的前提条件,只有这些主客观条件同时具备才会产生新生代农民工在劳动力市场中的择业行为。但是,在我国新生代农民工由于具有相同的"农民工"的身份,就业市场提供的客观就业机会对农民工群体来说是均等的,而最大的差异在于新生代农民工识别这些客观择业机会的意识与能力及对客观择业机会的利用能力。因此,本书只考虑了新生代农民工主观的择业意识、识别能力及对择业机会的利用能力,并在借鉴以往研究的基础上,建构了一个 包括"我经常会从身边的人打听新的就业信息"、"我经常会向亲戚朋友打听好的就业门路"、"我经常会留意网络与报纸上的招聘信息"、"我会通过自身实践来评估新的就业机会"、"我会向有经验的人请教就业机会的可行性"、"我会尽量向在新就业岗位上工作的人来打听情况"、"如果有更好的就业机会我会尽快决定"、"我善于向新的潜在雇主展示自身优势"、"我会尽量通过熟人获得更好的工作"等项目的测量新生代农民工择业机会的李克特5级量表。各指标的描述性统计见表3-1。

表3-1 新生代农民工择业机会现状统计表($N=1182$)

择业机会测量指标	均值(M)	标准差(S.D.)
J1. 我经常会从身边的人打听新的就业信息	3.81	0.821
J2. 我经常会向亲戚朋友打听好的就业门路	3.77	0.862

续表

择业机会测量指标	均值（M）	标准差（S.D.）
J3. 我经常会留意网络与报纸上的招聘信息	2.95	0.824
J4. 我会通过自身实践来评估新的就业机会	3.31	0.875
J5. 我会向有经验的人请教就业机会的可行性	3.58	0.861
J6. 我会尽量向在新就业岗位上工作的人来打听情况	2.98	0.956
J7. 如果有更好的就业机会我会尽快决定	3.54	0.734
J8. 我善于向新的潜在雇主展示自身优势	2.70	0.732
J9. 我会尽量通过熟人获得更好的工作	3.05	0.693

从图 3-1 可以得知，新生代农民工择业机会的得分不高，其中在"我经常会留意网络与报纸上的招聘信息"、"我会尽量向在新就业岗位上工作的人来打听情况"和"我善于向新的潜在雇主展示自身优势"等项目上的得分分别为 2.95、2.98 和 2.70，其得分低于 3，说明新生代农民工在这些项目上的平均得分较低，处于"不太符合"与"一般"之间，而在"我经常从身边的人打听新的就业信息"、"我经常会向亲戚朋友打听好的就业门路"、"我会通过自身实践来评估新的就业机会"、"我会向有经验的人请教就业机会的可行性"、"如果有更好的就业机会我会尽快决定"和"我会尽量通过熟人获得更好的工作"等项目上的得分分别为 3.81、3.77、3.31、3.58、3.54 和 3.05，其得分大于 3，说明新生代农民工在这些项目上的平均得分较高，处于"一般"与"比较符合"之间。总体来说，新生代农民工择业机会中有关"择业观念"的项目得分较高，而采取"择业行动"项目上的得分相对较低，这也折射出新生代农民工择业过程中的矛盾状态，即实现择业行动能力滞后于择业观念。

为了进一步简化新生代农民工择业机会的测量指标，并对上述测量指标的结构进行抽象，以期得出新生代农民工择业机会的因子结构。本书运用主成分法对新生代农民工择业机会量表的 9 项指标进行了因子分析，采用方差极大化方法对因子负荷进行正交旋转，按照特征值大于 1 的标准进行因子抽取，共得到 3 个因子来代表这 9 个指标的主要特征（表 3-2），3 个新因子累计方差贡献率达到 73.353%，KMO 检验值为 0.874，Bartlett 检验的卡方值为 3504.372，达到了相当高的显著性水平（Sig=0.000），表明这些指标比较适合做因子分析。根据因子负载,将这3个因子分别命名为"择业意识"、"机会评价"和"机会利用"。

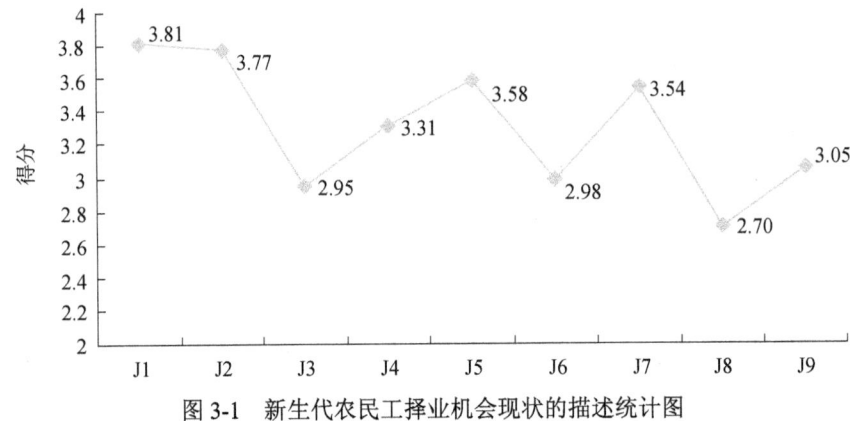

图3-1 新生代农民工择业机会现状的描述统计图

表3-2 新生代农民工择业机会的因子分析

因子命名	测量变量	因子载荷	贡献率(%)	累计贡献率(%)
择业意识	我经常会从身边的人打听新的就业信息	0.865	26.711	26.711
	我经常会向亲戚朋友打听好的就业门路	0.778		
	我经常会留意网络与报纸上的招聘信息	0.753		
机会评价	我会通过自身实践来评估新的就业机会	0.792	24.913	51.624
	我会向有经验的人请教就业机会的可行性	0.781		
	我会尽量向在新就业岗位上工作的人来打听情况	0.732		
机会利用	如果有更好的就业机会我会尽快决定	0.821	21.729	73.353
	我善于向新的潜在雇主展示自身优势	0.765		
	我会尽量通过熟人获得更好的工作	0.696		

为了更直观地展示各个因子在择业机会各个维度上的具体状况,本书运用公式把这3个因子转换为1—100之间的指数①。同时,为了在总体上考察新生代农民工把握择业机会能力的整体状况,本书以各因子的方差贡献率为权数,计算出新生代农民工"总体把握择业机会能力因子"的综合得分,即择业意识因子值×0.26711+机会评价因子值×0.24913+机会利用

---

① 转换公式是:转换后的因子值=(因子值+B)·A。其中,A=99/(因子最大值-因子最小值),B=(1/A)-因子最小值。B的公式亦为,B=[(因子最大值-因子最小值)/99]-因子最小值(参见边燕杰、李煜所著的《中国城市家庭的社会资本》,载于《清华社会学评论》2000年第2辑)。

因子值×0.217 29，其基本分布状况见表3-3。

表3-3　新生代农民工择业机会的描述统计

	择业意识因子	机会评价因子	机会利用因子	总体把握机会能力因子
平均值（M）	65.312	58.127	57.371	59.535
标准差（S.D.）	16.274	10.441	13.234	12.422

从表 3-3 中可以发现，新生代农民工把握择业机会的总体水平偏低（M=59.535，S.D.=12.422），并且在择业机会的三个维度上因子得分呈现出差异性，其中择业意识因子、机会评价因子和机会利用因子得分分别为 65.312（S.D.=16.274）、58.127（S.D.=10.441）和 57.371（S.D.=13.234）。这一统计分析结果表明，新生代农民工在择业意识方面的水平相对较高，而机会评价与机会利用等方面的水平相对落后。另外，从新生代农民工在同一维度上把握机会的能力状况来看，择业意识的差异性最大，其标准差高达 16.274，而机会评价的离散性最小，其标准差为 10.441。

从图 3-2 可以看出，新生代农民工总体把握择业机会的能力在择业意识、机会评价和机会利用三个维度的水平呈现出明显的差异性，这在一定程度上折射出新生代农民工强烈的择业意识与评价、利用机会的能力偏低的矛盾状态。新生代农民工从机会非常匮乏的农村迁移到充满机会的城市，本来就是在强烈的择业意识下驱动的，因此，进入城市劳动力市场中会保持原有的择业意识，并有进一步加强的趋势。但对就业机会的评价与利用是比择业意识层次更高的择业能力。这是因为在现代化语境下，作为迁移到城市就业的新生代农民工，是嵌入城乡的社会结构、认知、文化和政治之中的，适应城市是在吉登斯所说"脱域"机制下完成的，即新生代农民工的"社会关系从彼此互动的地域性关联中'脱离出来'"，把社会关系从地方性的场景中"挖出来"，然后再使社会关系在无限的时空地带中进行"再联结"或"再重组"[①]。

城市是不同于农村的空间"场域"，在国家推行城市化进程中，城乡的差异已经不单单是经济发展水平上的，还被赋予了文化与意识形态的含义。城乡被放置在线性发展的历史谱系中，被纳入由"文明"与"愚昧"，"进

---

① ［英］安东尼·吉登斯：《现代性的后果》，南京：译林出版社，2000年，第42页。

步"与"落后","传统"与"现代"等二元对立所构成的话语体系之中。城市代表了工业文明和后工业文明,垄断了现代性,代表着历史前进的方向,而农村成为愚昧落后的象征,成为了现代性的他者。农村不但在经济上被掏空,在文化上也被抽空了意义和价值[①]。在这一背景下,农村就业机会的评价与利用和城市截然不同,而对农村"嵌入"过深的新生代农民工,对城市存在就业机会的评价与利用必须经过一个长期学习与实践的过程。并且,因城市社会分工复杂,要达到对就业机会的正确的评价与最大程度的利用,对新生代农民工自身素质的要求更高。因此,虽然新生代农民工择业意识强烈,但对就业机会的评价与利用能力较低,严重地制约其将城市客观存在的就业机会转化为其实际利用的主观机会,进而导致其在城市就业质量偏低,削弱了市民化的能力。

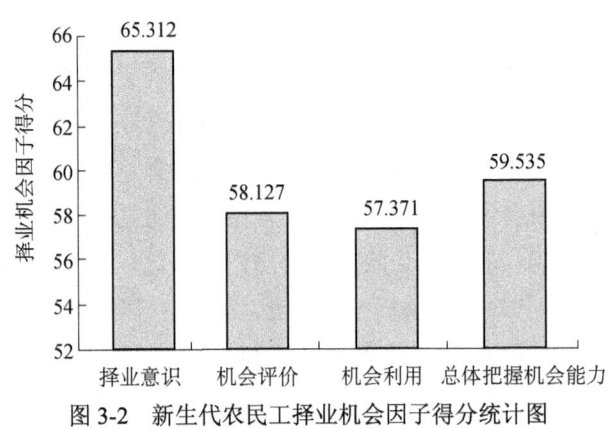

图 3-2 新生代农民工择业机会因子得分统计图

二、新生代农民工的职业选择

职业选择是指劳动者按照自己的职业期望和兴趣,凭借自身能力挑选职业,使自身能力素质与职业需求特征相符合的过程[②]。农民工的职业选择与城市其他就业者相比具有一定的相似性,也显示出其独特性。已有研究中有关各类劳动者职业选择的研究,社会学、人口学等领域中大都使用"职业流动"来描述和探讨与劳动者转换工作相关的现象,而管理学等领域则较多采用"跳槽"这一概念。但这两者是有区别的,"职业流动"概念往往

---

① 潘毅、卢晖临、张慧鹏:《大工地:建筑业农民工的生存图景》,北京:北京大学出版社,2012年,第56页。
② 苗旭、董新泽:《职业选择理论与大学生就业指导》,《辽宁高职学报》2005年第3期。

更强调劳动者工作转换中的"职业"属性。而"跳槽"的概念则主要强调的是劳动者工作转换中的"单位"属性[①]。而"工作转换"这一概念则包括"职业的流动"与"单位的转换"两种情况,更能全面地涵盖新生代农民工的职业选择状况。本书进一步将新生代农民工职业转换操作化为工作转换的次数与职业的持续时间两个方面。

1. 工作转换的次数

新生代农民工工作转换的次数与其从农村迁移到城市务工的年限密切相关,一般来说,新生代农民工工作转换次数与其进城务工年限成正比。基于此,本书在分析新生代农民工工作转换次数之前对其进城务工年限进行分析,从统计结果可得知(表3-4):新生代农民工进城务工1年及以下的有104人,占调查总体的8.8%;进城务工1—3年的有216人,占调查总体的18.3%;进城务工3—5年的有427人,占调查总体的36.1%;进城务工5—7年的有306人,占调查总体的25.9%;而进城务工7年以上的仅有129人,占调查总体的10.9%。通过对其平均进城务工年限统计后发现,新生代农民工平均进城务工年限为4.31年。

表3-4 新生代农民工进城务工年限统计表($N=1182$)

进城务工的年限	有效个案数(N)	有效百分比(%)
1年及以下	104	8.8
1—3年	216	18.3
3—5年	427	36.1
5—7年	306	25.9
7年以上	129	10.9
总计	1182	100.0

从图3-3可以直观地发现,新生代农民工进城务工的时间相对较短,对城市劳动力市场的就业环境比较陌生,因此,对于大部分进城务工年限较短的新生代农民工来说,其职业尚处于摸索和适应阶段。

工作转换是衡量就业主体职业稳定性的重要指标,同时也是影响就业质量的核心变量。而工作转换次数是指新生代农民工在获得首份非农职业

---

① 风笑天、王晓焘:《城市在职青年的工作转换:现状、特征及影响因素分析》,《社会科学》2013年第1期。

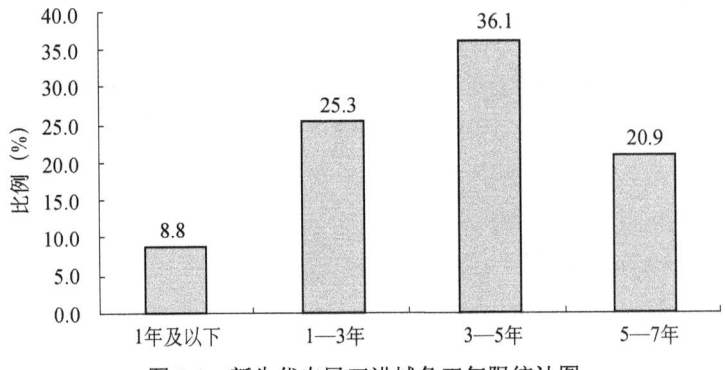

图 3-3　新生代农民工进城务工年限统计图

后更换工作的次数，从统计结果可得知（表 3-5）：新生代农民工进城后没有更换工作的有 221 人，占调查总体的 18.7%；进城后更换工作 1 次的有 280 人，占调查总体的 23.7%；进城后更换工作 2 次的有 363 人，占调查总体的有 30.7%；进城后更换工作 3 次的有 182 人，占调查总体的 15.4%；进城后更换工作 4 次的有 87 人，占调查总体的 7.4%；而进城后更换工作 5 次及以上的有 49 人，占调查总体的 4.1%。

表 3-5　新生代农民工进城后更换工作次数统计表（$N=1182$）

更换工作的次数	有效个案数（N）	有效百分比（%）
0 次	221	18.7
1 次	280	23.7
2 次	363	30.7
3 次	182	15.4
4 次	87	7.4
5 次及以上	49	4.1
总计	1182	100.0

从图 3-4 可以看出，新生代农民工更换工作次数 2 次及以上的占到了调查总体的 57.6%，表明新生代农民工进城后更换次数频繁，这可能与其进城务工年限较短，大都还处于寻找合适工作岗位阶段，同时新生代农民工大都就业于体制外的企业，正式合同的签订率很低，且新生代农民工就业岗位的可替代性较强等因素有关。另外，新生代农民工从农村进入城市务工后，务农工作与城市就业存在巨大差异，其职业一般要经过不断的"磨

合"阶段,这会导致其工作转换次数相对频繁,新生代农民工迁移到一个陌生的就业环境,一般要经过几次"试错"才能找到自己合适的职业。这与其他有关农民工的实证研究结论基本一致,如黄乾等对上海、天津、广州、沈阳、昆明、威海和宜宾七个城市进行的农民工调查发现,农民工的就业流动非常频繁,在全体样本中,只有19.6%的农民工进入城市就业以来没有转换过工作,而高达80.4%的农民工转换过工作[①],清华大学社会学系"农民工就业趋势研究"课题组与工众网合作开展的农民工外出务工调查结果也显示,农民工总体换工频率高,65.9%有过换工作经历,平均换工次数(包括没有换工作经历者)为1.63次,农民工就业呈现出"短工化"趋势,高流动趋势近年来日益增强[②]。

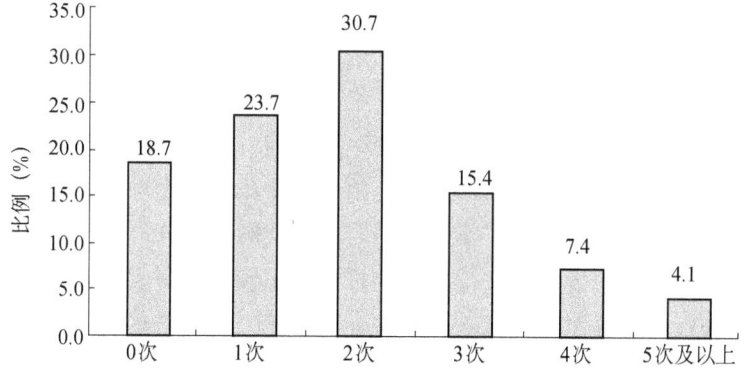

图3-4　新生代农民工进城后更换工作次数统计图

工作转换次数只能反映数量方面的信息,而不能反映新生代农民工职业流动的具体过程。因此,为了进一步考察新生代农民工的职业流动过程,本书将新生代农民工的工作转换划分为两类:一类是新生代农民工在同一行业内的不同企业间进行工作转换,称为行业内工作转换;另一类是新生代农民工在不同行业间的企业进行工作转换,称为行业间工作转换。从统计结果可得知(表3-6):除去没有工作转换的新生代农民工外,进行了行业内工作转换的有537人,占调查总体的45.4%;而进行了行业间工作转换的有424人,占调查总体的35.9%。

---

① 黄乾:《工作转换对城市农民工收入增长的影响》,《中国农村经济》2010年第9期。
② 沈原:《社会转型与新生代农民工》,《清华社会评论》(第6辑),北京:社会科学文献出版社,2013年,第3页。

表 3-6　新生代农民工进城后工作转换类型统计表（N=1182）

工作转换类型	有效个案数（N）	有效百分比（%）
没有工作转换	221	18.7
行业内工作转换	537	45.4
行业间工作转换	424	35.9
总计	1182	100.0

从图 3-5 可以看出，行业内工作转换是新生代农民工进城后工作转换的主要类型，这与黄乾等对上海、天津、广州、沈阳、昆明、威海和宜宾七个城市进行的农民工调查发现基本一致，其调查发现农民工行业内转换工作的占调查总体的 41.6%，而行业间转换工作的占调查总体的 38.8%。且进一步发现：行业内工作转换只对低收入的农民工产生正向作用，而对更高收入的农民工产生负向作用。行业间工作转换变量与低收入、中等收入和高收入的交叉项都显著且回归系数为负值，表明行业间工作转换对所有收入层次的农民工都产生负面效应，这说明，行业间工作转换是不利于收入增长的。其中的主要原因是，不同行业存在明显不同的行业性专用人力资本，如果农民工转换工作是在不同的行业间进行的，则他们原有的工作经历很难有累积效应,同时，以前的行业专用性人力资本可能大大贬值①，此种非理性的频繁工作转换会导致新生代农民工陷入不断的"求职-就业-辞职-再求职"的职业恶性循环，这将会限制其职业的向上流动②。

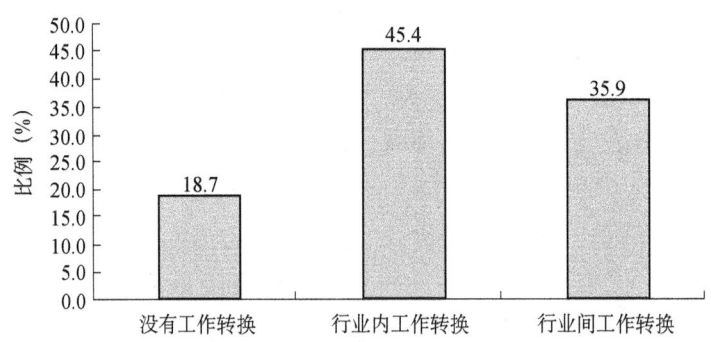

图 3-5　新生代农民工进城后工作转换类型统计图

在分析新生代农民工流动次数时只能考察到目前为止其工作转换的次

---

① 黄乾：《工作转换对城市农民工收入增长的影响》，《中国农村经济》2010 年第 9 期。
② 田立博、赵宝柱、付晓娜：《从就业状况看新生代农民工职业发展》，《成人教育》2016 年第 1 期。

数,而新生代农民工进城务工时间较短,对城市劳动力市场缺乏一个较为完整的认识与了解,并对城市充满好奇感,同时相对于第一代农民工来说,大多数新生代农民工家庭负担较轻,家庭能够承受或分担不当择业带来的短暂性风险,会对其择业流动决策起到关键性作用。因此,新生代农民工对工作转换的意向也是衡量新生代农民工工作转换重要的方面。本书将考察新生代农民工未来流动意向。从统计结果可得知(表3-7),新生代农民工未来工作转换意向随着已经流动次数的增加而减小,从已流动次数0次到3次,每增加1次,其流动意向降低约15%,且当其流动次数为3次时,其未来流动的意向最低,仅有17.71%,但当已经流动次数达4次后,其流动意向又逐渐增加。这与新生代农民工工作转换与其流动后生存境遇改善状况有关。一般来说,工作转换次数与其职业收入和职业地位之间不是线性关系,而是呈倒"U"型关系,开始几次工作转换有利于劳动者职业收入与地位的提高,但过于频繁的工作转换会对其职业收入与职业地位的提升产生负面影响。新生代农民工中部分因工作转换次数过多导致其职业状况变差而急于改善当前职业状况所产生的强烈的工作转换意向外,也有部分新生代农民工因"高不成,低不就"的职业心理导致其形成工作转换"惯性",其工作转换呈现出非理性状态。但总体来看,大部分新生代农民工随着工作转换次数的增加其工作转换的决策变得越来越慎重与稳妥。

表3-7 新生代农民工未来流动意向的描述统计

已流动次数	有流动意向		没有流动意向		N
	频次	百分比(%)	频次	百分比(%)	
0次	137	62.12	84	37.88	221
1次	133	47.65	147	52.35	280
2次	136	37.54	227	62.46	363
3次	32	17.71	150	82.29	182
4次	25	29.31	62	70.69	87
5次及以上	18	36.32	31	63.68	49

2. 职业的持续时间

为了进一步了解新生代农民工的职业更换情况,我们用新生代农民工第一份工作的持续时间、上一份工作持续时间及平均每份工作的持续时间这三个变量来反映这一群体的职业流动状态,从另一个侧面来了解新生代农民工职业的稳定性。

(1)新生代农民工第一份工作的持续时间。在统计分析过程中,我们首先记录了他们的第一份工作的持续时间,然后将其相加后除以发生过工作转换的新生代农民工人数,这一结果即为新生代农民工的第一份工作的平均持续时间。分析结果发现,新生代农民工的第一份工作的平均持续时间为10.12个月,这表明新生代农民工在第一份职业持续的时间较短。为了更具体地展现他们的第一份工作持续时间,本书对新生代农民工第一份工作的持续时间进行了分组统计(表3-8)。从统计结果来看,有28.9%的新生代农民工在第一份工作上持续的时间不超过6个月,有41.4%的新生代农民工在第一份工作上持续的时间为6—12个月,而超过3年的仅占调查总体的6.0%。

表3-8 新生代农民工第一份工作的持续时间

第一份工作的持续时间	有效个案数	有效百分比(%)
6个月及以下	277	28.9
6—12个月	398	41.4
1—2年	129	13.4
2—3年	99	10.3
3年以上	58	6.0
总计	961	100.0

注:在对新生代农民工第一份工作持续时间的统计分析中,没有将调查总体中没有流动经历的221人计算在内,只对有过工作转换经历的961名新生代农民工进行统计分析。

从图3-6可以更直观地发现,新生代农民工的第一份工作持续时间为6—12个月的比例最大,而据清华大学社会学系"农民工就业趋势研究"课题组与工众网合作开展的农民工外出务工调查结果显示,农民工第一份工作持续时间约为2.2年[①]。这表明新生代农民工在第一份工作上持续的时间远低于第一代农民工的第一份工作持续时间。这可能是因为:一方面,"先就业,后择业"的就业态度日益成为进城后处于"社会闯荡期"的新生代农民工的主导就业观念。在这一阶段,其就业表现出非常不稳定的特点,

---

① 沈原:《社会转型与新生代农民工》,《清华社会评论》(第6辑),北京:社会科学文献出版社,2013年,第3页。

工作转换速度特别快，频繁变换工作单位、工作岗位、工作类型及工作地点。另一方面，与新生代农民工外出务工的目的密切相关，与第一代农民工的"生存型"择业不同，新生代农民工择业除了追求经济收入外，流动行为本身可能更多地混杂着对非经济目标的追求①。新生代农民工之所以选择外出，在很大程度上是受追求城市现代生活的驱使，即追求生活，不只是解决生存问题②。

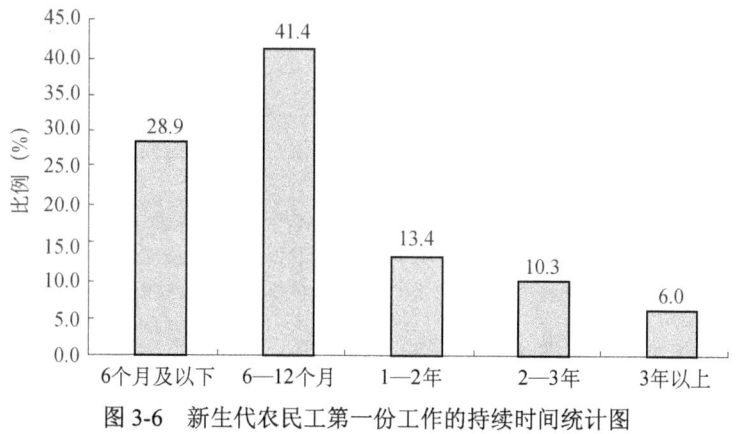

图3-6 新生代农民工第一份工作的持续时间统计图

（2）新生代农民工上份工作的持续时间。因为大多数新生代农民工进城后要经过一个"适应期"才能逐渐适应城市，并熟悉城市劳动力市场的供求信息，在"先就业，后择业"这一主导就业观念的影响下，新生代农民工在进城适应期会伴随着一个职业变换的频繁期，而用新生代农民工第一份工作持续时间来衡量其职业稳定性呈现出明显的局限性。因此，本书对新生代农民工上份工作的持续时间进行了统计分析。在统计分析过程中，我们首先记录了他们的上份工作的持续时间，然后将其相加后除以发生过工作转换的新生代农民工人数，这一结果即为新生代农民工的上份工作的平均持续时间。分析结果发现，新生代农民工的上份工作的平均持续时间为 20.35 个月，这表明新生代农民工上份工作的持续时间远远高于第一份工作持续的时间，前者是后者的 2.01 倍。为了更具体地展现新生代农民工上份工作持续时间，本书对新生代农民工上份工作的持续时间进行了分组

---

① 陆德梅：《职业流动的途径及其相关因素——对上海市劳动力市场的实证分析》，《社会》2005 年第 3 期。
② 王春光：《新生代农村流动人口的社会认同与城乡融合的关系》，《社会学研究》2001 年第 3 期。

统计（表3-9）。从统计结果来看，有10.2%的新生代农民工的上份工作持续的时间超过3年，有22.6%的新生代农民工的上份工作的持续时间为2—3年，而在6个月及以下的仅占调查总体的10.7%。

表3-9 新生代农民工上份工作的持续时间

上份工作的持续时间	有效个案数	有效百分比（%）
6个月及以下	103	10.7
6—12个月	208	21.6
1—2年	335	34.9
2—3年	217	22.6
3年以上	98	10.2
总计	961	100.0

注：在对新生代农民工上份工作持续时间的统计分析中，没有将调查总体中没有流动经历的221人计算在内，只对有过工作转换经历的961名新生代农民工进行统计分析。而只发生过1次工作转换的280名新生代农民工，其上一份工作持续时间即为第一份工作持续时间。

从图3-7可以直观地看出，新生代农民工在上份工作持续时间为1—2年的人数最多，占调查样本的34.9%。这表明职业初期的高流动性是一种"正常"的、可以理解的现象。因为职业初期的"工作转换"，实际上可以认为是在不断转型的社会结构和社会背景之下，不断依据自身规划与资源，对自己的职业和人生进行调适的社会过程①。而随着务工时间的增加，新生代农民工在劳动力市场经过几次"试错"后，逐渐趋于理性，进

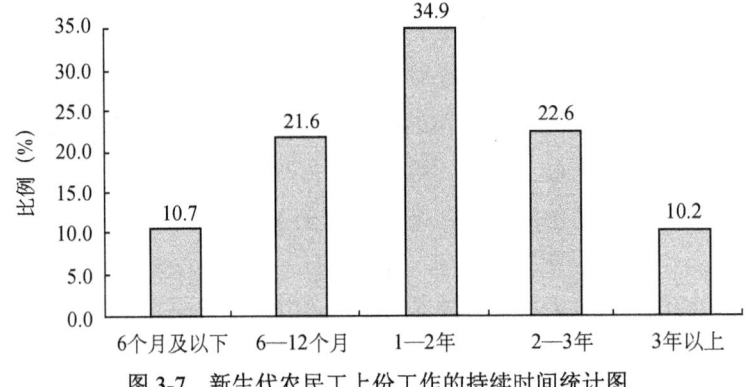

图3-7 新生代农民工上份工作的持续时间统计图

---

① 风笑天、王晓焘：《城市在职青年的工作转换：现状、特征及影响因素分析》，《社会科学》2013年第1期。

而进入了一个职业相对稳定的时期。随着年龄的增加,新生代农民工工作转换周期由短到长,工作转换经过了从快到慢、由不稳定到相对稳定的变化[①]。

(3)新生代农民工平均每份工作的持续时间。新生代农民工第一份工作的持续时间与上份工作的持续时间能够动态地反映新生代农民工的职业稳定性的变化,但不能反映新生代农民工整体的职业稳定性水平。因此,本书利用新生代农民工平均每份工作持续时间来反映其整体的职业稳定性水平。具体统计分析过程中,我们首先用调查时间减去新生代农民工第一份工作开始的时间(如果有两份工作的间隔,则再减去其时间间隔),然后将其相加后除以其在外工作转换的次数,这一结果即为新生代农民工每份工作的平均持续时间。分析结果发现,新生代农民工的平均每份工作持续时间为17.67个月。为了更具体地展现新生代农民工平均每份工作持续时间,本书对新生代农民工平均每份工作的持续时间进行了分组统计(表3-10)。从统计结果来看,有10.1%的新生代农民工的上份工作持续的时间超过3年,有26.1%的新生代农民工的上份工作的持续时间为2—3年,而在6个月及以下的仅占调查总体的9.7%。

表3-10 新生代农民工平均每份工作的持续时间

平均每份工作的持续时间	有效个案数	有效百分比(%)
6个月及以下	115	9.7
6—12个月	196	16.6
1—2年	443	37.5
2—3年	309	26.1
3年以上	119	10.1
总计	1182	100

从图3-8可以直观地看出,新生代农民工平均每份工作持续时间为1—2年的人数最多,占调查样本的37.5%。而6个月及以下的人数的比例最小,仅有9.7%。

从图3-9可以直观地看出,新生代农民工的工作持续时间由第一份工作的10.12个月增加到了上份工作的20.35个月,其平均每份工作的持续时间为17.67个月。这与清华大学社会学系"农民工就业趋势研究"课题组

---

① 廖根深:《当代青年职业流动周期的研究——兼论当代中国青年职业发展的三个阶段》,《中国青年研究》2010年第1期。

开展的农民工外出务工调查结果基本一致,其调查结果显示,新生代农民工平均每份工作持续时间为 2.1 年,而老一代农民工平均每份工作持续时间高达 6.2 年,大约是新生代农民工每份工作持续时间的 3 倍。相对于老一代农民工长时间的稳定工作而言,新生代农民工每份工作时间都较短,换工作频率较高,每一份工作都仿佛是在打短工[①]。

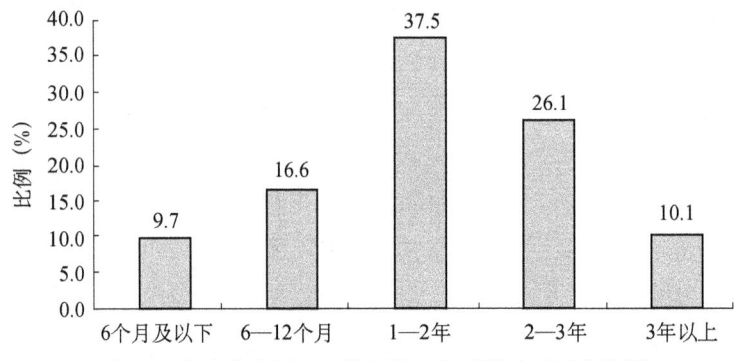

图 3-8　新生代农民工平均每份工作的持续时间统计图

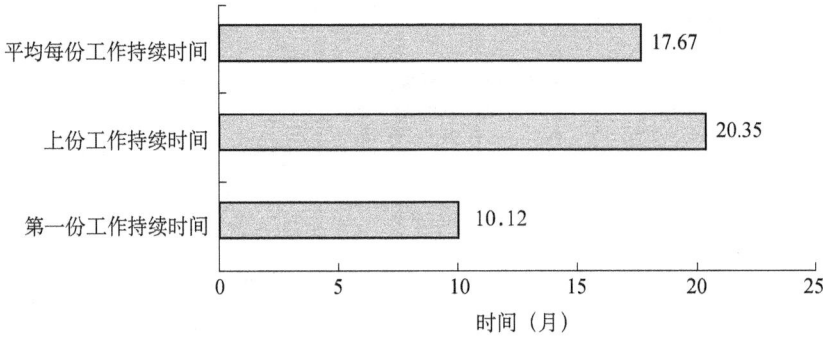

图 3-9　新生代农民工工作持续时间统计图

总之,新生代农民工频繁的流动经历,实际上是两代农民工的重要差别之一。通过对新生代农民工的职业流动轨迹的考察发现,职业流动或者说漂泊是新生代农民工进入社会的一个显著的群体特征。不过,虽然流动对他们来说是一个不断寻找更好的发展机会的过程,也折射出他们较强的职业的主体性和流动的能动性,但职业流动频次与他们的社会流动之间却并非简单的线性关系,而是呈现出倒"U"型的曲线关系:即在前几次流

---

① 沈原:《社会转型与新生代农民工》,《清华社会评论》(第 6 辑),北京:社会科学文献出版社,2013 年,第 3 页。

动中，流动朝向的是更好的工作地点和更好的工种，体现为垂直流动，但到第 3 次或第 4 次流动之后，无论是流入地、职业类型、流动原因和寻找新工作的途径，都呈现了逆向选择或向下流动的特点。也就是说，新生代农民工的社会流动轨迹总体上来说表现为一种倒"U"型的发展轨迹，过于频繁的流动反而不利于其个人的发展[1]。这同时也说明，越是流动频繁的新生代农民工，越较少具有市场竞争力，也更缺乏从事稳定工作所需的就业技能和资本。新生代农民工离开校园后的生活史便是努力避免复制父辈的生活方式和生活轨迹、争取实现代际的向上社会流动的奋斗史。但这一过程同时也是一个充满艰辛的"漂泊"史。与其上辈相比，相当部分的新生代农民工已不能安分守己地从事他们认为"没有出息"或太辛苦或不喜欢的工作岗位，不再省吃俭用地攒钱寄往农村老家，也有相当部分不再在挣够钱回乡盖房娶媳妇的生活目标下工作，也更不愿意如第一代农民工那样只是作为城市建设的工具而奔波于城乡之间。新生代农民工在职业期望、物质和精神享受的要求等方面都要明显地高于他们的父辈。但他们在梦想与现实之间却面临着更大的张力，这种频繁的流动，只不过是他们为了缩小他们进城之前的梦想世界与其进城后的现实世界之间的差距，即试图缩小想象差异的过程[2]。

三、新生代农民工的职业适应

职业适应是指个人与某一特定的职业环境进行互动、调整以达到和谐的过程。职业适应水平则是个人某一时间点上职业适应的程度[3]。从心理动力学理论观点来看，只要个人的愿望在职业中能获得满足，都是对职业的适应。罗福奎斯特等就认为，人们在就业之后，是否继续从事此项工作，取决于个人与环境的相互关系[4]。而社会学对个人职业适应的研究则把视点集中于工作群体、组织本身及其机能上，注重从个人与工作群体的关系，以及个人在群体中的角色来把握职业适应[5]。本书将新生代农民工的职业适

---

[1] 符平：《倒"U"型轨迹与新生代农民工的社会流动》，《浙江社会科学》2009 年第 12 期。
[2] 符平、黄莎莎：《在梦想与现实之间——"80 后"新生代农民工与"四个世界"关系的研究》，《青年研究》2009 年第 4 期。
[3] 范成杰：《城市居民个人背景与其职业适应性研究》，《市场与人口分析》2005 年第 5 期。
[4] 方俐洛：《职业心理与成功求职》，北京：机械工业出版社，2001 年，第 37—42 页。
[5] Bakke E W. *The unemployed Man*. London: Nisbet，1953: 30-31.

应看成是在识别、评价与利用择业机会的基础上，进行职业选择后的结果。但在具体的分析时，将新生代农民工的职业适应分成过程性职业适应与结果性职业适应两个维度。其中，过程性职业适应是指新生代农民工在职业适应过程中旨在提升其职业适应程度而采取的具体方式与手段，而结果性职业适应是指新生代农民工采取各种职业适应的具体方式与手段的最终职业适应后果，具体包括职业技能适应、职业人际适应、职业心理适应与职业环境适应四个方面。

1. 过程性职业适应：新生代农民工职业适应的方式

本书为了全面了解新生代农民工在职业适应过程中采取的具体方式的真实情况，在借鉴以往研究的基础上，建构了一个包括"我经常会在工作之余向优秀员工学习技能与方法"、"我经常会主动与一起工作的同事聚餐"、"我经常会积极调整心态，保持乐观进取的工作状态"、"我经常会采取集体维权方式维护自己的合法劳动权益"、"我经常会借助政府或媒体的力量来维护自身的权益"、"我经常觉得向优秀员工学习会显示自己的无能"、"我觉得工作是一个人的事，与别人无关"、"我觉得自己出身低微，在单位没什么地位"、"我觉得势单力薄，面对老板的各种剥削无能为力"、"我经常感到在工作岗位上无所适从"等项目的测量新生代农民工职业适应方式的李克特 5 级量表，答案选项设有"完全符合"、"比较符合"、"一般"、"不太符合"、"很不符合"，分别对上述回答赋值为 5、4、3、2、1。其描述统计结果见表 3-11。

从统计结果来看，新生代农民工职业适应的得分大都为 2—4 分，其中"我经常会主动与一起工作的同事聚餐"、"我经常愉快地与同事合作完成工作任务"、"我经常会积极调整心态，保持乐观进取的工作状态"、"我经常会采取集体维权方式维护自己的合法劳动权益"和"我经常会借助政府或媒体的力量来维护自身的权益"等项目的得分分别为 2.77、2.95、2.78、2.72 和 2.45，其得分都低于 3，说明新生代农民工在这些项目上的平均得分较低，处于"不太符合"与"一般"之间，而在"我经常会在工作之余向优秀员工学习技能与方法"、"我经常觉得向优秀员工学习会显示自己的无能"、"我觉得工作是一个人的事，与别人无关"、"我觉得自己出身低微，在单位没什么地位"、"我觉得势单力薄，面对老板的各种剥削无能为力"和"我经常感到在工作岗位上无所适从"等项目上的得分分别为 3.12、3.28、

3.34、3.51、3.69 和 3.67，其得分都大于 3，说明新生代农民工在这些项目上的平均得分较高，处于"一般"与"比较符合"之间。

表 3-11　新生代农民工职业适应方式现状统计表（N=1182）

项目	均值（M）	标准差（S.D.）
Z1. 我经常会在工作之余向优秀员工学习技能与方法	3.12	0.832
Z2. 我经常会主动与一起工作的同事聚餐	2.77	0.831
Z3. 我经常愉快地与同事合作完成工作任务	2.95	0.824
Z4. 我经常会积极调整心态，保持乐观进取的工作状态	2.78	0.769
Z5. 我经常会采取集体维权方式维护自己的合法劳动权益	2.72	0.821
Z6. 我经常会借助政府或媒体的力量来维护自身的权益	2.45	0.756
Z7. 我经常觉得向优秀员工学习会显示自己的无能	3.28	0.823
Z8. 我觉得工作是一个人的事，与别人无关	3.34	0.852
Z9. 我觉得自己出身低微，在单位没什么地位	3.51	0.789
Z10. 我觉得势单力薄，面对老板的各种剥削无能为力	3.69	0.813
Z11. 我经常感到在工作岗位上无所适从	3.67	0.823

从图 3-10 可以得知，新生代农民工职业适应方式中有关主动改变项目的得分较低，而有关被动接受方面的项目得分较高，这也折射出新生代农民工在职业适应过程中大都是被动接受，处于无所适从的状态，而主动改变职业过程中的不利地位的意识与能动性不强。

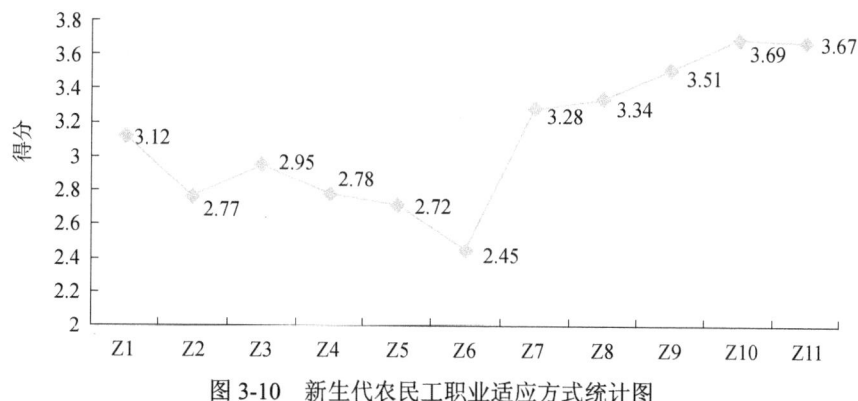

图 3-10　新生代农民工职业适应方式统计图

为了简化新生代农民工职业适应方式的测量指标，并对上述测量指标的结构进行抽象，以期得出新生代农民工职业适应方式的因子结构。本书运用主成分法对新生代农民工职业适应方式的 11 项指标进行了因子分析，采用方差极大化方法对因子负荷进行正交旋转,按照特征值大于 1 的标准进行因子抽取,共得到 2 个因子来代表这 11 个指标的主要特征,2 个新因子累计方差贡献率达到 68.706%,KMO 检验值为 0.775,Bartlett 检验的卡方值为 1104.112,达到了相当高的显著性水平(Sig=0.000),表明这些指标比较适合作因子分析。根据因子负载,将这 2 个因子分别命名为"能动型"职业适应因子和"被动型"职业适应因子(表 3-12)。

表 3-12 新生代农民工职业方式的因子分析

因子类型	项目	因子载荷	贡献率(%)	累计贡献率(%)
"能动型"职业适应	我经常会在工作之余向优秀员工学习技能与方法	0.792	31.472	31.472
	我经常会主动与一起工作的同事聚餐	0.761		
	我经常愉快地与同事合作完成工作任务	0.742		
	我经常会积极调整心态,保持乐观进取的工作状态	0.683		
	我经常会采取集体维权方式维护自己的合法劳动权益	0.635		
	我经常会借助政府或媒体的力量来维护自身的权益	0.612		
"被动型"职业适应	我经常觉得向优秀员工学习会显示自己的无能	0.782	37.234	68.706
	我觉得工作是一个人的事,与别人无关	0.804		
	我觉得自己出身低微,在单位没什么地位	0.852		
	我觉得势单力薄,面对老板的各种剥削无能为力	0.841		
	我经常感到在工作岗位上无所适从	0.813		

为了更直观地展示各个因子在职业适应各个维度上的具体状况,本书运用公式把这 2 个因子转换为 1—100 之间的指数。从表 3-13 中可以发现,新生代农民工职业适应方式在两个维度上的因子得分呈现出明显的差异性,其中"被动型"职业适应因子和"能动型"职业适应因子得分分别为 72.122 和 60.231。这一统计分析结果表明,新生代农民工"被动型"职业适应因子得分相对较高,而"能动型"职业适应因子得分相对较低,另外,从新生代农民工在同一维度上的职业适应状况来看,"被动型"职业适应因子的差异性最大,其标准差高达 15.371,而"能动型"职业适应因子的离

散性最小，其标准差为12.417。

表3-13　新生代农民工职业适应方式因子得分统计表（N=1182）

项目	"被动型"职业适应因子	"能动型"职业适应因子
平均值（M）	72.122	60.231
标准差（S.D.）	15.371	12.417

从图3-11可以更直观地发现，新生代农民工"被动型"职业适应因子得分远高于"能动型"职业适应因子得分，前者比后者高出11.891分。总体来说，新生代农民工职业适应方式中有关主动改变项目的得分较低，而有关被动接受方面的项目得分较高，这也折射出新生代农民工在职业适应过程中大都是被动接受，处于无所适从的状态，而主动改变职业过程中的不利地位的意识与能动性不强，基本上还停留在以前在农村时期的水平，但工作环境的变化要求新生代农民工及时提高职业适应的主动性，否则会影响其职业适应的程度，进而会加剧其陷入城市"边缘人"的境地。

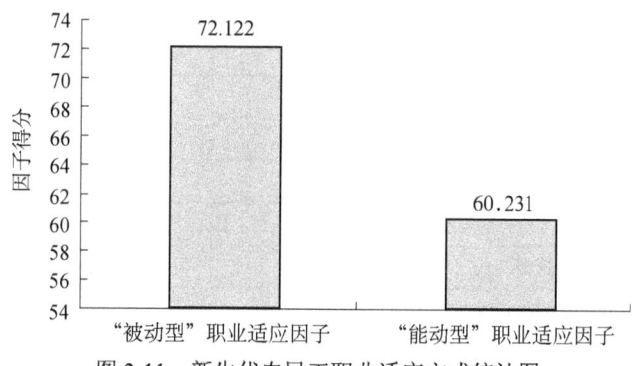

图3-11　新生代农民工职业适应方式统计图

2. 结果性职业适应：新生代农民工职业适应的效果

在分析了新生代农民工职业适应方式外，本书设计了包括"我完全掌握了目前工作岗位所需的基本技能"、"我在单位经常获得各种奖励或荣誉"、"我目前在工作中与上级领导相处得很融洽"、"我目前在工作中与同事相处得很融洽"、"我在目前工作岗位上很有成就感"、"我对目前工作的待遇很满意"、"我非常喜欢目前单位的管理方式"、"我非常适应领导的管理风格"和"我非常喜欢目前与同事分工合作的工作方式"等9个指标在内新生代农民工结果性职业适应的李克特5级量表来测量其职业适应的后果。

从统计结果来看，新生代农民工结果性职业适应的各个指标得分大都为2—4分，其中"我目前在工作中与上级领导相处得很融洽"、"我目前在工作中与同事相处得很融洽"、"我非常喜欢目前单位的管理方式"、"我非常适应领导的管理风格"、"我非常喜欢目前与同事分工合作的工作方式"等项目的得分分别为3.11、3.23、3.21、3.07、3.35，其得分均高于3，说明新生代农民工在这些项目上的平均得分较高，处于"比较符合"与"一般"之间；而"我完全掌握了目前工作岗位所需的基本技能"、"我在单位经常获得各种奖励或荣誉"、"我在目前工作岗位上很有成就感"和"我对目前工作的待遇很满意"等项目的得分分别为2.94、2.78、2.87和2.86，其得分均低于3，说明新生代农民工在这些项目上的平均得分较低，处于"不太符合"与"一般"之间。

表3-14　新生代农民工职业适应方式现状统计表（$N=1182$）

项目	均值	标准差	N
S1. 我完全掌握了目前工作岗位所需的基本技能	2.94	1.007	1182
S2. 我在单位经常获得各种奖励或荣誉	2.78	0.841	1182
S3. 我目前在工作中与上级领导相处得很融洽	3.11	1.117	1182
S4. 我目前在工作中与同事相处得很融洽	3.23	0.943	1182
S5. 我在目前工作岗位上很有成就感	2.87	0.834	1182
S6. 我对目前工作的待遇很满意	2.86	1.027	1182
S7. 我非常喜欢目前单位的管理方式	3.21	0.941	1182
S8. 我非常适应领导的管理风格	3.07	0.799	1182
S9. 我非常喜欢目前与同事分工合作的工作方式	3.35	0.958	1182

从图3-12可以得知，新生代农民工结果性职业适应中有关职业技能和职业心理方面的项目得分较低，而有关人际关系和职业环境方面的项目得分较高，这表明新生代农民工职业技能不足，在劳动力市场的职业竞争力不强，从而影响其职业向更高层次的发展。

为了简化新生代农民工结果性职业适应的各个测量指标，对上述测量指标的结构进行抽象，以期得出新生代农民工结果性职业适应的因子结构。本书运用主成分法对新生代农民工结果性职业适应量表的9项指标进行了

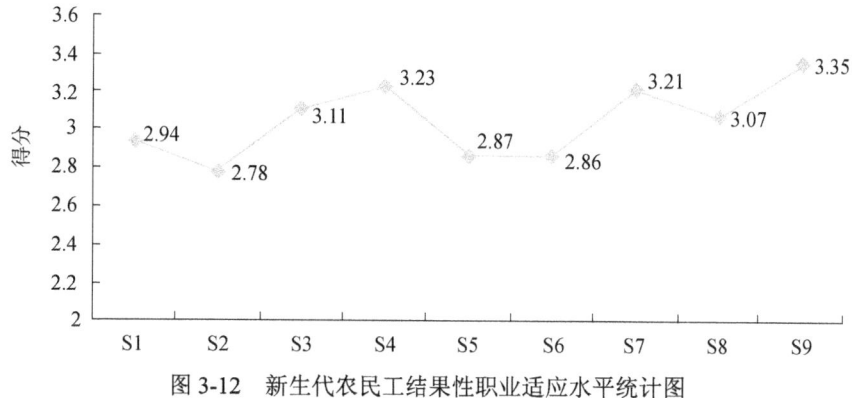

图 3-12 新生代农民工结果性职业适应水平统计图

因子分析，采用方差极大化方法对因子负荷进行正交旋转，按照特征值大于 1 的标准进行因子抽取，共得到 4 个因子来代表这 9 个指标的主要特征，4 个新因子累计方差贡献率达到 72.099%，KMO 检验值为 0.775，Bartlett 检验的卡方值为 5647.335，达到了相当高的显著性水平（Sig=0.000），表明这些指标比较适合做因子分析。根据因子负载，将这 4 个因子分别命名为"职业技能适应因子"、"职业人际适应因子"、"职业心理适应因子"和"职业环境适应因子"（表 3-15）。

表 3-15 新生代农民工结果性职业适应的因子分析

项目	职业技能适应	职业人际适应	职业心理适应	职业环境适应	共量
我完全掌握了目前工作岗位所需的基本技能	0.882	0.110	0.201	0.144	0.851
我在单位经常获得各种奖励或荣誉	0.845	0.253	0.094	0.149	0.809
我目前在工作中与上级领导相处得很融洽	0.084	0.851	0.116	0.211	0.789
我目前在工作中与同事相处得很融洽	0.017	0.830	0.247	0.125	0.766
我在目前工作岗位上很有成就感	0.301	0.121	0.817	0.040	0.774
我对目前工作的待遇很满意	0.117	0.038	0.798	0.251	0.715
我非常喜欢目前单位的管理方式	0.126	0.271	0.104	0.724	0.624
我非常适应领导的管理风格	0.239	0.301	0.214	0.651	0.617
我非常喜欢目前与同事分工合作的工作方式	0.072	0.242	0.322	0.613	0.543
特征值	1.682	1.728	1.588	1.491	—
解释方差（%）	18.689	19.200	17.644	16.566	—
累计解释方差（%）	18.689	37.889	55.533	72.099	—
因子克隆巴赫系数	0.822	0.853	0.829	0.861	—

续表

项目	职业技能适应	职业人际适应	职业心理适应	职业环境适应	共量
Pc（组合信度）			0.845		
Bartlett 的球形度检验			5647.335		
KMO 检验值			0.775		
Sig			0.000		

注：提取方法为主成分分析法。旋转方法为 Kaiser 标准化最大方差法，旋转在 5 次迭代后已收敛。

为了更直观地展示各个因子在结果性职业适应各个维度上的具体状况，本书运用公式把这四个因子转换为 1—100 之间的指数。同时，为了在总体上考察新生代农民工结果性职业适应的整体状况，本书以各因子的方差贡献率为权数，计算出新生代农民工"结果性职业适应总体水平因子"的综合得分，即职业技能适应因子值×0.186 89＋职业人际适应因子值×0.192 00＋职业心理适应因子值×0.176 44＋职业环境适应因子值×0.165 66，其基本分布状况见表 3-16。

表 3-16　新生代农民工职业适应方式因子得分统计表（N=1182）

	职业技能适应因子	职业人际适应因子	职业心理适应因子	职业环境适应因子	结果性职业适应总体水平
平均值（M）	58.637	65.471	57.209	67.017	61.285
标准差（S.D.）	14.214	11.851	13.017	14.290	13.011

从表 3-16 中可以发现，新生代农民工结果性职业适应总体水平因子得分偏低（M=61.285，S.D.=13.011），并且在结果性职业适应的四个维度上因子得分呈现出差异性，其中"职业技能适应因子"、"职业人际适应因子"、"职业心理适应因子"和"职业环境适应因子"的因子得分分别为 58.637（S.D.=14.214）、65.471（S.D.=11.851）、57.209（S.D.=13.017）和 67.017（S.D.=14.290）。另外，从新生代农民工在同一维度上的职业适应状况来看，职业环境适应的差异性最大，其标准差高达 14.290，而职业人际适应的离散性最小，其标准差为 11.851。

从图 3-13 可以更直观地发现，新生代农民工在职业人际适应和职业环境适应方面的水平相对较高，而在职业技能适应和职业心理适应等方面的水平相对落后。

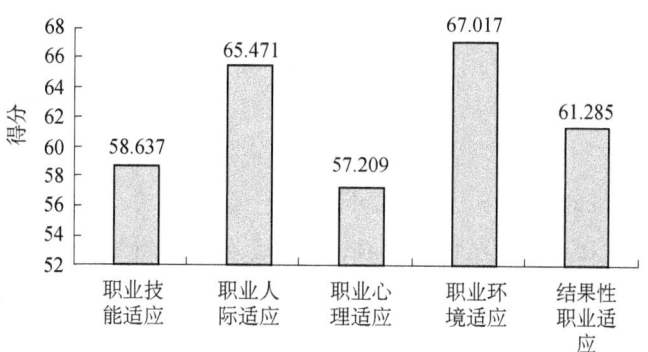

图 3-13　新生代农民工结果性职业适应因子得分统计图

为了进一步探讨农民工的职业适应方式因子对择业后新生代农民工职业适应后果的影响，本书以性别、年龄、务工时间作为控制变量，以"被动型"职业适应因子和"能动型"职业适应因子作为自变量，以新生代农民工职业适应的 4 个因子（职业技能适应、职业人际适应、职业心理适应、职业环境适应）为因变量构建四个多元回归分析模型。从表 3-17 回归分析的结果来看，控制变量中的"性别"对"职业人际适应"与"职业环境适应"的影响显著（$P \leqslant 0.01$），其回归系数分别为 1.117 和 2.294，表明与女性新生代农民工相比，男性新生代农民工的职业人际适应与职业环境适应的因子得分分别高 1.117 分和 2.294 分。"年龄"对"职业技能适应"（$P \leqslant 0.05$）与"职业人际适应"（$P \leqslant 0.01$）影响显著，其回归系数分别为 1.082 和 2.113，表明新生代农民工的年龄每增加 1 年，其职业技能适应与职业人际适应的因子得分分别提高 1.082 分和 2.113 分。而从"务工时间"与"务工时间的平方"的回归系数来看，在模型 1 中，务工时间"与"务工时间的平方"项都显著，前者为正（1.065）后者为负（-0.158），表明新生代农民工务工时间与新生代农民工的职业技能成非线性函数关系的倒"U"型关系，曲线的顶点约为 3 年[①]。也就是说，新生代农民工务工时间为 3 年时职业技能适应水平是最高的，在此之前，职业技能适应随着务工时间的增加而提高，而当务工时间超过 3 年时，其职业技能适应水平会呈递减趋势。这主要是因为新生代农民工进入城市务工的前 3 年是其学习职业技能，适

---

① 计算方法为将原变量系数除以平方项系数的 2 倍，[1.065÷（2×0.158）] ≈3。

应工厂化生产模式的最佳时段,因而其职业技能适应会得到显著提升。而过了这段时间之后,在客观上,新生代农民工职业技能提升到一定程度后,再向更高层次提升的难度成倍增加,而在主观上,其对职业技能提升的期望值提高,其参照群体已由职业技能较差的同辈群体转向农民工群体中的"技术精英",因而其职业技能适应水平在主体认知上呈下降趋势。而在模型3中,"务工时间"与"务工时间的平方"项都显著,前者为负(-1.142)后者为正(0.151),表明新生代农民工务工时间与新生代农民工的职业心理呈非线性函数的"U"型关系,曲线的最低点约为4年[①]。也就是说,新生代农民工务工时间为4年时职业心理适应水平是最低的,在此之前,职业心理适应随着务工时间的增加而降低,而当务工时间超过4年时,其职业心理适应水平会呈递增趋势,这也从侧面反映新生代农民工随着务工时间的增加,其心理调适的主动性和调试能力显著提升。

而从职业适应方式因子来看,其中"被动型"职业适应因子对职业技能适应、职业人际适应、职业心理适应和职业环境适应的影响显著,其回归系数分别为-2.113($P \leqslant 0.05$)、1.022($P \leqslant 0.01$)、1.068($P \leqslant 0.01$)和-1.090($P \leqslant 0.01$),表明新生代农民工的"被动型"职业适应因子得分每增加1分,其职业技能适应因子与职业环境适应因子得分则会分别降低2.113分和1.090分,而职业人际适应与职业心理适应因子得分则会分别提高1.022分和1.068分。"能动型"职业适应因子对职业技能适应、职业人际适应、职业心理适应与职业环境适应影响显著,其回归系数分别为1.105($P \leqslant 0.01$)、-2.871($P \leqslant 0.01$)、-2.112($P \leqslant 0.05$)和1.062($P \leqslant 0.01$),表明新生代农民工的"能动型"职业适应因子得分每增加1分,其职业技能适应因子与职业环境适应因子得分会分别提升1.105分和1.062分,而职业人际适应和职业心理适应水平则会分别降低2.871分和2.112分。从以上分析结果可以看出,新生代农民工"被动型"职业适应因子与"能动型"职业适应因子对其职业适应的影响呈现出截然不同的二元路径,具体来看,"被动型"职业适应因子对新生代农民工精神层面的职业适应(如职业人际适应、职业心理适应等)有正面影响,而对物质层面(如职业技能适应、职业环境适应等)则有负面影响,而"能动型"职业适应因子对新生代农民工职业适

---

① 计算方法为将原变量系数除以平方项系数的2倍,[1.142÷(2×0.151)]≈4。

应各维度的影响的路径截然相反,即对物质层面(如职业技能适应、职业环境适应等)有正面影响,而对精神层面的职业适应(如职业人际适应、职业心理适应等)则有负面影响(表 3-17)。

表 3-17 职业适应方式对新生代农民工职业适应水平影响的回归分析

项目	模型 1	模型 2	模型 3	模型 4
因变量	职业技能适应	职业人际适应	职业心理适应	职业环境适应
性别 [a]	1.124 (0.213)	1.117** (0.432)	-1.132 (0.321)	2.294** (0.525)
年龄	1.082* (0.241)	2.113** (0.312)	1.112 (0.652)	-1.187 (0.667)
务工时间	1.065** (0.332)	1.312 (0.014)	-1.142** (0.011)	1.561 (0.011)
务工时间的平方	-0.158** (0.009)	-0.164 (0.008)	0.151** (0.002)	0.207 (0.007)
"被动型"职业适应因子	-2.113* (0.434)	1.022 (0.254)	1.068** (0.419)	-1.090** (0.303)
"能动型"职业适应因子	1.105** (0.031)	-2.871** (0.041)	-2.112* (0.016)	1.062** (0.078)
N	1182	1182	1182	1182
F	5.78	4.91	7.71	7.12
常数	0.821**	0.726**	0.630***	0.764***
Adjusted R^2	0.211	0.202	0.182	0.159

a 参考变量为"女性"。*$P \leq 0.05$,**$P \leq 0.01$,***$P \leq 0.001$。

第三节 结论与讨论

(1)从理论分析来看,新生代农民工择业行为是一个包括"择业机会"、"职业选择"与"职业适应"在内的职业地位获得的持续过程

首先,从新生代农民工择业的现实基础来看,城市空间中存在就业机会的"客观事实"与新生代农民工对识别与利用就业机会的"反思性监控"、"理性化"与"动机激发"是促进新生代农民工择业的前提条件。其次,从新生代农民工择业机制来看,新生代农民工在需求、供给与供求匹配"三位一体"的择业机制下进行合理的职业选择。最后,从新生代农民工择业效果来看,新生代农民工职业适应性水平是衡量择业质量的重要指标。它

既是新生代农民工继续社会化的结果，同时又促使其策略性地利用城市结构中的"规则"和"资源"再生产新的职业与阶层"结构"。

(2) 从实证结果来看，新生代农民工择业行为呈现出不同程度的不理性状态，具体表现为择业机会的整体能力较弱、职业选择呈现出盲目性及职业适应呈现出被动性与困难性

首先，新生代农民工把握择业机会的总体水平偏低（$M=59.535$，$S.D.=12.422$），并且在择业机会的三个维度上因子得分呈现出差异性，其中择业意识因子、机会评价因子和机会利用因子得分分别为 65.312、58.127 和 57.371。这一统计分析结果表明，新生代农民工在择业意识方面的水平相对较高，而机会评价与机会利用等方面的水平相对落后。另外，从新生代农民工在同一维度上的把握机会能力状况来看，择业意识的差异性最大，其标准差高达 16.274，而机会评价的离散性最小，其标准差为 10.441。新生代农民工的总体把握择业机会能力在择业意识、机会评价和机会利用三个维度的水平呈现出明显的差异性，这在一定程度上折射出新生代农民工强烈的择业意识与评价和利用机会的能力偏低的矛盾状态。

其次，从新生代农民工的职业选择来看，一方面，新生代农民工进城后工作更换频繁。从实证研究结果来看，新生代农民工进城后只有 18.7% 没有更换工作，有 23.7%更换过 1 次工作，有 30.7%更换工作 2 次工作，有 15.4%的进城后更换过 3 次工作，而更换工作 4 次和 5 次的也分别高达 7.4%和 4.1%。其中更换工作次数 2 次及以上的占到了调查总体的 57.6%。另一方面，从职业持续时间来看，新生代农民工的第一份工作的平均持续时间为 10.12 个月，这表明新生代农民工第一份职业持续的时间较短。而从其第一份工作持续时间的分组分析来看，有 28.9%的新生代农民工在第一份工作上持续的时间不超过 6 个月，有 41.4%的新生代农民工在第一份工作上持续的时间是 6—12 个月，而超过 3 年的仅占调查总体的 6.0%。新生代农民工的上份工作的平均持续时间为 20.35 个月，这表明新生代农民工上份工作的持续时间远远高于第一份工作持续的时间，前者是后者的 2.01 倍。而新生代农民工上份工作的持续时间分组统计显示：有 10.2%的新生代农民工的上份工作持续的时间超过 3 年，有 22.6%的新生代农民工的上份工作的持续时间是 2—3 年，而在 6 个月及以下的仅占调查总体的 10.7%。新生代农民工的平均每份工作的平均持续时间为 17.67 个月。这表

明新生代农民工进城后工作更换较为频繁，其非农就业呈现出"短工化"趋势，高流动趋势日益明显，这样不利于其积累人力资本，进而提升其就业质量。

最后，从新生代农民工的职业适应来看，一方面，新生代农民工往往采取"被动型"职业适应方式。从新生代农民工职业适应方式的统计结果可以看出，新生代农民工职业适应方式两个因子得分呈现出明显的差异性，其中"被动型"职业适应因子、"能动型"职业适应因子得分分别为72.122和60.231。这一统计分析结果表明，新生代农民工"被动型"职业适应因子得分相对较高，而"能动型"职业适应因子得分相对较低。另外，从新生代农民工在同一维度上的职业适应状况来看，"被动型"职业适应因子的差异性最大，其标准差高达15.371，而"被动型"职业适应因子的离散性最小，其标准差为12.417。另一方面，与其职业适应方式相一致，新生代农民工结果性职业适应总体水平因子得分偏低（M=61.285，S.D.=13.011），并且在结果性职业适应的四个维度上因子得分呈现出差异性，其中职业技能适应因子、职业人际适应因子、职业心理适应因子和职业环境适应因子的因子得分分别为58.637、65.471、57.209和67.017。另外，从新生代农民工在同一维度上的职业适应状况来看，职业环境适应的差异性最大，其标准差高达14.290，而职业人际适应的离散性最小，其标准差为11.851。总体来说，新生代农民工职业适应方式中有关主动改变项目的得分较低，而有关被动接受方面的项目得分较高，这也折射出新生代农民工在职业适应过程中大都是被动接受，处于无所适从的状态，而主动改变职业过程中的不利地位的意识与能动性不强。

第四章
择业观念与新生代农民工的择业行为

在我国逐步建立与完善的市场经济就业环境下,择业问题日益成为大多数进入城市劳动力市场的新生代农民工面临的职业问题。从社会学的角度来看,新生代农民工择业行为是一个不断获得职业地位的动态过程。其中新生代农民工的择业观念、人力资本、社会网络等个体性因素及就业政策、市场环境、具体工作环境共同决定了新生代农民工面临择业时的具体选择。

第一节 新生代农民工的择业观念的实证分析

美国职业管理研究专家施恩认为,随着一个人职业生涯的演进,以自己的职业性为基础的、关于职业态度和价值观、职业动机和需要、职业特长和技能等与职业有关的自我判断会越来越清楚,这样就会最终形成自己的职业生涯主线或主导价值取向。所谓"职业锚",即职业生涯主线或主导价值取向,也就是当一个人不得不作出选择的时候,无论如何都不会放弃的原则性东西,是人们职业选择和发展所围绕的中心[1]。新生代农民工的"职业锚"是其择业观念形成的基础。缺乏正确"职业锚"的引导,往往导致新生代农民工出现低水平化的频繁职业转换及悲观的升职预期等后果。

---

[1] 李桂萍:《现代企业人力资源管理》,北京:中国物价出版社,2003年,第217页。

本书认为，新生代农民工的择业观念是指在"职业锚"的引导下，新生代农民工在择业过程中对职业的发展、职业报酬、职业声望及为择业而付出的代价等方面形成的较为稳定的态度和看法，并在此基础上形成的"职业发展观"、"职业报酬观"、"职业声望观"和"择业代价观"的相互联系和影响的有机整体。其中"职业发展观"是指新生代农民工对职业发展前景、才能的发挥、职业兴趣及实践机会的重视与选择；而"职业报酬观"是指新生代农民工对工资奖金和福利保障等物质性报酬的重视及工作环境舒适与否、升迁机会的多寡、工作稳定性等就业环境与前景的重视程度；"职业声望观"是指新生代农民工对就业工作的地域选择、城市选择及对就业单位的知名度与美誉度的重视程度；而"职业代价观"是指新生代农民工在择业过程中对花费时间、金钱和动用社会网络关系的态度，以及当理想的职业与家庭发生冲突时的抉择。

一、新生代农民工的职业发展观

职业发展观是现代人力资源管理的基本思想之一，其主要内容就是：企业要为其成员构建职业发展通道，使之与组织的需求相匹配、相协调、相融合，以达到满足组织及其成员各自需要、同时实现组织目标和员工个人目标的目的。职业发展观的核心，是要使员工个人职业生涯和组织需求在相互作用中实现协调与融合[①]。基于此，本书设计了包括"选择工作时，发展前景最重要"、"我会优先选择能发挥我才能的工作"、"选择工作时，我的特长是我考虑的首要因素"、"如果目前的工作发展空间很有限，待遇再好我也会辞职再择业"和"能提升职业技能的工作岗位，即使收入低点我也会继续干"等指标在内的新生代农民工职业发展观量表来测量目前进城务工新生代农民工的职业发展观的现状。

从统计结果（表 4-1）来看，新生代农民工对"选择工作时，发展前景最重要"表示完全赞同和比较赞同的分别有 273 人和 383 人，分别占调查总体的 23.1% 和 32.4%，两者占到了调查总体的 55.5%。对"我会优先选择能发挥我才能的工作"表示完全赞同和比较赞同的分别有 215 人和 360 人，分别占调查总体的 18.2% 和 30.5%，两者占到了调查总体的 48.7%。对"选

---

① 张德：《人力资源管理》，北京：中国发展出版社，2003 年，第 142 页。

择工作时，我的特长是我考虑的首要因素"表示完全赞同和比较赞同的分别有 197 人和 416 人，分别占调查总体的 16.7% 和 35.2%，两者占到了调查总体的 51.9%。这说明与老一代农民工相比，新生代农民工往往具有长远的职业发展眼光，具有较高的职业理想，在求职时把发展前途、发挥专长、体现个人价值和符合兴趣爱好放在了比待遇更重要的位置。而对"如果目前的工作发展空间很有限，待遇再好我也会辞职再择业"表示完全赞同和比较赞同的分别有 143 人和 223 人，分别占调查总体的 12.1% 和 18.9%，两者占到了调查总体的 31.0%。对"能提升职业技能的工作岗位，即使收入低点我也会继续干"表示完全赞同和比较赞同的分别有 119 人和 194 人，分别占调查总体的 10.1% 和 16.4%，两者占到了调查总体的 26.5%。这表明新生代农民工求职时虽然看重工作的发展前景和锻炼的机会，但是新生代农民工一般作为家庭的"顶梁柱"，物质压力大，在现实面前还是选择目前的经济待遇作为求职的首要标准。

表 4-1　新生代农民工的职业发展观的统计表（%）

观点/看法	完全赞同	比较赞同	一般	不太赞同	很不赞同	均值（标准差）
A1. 选择工作时，发展前景最重要	23.1 (273)	32.4 (383)	20.5 (242)	16.8 (199)	7.2 (85)	3.47 (0.57)
A2. 我会优先选择能发挥我才能的工作	18.2 (215)	30.5 (360)	36.9 (436)	12.1 (143)	2.4 (28)	3.50 (0.46)
A3. 选择工作时，我的特长是我考虑的首要因素	16.7 (197)	35.2 (416)	35.6 (421)	10.3 (122)	2.2 (26)	3.53 (0.79)
A4. 如果目前的工作发展空间很有限，待遇再好我也会辞职再择业	12.1 (143)	18.9 (223)	30.2 (357)	27.4 (324)	11.4 (135)	2.93 (0.86)
A5. 能提升职业技能的工作岗位，即使收入低点我也会继续干	10.1 (119)	16.4 (194)	28.4 (336)	25.9 (306)	19.2 (227)	2.72 (1.04)

注：括号内为人数。

为了更进一步直观地了解新生代农民工的职业发展观，本书按李克特量表对测量新生代农民工职业发展观的五个指标进行了赋值分析。由图 4-1 的统计结果可发现，从新生代农民工的总体状况来看，"选择工作时，我的特长是我考虑的首要因素"得分最高，均值为 3.53；其次是"我会优先选择能发挥我才能的工作"，均值为 3.50；然后是"选择工作时，发展前景重要",均值为3.47,得分大于3,说明新生代农民工有关职业发展理想的得分较高,总体处于"一般"与"比较赞同"之间。而当问到"如果目前的工作发展空间很有限,待遇再好我也会辞职再择业"和"能提升职业技能的工作岗位,即使收入低点我也会继续干"这两项与新生代农民工的实际待遇相关的职业理想时,其得分相对较低,分别为2.93和2.72,总体处于"不太赞同"与"一般"之间,这也折射出职业发展观的矛盾状态,因为新生代农民工在社会认同上已经认同于城市,因而其参照对象不再是乡土社会中的农民,内心已将城市市民作为自己的参照对象,因而具备了较积极的职业发展观,但当积极的职业发展观与"实际待遇"相冲突时,新生代农民工往往会将当初的理想抱负抛之脑后,迫于生活的压力选择待遇相对较高而发展前景有限的职业。

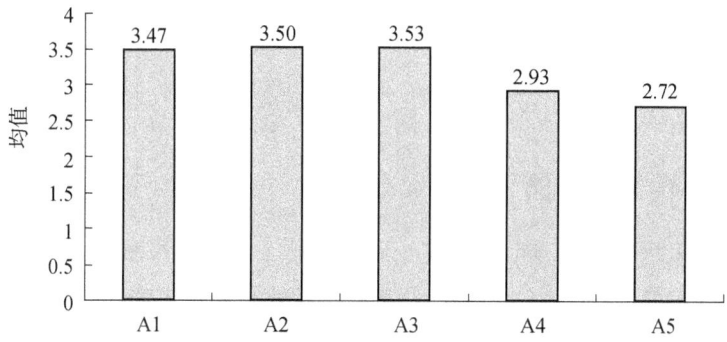

图4-1 新生代农民工的职业发展观的均值统计图

注:A1=选择工作时,发展前景最重要;A2=我会优先选择能发挥我才能的工作;A3=选择工作时,我的特长是我考虑的首要因素;A4=如果目前的工作发展空间很有限,待遇再好我也会辞职再择业;A5=能提升职业技能的工作岗位,即使收入低点我也会继续干。

为了简化新生代农民工职业发展观的测量指标,并对上述测量指标的结构进行抽象,以期得出新生代农民工职业发展观的因子结构。本书运用主成分分析法对新生代农民工职业发展观量表的5项指标进行了因子分析,采用方差极大化方法对因子负荷进行正交旋转,按照特征值大于1的标准进行因子抽取,共得到1个因子来代表这5个指标的主要特征,这一新因子累计方差贡献率达到59.620%,KMO检验值为0.747,Bartlett检验的卡方值为3427.502,达到了相当高的显著性水平(Sig=0.000),表明这些指标比较适合做因子分析。根据因子负载,将这一因子分析命名为"新生代农民工职业发展观"（表 4-2）。

表 4-2　新生代农民工职业发展观的因子分析（$N=1182$）

新生代农民工职业发展观测量指标	职业发展观	共量
A1. 选择工作时，发展前景最重要	0.812	0.659
A2. 我会优先选择能发挥我才能的工作	0.797	0.635
A3. 选择工作时，我的特长是我考虑的首要因素	0.784	0.615
A4. 如果目前的工作发展空间很有限，待遇再好我也会辞职再择业	0.751	0.564
A5. 能提升职业技能的工作岗位，即使收入低点我也会继续干	0.713	0.508
特征值	2.981	
解释方差（%）	59.620	
Bartlett 的球形度检验	3427.502	
KMO 检验值	0.747	
Sig	0.000	

注：提取方法为主成分分析法。

二、新生代农民工的职业报酬观

职业报酬理论是当前激励理论研究的一个重点。报酬理论认为，人的行为是应需要而产生的，满足这些需要，就能产生相应的行为反应。"一定的需要或爱好形成人们的利益，利益是以特别强烈地和比较持久地满足一定需要为目的的"。在利益驱动的市场经济条件下，择业者行为的基本动力主要来自对利益的追求。所以，择业者最追求的职业报酬机制是能满足择业者的需要和利益的待遇机制。在市场经济条件下，报酬激励是最直接有效的招贤纳才手段。因此，职业报酬是择业者找工作时考虑的一个非常重要的因素[1]。

当然，其职业报酬观是以自己所具有的人力资本和社会资本状况为确定依据的。新生代农民工人力资本是通过正规教育、培训及实践训练所形成的知识与技能。这种人力资本与其他人力资本既有相同的一面，又有其特殊性。随着现代科技的进步，知识和技能越来越成为人才竞争的主导因素。新生代农民工择业时具有较高职业期望的基础则是对知识技术的拥有。

---

[1] 陈成文：《当代大学生择业观教育研究》，北京：中央文献出版社，2008 年，第 45 页。

因此，新生代农民工的人力资本的特殊性决定了其必然要有比一般人具有更高的职业期望。

择业者对于自己通过工作获得的物质与精神回报状况的认识即为职业报酬观。本书将这种物质回报和精神回报界定为对工作环境、工资奖金、福利待遇、工作稳定性和升迁机会的重视程度等五个方面，并设计了包括"工作环境舒适度"、"工资性收入及各种奖励的高低"、"是否提供'五险一金'"、"工作的风险性和稳定性程度"和"能否实现职业向上流动的空间和机会"等5个指标的新生代农民工职业报酬观量表来测量其职业报酬观的现状。分析结果见表4-3。

由表4-3的数据可发现，总体而言，大部分新生代农民工都重视工作的报酬，非常重视和比较重视"工作环境舒适度"、"工资性收入及各种奖励的高低"、"是否提供'五险一金'"、"工作的风险性和稳定性程度"和"能否实现职业向上流动的空间和机会"的分别占总人数的53.8%、81.7%、39.5%、41.8%和43.0%。

表4-3 新生代农民工的职业报酬观统计表（%）

观点/看法	非常重视	比较重视	一般	不太重视	很不重视	均值（标准差）
B1. 工作环境舒适度	21.2 (251)	32.6 (385)	34.1 (403)	10.9 (129)	1.2 (14)	3.62 (0.57)
B2. 工资性收入及各种奖励的高低	49.2 (582)	32.5 (384)	11.3 (134)	5.1 (60)	1.9 (22)	4.22 (0.24)
B3. 是否提供"五险一金"	15.3 (181)	24.2 (286)	29.6 (350)	20.5 (242)	10.4 (123)	3.14 (0.61)
B4. 工作的风险性和稳定性程度	20.3 (240)	21.5 (254)	36.4 (430)	18.2 (215)	3.6 (43)	3.37 (0.51)
B5. 能否实现职业向上流动的空间和机会	21.4 (253)	21.6 (255)	30.3 (358)	20.3 (240)	6.4 (76)	3.31 (0.60)

注：括号内为人数。

从图4-2可以直观地看出，新生代农民工职业报酬观各指标加权后其均值得分最高的是对"工资性收入及各种奖励的高低"的重视程度，其得分高达4.22，处于"非常重视"与"比较重视"之间，而最低的是对"是否提供'五险一金'"的重视程度，其得分为3.14，而"工作环境舒适度"、"工作的风险性和稳定性程度"、"能否实现职业向上流动的空间和机会"的得分分别为 3.62、3.37 和 3.31，均处于"一般"与"比较重视"之间。这反映了在城乡分割的管理体制与相对匮乏的人力资源的双重困境下，新生代农民工往往将工资、奖金等物质待遇放在首要位置，在保障物质需求的同时兼顾对工作环境、升迁机会等发展性条件的满足。而对同属物质待遇范畴的"五险一金"的重视程度比工资与奖金要低很多。而社会保障权利的缺失会严重影响新生代农民工市民化能力的累积，不利于新生代农民工市民化的实现[1]。目前新生代农民工对社会保障的重视程度偏低，主要是现阶段社会保障的制度设计与新生代农民工流动性强之间存在巨大矛盾。目前我国现行的社会保障在制度设计上存在"碎片化"与"分割性"缺陷，导致其无法在城乡之间自由转移，以及在省际之间转移存在瓶颈，因此，要建立符合"流动农民工"特点的社会保障管理模式[2]，提高新生代农民工社会保障制度的可获得性与受益性。

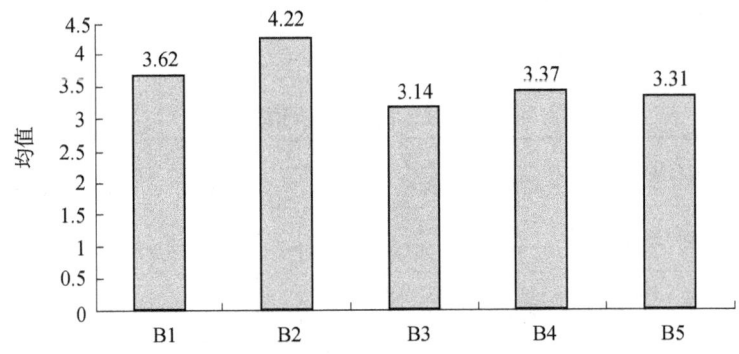

图 4-2　新生代农民工的职业报酬观均值统计图

注：B1=工作环境舒适度；B2=工资性收入及各种奖励的高低；B3=是否提供"五险一金"；B4=工作的风险性和稳定性程度；B5=能否实现职业向上流动的空间和机会。

为了简化新生代职业报酬观的测量指标，并对上述测量指标的结构进行抽象，以期得出新生代农民工职业报酬观的因子结构。本书运用主成分分析法对新生代农民工职业报酬观量表的 5 项指标进行了因子分析，采用方差极大化方法对因子负荷进行正交旋转，按照特征值大于 1 的标准进行因子抽取，共得到 1 个因子来代表这 5 个指标的主要特征，这一新因子累计方差贡献率达到 60.960%，KMO 检验值为 0.794，Bartlett 检验的卡方值

---

[1]　朱广琴、余建辉：《农民工市民化需要社会保障支持》，《学习论坛》2016 年第 1 期。
[2]　袁金勇：《基于流动视角的农民工社会保障管理模式探究》，《农业经济》2015 年第 11 期。

为 3611.417，达到了相当高的显著性水平（Sig=0.000），表明这些指标比较适合做因子分析。根据因子负载，将这这一因子分别命名为"新生代农民工职业报酬观"（表 4-4）。

表 4-4　新生代农民工职业报酬观的因子分析（N=1182）

新生代农民工职业报酬观测量指标	职业报酬观	共量
B1. 工作环境舒适度	0.831	0.691
B2. 工资性收入及各种奖励的高低	0.804	0.646
B3. 是否提供"五险一金"	0.791	0.626
B4. 工作的风险性和稳定性程度	0.740	0.548
B5. 能否实现职业向上流动的空间和机会	0.733	0.537
特征值	3.048	
解释方差（%）	60.960	
Bartlett 的球形度检验	3611.417	
KMO 检验值	0.794	
Sig	0.000	

注：提取方法为主成分分析法。

三、新生代农民工的职业声望观

关于对职业声望的探讨，在西方继马克斯·韦伯之后有大批的学者对之展开了大量实证研究，1897 年美国人口普查局工作人员威廉·翰特在研究美国的职业时，将全部职业分为 4 个等级：产业主为第一等级，秘书为第二等级，第三等级是熟练工人，第四等级为非熟练工人。这是最早开展的职业声望的研究。随后学者们在研究社会分层的过程中运用社会统计学的方法，发展出了多种职业声望量表。1925 年，康茨第一次使用他自己编制的职业声望量表，对美国的职业声望进行调查。第二次世界大战后，对职业声望进行经常性调查，在许多国家已经成为惯例[①]。1963 年，美国的《全国民意研究中心》进行了一次被称为"全国性的美国人横断面样本"的调查。这次调查共列出 90 种职业，请被调查者对每个职业打分，结果 90 种职业的平均得分是 71 分。1999 年，美国出版的《职业排行年鉴》对美国 250 项工作进行评估后排名[②]。

而在国内，长期以来对职业声望的研究处于滞后状态，直到 20 世纪

---

① 林枚、李隽、曹晓丽：《职业生涯开发与管理》，北京：清华大学出版社，2010 年，第 62 页。
② 李晓波、李洪波：《大学生职业生涯规划与发展》，北京：化学工业出版社，2010 年，第 99 页。

80 年代才开始展开研究。关于职业声望的概念，有学者从职业角色的角度出发，认为职业声望是公众对某一职业角色在社会中的地位的一种评价[1]。而职业角色是人们在一定的工作单位和工作活动中所扮演的角色。综合国内外关于职业声望概念的界定，本书认为职业声望是人们对不同职业的价值评价，是社会成员对各种职业主观态度的综合。有学者通过在北京的调查发现：居民的声望评价与其自身的经济社会地位存在不一致的状况，处于社会结构中间层的职业声望"定位"比较一致清晰，而"下层群体"的声望评价却具有冲突性[2]。因我国正处于快速转型期，人们对职业声望的评价有别于西方大多数国家，呈现出职业声望评价一致性较低、冲突性和分裂性的特征[3]。

尽管国内外都有学者认为职业声望具有纵向上的历史继承性和横向上的国别相似性[4]，但由于中国现在处于急剧社会转型时期，价值观的分化使得中国现阶段的职业声望呈现出多种多样的差异性。由于不同时代的社会成员所处的时代和社会背景不同，不同社会成员各自所面对的社会化情境不同，因而不同时代的社会成员可能对某一职业的声望有着不同的主观评价；同一时代的社会成员由于地域、文化程度等的不同而可能有着不同的职业声望观。新生代农民工是在我国社会急剧变迁时期成长起来的一代，因此其职业声望观必然与其他社会群体不同，具有其自身的独特特征。本书通过考察新生代农民工对就业地的偏好、就业单位的社会知名度和美誉度的重视程度来测量新生代农民工职业声望观。

基于此，本书设计了包括"我偏向于喜欢在沿海地区或发达地区工作"、"我更喜欢在大城市或省会城市工作"、"我宁愿工资低一点，也不愿意干那些脏累差的工作"、"我比较看重工作单位的社会知名度"和"我比较看重工作单位的社会美誉度"等 5 个指标在内的新生代农民工职业声望观量表。由表 4-5 的数据可发现，总体而言，大部分新生代农民工都比较看中选择职业的声望，具体而言，选择完全符合和比较符合"我偏向于喜欢在沿海地区或发达地区工作"、"我更喜欢在大城市或省会城市工作"、"我宁愿工

---

[1] 周晓红：《现代社会心理学》，上海：上海人民出版社，1997 年，第 112 页。
[2] 李强、刘海洋：《变迁中的职业声望评价——2009 年北京职业声望调查浅析》，《学术研究》2009 年第 12 期。
[3] 李强：《转型时期冲突性的职业声望评价》，《中国社会科学》2000 年第 4 期。
[4] 汪清：《职业声望研究综述》，《重庆职业技术学院学报》2007 年第 3 期。

资低一点,也不愿意干那些脏累差的工作"、"我比较看重工作单位的社会知名度"、"我比较看重工作单位的社会美誉度"的新生代农民工分别占总人数的36.8%、37.0%、56.1%、50.2%和48.7%。

表4-5 新生代农民工职业声望的主观期望统计分析(%)

观点/看法	完全符合	比较符合	一般	不太符合	很不符合	均值(标准差)
C1. 我偏向于喜欢在沿海地区或发达地区工作	16.6 (196)	20.2 (239)	31.4 (371)	20.5 (242)	11.3 (134)	3.03 (0.78)
C2. 我更喜欢在大城市或省会城市工作	15.4 (182)	21.6 (255)	25.2 (298)	27.1 (320)	10.7 (127)	3.04 (0.56)
C3. 我宁愿工资低一点,也不愿意干那些脏累差的工作	22.6 (267)	33.5 (396)	25.7 (304)	12.4 (146)	5.8 (69)	3.55 (0.44)
C4. 我比较看重工作单位的社会知名度	18.3 (216)	31.9 (377)	22.2 (263)	18.2 (215)	9.4 (111)	3.31 (0.65)
C5. 我比较看重工作单位的社会美誉度	19.1 (226)	29.6 (350)	27.9 (330)	15.1 (178)	8.3 (98)	3.36 (0.71)

注:括号内为人数。

从图4-3可以直观地看出,新生代农民工职业声望观中各指标加权后,其中"我宁愿工资低一点,也不愿意干那些脏累差的工作"、"我比较看重工作单位的社会知名度"、"我比较看重工作单位的社会美誉度"的均值得分分别为3.55、3.31和3.36,处于"非常重视"与"比较重视"之间,而"我偏向于喜欢在沿海地区或发达地区工作"、"我更喜欢在大城市或省会城市工作"的得分分别为3.03和3.04,几乎接近于"一般"。这反映了新生代农民工在职业选择时注重职业本身在职业分层体系中的位置,就业单位的社会知名度、社会美誉度及就业的行业与地区分布等方面成为其择业时考虑的重要因素。因此,随着农民工群体世代更替,新生代农民工大都不愿意从事职业声望很低的"脏"、"累"、"差"的工作,这也是近年来部分行业出现"民工荒"的原因之一。

为了简化新生代农民工职业声望观的测量指标,并对上述测量指标的结构进行抽象,以期得出新生代农民工职业声望观的因子结构。本书运用主成分分析法对新生代农民工职业报酬观量表的5项指标进行了因子分析,采用方差极大化方法对因子负荷进行正交旋转,按照特征值大于1的标准进行因子抽取,共得到1个因子来代表这5个指标的主要特征,这一

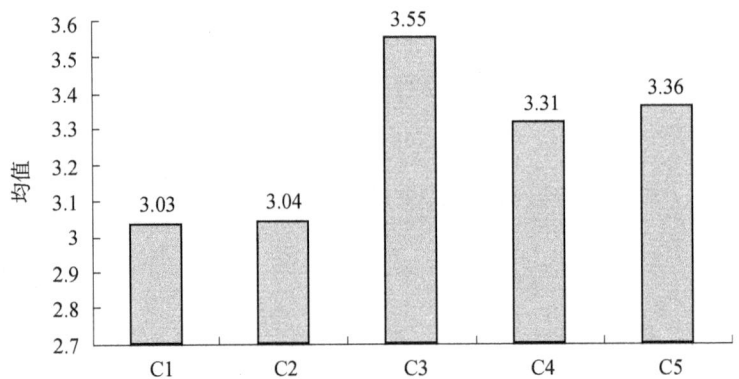

图 4-3 新生代农民工职业声望的主观期望均值统计图

注：C1=我偏向于喜欢在沿海地区或发达地区工作；C2=我更喜欢在大城市或省会城市工作；C3=我宁愿工资低一点，也不愿意干那些脏累差的工作；C4=我比较看重工作单位的社会知名度；C5=我比较看重工作单位的社会美誉度。

新因子累计方差贡献率达到 60.513%，KMO 检验值为 0.823，Bartlett 检验的卡方值为 4012.631，达到了相当高的显著性水平（Sig=0.000），表明这些指标比较适合做因子分析。根据因子负载，将这这一因子分别命名为"新生代农民工职业声望观"（表 4-6）。

表 4-6 新生代农民工职业声望观的因子分析（N=1182）

新生代农民工职业声望观测量指标	职业声望观	共量
C1. 工作环境舒适度	0.825	0.681
C2. 工资性收入以及各种奖励的高低	0.799	0.638
C3. 是否提供"五险一金"	0.773	0.598
C4. 工作的风险性和稳定性程度	0.761	0.579
C5. 能否实现职业向上流动的空间和机会	0.728	0.530
特征值	3.026	
解释方差（%）	60.513	
Bartlett 的球形度检验	4012.631	
KMO 检验值	0.823	
Sig	0.000	

注：提取方法为主成分分析法。

四、新生代农民工的择业代价观

代价是标志价值的付出或丧失的发展哲学范畴和价值哲学范畴，代价总是发展的代价，总是人在社会实践过程中为了获得发展而付出或丧失的价值（发展是指经济、社会和个人的发展）[①]。在不同的学科中，它的含义也是不同的。在经济学中，代价被看作是生产成本、机会成本、各种损耗和日常消费；在社会学中，代价是一种理性的尺度，即人决定其在社会生活中理性行为的个体性判断及选择标准。而人的认识的相对性和历史局限性必然带来判断、选择和实践活动的历史局限性，进而必然会造成人们在实践活动中的某些不合理性，从而使人们的选择和实践付出一定的代价。正如我国学者韩庆祥先生总结的，代价是"人类基于历史发展的内在必然性，社会实践主体为换取主导性发展目标的实现和整个社会的进一步合理的发展，而不得不对其他次要的发展目标所做出的某种必要的抑制、舍弃和牺牲，并由此所承受的消极后果，它和发展具有互为补偿的性质和作用"[②]。因此，从代价的角度看发展，我们就会清楚地认识到，发展离不开代价。从历史上看，往往任何事物的每一次发展和进步都要付出代价，失败是成功之"母"，没有不付出代价的发展，发展就是向发展的代价进攻，换取更好的发展。同时，也没有离开发展的代价，代价总是在发展的过程中产生的，代价是发展的一个内在环节和特殊状态。

而新生代农民工的择业代价是指择业主体在寻找工作和选择职业过程中所付出的努力、成本及所承受的负面效应的总和。就是说，如果我们把找到工作看作收益的话，那么，与之相对应的一切付出都可以称之为代价。基于此，本书设计了包括"我愿意在找工作上花大量时间"、"我愿意在找工作上花费较多金钱"、"为了找到好工作，我愿意承担择业等待期的损失"、"为了获得理想的岗位，我会想办法动用各类关系"和"当理想的职业与家庭发生冲突时，我也不会轻易放弃"等5个指标在内的新生代农民工择业代价观量表。从表4-7的数据可发现，总体而言，大部分新生代农民工在择业过程中都不太愿意付出太多时间和金钱，具体而言，符合"我愿意在找工作上花大量时间"、"我愿意在找工作上花费较多金钱"、"为了找到好工作，我愿意承担择业等待期的损失"、"为了获得理想的岗位，我会想办法动用各类关系"、"当理想的职业与家庭发生冲突时，我也不会轻易放弃"的分别占总人数的27.8%、29.8%、23.6%、47.4%和28.1%。

[①] 文国伟：《代价与代价意识之我见》，《探索》2004年第4期。
[②] 韩庆祥：《发展与代价》，北京：人民出版社，2002年，第118页。

表 4-7 新生代农民工择业代价观统计分析（%）

观点/看法	完全符合	比较符合	一般	不太符合	很不符合	均值（标准差）
D1. 我愿意在找工作上花大量时间	9.6 (113)	18.2 (215)	29.1 (344)	28.6 (338)	14.5 (171)	2.80 (0.61)
D2. 我愿意在找工作上花费较多金钱	8.9 (105)	20.9 (247)	32.7 (387)	25.8 (305)	11.7 (138)	2.89 (0.55)
D3. 为了找到好工作，我愿意承担择业等待期的损失	7.8 (92)	15.8 (187)	26.5 (313)	37.1 (439)	12.8 (151)	2.69 (0.60)
D4. 为了获得理想的岗位，我会想办法动用各类关系	18.3 (216)	29.1 (344)	25.9 (306)	17.6 (208)	9.1 (108)	3.29 (0.32)
D5. 当理想的职业与家庭发生冲突时，我也不会轻易放弃	10.7 (126)	17.4 (206)	26.8 (317)	29.7 (351)	15.4 (182)	2.78 (0.84)

注：括号内为人数。

从图 4-4 可以直观地看出，新生代农民工择业代价观中各指标加权后，其中"为了获得理想的岗位，我会想办法动用各类关系"的均值得分为 3.29，处于"比较符合"与"一般"之间，而"我愿意在找工作上花大量时间"、"我愿意在找工作上花费较多金钱"、"为了找到好工作，我愿意承担择业等待期的损失"、"当理想的职业与家庭发生冲突时，我也不会轻易放弃"的得分分别为 2.80、2.89、2.69 和 2.78，处于"一般"与"不太符合"之间。这反映了择业问题尚未受到新生代农民工的重视，除了愿意动用一些低质量的社会网络外，大都不愿在择业过程中花费太多的时间与金钱，这可能也是导致新生代农民工目前就业质量偏低的原因之一。

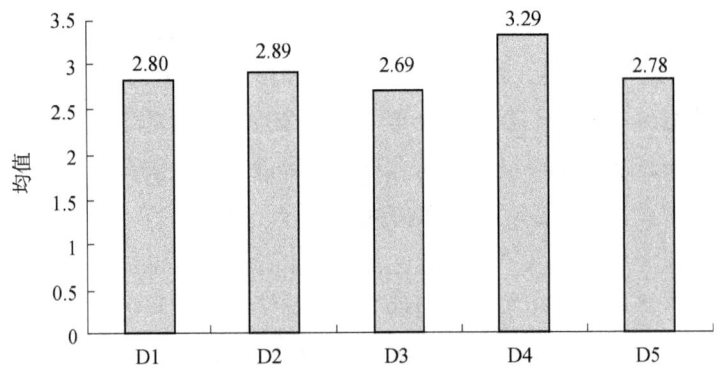

图 4-4 新生代农民工择业代价观均值统计图

注：D1=我愿意在找工作上花大量时间；D2=我愿意在找工作上花费较多金钱；D3=为了找到好工作，我愿意承担择业等待期的损失；D4=为了获得理想的岗位，我会想办法动用各类关系；D5=当理想的职业与家庭发生冲突时，我也不会轻易放弃。

为了简化新生代农民工择业代价观的测量指标，并对上述测量指标的结构进行抽象，以期得出新生代农民工择业代价观的因子结构。本书运用主成分分析法对新生代农民工择业代价观量表的 5 项指标进行了因子分析，采用方差极大化方法对因子负荷进行正交旋转，按照特征值大于 1 的标准进行因子抽取，共得到 1 个因子来代表这 5 个指标的主要特征，这一新因子累计方差贡献率达到 62.321%，KMO 检验值为 0.724，Bartlett 检验的卡方值为 3125.549，达到了相当高的显著性水平（Sig=0.000），表明这些指标比较适合做因子分析。根据因子负载，将这一因子分析命名为"新生代农民工择业代价观"（表 4-8）。

表 4-8 新生代农民工择业代价观的因子分析（N=1182）

新生代农民工择业代价观测量指标	择业代价观	共量
D1. 我愿意在找工作上花大量时间	0.811	0.658
D2. 我愿意在找工作上花费较多金钱	0.804	0.646
D3. 为了找到好工作，我愿意承担择业等待期的损失	0.790	0.624
D4. 为了获得理想的岗位，我会想办法动用各类关系	0.787	0.619
D5. 当理想的职业与家庭发生冲突时，我也不会轻易放弃	0.754	0.569
特征值	3.116	
解释方差（%）	62.321	
Bartlett 的球形度检验	3125.549	
KMO 检验值	0.724	
Sig	0.000	

注：提取方法为主成分分析法。

同时，为了更直观地展示比较新生代农民工择业观念在职业发展观、职业报酬观、职业声望观和择业代价观 4 个维度上的具体状况，本书运用公式把这一因子转换为 1—100 之间的指数①。其转换后因子得分基本分布状况见表 4-9。

从表 4-9 中可以发现，新生代农民工择业观念的四个维度上因子得分呈现出差异性，其中职业发展观、职业报酬观、职业声望观和择业代价观的因子得分分别为 67.105、69.337、64.381 和 58.249。另外，从新生代农

---

① 转换公式是：转换后的因子值=（因子值+B）·A。其中，A= 99/（因子最大值-因子最小值），B=（1/A）-因子最小值。B 的公式亦为，B=［（因子最大值-因子最小值）/99］-因子最小值（参见边燕杰、李煜所著的《中国城市家庭的社会资本》，载于《清华社会学评论》2000 年第 2 辑）。

民工在同一维度上的状况来看，职业发展观的差异性最大，其标准差高达16.265，而职业报酬观的离散性最小，其标准差为10.871。这表明新生代农民工的职业发展观因其自身的职业竞争力、职业发展规划的不同而呈现出较大的差异性，而较高的劳动报酬却是大部分新生代农民工务工过程中追求的主要目标。

表 4-9　新生代农民工择业观念因子得分统计表（N=1182）

	职业发展观	职业报酬观	职业声望观	择业代价观
平均值（M）	67.105	69.337	64.381	58.249
标准差（S.D.）	16.265	10.871	15.024	13.541

从图 4-5 可以更直观地发现，新生代农民工职业报酬观的因子得分最高，而择业代价观的因子得分最低。这意味着新生代农民工追求较高的职业报酬，而在实际行动中却不愿意付出较高的择业代价，凸显出其职业理想与现实选择的矛盾性。

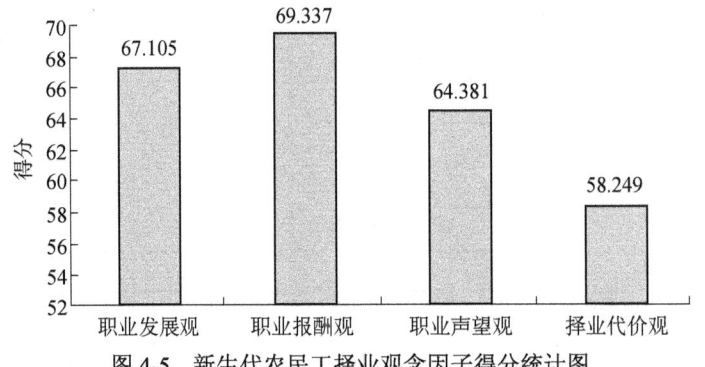

图 4-5　新生代农民工择业观念因子得分统计图

第二节　择业观念对新生代农民工择业行为的影响

新生代农民工择业行为从实质上来看就是一个职业地位获得的过程与结果。职业地位获得过程与结果是社会的主要议题。这是因为，社会学者所关心的社会分化、分层和流动问题，都是由各种"地位"的差异所反映出来的，而职业是一个综合地位指标。职业地位获得的研究主要是对人们的职业获得或职业流动现象及其影响因素的分析，其中新生代农民工择业观念是其择业行为选择的先导,对其择业行为发挥重要的作用。

一、择业观念与新生代农民工的择业机会

为探讨新生代农民工择业观念与其择业机会的作用机制和影响程度,本书以人口特征、就业地城市类型为控制变量,以转换后的择业观念因子得分为自变量,以转换后的择业意识、择业机会评价和择业机会利用因子得分为因变量,利用 SPSS22.0 统计软件构建了六个多元线性回归模型。其中模型 1、模型 3 和模型 5 为基准模型,用来考察主要控制变量的影响对择业机会的影响,模型 2、模型 4 和模型 6 为全模型,分别考察择业观念对新生代农民工择业意识、择业机会评价和择业机会利用的影响作用。所获得的结果如表 4-10 所示。

在进行回归分析之前,本书对模型可能存在的多重共线性、异方差和序列相关问题进行了相关检验。六模型中纳入模型的控制变量和自变量的容忍度都在 0.4 以上,其方差膨胀因子都小于 3,这表明控制变量和自变量之间不存在严重的多重共线性问题[①]。DW 值为 1.956、1.234、1.534、1.906、2.015 和 1.927,说明六模型不存在序列相关问题;接着分别对回归模型以标准化预测值为横轴、标准化残差为纵轴进行残差项的散点图分析,散点图呈无序状态,说明六模型均不存在异方差问题。而从回归分析结果中的修正后判定系数 Adjusted R^2 可以看到,对择业意识的解释力最大(Adjusted R^2=0.213,$P<0.01$),对择业机会利用的解释力最小(Adjusted R^2=0.187,$P<0.001$),而对择业机会评价的解释力为 0.194($P<0.01$)。从模型中可以发现,除各变量的系数值存在差异外,其显著性和系数方向均保持一致,模型具有稳健性。

1. 择业观念与新生代农民工的择业意识

根据表 4-10 的回归分析结果,首先,对模型 1 与模型 2 的统计结果进行比较后发现,纳入解释变量之后,模型的解释力得到了一定幅度的提高。模型解释力从 7.2%提高到 21.3%,其解释力提高了 14.1%。可见,新生代

---

① 某变量的容忍度等于 1 减去以该变量为反应变量,以进入模型中的其他自变量为自变量所得到的线性回归模型的决定系数。容忍度越小,多重共线性越严重。一般认为,容忍度不应小于 0.2。有学者提出,容忍度小于 0.1 时,存在严重的多重共线性。方差膨胀因子(VIF)等于容忍度的倒数。一般认为,VIF 不应大于 5,对应容忍度的标准,也可放宽至不大于 10。参见张文彤:《SPSS 统计分析高级教程》,北京:高等教育出版社,2004 年,第 113 页。

农民工的择业观念对于预测择业意识具有较高的解释力。

其次,从控制变量的非标准化回归系数来看:①控制变量中的"性别"对新生代农民工的择业意识施加着显著影响。其非标准化回归系数为1.212（$P<0.05$）,这表明与女性新生代农民工相比,男性新生代农民工的择业意识因子得分要高1.212分,因为在我国主流观念中,男性的社会责任较女性要大,男性新生代农民工在面临巨大社会压力时往往会激发出较强的择业意识。②"婚姻状况"[①]对新生代农民工的择业意识施加着显著影响。其非标准化回归系数为-2.021（$P<0.05$）,意味着与未婚新生代农民工相比,已婚新生代农民工的择业意识因子得分要低2.021分,这可能是已婚新生代农民工往往会考虑到家庭的因素而追求就业的稳定性,因而无形之中会削弱其择业意识。③"年龄"对新生代农民工的择业意识施加着显著影响。其非标准化回归系数为-0.751（$P<0.01$）,新生代农民工的年龄每增加1岁,其择业意识因子得分会相应地降低0.751分。这是因为新生代农民工年龄越大,可能在劳动力市场经历过几次工作转换,已经提高了工作的匹配度,择业对其就业质量的提升效应已经消失,已把重心转移到目前职业上,此时择业意识会减弱。④"特大城市"、"省会城市"和"地级城市"的非标准化回归系数分别为2.113（$P<0.01$）、1.843（$P<0.01$）和1.211（$P<0.01$）,表明与在"县级城市"就业的新生代农民工相比,在"特大城市"、"省会城市"和"地级城市"就业的新生代农民工择业意识因子得分分别高出2.113分、1.843分和1.211分,就业地城市对新生代农民工择业意识的影响随着城市规模和级别的提高而增强。这可能是:一方面,不同规模和级别的城市劳动力市场对新生代农民工的"筛选"标准不同。一般而言,规模和级别越高的城市劳动力市场对其劳动力的技能和素质要求也越高,其结果是在大城市务工的新生代农民工的技能和素质比在中小城市务工的要高,因而其择业的意识也相应地增加。另一方面,大城市提供的就业机会远多于中小城市,新生代农民工在众多就业机会面前,会激发其择业意识的增强。

最后,从择业观念的非标准化回归系数来看,择业观念中的"职业发展观"、"职业报酬观"和"职业声望观"对新生代农民工的择业意识有显著影响,其非标准化回归系数分别为3.416（$P<0.01$）、4.176（$P<0.01$）和

---

① 因为在本调查样本中,婚姻状况为"离异"和"丧偶"的人数较少,本研究在分析时,将其归为"已婚"类别中,下同。

2.237（$P<0.05$），这意味着新生代农民工的"职业发展观"、"职业报酬观"和"职业声望观"的因子得分每提高 1 分，其择业意识的因子得分会相应地提高 3.416 分、4.176 分和 2.237 分。新生代农民工出于实现职业更好的发展、获得更好的劳动报酬并获得较高的职业声望的目的，再次择业往往是其实现这一目标的主要途径，因而会有强烈的择业意识。

2. 择业观念与新生代农民工的择业机会评价

根据表 4-10 的回归分析的结果，首先，对模型 3 与模型 4 的统计结果进行比较后发现，纳入解释变量之后，模型的解释力得到了一定幅度的提高。模型解释力从 6.1%提高到 19.4%，其解释力提高了 13.3%。可见，择业观念对于预测新生代农民工的择业机会评价具有较高的解释力。

其次，从控制变量的非标准化回归系数来看，控制变量中的"性别"和"年龄"对新生代农民工的择业机会评价施加着显著影响，其非标准化回归系数分别为 2.412（$P<0.05$）和 0.644（$P<0.01$），这表明男性新生代农民工对择业机会评价的因子得分比女性新生代农民工高出 2.412 分；而年龄每增加 1 岁，其择业机会的评价因子得分会相应地提高 0.644 分。因为新生代农民工年龄越大，其工作经验和生活阅历越丰富，因而对择业机会的评价能力越高。

最后，从择业观念的非标准化回归系数来看，"职业发展观"和"职业报酬观"对新生代农民工的择业机会评价施加着显著影响，其非标准化回归系数分别为 2.773（$P<0.01$）和-1.081（$P<0.01$），这意味着新生代农民工的"职业发展观"的因子得分每提高 1 分，其择业机会评价的因子得分会相应地提高 2.773 分、而其"职业报酬观"每提高 1 个等级，其择业机会评价的因子得分则相应地降低 1.081 分。之所以职业发展观与其对择业机会利用成正相关，是因为职业发展因子得分越高的新生代农民工，经常在寻找实现职业发展的机会和途径，一般对职业信息掌握较全面，容易对择业机会作准确的判断。而新生代农民工的职业报酬观则与择业机会评价成负相关，因为过分强调和关注职业报酬，会忽视择业机会中其他重要方面，造成对择业机会不全面的评价。

3. 择业观念与新生代农民工的择业机会利用

根据表 4-10 的回归分析的结果，首先，对模型 5 与模型 6 的统计结果进行比较后发现，纳入解释变量之后，模型的解释力得到了一定幅度的提高。模型解释力从5.2%提高到18.7%，其解释力提高了13.5%。可见，择业观念对于预测新生代农民工的择业机会利用具有较高的解释力。

其次，从控制变量的非标准化回归系数来看，控制变量中的"性别"、"年龄"和"就业地城市类型"对新生代农民工的择业机会利用施加着显著影响。其中"性别"的非标准化回归系数为 4.521（$P<0.01$），这表明男性新生代农民工对择业机会利用的因子得分比女性新生代农民工高出 4.521 分；"年龄"的非标准化回归系数为 0.543（$P<0.01$），这表明新生代农民工年龄每增加 1 岁，其择业机会利用因子得分会相应地提高 0.543 分；而"特大城市"、"省会城市"和"地级城市"的非标准化回归系数分别为-2.923（$P<0.05$）、-2.376（$P<0.05$）和-1.231（$P<0.05$），这表明，与在县级城市就业的新生代农民工相比，在特大城市、省会城市和地级城市就业的新生代农民工对机会利用的因子得分分别低 2.923 分、2.376 分和 1.231 分。

最后，从择业观念的非标准化回归系数来看，其中"职业发展观"、"择业代价观"、"职业声望观"对新生代农民工的择业机会利用产生显著影响，其非标准化回归系数分别为 1.870（$P<0.01$）、2.324（$P<0.01$）和-1.672（$P<0.01$），这意味着"职业发展观"和"择业代价观"的因子得分每提高 1 分，其择业机会利用的因子得分会相应地提高 1.870 分、2.324 分，而"职业声望观"每提高 1 个等级，其择业机会利用的因子得分则会相应地降低 1.672 分。

表 4-10 以新生代农民工择业机会为因变量的多元线性回归分析

预测变量		因变量=择业意识		因变量=择业机会评价		因变量=择业机会利用	
		模型 1	模型 2	模型 3	模型 4	模型 5	模型 6
		B（SE）	B（SE）	B（SE）	B（SE）	B（SE）	B（SE）
控制变量							
人口特征	性别[a]	1.212** (0.764)	1.035** (0.234)	2.412** (0.116)	2.211** (0.212)	4.521*** (0.331)	4.322*** (0.228)
	婚姻状况[b]	-2.021** (0.212)	-1.654*** (0.230)	1.762 (0.432)	1.335 (0.455)	1.446 (0.311)	1.204 (0.303)
	年龄	-0.751*** (0.456)	-0.722** (0.311)	0.644*** (0.678)	0.632*** (0.537)	0.543*** (0.440)	0.520** (0.421)
就业地城市类型[c]	特大城市	2.113*** (0.550)	1.802*** (0.223)	-1.231 (0.455)	-1.121 (0.334)	-2.923** (1.023)	-3.007*** (0.973)
	省会城市	1.843*** (0.431)	1.552** (0.339)	-1.124 (0.923)	-1.005 (0.877)	-2.376** (0.664)	-2.554** (0.554)
	地级城市	1.211*** (0.642)	0.887*** (0.270)	-0.893 (0.225)	-0.643 (0.567)	-1.231** (0.982)	-1.241** (0.790)

续表

预测变量	因变量=择业意识		因变量=择业机会评价		因变量=择业机会利用	
	模型 1	模型 2	模型 3	模型 4	模型 5	模型 6
	B（SE）	B（SE）	B（SE）	B（SE）	B（SE）	B（SE）
自变量						
职业发展观	—	3.416*** (2.634)	—	2.773*** (1.925)	—	1.870*** (1.792)
职业报酬观	—	4.176*** (2.153)	—	-1.081*** (1.317)	—	-2.724 (1.192)
职业声望观	—	2.237** (1.761)	—	1.301 (1.085)	—	-1.672*** (1.499)
择业代价观	—	2.006 (0.628)	—	-1.182 (0.362)	—	2.324*** (0.509)
F	11.896***	30.070***	6.976**	23.007***	6.723***	18.868****
Adjusted R^2	0.072	0.213	0.061	0.194	0.052	0.187
ΔR^2		0.141		0.133		0.135

$P<0.05$，*$P<0.01$，****$P<0.001$。a 参照类别为"女性"，b 参照类别为"未婚"，c 参照类别为"县级城市"。

二、择业观念与新生代农民工的职业选择

1. 择业观念与新生代农民工的工作转换

为探讨新生代农民工择业观念与其工作转换次数的作用机制及影响程度，本书以人口特征、就业地城市类型为控制变量，以转换后的择业观念因子得分为自变量，以工作转换次数为因变量，利用 SPSS22.0 统计软件构建多元回归模型。其中模型 1 为基准模型，用来考察主要控制变量对新生代农民工工作转换的影响，模型 2 考察择业观念对新生代农民工工作转换次数的影响。在进行回归分析之前，本书对模型可能存在的多重共线性、异方差和序列相关问题进行了相关检验。模型中纳入模型的控制变量和自变量的容忍度都在 0.4 以上，其方差膨胀因子都小于 3，这表明控制变量和自变量之间不存在严重的多重共线性问题。DW 值为 1.737、1.955，说明模型不存在序列相关问题，所获得的结果如表 4-11 所示。

根据表 4-11 的回归分析的结果，首先，对模型 1 与模型 2 的统计结果进行比较后发现，纳入解释变量之后，模型的解释力得到了一定幅度的提高。模型解释力从 6.7%提高到 16.2%，其解释力提高了 9.5%，可见，择业

观念对于预测新生代农民工的工作转换次数具有较高的解释力。

其次,从控制变量的非标准化回归系数来看,控制变量中的"性别"、"婚姻状况"和"就业地城市类型"对新生代农民工的工作转化次数施加着显著影响。其中"性别"的非标准化回归系数为 0.059（$P<0.05$）,这表明男性新生代农民工的工作转换次数比女性新生代农民工高出 5.9%;"婚姻状况"的非标准化回归系数为-0.102（$P<0.05$）,表明已婚新生代农民工比未婚新生代农民工的工作转换次数下降 10.2%;而"特大城市"、"省会城市"和"地级城市"的非标准化回归系数分别为 0.098（$P<0.01$）、0.075（$P<0.01$）和 0.051（$P<0.05$）,这表明,与在县级城市就业的新生代农民工相比,在特大城市、省会城市和地级城市就业的新生代农民工的工作转换次数分别高 9.8%、7.5%和 5.1%。

最后,从主要自变量的非标准化回归系数来看,择业观念中的"职业发展观"、"职业报酬观"和"择业代价观"对新生代农民工的工作转换次数有显著影响,其非标准化回归系数分别为 0.062（$P<0.05$）、0.057（$P<0.01$）和 0.042（$P<0.01$）,这意味着新生代农民工的"职业发展观"、"职业报酬观"和"择业代价观"的因子得分每提高 1 分,其工作转换次数会相应地提高 6.2%、5.7%和 4.2%。有学者通过对珠江三角洲新老两代农民工的比较研究得出,新生代农民工的就业稳定性比老一代农民工的就业稳定性差[1],新生代农民工第 1 次就业的流失率高达 40%,第 1 次工作一般 3 个月就辞职,就业稳定性差[2]。而追求职业发展和高报酬的择业观念是导致新生代农民工频繁更换工作岗位、就业稳定较差的主要原因。

表 4-11　以新生代农民工的工作转换次数为因变量的多元线性回归分析

预测变量		模型 1	模型 2
		B (SE)	B (SE)
控制变量			
人口特征	性别 [a]	0.067** (0.032)	0.059** (0.018)
	婚姻状况 [b]	-0.103** (0.065)	-0.102*** (0.010)
	年龄	-0.053 (0.034)	-0.043 (0.031)

---

[1] 王兴周:《新生代农民工的群体特性探析:以珠江三角洲为例》,《广西民族大学学报》(哲学社会科学版) 2008 年第 4 期。

[2] 韦芳芳:《新生代农民工就业特征分析》,《淮海工学院学报》2010 年第 7 期。

续表

预测变量		模型1 B（SE）	模型2 B（SE）
就业地城市类型 c	特大城市	0.071*** (0.023)	0.098*** (0.020)
	省会城市	0.047*** (0.021)	0.075*** (0.011)
	地级城市	0.032*** (0.006)	0.051** (0.005)
自变量			
职业发展观		—	0.062** (0.044)
职业报酬观		—	0.057** (0.051)
职业声望观		—	0.039 (0.011)
择业代价观		—	0.042*** (0.023)
F		15.879***	21.068***
Adjusted R^2		0.067	0.162
ΔR^2		—	0.095

$P<0.05$，*$P<0.01$。a 参照类别为"女性"，b 参照类别为"未婚"，c 参照类别为"县级城市"。

2. 择业观念与新生代农民工的工作持续时间

为探讨新生代农民工择业观念与其职业持续时间的作用机制及影响程度，本书以人口特征、就业地城市类型为控制变量，以转换后的择业观念为自变量，分别以新生代农民工第一份工作持续时间、上份工作持续时间和平均每份工作持续时间为因变量，利用 SPSS22.0 统计软件构建了六个多元线性回归模型。其中模型1、模型3和模型5为基准模型，用来考察主要控制变量对职业持续时间的影响，模型2、模型4和模型6则分别考察择业观念对新生代农民工第一份工作持续时间、上份工作持续时间和平均每份工作持续时间的影响。所获得的结果如表4-12所示。

在进行回归分析之前，本书对模型可能存在的多重共线性、异方差和序列相关问题进行了相关检验。六模型中纳入模型的控制变量和自变量的容忍度都在0.5以上，其方差膨胀因子都小于3，这表明控制变量和自变量之间不存在严重的多重共线性问题。DW值为1.778、1.457、1.754、1.809、1.779和2.060，说明六模型不存在序列相关问题；接着分别对回归模型以标准化预测值为横轴、标准化残差为纵轴进行残差项的散点图分析，散点图呈无序状态，说明六模型均不存在异方差问题。而从回归分析结果中的修正后判定系数 Adjusted R^2 可以看到，对新生代农民工上份工作持续时间的解释力最大（Adjusted R^2=0.151，$P<0.01$），对第一份工作持续时间的解释力最小（Adjusted R^2=0.117，$P<0.01$)），而对平均每份工作持续时间的解释力为 0.133（$P<0.001$）。

（1）择业观念对新生代农民工第一份工作持续时间的影响

根据表 4-12 的回归分析结果，首先，对模型 1 与模型 2 的统计结果进行比较后发现，纳入解释变量之后，模型的解释力得到了一定幅度的提高。模型解释力从 5.6% 提高到 11.7%，其解释力提高了 6.1%。可见，新生代农民工的择业观念对于预测新生代农民工第一份工作持续时间具有较高的解释力。

其次，从控制变量的非标准化回归系数来看，控制变量中的"性别"、"婚姻状况"和"年龄"对新生代农民工第一份工作持续时间施加着显著影响。其非标准化回归系数分别为-3.134（$P<0.05$）、4.083（$P<0.05$）和 1.078（$P<0.05$），这表明与女性新生代农民工相比，男性新生代农民工第一份工作持续时间要短 3.134 个月；与未婚的新生代农民工相比，已婚的新生代农民工第一份工作持续时间要长 4.083 个月；年龄每增加 1 岁，新生代农民工第一份工作持续时间则长 1.078 个月。而"特大城市"、"省会城市"和"地级城市"的非标准化回归系数分别为-1.341（$P<0.05$）、-1.265（$P<0.01$）和-0.977（$P<0.05$），这表明与在县级城市就业的新生代农民工相比，在"特大城市"、"省会城市"和"地级城市"就业的新生代农民工第一份工作持续时间分别要短 1.341 个月、1.265 个月和 0.977 个月。

最后，从择业观念的非标准化回归系数来看，择业观念中的"职业发展观"和"职业报酬观"对新生代农民工的第一份工作持续时间有显著影响，其非标准化回归系数分别为-2.516（$P<0.01$）和-1.926（$P<0.01$），意味着"职业发展观"和"职业报酬观"的因子得分每提高 1 分，新生代农民工第一份工作的持续时间会相应地减少 2.516 个月和 1.926 个月。

（2）择业观念对新生代农民工上份工作持续时间的影响

根据表 4-12 的回归分析的结果，首先，对模型 3 与模型 4 的统计结果进行比较后发现，纳入解释变量之后，模型的解释力得到了一定幅度的提高。模型解释力从 6.3% 提高到 15.1%，其解释力提高了 8.8%。可见，择业观念对于预测新生代农民工的上份工作的持续时间具有较高的解释力。

其次，从控制变量的非标准化回归系数来看，控制变量中的"婚姻状况"和"年龄"对新生代农民工的上份工作的持续时间施加着显著影响。其非标准化回归系数分别为 2.567（$P<0.05$）和 1.514（$P<0.01$），这表明与未婚的新生代农民工相比，已婚的新生代农民工的上份工作持续时间要长 2.567 个月；而年龄每增加 1 岁，其上份工作持续时间要长 1.514 个月；而"特大城市"和"省会城市"的非标准化回归系数分别为 4.201（$P<0.05$）和 3.115（$P<0.01$），这表明与在县级城市就业的新生代农民工相比，在"特大城市"和"省会城市"就业的新生代农民工上份工作持续时间分别要长 4.201 个月和 3.115 个月。

最后，从择业观念的非标准化回归系数来看，择业观念中的"职业发展观"、"职业报酬观"和"择业代价观"，对新生代农民工上份工作的持续时间有显著影响，其非标准化回归系数分别为 2.374（$P<0.01$）、1.354（$P<0.05$）和-1.179（$P<0.05$），这意味着"职业发展观"和"职业报酬观"的因子得分每提高 1 分，其上份工作持续时间分别会相应地长 2.374 个月和 1.354 个月，这表明新生代农民工的"职业发展观"和"职业报酬观"对第一份工作持续时间和上份工作持续时间的影响呈现出相反的路径。即"职业发展观"和"职业报酬观"与第一份工作的持续时间成负相关，而与上份工作的持续时间成正相关。这与新生代农民工职业更换次数对其职业发展的促进效应和收入提升效应有关，因为适当的职业更换有助于提升新生代农民工的职业匹配度，积累工作经验，在实现职业发展的过程中获得更高的劳动报酬，而频繁的职业更换不利于其职业技能和工作经验的积累，反而会阻碍其职业发展，也不利于职业报酬的增长。而"择业代价观"与其上份工作的持续时间成负相关，新生代农民工"择业代价观"的因子得分每提高 1 分，其上份工作持续时间会相应减少 1.179 个月。这意味着新生代农民工的愿意付出的择业代价越高，其对择业过程的金钱、时间成本及择业等待期的损失的承受力越高，其进入稳定就业期的周期也相对较长，频繁更换职业会导致其上份工作持续的时间较短。

（3）择业观念对新生代农民工平均每份工作持续时间的影响

根据表 4-12 的回归分析的结果，首先，对模型 5 与模型 6 的统计结果进行比较后发现，纳入解释变量之后，模型的解释力得到了一定幅度的提高。模型解释力从 5.9%提高到 13.3%，其解释力提高了 7.4%。可见，择业观念对于预测新生代农民工平均每份工作持续时间具有较高的解释力。

表4-12　以新生代农民工职业持续时间为因变量的回归分析

预测变量		因变量=第一份工作持续时间		因变量=上份工作持续时间		因变量=平均每份工作持续时间	
		模型1	模型2	模型3	模型4	模型5	模型6
		B（SE）	B（SE）	B（SE）	B（SE）	B（SE）	B（SE）
控制变量							
人口特征	性别[a]	-3.134** (0.544)	-3.126** (0.431)	1.897 (0.544)	1.861 (0.434)	2.131 (0.367)	2.122 (0.356)
	婚姻状况[b]	4.083** (0.567)	4.078** (0.552)	2.567** (0.523)	2.550** (0.541)	4.044*** (0.441)	4.037*** (0.432)
	年龄	1.078** (0.433)	1.121** (0.770)	1.514*** (0.650)	1.503*** (0.612)	1.012*** (0.431)	1.007*** (0.401)
就业地城市类型[c]	特大城市	-1.341** (0.432)	-1.330*** (0.421)	4.201** (0.337)	3.191*** (0.351)	-2.330** (1.004)	-3.327** (1.002)
	省会城市	-1.265*** (0.568)	-1.257*** (0.639)	3.115*** (0.513)	3.109*** (0.443)	-1.126** (0.615)	-2.124** (0.608)
	地级城市	-0.977** (0.801)	-0.968*** (0.731)	1.991 (0.210)	1.881 (0.209)	-0.761 (0.572)	-0.755 (0.570)
自变量							
职业发展观		—	-2.516*** (1.611)	—	2.374*** (1.114)	—	2.573*** (1.004)
职业报酬观		—	-1.926*** (1.106)	—	1.354** (1.012)	—	3.332*** (1.123)
职业声望观		—	1.217 (0.869)	—	2.203 (1.067)	—	0.997 (0.468)
择业代价观		—	-2.203 (1.113)	—	-1.179** (0.982)	—	-1.093** (1.243)
F		11.021***	17.045***	8.923***	30.070***	7.783***	21.812****
Adjusted R^2		0.056	0.117	0.063	0.151	0.059	0.133
ΔR^2		—	0.061	—	0.088	—	0.074

P<0.05，*P<0.01，****P<0.001。a 参照类别为"女性"，b 参照类别为"未婚"，c 参照类别为"县级城市"。

其次，从控制变量的非标准化回归系数来看，控制变量中的"婚姻状况"、"年龄"和"就业地城市类型"对新生代农民工平均每份工作持续时间施加着显著影响。其中"婚姻状况"的非标准化回归系数为 4.037（$P<0.01$），这表明与未婚的新生代农民工相比，已婚的新生代农民工的平均每份工作持续时间要长 4.037 个月；"年龄"的非标准化回归系数为 1.007（$P<0.01$），表新生代农民工的年龄每增加 1 岁，其平均每份工作持续时间要长 1.007 个月；而"特大城市"和"省会城市"的非标准化回归系数分别为-3.327（$P<0.05$）和-2.124（$P<0.05$），这表明，与在县级城市就业的新生代农民工相比，在特大城市和省会城市就业的新生代农民工，其平均每份工作持续时间分别要短 3.327 个月和 2.124 个月。

最后，从择业观念的非标准化回归系数来看，择业观念中的"职业发展观"、"职业报酬观"和"择业代价观"对新生代农民工的平均每份工作持续时间有显著影响，其非标准化回归系数分别为 2.573（$P<0.01$）、3.332（$P<0.01$）和-1.093（$P<0.05$），这意味着"职业发展观"、"职业报酬观"的因子得分每提高 1 分，其平均每份工作持续时间分别相应地提高 2.573 个月和 3.332 个月，而新生代农民工"择业代价观"的因子得分每提高 1 分，其平均每份工作持续时间会相应地减少 1.093 个月。有研究对北京 700 多名农民工的就业史调研发现，农民工就业流动频繁，同时流动原因日益多元化[①]。试图寻求更好的职业发展机会，实现职业的向上流动是新生代农民工频繁的工作变动、不断地更换工作地点和职业类型的主要原因[②]。

三、择业观念与新生代农民工的职业适应

为探讨新生代农民工择业观念与其职业适应的作用机制及影响程度，本书以新生代农民工人口特征、就业地城市类型为控制变量，以择业观念为自变量，分别以转换后的"被动型"职业适应因子、"能动型"职业适应因子、结果性职业适应因子为因变量，利用 SPSS22.0 统计软件构建了六个多元线性回归模型。其中模型 1、模型 3 和模型 5 为基准模型，用来考察主要控制变量对职业适应的影响，模型 2、模型 4 和模型 6 则分别考察择业观念对新生代农民工"被动型"职业适应因子、"能动型"职业适应因子、

---

① 白南生、李靖：《农民工就业流动性研究》，《管理世界》2008 年第 7 期。
② 符平、黄莎莎：《在梦想与现实之间："80 后"新生代农民工与"四个世界"关系的研究》，《青年研究》2009 年第 4 期。

结果性职业适应因子的影响。所获得的结果如表 4-13 所示。

在进行回归分析之前，本书对模型可能存在的多重共线性、异方差和序列相关问题进行了相关检验。六模型中纳入模型的控制变量和自变量的容忍度都在 0.3 以上，其方差膨胀因子都小于 3，这表明控制变量和自变量之间不存在严重的多重共线性问题。DW 值为 1.215、1.778、1.290、1.702、1.833 和 1.902，说明六模型不存在序列相关问题；接着分别对回归模型以标准化预测值为横轴、标准化残差为纵轴进行残差项的散点图分析，散点图呈无序状态，说明六模型均不存在异方差问题。而从回归分析结果中的修正后判定系数 Adjusted R^2 可以看到，对结果性职业适应性的解释力最大（Adjusted R^2=0.121，$P<0.01$），对"能动型"职业适应因子的解释力最小（Adjusted R^2=0.108，$P<0.05$），而对"被动型"职业适应因子的解释力为 0.115（$P<0.01$）。

（一）择业观念对新生代农民工过程性职业适应的影响

1. 择业观念与新生代农民工"被动型"职业适应

根据表 4-13 的回归分析的结果，首先，对模型 1 与模型 2 的统计结果进行比较后发现，纳入解释变量之后，模型的解释力得到了一定幅度的提高。模型解释力从 4.7%提高到 11.5%，其解释力提高了 6.8%。可见，择业观念对于预测新生代农民工的"被动型"职业适应因子具有较高的解释力。

其次，从控制变量的非标准化回归系数来看，控制变量中的"性别"和"婚姻状况"对新生代农民工的"被动型"职业适应因子施加着显著影响。其非标准化回归系数分别为-3.322（$P<0.05$）和 2.011（$P<0.05$），这表明男性新生代农民工的"被动型"职业适应因子得分比女性新生代农民工要低 3.322 分；而与未婚的新生代农民工相比，已婚新生代农民工的"被动型"职业适应因子得分会相应地提高 2.011 分。

最后，从择业观念的非标准化回归系数来看，"职业发展观"、"职业报酬观"和"择业代价观"对新生代农民工的"被动型"职业适应因子有显著影响，其非标准化回归系数分别为-1.423（$P<0.01$）、-2.171（$P<0.01$）和-1.013（$P<0.05$），这意味着"职业发展观"、"职业报酬观"和"择业代价观"的因子得分每提高 1 分，其"被动型"职业适应的因子得分会相应地降低 1.423 分、2.171 分和 1.013 分。

2. 择业观念与新生代农民工"能动型"职业适应

根据表 4-13 的回归分析的结果，首先，对模型 3 与模型 4 的统计结果进行比较后发现，纳入解释变量之后，模型的解释力得到了一定幅度的提高。模型解释力从 4.3%提高到 10.8%，其解释力提高了 6.5%。可见，择业观念对于预测新生代农民工的"能动型"职业适应因子具有较高的解释力。

其次，从控制变量的非标准化回归系数来看，控制变量中的"性别"、"婚姻状况"和"就业地城市类型"对新生代农民工的"能动型"职业适应因子施加着显著影响。其中"性别"的非标准化回归系数为 4.322（$P<0.05$），这表明男性新生代农民工的"能动型"职业适应因子得分比女性新生代农民工要高 4.322 分；"婚姻状况"的非标准化回归系数为-3.011（$P<0.05$），这意味着与未婚的新生代农民工相比，已婚新生代农民工的"能动型"职业适应因子得分会相应地低 3.011 分；而"特大城市"、"省会城市"和"地级城市"的非标准化回归系数分别为 2.322（$P<0.01$）、2.231（$P<0.01$）和 1.412（$P<0.01$），这意味着与在"县级城市"就业的新生代农民工相比，在"特大城市"、"省会城市"和"地级城市"就业的新生代农民工，其"能动型"职业适应因子得分分别要高 2.322 分、2.231 分和 1.412 分。

最后，从择业观念的非标准化回归系数来看，其中"职业发展观"、"职业报酬观"和"择业代价观"对新生代农民工的"能动型"职业适应因子有显著影响，其非标准化回归系数分别为 2.101（$P<0.01$）、1.788（$P<0.01$）和 1.484（$P<0.01$），这意味着"职业发展观"、"职业报酬观"和"择业代价观"的因子得分每提高 1 分，其"能动型"职业适应因子得分会分别相应地提高 2.101 分、1.788 分和 1.484 分。

（二）择业观念对新生代农民工结果性职业适应的影响

根据表 4-13 的回归分析的结果，首先，对模型 5 与模型 6 的统计结果进行比较后发现，纳入解释变量之后，模型的解释力得到了一定幅度的提高。模型解释力从 4.6%提高到 12.1%，其解释力提高了 7.5%。可见，择业观念对于预测新生代农民工的结果性职业适应因子具有较高的解释力。

其次，从控制变量的非标准化回归系数来看，控制变量中的"性别"和"就业地城市类型"对新生代农民工的结果性职业适应因子施加着显著影响。其中"性别"的非标准化回归系数为-2.134（$P<0.01$），这意味着与

女性新生代农民工相比，男性新生代农民工的结果性职业适应因子得分要低 2.134 分。而"特大城市"、"省会城市"和"地级城市"的非标准化回归系数分别为-3.121（$P<0.01$）、-2.205（$P<0.01$）和-1.643（$P<0.01$），这意味着与在"县级城市"就业的新生代农民工相比，在"特大城市"、"省会城市"和"地级城市"就业的新生代农民工，其结果性职业适应因子得分分别要低 3.121 分、2.205 分和 1.643 分。

最后，从择业观念的非标准化回归来看，其中"职业发展观"、"职业报酬观"、"职业声望观"和"择业代价观"对新生代农民工的结果性职业适应因子有显著影响，其非标准化回归系数分别为 2.114（$P<0.01$）、-1.007（$P<0.01$）、-1.289（$P<0.01$）和 1.562（$P<0.05$），这意味着"职业发展观"和"择业代价观"的因子得分每提高 1 分，其结果性职业适应因子得分会分别相应地提高 2.114 分和 1.562 分，而"职业报酬观"和"职业声望观"的因子得分每提高 1 分，其结果性职业适应因子得分则会分别相应地降低 1.007 分和 1.289 分。

表 4-13 以新生代农民工职业适应为因变量的回归分析

预测变量			过程性职业适应				结果性职业适应	
			模型1	模型2	模型3	模型4	模型5	模型6
			"被动型"职业适应基准模型	"被动型"职业适应	"能动型"职业适应基准模型	"能动型"职业适应	结果性职业适应基准模型	结果性职业适应
控制变量								
人口特征	性别[a]		-3.322** (0.544)	-3.314** (0.541)	4.322** (0.544)	4.312** (0.116)	-2.134*** (0.212)	-2.121*** (0.301)
	婚姻状况[b]		2.011** (0.654)	2.007** (0.644)	-3.011** (0.654)	-3.762** (0.432)	3.321 (0.425)	3.046 (1.315)
	年龄		-1.505 (0.357)	-1.403 (0.409)	-1.505 (0.357)	-1.344 (0.678)	1.132 (0.537)	1.043 (0.749)
就业地城市类型[c]	特大城市		2.121 (0.670)	2.116*** (0.680)	2.322** (0.544)	2.231*** (0.455)	-3.121*** (0.334)	-3.023*** (1.473)
	省会城市		1.912 (0.513)	1.907*** (0.621)	2.231** (0.654)	2.124*** (0.923)	-2.205*** (0.877)	-2.176** (1.678)
	地级城市		1.321 (0.458)	1.505*** (0.511)	1.412*** (0.357)	1.393 (0.232)	-1.643*** (0.567)	-1.531*** (0.982)

续表

预测变量	过程性职业适应				结果性职业适应	
	模型1 "被动型"职业适应基准模型	模型2 "被动型"职业适应	模型3 "能动型"职业适应基准模型	模型4 "能动型"职业适应	模型5 结果性职业适应基准模型	模型6 结果性职业适应
自变量						
职业发展观	—	-1.423*** (0.834)	—	2.101*** (1.031)	—	2.114*** (1.070)
职业报酬观	—	-2.171*** (1.103)	—	1.788*** (1.007)	—	-1.007*** (0.455)
职业声望观	—	1.209 (1.002)	—	1.334 (0.834)	—	-1.289*** (1.074)
择业代价观	—	-1.013** (0.721)	—	1.484*** (0.772)	—	1.562** (0.660)
F	9.823***	26.331***	10.321***	6.976**	11.022***	15.670***
常数项	12.047	9.790	7.079	6.457	10.431	7.878
Adjusted R^2	0.047	0.115	0.043	0.108	0.046	0.121
ΔR^2	—	0.068	—	0.065	—	0.075

P<0.05,*P<0.01。a 参照类别为"女性",b 参照类别为"未婚",c 参照类别为"县级城市"。

第三节 结论与讨论

一、新生代农民工的择业观念呈现职业理想与现实选择的矛盾性

第一,为应对城市生存压力,在"内职业"与"外职业"的相互影响下,新生代农民工的择业观念在职业发展观、职业报酬观、职业声望观和择业代价观等四个方面发展的进程不同步。从新生代农民工职业报酬观的五个指标的得分来看,"工作环境舒适度"、"工资性收入及各种奖励的高低"、"是否提供'五险一金'"、"工作的风险性和稳定性程度"、"能否实现职业向上流动的空间和机会"的得分分别为3.62分、4.22分、3.14分、3.37分、3.31分,其得分在中点分(3.0)以上。而从新生代农民工职业声望观的五个指标的得分来看,"我偏向于喜欢在沿海地区或发达地区工作"、"我更喜欢在大城市或省会城市工作"、"我宁愿工资低一点,也不愿意干那些

脏累差的工作"、"我比较看重工作单位的社会知名度"、"我比较看重工作单位的社会美誉度"的得分分别为 3.03 分、3.04 分、3.55 分、3.31 分和 3.36 分,其得分也均高于中点分 (3.0)。而职业发展中涉及职业发展与报酬发生冲突时,新生代农民工对其赞成的得分则很低,在"如果目前的工作发展空间很有限,待遇再好我也会辞职再择业"、"能提升职业技能的工作岗位,即使收入低点我也会继续干"的得分分别仅为 2.93 分和 2.72 分,低于中点分 (3.0)。这是因为新生代农民工的职业是其相对稳定地担当的社会具体劳动分工角色。然而职业有了"内职业"与"外职业"之分。"内职业"是个人追求的一种职业。在内职业中,从业者力图使工作同他们个人的其他需要(如维持生活或提高生活质量、安全保障、社会交往、获得尊重、实现个人价值等)、家庭义务及个人休闲取得平衡。而"外职业"是对组织而言的,意味着组织努力为雇员在组织的作业生命中确立一条有所依循的、可感知的、可行的发展通路。职业发展观的本质或核心内容是"内职业"与"外职业"相互作用、互相融合。内职业是新生代农民工个人的主观心理和个体行为。不同人有不同的职业要求,就是同一职业的不同人在从事其职业时也会存在差异,但是,个人内职业的发展不能脱离外职业,因为,新生代农民工依靠组织提供工作和就业机会,内职业的追求要考虑组织的需要;另外,雇员的职业发展要依赖于组织设置的职业发展通道,否则,将一事无成[①]。

第二,新生代农民工的择业观的积极性还处于理想状态,尚未付诸实践。从测量理想职业发展观的 3 个指标来看,"选择工作时,发展前景最重要"、"我会优先选择能发挥我才能的工作"、"选择工作时,我的特长是我考虑的首要因素"、分别为 3.47 分、3.50 分、3.53 分。而在测量其是否愿意为了职业发展的需要作出牺牲时,新生代农民工在"我愿意在找工作上花大量时间"、"我愿意在找工作上花费较多金钱"、"为了找到好工作,我愿意承担择业等待期的损失"、"为了获得理想的岗位,我会想办法动用各类关系"、"当理想的职业与家庭发生冲突时,我也不会轻易放弃"的得分分别为 2.80 分、2.89 分、2.69 分、3.29 分和 2.78 分。

因此,虽然新生代农民工的择业观念与老一代农民工存在很大的不同。

---

① 吴国存:《企业职业管理与雇员发展》,北京:经济管理出版社,1999 年,第 26—27 页。

老一代农民工择业往往会侧重于对薪酬的追求，而新生代农民工在择业时更注重的是在城市中获得更多的发展机会。新生代农民工的择业观念在呈现出积极与理性的特征的同时，其职业发展观、职业报酬观、职业声望观和择业代价观四个方面发展的进程不同步，呈现出一定的矛盾性。而正确的择业观念有利于新生代农民工在择业过程中先进行理性思考，再进行择业。因此，使劳动者转变就业观念，构建与社会主义和谐社会相符合的和谐就业观，对于有效扩大就业与实现比较充分的就业目标，具有非常重要的作用。党的十七大报告在谈及就业问题时明确指出"要加强就业观念教育"。

二、从"生存型"到"发展型"：新生代农民工择业过程中择业观念的转变

新生代农民工进入城市务工初期，其择业行为追求的是维持在城市的基本生存需求，最大程度地降低择业行为的风险，择业观念呈现出明显的"生存型"特征。随着务工政策环境的不断优化、公平开放的市场环境的营造及自身职业竞争力的不断增强，此时新生代农民工进城务工的目的是"积攒进城安居所需的费用，或者说是积攒逃离村庄的资本"[1]。其进城抉择与职业选择也相应地实现了由"生存理性"向"经济理性"与"社会理性"的转变，其最终目的一般是逐渐缩小与市民的差距、实现城市融入，使其身份由"农民"向"市民"转变。其择业观念实现了从"生存型"择业观到"发展型"择业观的转变。具体表现不仅体现在其"职业发展观"、"职业报酬观"、"职业声望观"和"择业代价观"等维度上得分的大幅提高，更体现在其对择业行为的影响程度上。本书的实证结果显示：择业观念中的"职业发展观"对新生代农民工的择业意识、择业机会评价、择业机会利用、工作转换次数、第一份工作持续时间、上份工作的持续时间、平均每份工作持续时间、"被动型"职业适应因子、"能动型"职业适应因子和结果性职业适应因子均有显著影响，其非标准化回归系数分别为 3.416（$P<0.01$）、2.773（$P<0.01$）、1.870（$P<0.01$）、0.062（$P<0.05$）、-2.516（$P<0.01$）、2.374（$P<0.01$）、2.573（$P<0.01$）、-1.423（$P<0.01$）、2.101（$P<0.01$）和

---

[1] 贺雪峰、董磊明：《农民外出务工的逻辑与中国的城市化道路》，《中国农村观察》2009 年第 2 期。

2.114（$P<0.01$）。"职业报酬观"对新生代农民工的择业意识、择业机会评价、工作转换次数、第一份工作持续时间、平均每份工作持续时间、"被动型"职业适应因子、"能动型"职业适应因子和结果性职业适应因子有显著影响，其非标准化回归系数分别为 4.176（$P<0.01$）、-1.081（$P<0.01$）、0.057（$P<0.01$）、-1.926（$P<0.01$）、3.332（$P<0.01$）、-2.171（$P<0.01$）、1.788（$P<0.01$）和-1.007（$P<0.01$）。择业观念中的"职业声望观"对新生代农民工的择业意识、择业机会利用、上份工作的持续时间和结果性职业适应有显著影响，其非标准化回归系数分别为 2.237（$P<0.05$）、-1.672（$P<0.01$）、2.203（$P<0.05$）和-1.289（$P<0.01$）。而"择业代价观"对新生代农民工的择业机会利用、工作转换次数、平均每份工作持续时间、"被动型"职业适应因子、"能动型"职业适应因子和结果性职业适应因子产生显著影响，其非标准化回归系数分别为 2.324（$P<0.01$）、0.042（$P<0.01$）、-1.093（$P<0.05$）、-1.013（$P<0.05$）、1.484（$P<0.01$）和 1.562（$P<0.05$）。这折射出新生代农民工职业选择的本质意义虽然在一定程度上还呈现出为了满足生存需要和缓解生存压力而对经济目标的追求，但其择业行为导向已逐步由"生存理性"走向"发展理性"[①]。

这是因为新生代农民工择业是具有就业能力的劳动者在就业市场不断进行职业选择的过程。其出现是城市劳动力市场的不断完善和需求数量与需求结构发生转变的结果。具体来说，城市劳动力市场的规范化与开放性为其择业提供了制度性前提，而我国目前以制造业和服务业为主要驱动的工业化快速发展需要数量庞大的低技能型从业者，而由农村转移到城市就业的新生代农民工成为其首选目标。从择业行为的动机来看，新生代农民工的择业行为是一个对其职业行为不断进行理性选择的过程，但随着新生代农民工生存境遇的不断改善，其择业行为的"作用轴"由"生存理性"向"经济理性"和"社会理性"转变。塞缪尔·波普金也指出，农民的经济行为并非没有经济理性，他们作为"经济人"比起任何资本主义企业家也不逊色。小农是一个权衡长短期利益之后，为追求最大利益而作出合理生产抉择的人，农户的理性将使他们放弃"不经济"的农业，使农业循着

---

① 刘成斌：《生存理性及其更替：两代农民工进城心态的转变》，《福建论坛》（人文社会科学版）2007年第7期。

决策合理化、效益最优化的方向，通过优胜劣败的竞争而发展①。

在新生代农民工刚外出务工时，农村"人多地少"这一"客观事实"下的农业生产"内卷化"与"过密化"导致了农业收益率下降，严重地威胁着广大农村人口的生存安全问题，此时农民的择业行为主要是受"生存理性"支配的。由于传统农业社会的农民仍然处在"水深齐颈"这样一种危机边缘生存状态之下，此时以谋生为目的的生存理性不仅具有合理性，而且是一种"生存的智慧"②。主要表现为开始进城务工时，在严酷而强大的生存压力面前，生存取向而非利益取向构成了传统农民社会理性与资本主义经济理性之间的巨大差异。传统农民绝非像桑巴特所描述的资本主义追求利润最大化的经济理性，而是一种基于保障的生存理性③。此时的择业行为是一种以家庭为决策单位旨在确保生存、减少风险的保守性"生存型"择业。

但随着农民工进程务工时间的推移，一方面，在城市，农民工多年的积蓄及对城市就业环境的不断熟悉增强了其在城市的"本体安全感"；另一方面，在农村，农业生产的收益逐年提高，农民基本的生存需要得以满足。而外出劳动者与留在家里的劳动者在完全不同的工作环境下从事不同的生产活动，收入具有极强的互补性和负相关性，血缘关系和家庭继承合约把他们紧紧地结合在一起，当外出者没有挣得收入或受到挫折时，他们可以从家庭得到支持，从而可以为其择业选择提供风险的分担机制④。此时新生代农民工追求经济利益最大化的"经济理性"成为择业的指导原则。此时的择业行为是一种在无生存风险前提下进行的旨在提供经济收益的"经济型"择业。

而当新生代农民工处于这个需求金字塔最底端生存的需要得到满足后，在经济理性的驱动下，与农民相比，也获得了"可观"的经济积累。因此，当在某一城市打工经历已经让他们积累了足够转移的资本后，他们

---

① Popkin S L. *The Rational Peasant: The Political Economy of Rural Society in Vietnam*. California: University of California Press, 1979.
② 郭于华：《重读农民学经典论题——"道义经济"还是"理性小农"》，《读书》2002年第5期。
③ 黄鹏进：《农民经济行为的文化逻辑——兼读〈农民的道义经济学：东南亚的反判与生存〉的思考》，《中国农村观察》2006年第1期。
④ Stark O, Taylor J E. Migration Incentives, Migration Types: The Role of Relative Deprivation. *Economic Journal*, 1991, 101 (408): 1163-1178.

倾向于流动到其他能够给他们提供更好工作机会或更多发展机会的城市。这样的流动甚至可以让他们流入更高一层的职业或社会阶层[①]。正如贺雪峰所说:"农民外出务工有两种不同的逻辑,一种外出务工的目的是提升村庄生活质量,务工逻辑服从于村庄生活的逻辑。在这种逻辑下面,虽然农村劳动力外出了,但劳动力赚取的资源流入村庄,村庄因此显得繁荣。另外一种外出务工的目的是积攒进城安居所需的费用,或者说是积攒逃离村庄的资本。"[②]当后一种外出务工逻辑成为新生代农民工"首选逻辑"时,其择业行为则是一种在获得一定物质积累前提下进行的旨在获得在城市发展的"发展型"择业。

---

① 杨肖丽、张广胜:《城市化进程中农民工迁移行为及模式研究》,北京:中国农业出版社,2011年,第57页。
② 贺雪峰、董磊明:《农民外出务工的逻辑与中国的城市化道路》,《中国农村观察》2009年第2期。

第五章
人力资本与新生代农民工的择业行为

人力资本概念是在传统资本理论受到严重挑战的情况下被提出来的[①]。该理论突破了传统资本理论的束缚，将资本划分为人力资本和物质资本，提供了从全新的视角研究经济理论和实践的思路。该理论认为人力资本是体现在人身上的资本，是对生产者进行普通教育、职业培训等支出和其接受教育的机会成本等价值在生产者身上的凝结，表现为蕴含在人身上的各种生产知识、劳动与管理技能及健康素质的存量总和[②]。该理论为人类关于人的生产能力的分析提供了新的思路。人力资本理论强调人力资源是所有资源中最主要的资源，是经济学的核心问题。在经济增长中，人力资本的作用大于物质资本，人力资本投资与国民收入成正比，比物质资本增长速度快，而人力资本的核心问题是提高人口质量，其中各种教育投资是提高国民人力资本的关键。

人力资本的思想源远流长，国内外许多学者在其著作中都曾涉及。第一个将人力视作资本的经济学家是经济学的鼻祖——亚当·斯密，他和屠能、马歇尔，被舒尔茨称为"那些把人视为资本的少数人中的三位杰出人

[①] 在当时，传统资本理论面临的挑战可以总括为五个方面：资本——产出比率的长期变动问题；国民收入的增长与总生产要素增长之间的比较问题；大部分工人真实收入的增加问题；二战后，遭到战争重创国家和一些新兴工业国的崛起问题；"列昂节夫之谜"（Leontief Paradox）问题。参见冯子标：《人力资本营运论》，北京：经济科学出版社，2000年，第34—36页。

[②] 李瑞华：《贫困与反贫困的经济学研究——以内蒙古为例》，北京：中央编译出版社，2014年，第32页。

物"①。但是，系统的人力资本理论及"人力资本"这一概念的正式提出则是20世纪50—60年代的事情。最早进行这方面研究的是美国著名经济学家舒尔茨。由于人力资本理论的建立只不过50多年时间，兼之其本身的复杂性特别是衡量上的困难，迄今尚未形成一个公认的准确的人力资本定义，学者们也只是从某一方面对其加以说明与定义。西奥多·W. 舒尔茨指出："人力资本的显著标志是它属于人的一部分，它是人类的，因为它表现在人的身上；他又是资本，因为它是未来满足或未来收入的源泉或两者的源泉。"②其要点是：第一，人力资本体现在人的身上，表现为人的知识、技能、资历、经验和熟练程度等，总之表现为人的能力和素质；第二，在人的素质既定后，人力资本可表现为从事工作的总人数及劳动市场上的总工作时间；第三，人的能力和素质是通过人力资本投资获得的，因此，人力资本又可以理解为是对人力的投资而形成的资本，以货币形态看，它表现为提高人力的各项开支，主要有保健支出、学校教育和在职教育支出、劳动力迁移的支出等；第四，既然人力是一种资本，无论是个人还是社会对其投资，都必然会受益。从这个意义上讲，人力资本是劳动者的时间价值——收入提高的主要源泉。因此，人力资本的大小、高低也可表现在人力所有者——劳动者的收入上。可以说这是关于人力资本概念的最经典的定义③。

20世纪80年代后期以来，西方学者对人力资本的性质和特点作了进一步的深入研究，提出了一系列崭新的观点，揭示了人力资本的基本特征。他们认为，人力资本具有三个重要的特征。首先，人力资本在本性上是排他的，从而在产权上也是排他的。罗默指出，以人的计算能力为例，由于具有计算能力的人既不能在同一时刻在两个地方，也不能在同一时刻解决许多问题，人力资本在本性上是排他的。其次，人力资本具有增值性。贝克尔等指出，专业化和劳动分工有助于个体人力资本的增长和劳动生产力的提高。在技术发达的经济中，专家比"杂而不精"的人作用更大。人力资本遵循着"用进废退"的原则，当劳动力处于闲置状态时，人力资本便会退化，而当劳动者不断学习和应用知识时，人力资本便会积聚和增多。最后，人力资本是社会收益递增的。毋庸置疑，个体人力资本的增长有助

---

① ［美］西奥多·W. 舒尔茨：《论人力资本投资》，北京：北京经济学院出版社，1990年，第5页。
② ［美］西奥多·W. 舒尔茨：《论人力资本投资》，北京：北京经济学院出版社，1990年，第123页。
③ 郭龙、付泳：《人力资本理论问题研究》，成都：电子科技大学出版社，2014年，第51页。

于增加个体的收入,但人力资本积累还具有产生社会收益递增的重要属性。这些社会性的递增收益表现为人力资本所产生的外部经济效果[①]。

人力资本与劳动的就业问题息息相关,探讨两者之间的关系是学术界关注的重要议题。其中经济学的劳动力市场理论认为就业主要被视为一个外部劳动力市场问题,即劳动力与其工作岗位的匹配问题。这一观点认为,作为劳动力的个体是独立存在的,不受他人干扰与影响,实现就业是这些"经济人"理性选择的结果。在这个选择过程中,具有特定人力资本的劳动者和需要特定人力资本的雇主在经过了某些试错过程后,劳动者就会找到某个最适合自己的岗位,雇主也会找到他最需要的劳动者,这样自然就会实现劳动力与工作岗位的匹配[②]。而在社会学研究中,进一步扩展和补充了外部劳动力市场的理论观点,认为个体人力资本的发挥还受到制度性、文化观念及经济发展的不同阶段等因素的影响。虽然对人力资本投资的城乡歧视性[③]及劳动力市场的制度性歧视导致农民工人力资本投资收益的单向外溢性,使得农民工不能共享其为社会贡献的成果[④]。但实证研究发现,在我国外来劳动力与城市劳动力之间的全部工资差异中,人力资本差异解释了其中的57%[⑤]。另外,不论是就业岗位间的工资差异,还是就业岗位内的工资差异,分别有54%和61%的差异是由人力资本禀赋差异引起的,因此,消除外来劳动力与城市劳动力的工资差距,缩小两者人力资本水平差距是消除工资差异的重要途径[⑥]。

第一节 新生代农民工人力资本的基本现状分析

人力资本是通过教育、培训、迁移、健康投资形成,并体现在劳动力身上的、以劳动者的素质表现出来的技能和生产知识的存量,包括知识、技能、智力、体力价值的总和[⑦]。基于此,本书从受教育年限、职业培训次

[①] 郭龙、付泳:《人力资本理论问题研究》,成都:电子科技大学出版社,2014年,第60页。
[②] [美]伊兰伯格·史密斯:《现代劳动经济学》,北京:中国人民大学出版社,1999年。
[③] 侯风云:《中国农村人力资本收益率研究》,《经济研究》2004年第12期。
[④] 廖小官、陈东红:《农民人力资本投资收益实现的制约因素分析》,《农业经济》2007年第1期。
[⑤] 王美艳:《城市劳动力市场上的就业机会与工资差异——外来劳动力就业与报酬研究》,《中国社会科学》2005年第5期。
[⑥] 蔡昉:《劳动力市场变化趋势与农民工培训的迫切性》,《中国职业技术教育》2005年第32期。
[⑦] [美]贝克尔:《人力资本》,北京:北京大学出版社,1987年。

数、职业培训时间、有无职业资格证书、生理健康、精神健康和择业效能感等维度来测量新生代农民工的人力资本情况,新生代农民工拥有的人力资本的状况直接影响其把握就业机会的能力、选择的职业类型、择业范围及职业适应的状况。

一、年龄分布

据国家统计局发布 2015 年农民工监测调查报告显示:我国农民工仍以青壮年为主,但所占比例继续下降,农民工平均年龄不断提高。从平均年龄看,农民工平均年龄为 38.6 岁,比上年提高 0.3 岁。从图 5-1 可以看出,在 2011—2015 年我国农民工年龄分布中,16—20 岁、21—30 岁、31—40 岁年龄组所占的比例继续下降,而 41—50 岁、50 岁以上年龄组所占的比例则持续上升①。

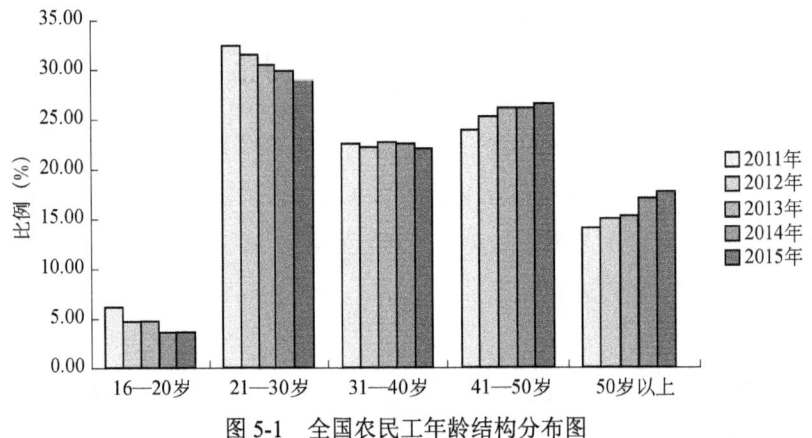

图 5-1　全国农民工年龄结构分布图

数据来源:国家统计局发布的 2015 年农民工监测报告

为了对新生代农民工年龄有一个全面的了解,本书从两个方面进行分析。一是根据新生代农民工的年龄情况对其进行分类,即"80 后"、"85 后""90 后"三类;二是计算新生代农民工的平均年龄。从对新生代农民工年龄分布的统计分析结果得知(表 5-1):"80 后"的新生代农民工有 382 人,占调查总体的 32.3%;"85 后"的新生代农民工有 542 人,占调查总体的 45.8%;"90 后"的新生代农民工有 258 人,占调查总体的 21.9%。

---

① 国家统计局:《2015 年农民工监测调查报告》,中华人民共和国统计局, http://www.stats.gov.cn/tjsj/zxfb/201604/t20160428_1349713.html.[2016-04-28]。

表 5-1 新生代农民工年龄分布统计表（*N*=1182）

年龄	"80后"	"85后"	"90后"	平均年龄（标准差）
频次	382	542	258	27.85 (12.02)
百分比（%）	32.3	45.8	21.9	

从图 5-2 可以看出，目前"85后"新生代农民工已成为新生代农民工的主体。本书将新生代农民工年龄加总求平均值后，得出新生代农民工平均年龄为 27.85 岁，其标准差为 12.02 岁。年龄较小是新生代农民工在城市择业与就业的最大优势，主要表现为身体状况好、体力充沛且容易学习新技术和劳动技能。因此，使用农民工的城市企业优先使用的是青年农民工，只有在青年农民工供不应求的情况下，才考虑使用中年农民工[①]。因为目前新生代农民工主要在劳动密集型行业就业，这些重复性作业虽然对技术的要求一般都不太高，但对就业者的体力、反应灵敏度或操作精确度有比较高的要求，这些是年轻的农民工具有的基本素质[②]。在目前劳动密集型企业的生产过程中，雇佣的农民工的年龄直接影响其劳动生产率，因此，我国劳动密集型企业大都设置年龄门槛，其用工逐渐趋于年轻化，近几年我国东部沿海劳动密集型企业出现的"民工荒"实质上是"新生代民工荒"。

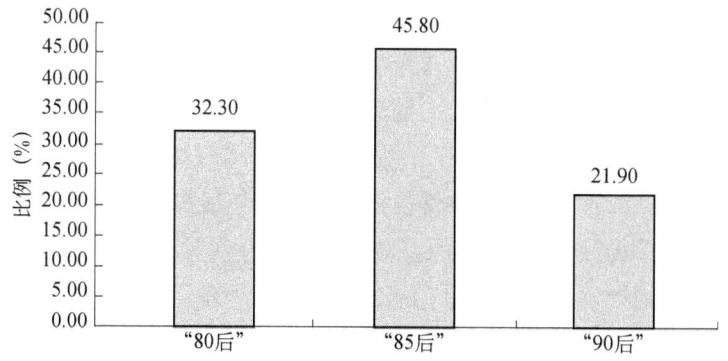

图 5-2 新生代农民工年龄分布统计图

---

① 章铮、杜峥鸣、乔晓春：《论农民工就业与城市化——基于年龄结构-生命周期分析》，《中国人口科学》2008 年第 6 期。
② 刘林平、张春泥：《农民工工资：人力资本、社会资本、企业制度还是社会环境——珠江三角洲农民工工资的决定模型》，《社会学研究》2007 年第 6 期。

二、健康状况

健康作为一种重要的人力资本形式，是其他几项人力资本的载体①。自从1948年世界卫生组织宪章首次提出"每个人有权获得最佳的健康状态"后，"健康是一项基本人权"的理念也一再为诸如《世界人权宣言》、《阿拉木图宣言》等重大国际公约所重申和强调，人人都享有能达到最高身心健康标准的权利，昭示着世界上的所有人，不论社会阶层、等级、民族、种族、性别、年龄及地理区域，均应享有健康的权利，均应有得到优质的、满意的、负担得起的保健服务的平等机会②。健康被认为是一种具有重要内在价值的人类"可行能力"（Capability），以及一种非常基本的自由。人力资本学派将健康与教育一样看作人力资本的构成部分，健康有助于获得更多的就业机会，是其他几项人力资本的载体。不仅有助于个人获得更多的就业机会，提升就业的质量，而且对社会经济发展具有基础性作用。世界卫生组织将健康定义为不仅仅是没有疾病或虚弱，而是一种身体、心理和社会的完好状态。也就是说，健康是人的躯体、精神、心理状态与自然状态、社会状态等的协同适应和良性互动③。因此，本书为了测量新生代农民工的健康状况，建构了一个包括"我感觉身体健康状况很好"、"我目前没有患各种慢性病"、"我每年很少去医院看病"、"我很少去药房买药吃"、"我经常觉得自己活着没意义"、"我经常觉得自己没有用"、"我经常感到很孤独"、"我经常感觉到对什么都不感兴趣"、"我容易哭泣或想哭"、"我经常烦躁易怒"、"我经常睡不着觉（失眠）"等11个项目在内的新生代农民工健康量表来测量新生代农民工的健康状况。答选项设有"完全符合"、"比较符合"、"一般"、"不太符合"、"很不符合"，然后对"我感觉身体健康状况很好"、"我目前没有患各种慢性病"、"我每年很少去医院看病"、"我很少去药房买药吃"等健康状况的正向测量指标分别对上述回答赋值为5、4、3、2、1。而对"我经常觉得自己活着没意义"、"我经常觉得自己没有用"、"我经常感到很孤独"、"我经常感觉到对什么都不感兴趣"、"我容易哭泣或想哭"、"我经常烦躁易怒"、"我经常睡不着觉（失眠）"等健康状况的负向测量指标分别对上述回答赋值为1、2、3、4、5。测量变量的描述性统计

---

① 和红、任迪：《新生代农民工健康融入状况及影响因素研究》，《人口研究》2014年第6期。
② 蒋永萍：《社会转型中的中国妇女社会地位》，北京：中国妇女出版社，2006年。
③ 胡荣、陈斯诗：《影响农民工精神健康的社会因素分析》，《社会》2012年第6期。

见表 5-2。通过对新生代农民工健康量表的信度分析后发现，量表的总体信度的克隆巴赫系数为 0.814，同时，各个指标的项目总体相关系数均大于 0.4，说明量表的信度较高。

从统计结果来看，新生代农民工生理健康状况的得分相对较高，在"我感觉身体健康状况很好"、"我目前没有患各种慢性病"、"我每年很少去医院看病"、"我很少去药房买药吃"等有关身体健康的项目上得分分别为 3.55、3.56、3.71 和 3.61，各项指标均远高于中点分（3），说明新生代农民工在这些项目上的平均得分相对较高，其身体状况相对良好，这可能与新生代农民工相对年轻有关，因为大多数身体疾病都与年龄成正相关，随着年龄的增长，其身体健康逐渐下降，同时，即使疾病在身，处于年轻时的新生代农民工一般也难以察觉。而在"我经常觉得自己活着没意义"、"我经常觉得自己没有用"、"我经常感到很孤独"、"我经常感觉到对什么都不感兴趣"、"我容易哭泣或想哭"、"我经常烦躁易怒"、"我经常睡不着觉（失眠）"等有关新生代农民工精神健康项目上的得分分别为 3.15、3.13、2.82、3.09、2.91、2.88 和 3.54，除了"我经常睡不着觉（失眠）"外，其余得分均接近于 3.0，说明新生代农民工在这些项目上的平均得分相对较低。

表 5-2 新生代农民工健康状况的描述性统计分析（%）

项目	完全符合	比较符合	一般	不太符合	很不符合	均值（标准差）
N1. 我感觉身体健康状况很好	23.1（273）	35.4（418）	22.6（267）	11.5（136）	7.4（88）	3.55（0.43）
N2. 我目前没有患各种慢性病	27.2（322）	28.6（338）	24.2（286）	13.3（157）	6.7（79）	3.56（0.47）
N3. 我每年很少去医院看病	29.2（345）	33.2（393）	22.5（266）	9.5（112）	5.6（66）	3.71（0.51）
N4. 我很少去药房买药吃	30.3（358）	25.5（301）	25.3（299）	12.5（148）	6.4（76）	3.61（0.34）
N5. 我经常觉得自己活着没意义	10.3（122）	18.4（217）	32.5（384）	23.7（280）	10.1（179）	3.15（0.59）
N6. 我经常觉得自己没有用	9.8（116）	17.9（212）	33.8（399）	26.1（309）	12.4（146）	3.13（0.48）
N7. 我经常感到很孤独	15.4（182）	28.3（335）	26.4（312）	18.8（222）	11.1（131）	2.82（0.63）
N8. 我经常感觉到对什么都不感兴趣	8.7（103）	17.7（209）	35.6（421）	30.4（359）	7.6（90）	3.09（0.50）

续表

项目	完全符合	比较符合	一般	不太符合	很不符合	均值（标准差）
N9. 我容易哭泣或想哭	12.7（150）	28.9（342）	23.2（274）	24.6（291）	10.6（125）	2.91（0.31）
N10. 我经常烦躁易怒	15.5（183）	23.3（275）	30.1（356）	19.7（233）	11.4（135）	2.88（0.55）
N11. 我经常睡不着觉（失眠）	5.4（64）	12.6（149）	27.3（323）	32.1（379）	22.6（267）	3.54（0.47）

注：括号内为人数。

总体来说，从图 5-3 可知，新生代农民工健康状况中有关"生理健康"的项目得分较高，在"精神健康"项目上的得分相对较低，以往的研究往往注重新生代农民工的身体健康状况，而忽视了对新生代农民工精神健康的关注。

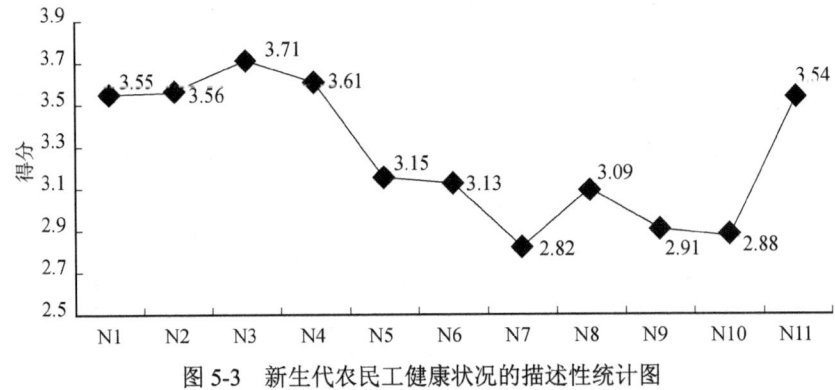

图 5-3　新生代农民工健康状况的描述性统计图

注：N1=我感觉身体健康状况很好；N2=我目前没有患各种慢性病；N3=我每年很少去医院看病；N4=我很少去药房买药吃；N5=我经常觉得自己活着没意义；N6=我经常觉得自己没用；N7=我经常感到很孤独；N8=我经常感觉到对什么都不感兴趣；N9=我容易哭泣或想哭；N10=我经常烦躁易怒；N11=我经常睡不着觉（失眠）。

本书利用统计软件对新生代农民工健康状况的 11 个具体指标进行了 KMO 检验，其 KMO 检验值为 0.803，Bartlett 检验的卡方值为 795.357，达到了相当高的显著性水平（Sig=0.000），表明这些指标比较适合做因子分析。然后采用主成分分析法对这 11 个选项进行了因子分析，经过变值精简法旋转，共抽取 2 个因子来代表这 11 个指标的主要特征，其方差贡献率达到 65.272%。根据因子负载，将这两个因子分别命名为"生理健康因子"和"精神健康因子"，如表 5-3 所示。经检验得知"生理健康因子"各项目的克隆巴赫系数为0.783,"精神健康因子"各项目的克隆巴赫系数为0.814,因此在信度上,两个因子均比较高。

表5-3 新生代农民工健康状况的因子分析（N=1182）

项目	生理健康因子	精神健康因子	共量
我感觉身体健康状况很好	0.799	0.321	0.741
我目前没有患各种慢性病	0.752	0.387	0.715
我每年很少去医院看病	0.747	0.353	0.683
我很少去药房买药吃	0.690	0.329	0.584
我经常觉得自己活着没意义	0.309	0.782	0.707
我经常觉得自己没有用	0.412	0.746	0.726
我经常感到很孤独	0.317	0.731	0.685
我经常感觉到对什么都不感兴趣	0.395	0.694	0.638
我容易哭泣或想哭	0.338	0.682	0.579
我经常烦躁易怒	0.332	0.667	0.555
我经常睡不着觉（失眠）	0.435	0.654	0.617
特征值	3.173	4.007	7.180
解释方差（%）	28.845	36.427	65.272

为了更直观地展示新生代农民工生理健康与精神健康的真实状况,本书运用公式把这两个因子转换为1—100的指数。同时,为了在总体上考察新生代农民工健康状况,以各因子的方差贡献率为权数,计算出新生代农民工"总体健康水平"的综合得分,即生理健康因子值×0.288 45＋精神因子值×0.364 27,其基本分布状况见表5-4。从表5-4中可以发现,新生代农民工的总体健康水平较高（M=64.71,S.D.=16.52）,其中生理健康因子、精神健康因子分别为68.42和58.45,前者比后者的因子得分高出9.97分。

表5-4 新生代农民工健康状况因子得分表

	生理健康因子	精神健康因子	总体健康水平
平均值（M）	68.42	58.45	64.71
标准差（S.D.）	15.31	17.56	16.52

已有研究表明,与流动前相比,农民工流动后的身心健康状况可能发生恶化[①]。也有调查发现有21.4%的新生代农民工认为目前健康状况比进城

---

① 苑会娜:《进城农民工的健康与收入——来自北京市农民工调查的证据》,《管理世界》2009年第5期。

务工前时变好;有64.0%的新生代农民工认为目前健康状况与进城务工前相比没有变化,有14.6%的新生代农民工认为目前健康状况与进城务工前相比变差[1]。但从图5-4可以发现,新生代农民工的生理和精神健康水平偏低,但生理健康状况因子得分远高于精神健康因子得分。健康水平在生理和精神两个方面存在显著差异。这是因为新生代农民工生理健康筛选机制和生理健康风险城乡转移机制间接提高在业新生代农民工的生理健康水平。首先,企业在招聘过程中对新生代农民工生理进行的健康筛选机制使得身体健康的新生代农民工才能进入企业工作,不健康的新生代农民工被排除在外,从而间接提高了在业的新生代农民工生理健康水平。其次,新生代农民工的生理健康风险呈现出城乡转移的特征。即新生代农民工进入城市务工后,一般是从城市居民和技术型农民工不愿意干的岗位开始职业生涯的,其工作环境相对较差、劳动强度普遍较大,加之其健康风险意识比较薄弱,使他们更易受到疾病的困扰,生理健康受到损害[2]。而新生代农民工因"身份"被排斥在城市社会保障与福利之外[3],一旦生理健康受损,就会被迫退出城市劳动力市场,转移到农村,因此,生理健康风险的城乡转移机制也提高了在城市就业新生代农民工的生理健康水平。

而精神健康的"隐蔽性"较强,没有引起企业和新生代农民工的重视。已有相关研究也发现农民工群体中有25%的男性和6%的女性的精神健康状态欠佳[4],这一状况主要受到劳动力市场、劳动权益保护、住房等方面城市融入的显著影响[5],导致其在处理负面应激事件时可支配资源少[6],以及在城市频繁的更换工作地点和城-乡流动候鸟式迁移过程中容易丧失自我的空间感和位置感,势必极大地影响农民工的精神健康[7]。因此,引导新生代农民工实现市民化是改善其精神健康的重要途径。

---

[1] 和红、任迪:《新生代农民工健康融入状况及影响因素研究》,《人口研究》2014年第6期。
[2] 夏丽霞、高君:《新生代农民工市民化进程中的社会保障》,《城市发展研究》2009年第7期。
[3] 郭蕊:《新生代农民工的社会保障对策》,《理论探讨》2011年第6期。
[4] 何雪松:《城乡迁移与精神健康:基于上海的实证研究》,《社会学研究》2010年第1期。
[5] 聂伟、风笑天:《农民工的城市融入与精神健康——基于珠三角外来农民工的实证调查》,《南京农业大学学报》(社会科学版)2013年第5期。
[6] 胡荣、陈斯诗:《影响农民工精神健康的社会因素分析》,《社会》2012年第6期。
[7] 刘林平:《劳动权益与精神健康——基于对长三角和珠三角外来工的问卷调查》,《社会学研究》2011年第4期。

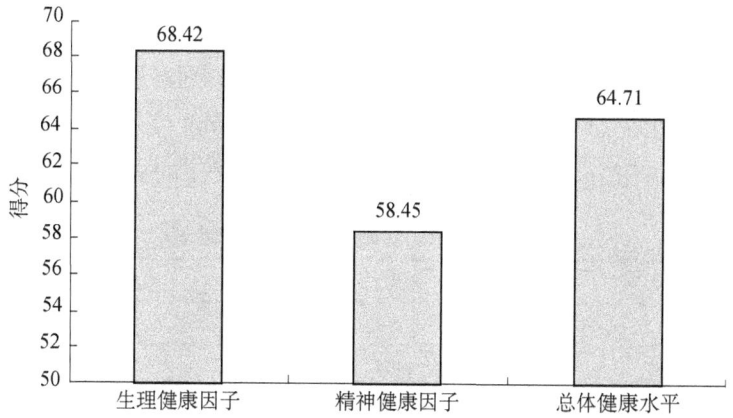

图 5-4 新生代农民工健康状况因子得分统计图

三、文化程度

斯蒂芬（Stefan）曾认为，农村劳动力转移最为关键的影响因素是文化知识，文化水平越高的农民越愿意流向城市[1]。据国家统计局发布的 2015 年农民工监测调查报告显示：农民工受教育水平不断提高（图 5-5）。在 2015 年外出务工的农民工中，未上过学的仅占 1.1%，小学文化程度占 14%，初中文化程度占 59.7%，高中文化程度占 16.9%，大专及以上占 8.3%。其中高中及以上文化程度农民工所占比例比 2014 年提高 1.4 个百分点[2]。

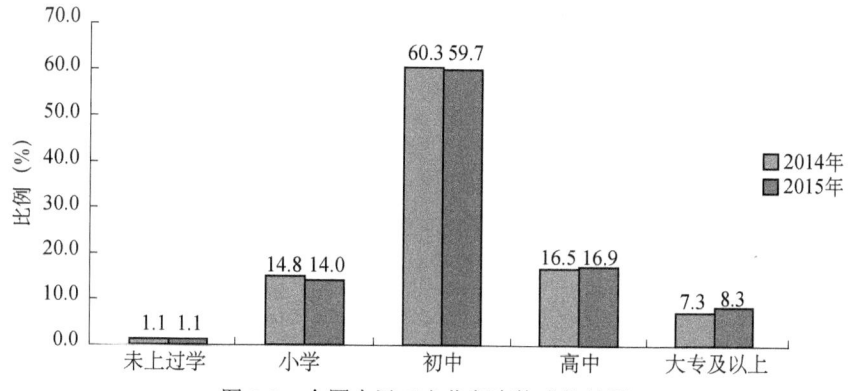

图 5-5 全国农民工文化程度构成统计图

数据来源：国家统计局发布的 2015 年农民工监测调查报告

---

[1] Bojnec S, Dries L. Causes of Changes in Agricultural Employment in Slovenia Evidence From Micro-data. *Journal of Agricultural Economics*，2005，（12）．

[2] 国家统计局：《2015 年农民工监测调查报告》，中华人民共和国统计局，http://www.stats.gov.cn/tjsj/zxfb/201604/t20160428_1349713.html．［2016-04-28］。

从对新生代农民工受教育程度的统计分析结果得知（表5-5）：受教育程度为初中与高中（职高、技校）所占的比例最高，分别高达41.8%和49.9%，而大专及以上的有44人，占调查总体的3.7%。新生代农民工中初中文凭及以上的占调查总体的95.4%，这表明新生代农民工的文化程度较高。

表5-5 新生代农民工文化程度统计表

文化程度	人数	有效百分比（%）
小学及以下	54	4.6
初中	494	41.8
高中（职高、技校）	590	49.9
大专及以上	44	3.7
合计	1182	100.0

从图5-6可以看出，新生代农民工的文化程度主要以初中、高中（职高、技校）为主，两者占调查样本的91.7%。远远高于全体农民工的文化水平。这与其他研究结果相一致，如有研究发现，第二代农民工小学及以下的仅占7.44%，与第一代农民工相比下降近29%，初中为51.06%，而受教育程度高中以上的达41.5%，比第一代高出20.9个百分点[①]。

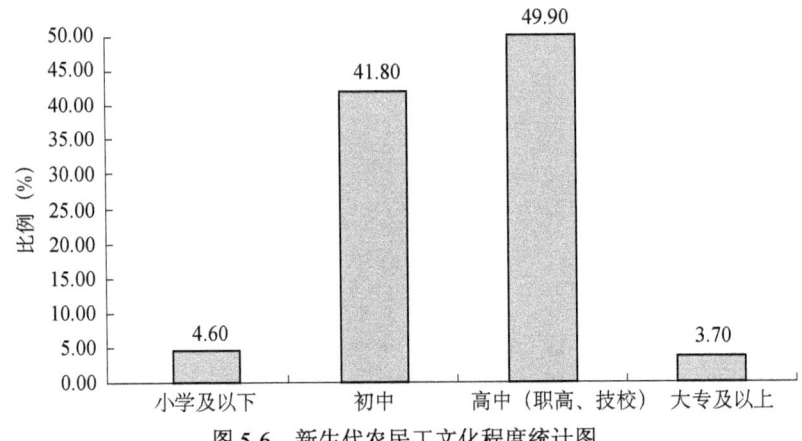

图5-6 新生代农民工文化程度统计图

四、职业培训

职业培训是新生代农民工在短时间内适应技能要求较高工作岗位的重

---

① 周可、王厚俊：《两代农民工流动动因与择业期望代际差异的比较》，《统计与决策》2009年第6期。

要途径。既能为企业定向培养技能型员工,提高工作效率。同时,新生代农民工自身的劳动技能得到有效提升,能更快地适应工作。本书从新生代农民工职业培训次数、累计培训时间和获得职业资格证书情况三个方面来分析其职业培训状况。

从对新生代农民工参加职业培训次数的统计分析结果得知(表5-6):有40.1%的新生代农民工没有参加过职业培训,有30.5%的新生代农民工参加过1次职业培训,有19.9%的新生代农民工参加过2次职业培训,有6.3%的新生代农民工参加过3次职业培训,有3.2%的新生代农民工参加过4次及以上的职业培训。

表5-6 新生代农民工参加职业培训次数的统计表(N=1182)

职业培训次数	0次	1次	2次	3次	4次及以上
频次	474	361	235	74	38
百分比(%)	40.1	30.5	19.9	6.3	3.2

从图5-7可以看出,有将近60%的新生代农民工至少参加过1次职业培训。有将近10%的新生代农民工参加过3次及以上的职业培训。已有研究也发现:有47.4%的受访者从未参加过任何形式的职业培训[①]。虽然新生代农民工参加职业培训的次数整体上偏低,但呈逐年增加的趋势。因为新生代农民工从事"技能型"工作岗位可能性更大,通常是在规模较大、制度较完

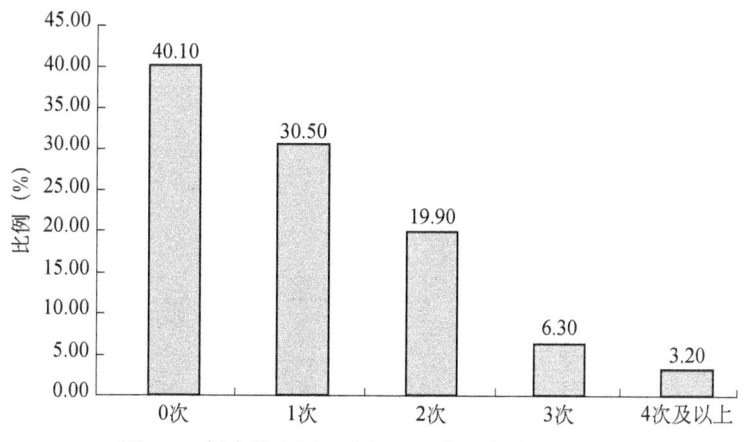

图5-7 新生代农民工参加职业培训次数的统计图

---

① 张洪霞、崔宁:《人力资本对新生代农民工就业转型的影响——基于3402个样本的Logistic回归分析》,《江苏农业科学》2015年第6期。

善的企业就业,因而也更容易参与或被安排参与职业培训。这种良性循环促使一部分新生代农民工具有接受更高水平和层次的职业教育与培训的意愿①。

从对新生代农民工参加职业培训累计时间的统计分析结果得知(表5-7):有46.1%的新生代农民工每年参加职业培训的时间在1周以下,有30.8%的新生代农民工每年参加职业培训的时间在1—2周,两者占调查总体的76.9%。

表5-7 新生代农民工参加职业培训累计时间的统计表

职业培训时间	1周以下	1—2周	2—3周	3—4周	4周以上
频次	545	364	136	93	44
百分比(%)	46.1	30.8	11.5	7.9	3.7

从图5-8可以看出,新生代农民工参加职业培训的时间短,不利于其提高劳动技能。虽然调查的时间不同,但与其他研究的结果基本一致,有研究表明,尽管农民工有七成左右的人有机会接受各类职业技能培训,其年累计培训天数在1周以内、1—2周及2周以上的分别为25%、28%、18%。且高质量的在职培训机会集中于在高科技制造业、邮电通信业就业的农民工,供职于其他行业的农民工则普遍反映自身获得的培训机会少、培训质量差②。而在参加培训的新生代农民工中,参与工厂举办的技术培训的占49%,参加过社会培训机构举办的技能培训的占21%,参加过政府举办的技能培训的占12%,参加过其他形式的培训的占调查总体的18%③。

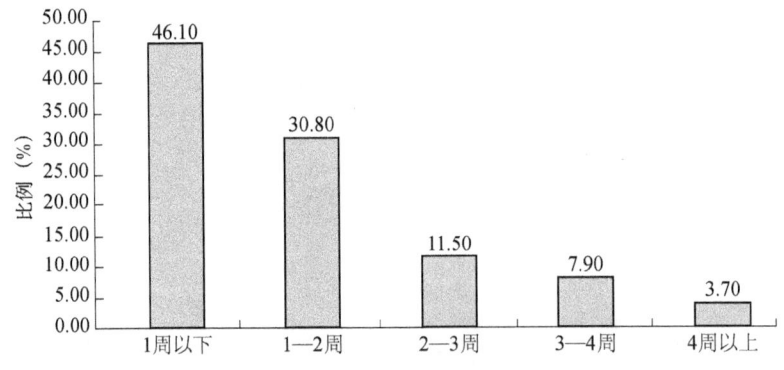

图5-8 新生代农民工参加职业培训累计时间的统计图

---

① 柳军、谭根梅:《两代农民工参与职业培训的影响因素分析》,《中国劳动》2015年第10期。
② 陈藻:《我国农民工就业代际差异研究——以成都市为例》,《人口学刊》2011年第2期。
③ 娄玉花、徐公义:《开展新生代农民工教育和培训模式的研究》,《中国职业技术教育》2013年第30期。

职业培训时间只能反映新生代农民工在就业过程中有意识地参与就业单位或政府组织的各种职业技能学习的行动与持续的时间,但其培训时间的长短往往不能代表其在培训过程中学到的职业技能。本书从新生代农民工获得的职业资格证书的状况来衡量其真实获得的职业技能状况。从对新生代农民工拥有的职业资格证书的统计分析结果得知(表5-8):有60.4%的新生代农民工没有获得过职业资格证书,获得过初级职业资格证书的新生代农民工也仅有22.2%,获得过中级或高级职业资格证书的新生代农民工则更少,分别只有13.1%和4.3%。

表5-8 新生代农民工拥有职业资格证书统计表

拥有职业资格证书	没有	初级	中级	高级
频次	714	262	155	51
百分比(%)	60.4	22.2	13.1	4.3

从图5-9可以看出新生代农民工拥有的职业资格证书的比例偏少,仅有17.4%的新生代农民工拥有中高级职业资格证书,这表明新生代农民工的职业技能偏低,不利于在劳动力市场中获得就业质量较高的职位。这与在厦门市所做的抽样调查结果基本一致,62.9%的农民工没有专业技术证书;有初级、中级和高级技术证书的农民工人数呈现递减趋势,分别占20.6%、13.5%和3.0%[1]。职业技能偏低,导致新生代农民工职业发展受限,"去体力化"程度不高,正如已有研究发现有高达51.9%的农民工从事体力型工作,而从事技术型工作、管理型工作的农民工仅分别占30.9%和17.2%[2]。

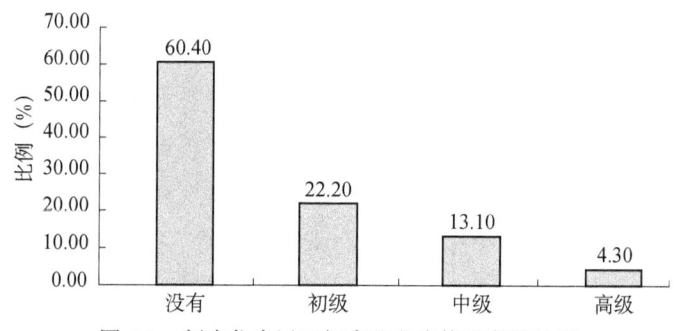

图5-9 新生代农民工拥有职业资格证书统计图

---

[1] 张兴祥、金超:《青年农民工的职业技能培训:问题与对策》,《中国青年研究》2010年第7期。
[2] 张洪霞、崔宁:《人力资本对新生代农民工就业转型的影响——基于3402个样本的Logistic回归分析》,《江苏农业科学》2015年第6期。

五、择业效能感

择业效能感是赫克（Hackett）和贝茨（Betz）[1]于1981年根据班杜拉（Bandura）[2]的自我效能感理论提出来的，是指个体对实现与择业相关任务所需能力的自我知觉，是自我效能感在择业中的体现，即"个体对实现与职业相关任务所需能力的自我觉知，是决策者在进行职业决策过程中对自己完成各项任务所必需的能力的自我评估或信心程度"。择业效能感也称职业决策效能感，是指个体在择业过程中对自己成功完成各项任务所需能力的自我评估与信心，是自我效能感在职业领域中的应用。泰勒（Taylor）和贝茨进一步给出了择业效能感的操作性定义："个体对自身完成准确的自我评价、搜集职业信息、目标定向、制订计划、问题解决等五项任务所需能力的信心水平。"[3]

本书在贝茨等编制的择业效能感问卷（career-decision making self-efficacy theory scale，CDMSE）的基础上，结合新生代农民工自身择业的特征，从自我状况评价、就业信息获取、就业目标确定、职业发展规划和就业问题解决等维度编制了包括"我能对自己拥有的各项能力进行准确的评价"、"我非常清楚我的择业目的和就业目标"、"我完全明白实现职业发展的努力方向"、"我对选择职业的标准有准确的把握"、"我能准确预测从事职业的发展前景"、"我能准确判断企业招聘员工的技能要求"、"我善于向我想要应聘企业的员工了解信息"、"我能够运用多种途径寻找就业信息"、"我非常清楚我适合干什么工作"、"在理想的就业机会面前，我毫不犹豫"、"我有信心找到自己理想的工作"、"我能够有计划地完成我的工作任务"、"我能够为实现职业的发展做好准备"、"我有信心应付求职过程中各种考核"、"我有能力规划自己职业生涯"、"我有能力及时调整我的职业规划"、"我能及时调试求职失败的消极情绪"、"我有信心完成在工作中遇到的难题"、"我有信心实现理想工作岗位的转换"和"我对自己职业目标的实现充满信心"等20个指标在内的新生代农民工择业效能感量表。统计

---

[1] Betz N E, Hackett G. The Relationship of Career-related Self-efficacy Expectations to Perceived Career Options in College Woman and Men. *Journal of Counseling Psychology*, 1981 (28): 399-410.

[2] Bandra A. Self-efficacy: Toward a Unifying Theory of Behavioral Change. *Psychology Review*, 1977, 84: 191-215.

[3] Taylor K M, Betz N E.Applications of Self-efficacy Theory to the Understanding and Treatment of Career Indecision. *Journal of Vocational Behavior*, 1983, 3 (22): 63-81.

分析过程中将择业效能感量表的每个指标的得分相加除以总人数，得到被调查新生代农民工择业效能感的总体状况。被调查的新生代农民工择业效能感的总体平均值为 2.83，标准差为 0.47。其平均得分略低于五点量表的中位数 3，表明新生代农民工的择业效能感总体上处于中下水平，其择业效能感存在一定的缺失（表 5-9）。

表 5-9　新生代农民工择业效能感的现状分析

项目	均值（M）	标准差（S.D.）
X1. 我能对自己拥有的各项能力进行准确的评价	2.67	0.42
X2. 我非常清楚我的择业目的和就业目标	3.06	0.31
X3. 我完全明白实现职业发展的努力方向	2.81	0.52
X4. 我对选择职业的标准有准确的把握	2.96	0.30
X5. 我能准确预测从事职业的发展前景	2.68	0.61
X6. 我能准确判断企业招聘员工的技能要求	2.90	0.25
X7. 我善于向我想要应聘企业的员工了解信息	2.43	0.22
X8. 我能够运用多种途径寻找就业信息	3.04	0.47
X9. 我非常清楚我适合干什么工作	3.21	0.55
X10. 在理想的就业机会面前，我毫不犹豫	3.12	0.23
X11. 我有信心找到自己理想的工作	2.74	0.50
X12. 我能够有计划地完成我的工作任务	2.67	0.63
X13. 我能够为实现职业的发展做好准备	2.69	0.42
X14. 我有信心应付求职过程中各种考核	2.78	0.43
X15. 我有能力规划自己职业生涯	2.80	0.61
X16. 我有能力及时调整我的职业规划	3.02	0.67
X17. 我能及时调试求职失败的消极情绪	3.05	0.73
X18. 我有信心完成在工作中遇到的难题	2.90	0.49
X19. 我有信心实现理想工作岗位的转换	2.57	0.56
X20. 我对自己职业目标的实现充满信心	2.49	0.44

从图 5-10 可以更直观地发现，新生代农民工在择业效能感的各指标上的得分偏低，会严重影响其择业行为。而研究表明，人们会选择那些自认为能应付的环境和能做到的行为，而回避自以为力不能及的环境和行为。由于这种不同的选择，人们培养了不同的胜任能力、兴趣和社会关系网，这些又进一步影响了其生活过程。能够影响个人选择的任何因素都会深刻

地影响一个人的发展，这是因为在自我效能感产生其最初效果之后，一个人所选择的特定环境及所产生的特定社会影响，会进一步提高其在该环境中的胜任力、价值感和兴趣①。

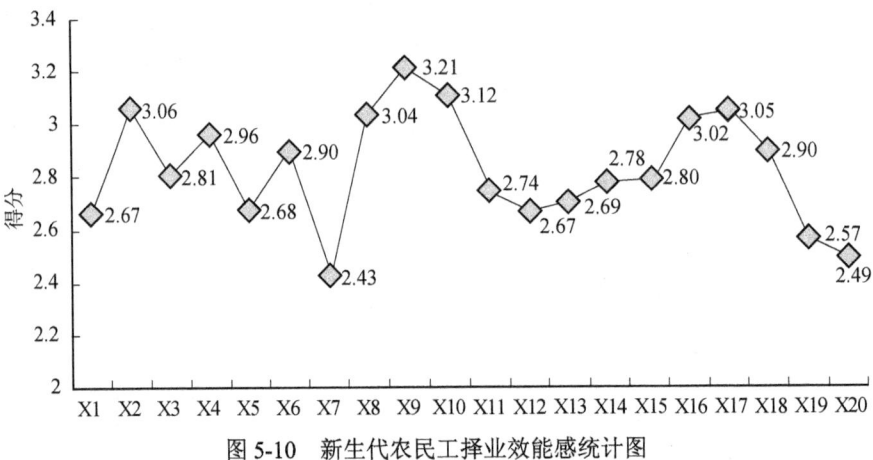

图 5-10　新生代农民工择业效能感统计图

为了进一步简化新生代农民工择业效能感的各个测量指标，并对上述测量指标的结构进行抽象，以期得出新生代农民工择业效能感的因子结构。本书运用主成分法对新生代农民工择业效能感量表的 20 项指标进行了因子分析，采用方差极大化方法对因子负荷进行正交旋转，按照特征值大于 1 的标准进行因子抽取，共得到 5 个因子来代表这 20 个指标的主要特征，这一新因子累计方差贡献率达到 62.323%，KMO 检验值为 0.847，Bartlett 检验的卡方值为 8210.531，达到了相当高的显著性水平（Sig=0.000），表明这些指标比较适合做因子分析。根据因子负载，将这五个因子分别命名为"自我状况评价能力"、"就业信息获取能力"、"就业目标确定能力"、"职业发展规划能力"和"就业问题解决能力"（表 5-10）。

表 5-10　新生代农民工择业效能感的因子分析

因子命名	项目	因子载荷	贡献率（%）	累计方差贡献率（%）
自我状况评价能力	X1. 我能对自己拥有的各项能力进行准确的评价	0.784	13.536	13.536
	X2. 我非常清楚我的择业目的和就业目标	0.756		
	X3. 我完全明白实现职业发展的努力方向	0.687		
	X4. 我对选择职业的标准有准确的把握	0.673		

---

① 方俐洛、凌文辁、刘大维：《职业心理与成功求职》，北京：机械工业出版社，2002 年，第 76 页。

续表

因子命名	项目	因子载荷	贡献率（%）	累计方差贡献率（%）
就业信息获取能力	X5. 我能准确预测从事职业的发展前景	0.781	11.283	24.819
	X6. 我能准确判断企业招聘员工的技能要求	0.749		
	X7. 我善于向我想要应聘企业的员工了解信息	0.651		
	X8. 我能够运用多种途径寻找就业信息	0.642		
就业目标确定能力	X9. 我非常清楚我适合干什么工作	0.813	14.479	39.298
	X10. 在理想的就业机会面前，我毫不犹豫	0.774		
	X11. 我有信心找到自己理想的工作	0.741		
	X12. 我能够有计划地完成我的工作任务	0.693		
职业发展规划能力	X13. 我能够为实现职业的发展做好准备	0.758	12.661	51.959
	X14. 我有信心应付求职过程中各种考核	0.749		
	X15. 我有能力规划自己职业生涯	0.717		
	X16. 我有能力及时调整我的职业规划	0.697		
就业问题解决能力	X17. 我能及时调试求职失败的消极情绪	0.771	10.364	62.323
	X18. 我有信心完成在工作中遇到的难题	0.753		
	X19. 我有信心实现理想工作岗位的转换	0.686		
	X20. 我对自己职业目标的实现充满信心	0.674		

为了更直观地展示各个因子在择业效能感各个维度上的具体状况，本书运用公式把这四个因子转换为1—100的指数。同时，为了在总体上考察新生代农民工择业效能感的整体状况，本书以各因子的方差贡献率为权数，计算出新生代农民工择业效能感的综合得分，即自我状况评价能力因子值×0.135 36＋就业信息获取能力因子值×0.112 83＋就业目标确定能力因子值×0.144 79＋职业发展规划能力因子值×0.126 61＋就业问题解决能力因子值×0.103 64，其基本分布状况见表5-11。

从表5-11中可以发现，新生代农民工择业效能感的总体水平偏低（M=58.741，S.D.=16.879），并且择业效能感在5个维度上的因子得分呈现出明显的差异性，其中就业目标确定能力因子得分最高，为63.354。就业问题解决能力因子得分最低，为55.292。自我状况评价能力、职业发展规划能力和就业信息获取能力的因子得分居中，分别为62.241、61.117和57.355。另外，从新生代农民工在同一维度上择业效能感状况来看，就业问题解决能力的差异性最大,其标准差高达 19.291,而职业发展规划能力的离散性最小,其标准差为 12.736。

表 5-11　新生代农民工择业效能感因子得分统计图（$N=1182$）

	自我状况评价能力	就业信息获取能力	就业目标确定能力	职业发展规划能力	就业问题解决能力	择业效能感总体水平
平均值（M）	62.241	57.355	63.354	61.117	55.292	58.741
标准差（S.D.）	18.775	14.329	17.514	12.736	19.291	16.879

从图 5-11 可以更直观地发现,新生代农民工就业问题解决能力和就业信息获取能力的因子得分偏低。这主要是城乡二元制度阻隔带来的不均等性信息接触机会及因自身获取信息、获取方式的滞后性造成新生代农民工就业信息获取能力不足,导致其在劳动力市场的信息不对称现象严重[①]。就业信息获取能力不足会造成新生代农民工就业信息的"断裂"[②],进一步强化其在就业市场的劣势地位,从而也直接导致其就业问题解决能力低下。

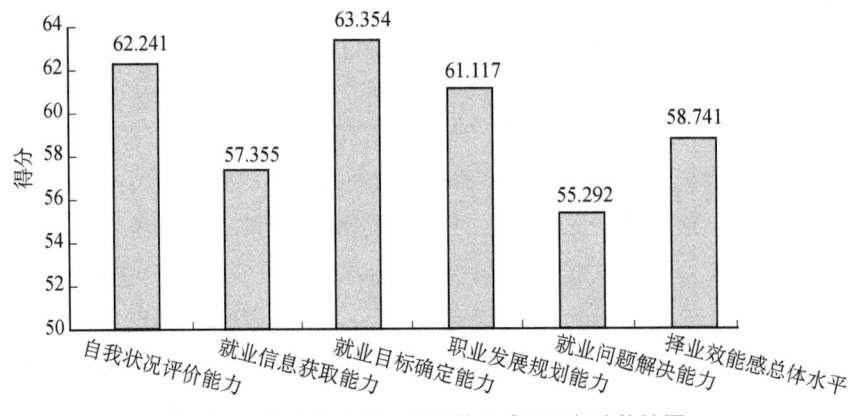

图 5-11　新生代农民工择业效能感因子得分统计图

第二节　人力资本对新生代农民工择业行为的影响

一、人力资本与新生代农民工的择业机会

为探讨新生代农民工人力资本与其择业机会的作用机制及影响程度,

---

① 陈军:《信息不平等:进城农民求职难的信息成因》,《情报科学》2006 年第 6 期。
② 李红艳:《新生代农民工就业信息获取渠道中的断裂现象》,《青年研究》2011 年第 2 期。

本书以人口特征、就业地城市类型为控制变量，以人力资本为自变量，以转换后的择业意识、择业机会评价和择业机会利用因子得分为因变量，利用 SPSS22.0 统计软件构建了六个多元线性回归模型。其中模型 1、模型 3 和模型 5 为基准模型，用来考察主要控制变量对择业机会的影响，模型 2、模型 4 和模型 6 则分别考察人力资本对新生代农民工择业意识、机会评价和机会利用的影响。所获得的结果如表 5-12 所示。

表 5-12 以新生代农民工择业机会为因变量的多元线性回归分析

预测变量		因变量=择业意识		因变量=择业机会评价		因变量=择业机会利用	
		模型 1	模型 2	模型 3	模型 4	模型 5	模型 6
		B(SE)	B(SE)	B(SE)	B(SE)	B(SE)	B(SE)
控制变量							
人口特征	性别[a]	1.212** (0.764)	1.022** (0.211)	2.412** (0.116)	2.209** (0.206)	4.521*** (0.331)	4.402*** (0.237)
	婚姻状况[b]	-2.021** (0.212)	-1.642*** (0.215)	1.762 (0.432)	1.347 (0.402)	1.446 (0.311)	1.311 (0.514)
	年龄	-0.751*** (0.456)	-0.701** (0.302)	0.644*** (0.678)	0.611*** (0.531)	0.543*** (0.440)	0.531** (0.432)
就业地城市类型[c]	特大城市	2.113*** (0.550)	1.881 (0.243)	-1.231 (0.455)	-1.117 (0.325)	-2.923** (1.023)	-2.914*** (0.933)
	省会城市	1.843*** (0.431)	1.672 (0.491)	-1.124 (0.923)	-1.018 (0.810)	-2.376** (0.664)	-2.744** (0.562)
	地级城市	1.211*** (0.642)	0.936 (0.452)	-0.893 (0.225)	-0.773 (0.525)	-1.231** (0.982)	-1.210** (0.841)
自变量							
受教育年限		—	1.113*** (0.640)	—	1.599 (0.411)	—	2.251 (0.534)
职业培训次数		—	2.114 (1.107)	—	1.787 (0.934)	—	1.976*** (0.821)
职业培训时间		—	2.507*** (0.930)	—	1.334 (0.532)	—	2.077*** (0.930)
有无职业资格证书[d]		—	4.097*** (0.750)	—	4.078*** (0.934)	—	5.081*** (0.970)
生理健康		—	1.006 (0.628)	—	2.182 (0.362)	—	1.052 (0.425)
精神健康		—	3.012** (0.703)	—	2.130*** (0.552)	—	3.197*** (0.485)
择业效能感		—	1.118** (1.187)	—	1.125** (0.727)	—	1.056*** (0.640)

续表

预测变量	因变量=择业意识		因变量=择业机会评价		因变量=择业机会利用	
	模型1	模型2	模型3	模型4	模型5	模型6
	B(SE)	B(SE)	B(SE)	B(SE)	B(SE)	B(SE)
F	11.896***	21.174***	6.976**	17.237***	6.723***	19.211****
Adjusted R^2	0.072	0.134	0.061	0.142	0.052	0.157
ΔR^2	—	0.062	—	0.081	—	0.105

$P<0.05$，*$P<0.01$，****$P<0.001$。a参照类别为"女性"，b参照类别为"未婚"，c参照类别为"县级城市"，d参照类别为"无职业资格证书"。

在进行回归分析之前，本书对模型可能存在的多重共线性、异方差和序列相关问题进行了相关检验。六模型中纳入模型的控制变量和自变量的容忍度都在0.4以上，其方差膨胀因子都小于3，这表明控制变量和自变量之间不存在严重的多重共线性问题①。DW值为1.977、1.731、2.003、1.991、1.541和1.642，说明六模型不存在序列相关问题；接着分别对回归模型以标准化预测值为横轴、标准化残差为纵轴进行残差项的散点图分析，散点图呈无序状态，说明六模型均不存在异方差问题。而从回归分析结果中的修正后判定系数 Adjusted R^2 可以看到，对择业机会利用的解释力最大（Adjusted R^2=0.157，$P<0.001$），对择业意识的解释力最小（Adjusted R^2=0.134，$P<0.01$），而对择业机会评价的解释力为0.142（$P<0.01$）。

1. 人力资本对新生代农民工择业意识的影响

根据表5-12的回归分析结果，对模型1与模型2的统计结果进行比较后发现，纳入自变量之后，模型的解释力得到了一定幅度的提高。模型解释力从7.2%提高到13.4%，其解释力提高6.2%。可见，新生代农民工的人力资本对于预测择业意识具有较高的解释力。从自变量的非标准化回归系数来看，其中"受教育年限"、"职业培训时间"、"有无职业资格证书"、"精神健康"和"择业效能感"对新生代农民工的择业意识有显著影响，其非标准化回归系数分别为1.113（$P<0.01$）、2.507（$P<0.01$）、4.097（$P<0.01$）、

---

① 某变量的容忍度等于1减去以该变量为反应变量，以进入模型中的其他自变量为自变量所得到的线性回归模型的决定系数。容忍度越小，多重共线性越严重。一般认为，容忍度不应小于0.2。有学者提出，容忍度小于0.1时，存在严重的多重共线性。方差膨胀因子（VIF）等于容忍度的倒数。一般认为，VIF不应大于5，对应容忍度的标准，也可放宽至不大于10。参见张文彤：《SPSS统计分析高级教程》，北京：高等教育出版社，2004年，第113页。

3.012（P<0.05）和 1.118（P<0.05），这意味着新生代农民工的受教育年限每增加 1 年，其择业意识的因子得分会相应地提高 1.113 分，因为新生代农民工的文化程度较高，其职业发展的目标也相对较高，这会激发其强烈的择业意识来实现自己的职业发展目标。职业培训时间每增加 1 周，其择业意识的因子得分会相应地提高 2.507 分；与没有职业资格证书的新生代农民工相比，有职业资格证书的新生代农民工的择业意识因子得分高 4.097 分；而"精神健康"与"择业效能感"的因子得分每提高 1 分，其择业意识因子得分会分别提高 3.012 分和 1.118 分，这是因为良好的精神健康状况及对择业行为的信心越高，会在很大程度上促使新生代农民工形成强烈的择业意识。

2. 人力资本对新生代农民工择业机会评价的影响

根据表 5-12 的回归分析的结果，首先，对模型 3 与模型 4 的统计结果进行比较后发现，纳入自变量之后，模型的解释力得到了一定幅度的提高。模型解释力从 6.1% 提高到 14.2%，其解释力提高了 8.1%。可见人力资本对于预测新生代农民工的择业机会评价具有较高的解释力。从自变量的非标准化回归系数来看，其中"有无职业资格证书"、"精神健康"和"择业效能感"对新生代农民工的择业机会评价有显著影响，其非标准化回归系数分别为 4.078（P<0.01）、2.130（P<0.01）和 1.125（P<0.05），这意味着与没有职业资格证书的新生代农民工相比，有职业资格证书的新生代农民工的择业机会评价因子得分高 4.078 分，这表明具有职业资格证书的新生代农民工，其对劳动力市场的就业机会的信息获取能力较强，在掌握就业信息的基础上能准确评价择业机会的价值及对自己的合适程度。而"精神健康"与"择业效能感"的因子得分每提高 1 分，其择业机会评价因子得分会分别提高 2.130 分和 1.125 分，这表明良好的精神状态及对自己择业行为的信心状况是影响其对择业机会正确判断的重要因素。

3. 人力资本对新生代农民工择业机会利用的影响

根据表 5-12 的回归分析的结果，首先，对模型 5 与模型 6 的统计结果进行比较后发现，纳入解释变量之后，模型的解释力得到了一定幅度的提高。模型解释力从 5.2% 提高到 15.7%，其解释力提高了 10.5%。可见，人力资本对于预测新生代农民工的择业机会利用具有较高的解释力。从自变量的非标准化回归系数来看，其中"职业培训次数"、"职业培训时间"、"有无职业资格证书"、"精神健康"和"择业效能感"对新生代农民工的择业机会利用有显著影响,其非标准化回归系数分别为 1.976($P<0.01$)、2.077($P<0.01$)、5.081($P<0.01$)、3.197($P<0.01$)和 1.056($P<0.01$)。这意味着新生代农民工职业培训次数每增加 1 次,其择业机会利用因子得分会相应地提高 1.976 分;新生代农民工职业培训时间每增加 1 周,其择业机会利用因子得分会相应地提高 2.077 分;与没有职业资格证书的新生代农民工相比,有职业资格证书的新生代农民工的择业机会利用因子得分高 5.081 分;而"精神健康"与"择业效能感"的因子得分每提高 1 分,其择业意识因子得分会分别提高 3.197 分和 1.056 分。已有研究也发现文化程度较高的农民工,更倾向于自己搜寻工作,其对择业机会的利用能力越高。受过职业教育的农民工自己搜寻工作的概率比未受过职业教育的农民工高 10.83%,同时也发现外出务工前身体健康状况较差的农民工,更多地依赖自己去寻找工作,这更多的可能是无奈之举[①]。

二、人力资本与新生代农民工的职业选择

1. 人力资本对新生代农民工工作转换次数的影响

为探讨新生代农民工人力资本与其工作转换次数的作用机制及影响程度,本书以人口特征、就业地城市类型为控制变量,以新生代农民工的人力资本为自变量,以工作转换次数为因变量,利用 SPSS22.0 统计软件构建多元回归模型。其中模型 1 为基准模型,用来考察主要控制变量对新生代农民工工作转换次数的影响,模型 2 考察人力资本对新生代农民工工作转换次数的影响。在进行回归分析之前,本书对模型可能存在的多重共线性、异方差和序列相关问题进行了相关检验。模型中纳入模型的控制变量和自变量的容忍度都在 0.4 以上,其方差膨胀因子都小于 3,这表明控制变量和自变量之间不存在严重的多重共线性问题。DW 值为 1.910 和 1.876,说明模型不存在序列相关问题,所获得的结果如表 5-13 所示。

根据表 5-13 的回归分析的结果,首先,对模型 1 与模型 2 的统计结果进行比较后发现,纳入解释变量之后,模型的解释力得到了一定幅度的提高。模型解释力从 6.7% 提高到 17.1%,其解释力提高了 10.4%,可见,人力资本对于预测新生代农民工的工作转换次数具有较高的解释力。其次,

---

① 贾伟、秦富:《人力资本对农民工工作搜寻的影响分析》,《江汉论坛》2016 年第 8 期。

从自变量的非标准化回归系数来看,其中"职业培训次数"、"职业培训时间"、"有无职业资格证书"、"精神健康"和"择业效能感"对新生代农民工的工作转换次数有显著影响,其非标准化回归系数分别为 0.113($P<0.05$)、0.081($P<0.01$)、-0.107($P<0.05$)、-0.059($P<0.05$)和-0.038($P<0.01$)。这意味着新生代农民工职业培训次数每增加 1 次或职业培训时间每增加 1 周,其工作转换次数会分别相应地提高 11.3%和 8.1%,表明通过参加职业培训后,新生代农民工的工作转换次数会显著增加。这是因为新生代农民工往往是出于对目前职业不满意,希望通过职业培训提高职业技能的途径去劳动力市场寻求更满意的职业,这就会提高其工作转换的次数。与没有职业资格证书的新生代农民工相比,有职业资格证书的新生代农民工的工作转换次数会低 10.7%。这是因为职业资格证书在劳动力市场能发挥"职业技能信息符号"的作用,是其劳动技能的直观体现,持有资质资格证书的新生代农民工容易在劳动力市场找到满意的工作岗位,并且用人单位的职业晋升往往有工作年限的限制。因此,持有职业资格证书的新生代农民工为了得到职业晋升机会,其工作转换次数会显著地减少。而新生代农民工的"择业效能感"的因子得分每提高 1 分,其工作转换次数会减少 3.8%;精神健康因子得分每提高 1 分,其工作转换次数会减少 5.9%。这是因为新生代农民工的精神状况越好,择业效能感越高,一般会对择业行为进行合理的评估,择业行为不会随波逐流,会尽量降低择业的盲目性,因而容易找到理想的职业,不会一味通过盲目的频繁更换工作来实现职业发展的目的。

表 5-13 以新生代农民工的工作转换次数为因变量的多元线性回归分析

预测变量		模型 1	模型 2
		B(SE)	B(SE)
控制变量			
人口特征	性别 [a]	0.067** (0.032)	0.061** (0.015)
	婚姻状况 [b]	-0.103** (0.065)	-0.101*** (0.010)
	年龄	-0.053 (0.034)	-0.045 (0.022)
就业地域城市类型 [c]	特大城市	0.071*** (0.023)	0.069*** (0.012)
	省会城市	0.047*** (0.021)	0.042*** (0.017)
	地级城市	0.032*** (0.006)	0.031** (0.009)

续表

预测变量	模型1 B（SE）	模型2 B（SE）
自变量		
受教育年限	—	0.074（0.042）
职业培训次数	—	0.113**（0.076）
职业培训时间	—	0.081***（0.030）
有无职业资格证书 d	—	-0.107**（0.054）
生理健康	—	0.016（0.008）
精神健康	—	-0.059**（0.027）
择业效能感	—	-0.038**（0.022）
F	15.879***	18.021***
Adjusted R^2	0.067	0.171
ΔR^2		0.104

$P<0.05$，*$P<0.01$。a 参照类别为"女性"，b 参照类别为"未婚"，c 参照类别为"县级城市"，d 参照类别为"无职业资格证书"。

2. 人力资本对新生代农民工工作持续时间的影响

为探讨新生代农民工人力资本与其职业持续时间的作用机制及影响程度，本书以人口特征、就业地城市类型为控制变量，以人力资本为自变量，分别以新生代农民工第一份工作持续时间、上份工作持续时间和平均每份工作持续时间为因变量，利用 SPSS22.0 统计软件构建了六个多元线性回归模型。其中模型1、模型3和模型5为基准模型，用来考察主要控制变量对新生代农民工职业持续时间的影响，模型2、模型4和模型6则分别考察人力资本对新生代农民工第一份工作持续时间、上份工作持续时间和平均每份工作持续时间的影响。所获得的结果如表 5-14 所示。

表 5-14 以新生代农民工职业持续时间为因变量的回归分析

预测变量		因变量=第一份工作持续时间		因变量=上份工作持续时间		因变量=平均每份工作持续时间	
		模型1 B（SE）	模型2 B（SE）	模型3 B（SE）	模型4 B（SE）	模型5 B（SE）	模型6 B（SE）
控制变量							
人口特征	性别 a	-3.134**（0.544）	-3.121**（0.442）	1.897（0.544）	1.871（0.432）	2.131（0.367）	2.130（0.355）

续表

预测变量		因变量=第一份工作持续时间		因变量=上份工作持续时间		因变量=平均每份工作持续时间	
		模型1	模型2	模型3	模型4	模型5	模型6
		B(SE)	B(SE)	B(SE)	B(SE)	B(SE)	B(SE)
人口特征	婚姻状况[b]	4.083** (0.567)	4.071** (0.543)	2.567** (0.523)	2.554** (0.533)	4.044*** (0.441)	4.042*** (0.461)
	年龄	1.078** (0.433)	1.069** (0.767)	1.514*** (0.650)	1.511*** (0.606)	1.012** (0.431)	1.010 (0.424)
就业地域市类型[c]	特大城市	-1.341** (0.432)	-1.323*** (0.423)	4.201** (0.337)	3.744*** (0.332)	-2.330** (1.004)	-3.324** (1.112)
	省会城市	-1.265*** (0.568)	-1.247*** (0.622)	3.115*** (0.513)	3.107*** (0.437)	-1.126** (0.615)	-2.107** (0.718)
	地级城市	-0.977** (0.801)	-0.979*** (0.720)	1.991 (0.210)	1.892 (0.229)	-0.761 (0.572)	0.798 (0.599)
自变量							
受教育年限		—	-1.897** (0.773)	—	1.446*** (0.521)	—	1.141 (0.612)
职业培训次数		—	-1.773*** (0.514)	—	2.971** (1.047)	—	2.303** (0.970)
职业培训时间		—	-1.992*** (0.311)	—	3.407** (0.801)	—	2.489** (0.401)
有无职业资格证书[d]		—	-2.080*** (0.909)	—	3.924*** (0.063)	—	3.781*** (0.970)
生理健康		—	1.313 (0.543)	—	1.991 (0.341)	—	1.044** (0.431)
精神健康		—	1.471 (0.402)	—	1.553** (0.614)	—	1.237** (0.571)
择业效能感		—	-1.041*** (0.629)	—	1.830*** (0.470)	—	1.206*** (1.009)
F		11.021***	19.112***	8.923**	27.453***	7.783***	20.853****
Adjusted R^2		0.056	0.121	0.063	0.164	0.059	0.146
ΔR^2		—	0.065	—	0.101	—	0.087

$P<0.05$,*$P<0.01$,****$P<0.001$。a 参照类别为"女性",b 参照类别为"未婚",c 参照类别为"县级城市",d 参照类别为"无职业资格证书"。

在进行回归分析之前,本书对模型可能存在的多重共线性、异方差和序列相关问题进行了相关检验。六模型中纳入模型的控制变量和自变量的容忍度都在 0.5 以上,其方差膨胀因子都小于 3,这表明控制变量和自变量之间不存在严重的多重共线性问题。DW 值为 1881、1.913、1.798、1.908、

2.018 和 1.779，说明六模型不存在序列相关问题；接着分别对回归模型以标准化预测值为横轴、标准化残差为纵轴进行残差项的散点图分析，散点图呈无序状态，说明六模型均不存在异方差问题。而从回归分析结果中的修正后判定系数 Adjusted R^2 可以看到，对新生代农民工上份工作持续时间的解释力最大（Adjusted R^2=0.164，$P<0.01$），对第一份工作持续时间的解释力最小（Adjusted R^2=0.121，$P<0.01$）），而对平均每份工作持续时间的解释力为 0.146（$P<0.001$）。

（1）人力资本对新生代农民工第一份工作持续时间的影响

根据表 5-14 的回归分析结果，首先，对模型 1 与模型 2 的统计结果进行比较后发现，纳入自变量之后，模型的解释力得到了一定幅度的提高。模型解释力从 5.6%提高到 12.1%，其解释力提高了 6.5%。可见，新生代农民工的人力资本对于预测其第一份工作持续时间具有较高的解释力。从自变量的非标准化回归系数来看，其中"受教育年限"、"职业培训次数"、"职业培训时间"、"有无职业资格证书"和"择业效能感"对新生代农民工的第一份工作持续时间有显著影响，其非标准化回归系数分别为-1.897（$P<0.05$）、-1.773（$P<0.01$）、-1.992（$P<0.01$）、-2.080（$P<0.01$）和-1.041（$P<0.01$）。这意味着新生代农民工受教育年限每增加 1 年，其第一份工作持续时间会减少 1.897 个月；职业培训次数每增加 1 次，其第一份工作持续时间会减少 1.773 个月；职业培训时间每增加 1 周，其第一份工作持续时间会减少 1.992 个月；与没有职业资格证书的新生代农民工相比，有职业资格证书的新生代农民工的第一份工作持续时间会减少 2.080 个月；而"择业效能感"的因子得分每提高 1 分，其第一份工作持续时间会减少 1.041 个月。这是因为初入城市，在巨大的生存压力下为缓解生计问题，新生代农民工的第一份工作的获得比较仓促，因而职业匹配不高。对那些文化程度较高，参加过职业培训而拥有较高人力资本的新生代农民工来说，尽快在劳动力市场寻找新的工作是其理性的选择，因而会减少第一份工作的持续时间。

（2）人力资本对新生代农民工上份工作持续时间的影响

根据表 5-14 的回归分析的结果，首先，对模型 3 与模型 4 的统计结果进行比较后发现，纳入解释变量之后，模型的解释力得到了一定幅度的提高。模型解释力从 6.3%提高到 16.4%，其解释力提高了 10.1%。可见，人力资本对于预测新生代农民工的上份工作的持续时间具有较高的解释力。从自变量的非标准化回归系数来看，其中"受教育年限"、"职业培训时间"、"有无职业资格证书"、"精神健康"和"择业效能感"对新生代农民工的上份工作持续时间有显著影响，其非标准化回归系数分别为 1.446（$P<0.01$）、3.407（$P<0.05$）、3.924（$P<0.01$）、1.553（$P<0.05$）和 1.830（$P<0.01$）。这意味着新生代农民工受教育年限每增加 1 年，其上份工作持续时间会增加 1.446 个月；职业培训时间每增加 1 周，其上份工作持续时间会增加 3.407 个月；与没有职业资格证书的新生代农民工相比，有职业资格证书的新生代农民工的上份工作持续时间会增加 3.924 个月；"精神健康"的因子得分每提高 1 分，其上份工作持续时间会增加 1.553 个月；而"择业效能感"的因子得分每提高 1 分，其上份工作持续时间会增加 1.830 个月。这表明新生代农民工人力资本的各个指标对其第一份工作的持续时间和上份工作的持续时间的影响呈现出明显的二元路径，即人力资本的各个指标与其第一份工作的持续时间成负相关，而与上份工作的持续时间成正相关。这是因为职业更换次数对新生代农民工职业发展影响机制不同造成的。职业搜寻理论认为劳动力市场的信息是"不对等"的，新生代农民工很难一开始就找到适合自己的工作，因而第一份工作持续时间较短。而上份工作的持续时间较长，是经过在劳动力市场多次"试错"后，大部分已经找到较为理想的职业，此时最重要的是积累工作经验以实现职业晋升，并尽量降低择业成本，减少较长择业"等待期"带来的经济损失。

（3）人力资本对新生代农民工平均每份工作持续时间的影响

根据表 5-14 的回归分析的结果，首先，对模型 5 与模型 6 的统计结果进行比较后发现，纳入自变量之后，模型的解释力得到了一定幅度的提高。模型解释力从 5.9%提高到 14.6%，其解释力提高了 8.7%。可见，人力资本对于预测新生代农民工平均每份工作持续时间具有较高的解释力。从自变量的非标准化回归系数来看，"职业培训次数"、"职业培训时间"、"有无职业资格证书"、"生理健康"、"精神健康"和"择业效能感"对新生代农民工的平均每份工作持续时间有显著影响，其非标准化回归系数分别为 2.303（$P<0.05$）、2.489（$P<0.05$）、3.781（$P<0.01$）、1.044（$P<0.05$）、1.237（$P<0.05$）和 1.206（$P<0.01$）。这意味着新生代农民工职业培训次数每增加 1 次，其平均每份工作持续时间会增加 2.303 个月；职业培训时间每增加 1 周，其

平均每份工作持续时间会增加 2.489 个月；与没有职业资格证书的新生代农民工相比，有职业资格证书的新生代农民工的平均每份工作持续时间会增加 3.781 个月；而"生理健康"和"精神健康"的因子得分每提高 1 分，其平均每份工作持续时间会增加 1.044 个月和 1.237 个月；而"择业效能感"的因子得分每提高 1 分，其平均每份工作持续时间会增加 1.206 个月。新生代农民工平均每份工作持续时间主要反映其择业的稳定性程度。而人力资本较高的新生代农民工容易进入首要劳动力市场，职业流动对其收入没有显著作用，人力资本是影响其收入的主要因素[①]，其就业稳定性高于人力资本较低的新生代农民工[②]，为了在用人单位的"内部劳动市场"实现职业晋升及减少盲目工作转换次数，其平均每份工作的持续时间较长。

三、人力资本与新生代农民工的职业适应

为探讨新生代农民工人力资本与其职业适应的作用机制及影响程度，本书以人口特征、就业地城市类型为控制变量，以人力资本为自变量，分别以转换后的"被动型"职业适应因子、"能动型"职业适应因子、结果性职业适应因子的因子得分为因变量，利用 SPSS22.0 统计软件构建了六个多元线性回归模型。其中模型 1、模型 3 和模型 5 为基准模型，用来考察主要控制变量对新生代农民工职业适应的影响，模型 2、模型 4 和模型 6 则分别考察人力资本对新生代农民工"被动型"职业适应、"能动型"职业适应和结果性职业适应的影响。所获得的结果如表 5-15 所示。

在进行回归分析之前，本书对模型可能存在的多重共线性、异方差和序列相关问题进行了相关检验。六模型中纳入模型的控制变量和自变量的容忍度都在 0.3 以上，其方差膨胀因子都小于 3，这表明控制变量和自变量之间不存在严重的多重共线性问题。DW 值为 1.779、1.925、1.863、1.789、1.918 和 2.022，说明六模型不存在序列相关问题；接着分别对回归模型以标准化预测值为横轴、标准化残差为纵轴进行残差项的散点图分析，散点图呈无序状态，说明六模型均不存在异方差问题。而从回归分析结果中的

---

① 吴愈晓：《劳动力市场分割、职业流动与城市劳动者经济地位获得的二元路径模式》，《中国社会科学》2011 年第 1 期。
② 杨雪、魏洪英：《就业稳定性与收入差异：影响东北三省劳动力外流的动因分析》，《人口学刊》2016 年第 6 期。

修正后判定系数 Adjusted R^2 可以看到，对结果性职业适应性水平的解释力最大（Adjusted R^2=0.136，$P<0.01$），对"能动型"职业适应因子的解释力最小（Adjusted R^2=0.119，$P<0.05$），而对"被动型"职业适应因子的解释力为 0.124（$P<0.01$）。

1. 人力资本对新生代农民工"过程性"职业适应的影响

（1）人力资本对新生代农民工"被动型"职业适应的影响

根据表 5-15 的回归分析的结果，首先，对模型 1 与模型 2 的统计结果进行比较后发现，纳入自变量之后，模型的解释力得到了一定幅度的提高。模型解释力从 4.7%提高到 12.4%，其解释力提高了 7.7%。可见人力资本对于预测新生代农民工的"被动型"职业适应水平具有较高的解释力。从自变量的非标准化回归来看，其中"受教育年限"、"职业培训时间"、"有无职业资格证书"和"择业效能感"对新生代农民工的"被动型"职业适应因子有显著影响，其非标准化回归系数分别为-1.103（$P<0.01$）、-2.112（$P<0.01$）、-2.195（$P<0.01$）和-1.134（$P<0.01$）。这意味着新生代农民工受教育年限每增加 1 年，其"被动型"职业适应因子得分会减少 1.103 分；职业培训时间每增加 1 周，其"被动型"职业适应因子得分会降低 2.112 分；与没有职业资格证书的新生代农民工相比，有职业资格证书的新生代农民工的"被动型"职业适应因子得分会降低 2.195 分；而"择业效能感"的因子得分每提高 1 分，其"被动型"职业适应因子得分会降低 1.134 分。这是因为人力资本较低的新生代农民工在劳动力市场缺乏职业竞争力，缺乏主动改变职业现状的能力，因而容易安于现状，这其实也是一种为化解生存风险的无奈选择。

（2）人力资本对新生代农民工"能动型"职业适应的影响

根据表 5-15 的回归分析的结果，首先，对模型 3 与模型 4 的统计结果进行比较后发现，纳入自变量之后，模型的解释力得到了一定幅度的提高。模型解释力从 4.3%提高到 11.9%，其解释力提高了 7.6%。可见，人力资本对于预测新生代农民工的"能动型"职业适应水平具有较高的解释力。从自变量的非标准化回归系数来看，其中"受教育年限"、"职业培训次数"、"职业培训时间"、"有无职业资格证书"、"精神健康"和"择业效能感"对新生代农民工的"能动型"职业适应因子有显著影响，其非标准化回归系数分别为 1.789（$P<0.01$）、2.814（$P<0.05$）、2.937（$P<0.01$）、3.509（$P<0.01$）

和 1.121（$P<0.01$）和 2.125（$P<0.01$）。这意味着新生代农民工受教育年限每增加 1 年，其"能动型"职业适应因子得分会提高 1.789 分；其职业培训次数每增加 1 次或职业培训时间每增加 1 周，其"能动型"职业适应因子得分会分别提高 2.814 分和 2.937 分；与没有职业资格证书的新生代农民工相比，有职业资格证书的新生代农民工的"能动型"职业适应因子得分会提高 3.509 分；而"精神健康"的因子得分每提高 1 分，其"能动型"职业适应因子得分会提高 1.121 分；"择业效能感"的因子得分每提高 1 分，其"能动型"职业适应因子得分会提高 2.125 分。这表明人力资本对新生代农民工"能动型"职业适应与"被动型"职业适应的影响呈现出截然相反的路径，即人力资本与新生代农民工的"能动型"职业适应成正相关，而与"被动型"职业适应成负相关。按照 Littlerd 的分析，作为产业工人现实主体的新生代农民工的行动能力取决于两大因素：一是满足新生代农民工需要的替代性资源（如就业机会、生活福利等），二是新生代农民工组织起来抵抗雇主的能力。而这两大因素形成的基础是新生代农民工具有较强"市场讨价还价能力"，主要包括：新生代农民工拥有劳动力市场大部分雇主急需的劳动技能及具有脱离城市劳动力市场、完全依靠非工资收入而生活的能力[①]。随着新生代农民工的受教育程度的显著提高、参加职业培训次数和职业培训时间的增加甚至获得了职业资格证书，且在政府鼓励大众创业、万众创新的良好环境下，在自主创业也成为新生代农民工可选途径的情况下，新生代农民工就满足了抵抗雇主的两大决定性因素——替代性资源和组织起来抵抗雇主的能力，极大地拓展了新生代农民工的行动范围、行动空间和行动幅度，对抗雇主虐待的行为能力或者说权力增强了[②]，因此，其"能动型"职业适应的因子得分越高，意味着职业适应的主动性程度提升越大。

2. 人力资本对新生代农民工结果性职业适应的影响

根据表 5-15 的回归分析的结果，首先，对模型 5 与模型 6 的统计结果进行比较后发现，纳入自变量之后，模型的解释力得到了一定幅度的提高。模型解释力从 4.6% 提高到 13.6%，其解释力提高了 9.0%。可见，人力资本

---

① Wright E O. Working-Class Power, Capitalist-Class Interests, and Class Compromise. *American Journal of Sociology*, 2000, 105: 957-1002.
② 王同信、翟玉娟：《深圳新生代农民工调查报告》，北京：中国法制出版社，2013 年，第 13—14 页。

对于预测新生代农民工的结果性职业适应水平具有较高的解释力。从自变量的非标准化回归来看，其中"职业培训次数"、"职业培训时间"、"有无职业资格证书"、"生理健康"、"精神健康"和"择业效能感"对新生代农民工的结果性职业适应因子有显著影响，其非标准化回归系数分别为2.210（$P<0.01$）、2.044（$P<0.01$）、2.412（$P<0.01$）、1.232（$P<0.01$）、1.351（$P<0.01$）和1.827（$P<0.01$）。这意味着新生代农民工职业培训次数每增加1次或职业培训时间每增加1周，其结果性职业适应得分会分别提高2.210分和2.044分；与没有职业资格证书的新生代农民工相比，有职业资格证书的新生代农民工的结果性职业适应得分会提高2.412分；而"生理健康"和"精神健康"的因子得分每提高1分，其结果性职业适应得分会分别提高1.232分和1.351分。这是因为健康的身心状况不仅有利于提高新生代农民工的工作环境适应能力，有利于其建立积极的人际关系，而且对务工过程中的就业收入的增加有正的贡献，并能有效延缓教育、年龄对其就业影响中的边际递减效应[①]。而"择业效能感"因子得分每提高1分，其结果性职业适应得分会提高1.827分。已有研究也发现，农民工与城市工人的收入差异主要是由于受教育水平和劳动技能的差别，其向上走的利益曲线及他们更容易把农民作为参照系而呈现出积极的社会态度[②]，这将有助于提高其结果性职业水平。

表 5-15　以新生代农民工职业适应为因变量的回归分析

预测变量		过程性职业适应				结果性职业适应	
		模型1	模型2	模型3	模型4	模型5	模型6
		"被动型"职业适应基准模型	"被动型"职业适应	"能动型"职业适应基准模型	"能动型"职业适应	结果性职业适应基准模型	结果性职业适应
控制变量							
人口特征	性别[a]	-3.322** (0.544)	-3.311** (0.532)	4.322** (0.544)	4.321** (0.641)	-2.134*** (0.212)	-2.131*** (0.327)
	婚姻状况[b]	2.011** (0.654)	2.010** (0.664)	-3.011** (0.654)	-3.001** (0.542)	3.321 (0.425)	3.201 (1.347)
	年龄	-1.505 (0.357)	-1.478 (0.414)	-1.505 (0.357)	-1.447 (0.693)	1.132 (0.537)	1.121 (0.771)

---

① 崔智敏、宁泽逵：《健康、教育与农民外出就业行为研究》，《统计与信息论坛》2010年第6期。
② 李培林、李炜：《农民工在中国转型中的经济地位和社会态度》，《社会学研究》2007年第3期。

续表

预测变量		过程性职业适应				结果性职业适应	
		模型1	模型2	模型3	模型4	模型5	模型6
		"被动型"职业适应基准模型	"被动型"职业适应	"能动型"职业适应基准模型	"能动型"职业适应	结果性职业适应基准模型	结果性职业适应
就业地城市类型 c	特大城市	2.121 (0.670)	2.120*** (0.621)	2.322** (0.544)	2.291*** (0.457)	-3.121*** (0.334)	-3.143*** (1.441)
	省会城市	1.912 (0.513)	1.909*** (0.617)	2.231** (0.654)	2.194*** (0.910)	-2.205*** (0.877)	-2.187** (1.554)
	地级城市	1.321 (0.458)	1.317*** (0.522)	1.412*** (0.357)	1.397 (0.235)	-1.643*** (0.567)	-1.641*** (0.671)
自变量							
受教育年限		—	-1.103*** (0.560)	—	1.789*** (0.591)	—	1.489 (0.521)
职业培训次数		—	-2.501 (1.103)	—	2.814** (0.957)	—	2.210*** (0.873)
职业培训时间		—	-2.112*** (0.730)	—	2.937*** (0.672)	—	2.044*** (0.602)
有无职业资格证书 d		—	-2.195*** (0.711)	—	3.509*** (1.022)	—	2.412*** (1.021)
生理健康		—	1.560 (0.718)	—	1.872 (0.452)	—	1.232*** (0.452)
精神健康		—	-1.781 (0.443)	—	1.121*** (0.431)	—	1.351*** (0.342)
择业效能感		—	-1.134*** (0.285)	—	2.125*** (1.320)	—	1.827*** (1.011)
F		9.823***	22.341***	10.321***	12.910**	11.022***	18.701***
Adjusted R^2		0.047	0.124	0.043	0.119	0.046	0.136
ΔR^2		—	0.077	—	0.076	—	0.090

P<0.05,*P<0.01。a 参照类别为"女性",b 参照类别为"未婚",c 参照类别为"县级城市",d 参照类别为"无职业资格证书"。

第三节 结论与讨论

一、新生代农民工身心健康状况不容乐观,且健康在生理健康和精神健康两个维度上呈现出明显的差异性

健康作为一种重要的人力资本形式,是和教育具有同等作用的人力资本[①]。近年来随着健康经济学的兴起,健康对农民工非农就业的影响逐渐引

---

① Mushkin S J. Health as an Investment. *Journal of Political Economy*,1962,70(5):129-157.

起学术界的关注①。它不仅有助于个人获得更多的就业机会，提升就业的质量，而且对社会经济发展具有基础性作用。自从1948年世界卫生组织宪章首次提出"每个人有权获得最佳的健康状态"后，"健康是一项基本人权"的理念也一再为诸如《世界人权宣言》、《阿拉木图宣言》等重大国际公约所重申和强调，人人都享有能达到最高身心健康标准的权利，昭示着世界上的所有人，不论社会阶层、等级、民族、种族、性别、年龄及地理区域，均应享有健康的权利，均应有得到优质的、满意的、负担得起的保健服务的平等机会②。而新生代农民工是介于农民和市民之间的过渡性群体，其身份典型的模糊性直接造成其健康具有显著的脆弱性特征。新生代农民工的身心健康不仅仅是一个卫生问题，更是一个关系到我国工业化和城市化进程、质量及经济社会协调持续发展的社会问题。

目前新生代农民工一般大都进入劳动强度大、技术含量低、工作环境差、待遇差、福利低劣的次级劳动力市场，往往在客观上导致其合法权益被侵害，严重制约着其在城市社会中的现实生存境遇，强化了其业已存在的相对剥夺感和弱势地位，其身体健康面临前所未有的威胁。而维系一个较好的身体健康状况和体力劳动能力又是农民工获得劳动收入并能在城市中生存发展的基本条件③。本书实证研究结果显示：新生代农民工健康状况中有关"生理健康"的项目得分较高，而在"精神健康"项目上的得分相对较低，其中在"我感觉身体健康状况很好"、"我目前没有患各种慢性病"、"我每年很少去医院看病"、"我很少去药房买药吃"等有关身体健康的项目上得分分别为3.55、3.56、3.71和3.61，其均值都在3.5分以上，说明新生代农民工在这些项目上的平均得分相对较高，而在"我经常觉得自己活着没意义"、"我经常觉得自己没有用"、"我经常感到很孤独"、"我经常感觉到对什么都不感兴趣"、"我容易哭泣或想哭"、"我经常烦躁易怒"、"我经常睡不着觉（失眠）"等有关新生代农民工心理健康项目上的得分分别为3.15、3.13、2.82、3.09、2.91、2.88和3.54，除了"我经常睡不着觉（失眠）"外，其余得分均接近于3，说明新生代农民工在这些项目上的平均得

---

① 魏众：《健康对非农就业及其工资决定的影响》，《经济研究》2004年第2期。
② 蒋永萍：《社会转型中的中国妇女社会地位》，北京：中国妇女出版社，2006年。
③ 陆文聪、李元龙：《农民工健康权益问题的理论分析：基于环境公平的视角》，《中国人口科学》2009年第3期。

分相对较低。而从新生代农民工转换后健康状况的因子得分来看,生理健康因子得分为 68.42 分,而精神健康因子得分为 58.45 分,后者比前者低了 9.97 分。表明新生代农民工的健康状况在生理健康和精神健康两个维度上呈现出明显的差异性,迫切需要构建新生代农民工生理健康和精神健康的保障与调适机制。

以往关于国际移民健康的研究发现"移民健康效应",即新移民的健康状况好于当地居民的健康状况,这是因为输入国的移民筛选机制,健康状况不好的移民更可能发生回流造成的[1]。但后来的实证研究发现,"移民健康效应"会随着时间而流逝,这是因为与当地人趋同的生活方式和健康行为使得移民的健康状况也与当地人趋同,以及移民社会经济地位的影响[2];也有研究指出从流动到健康的联系主要是与流动相关的压力导致的[3]。国内学者也从不同的角度对农民工健康问题进行了关注。苑会娜根据在北京市城八区进行的农民工调查数据发现,与流动前的健康状况相比,流动后健康状况可能发生恶化趋势[4]。并从教育和社会资本[5]、健康权益保护[6]、环境公平[7]、健康服务管理[8]等视角探讨新生代农民工健康恶化的原因与解决的对策。

新生代农民工身心健康状况不容乐观,但在健康筛选机制和健康风险城乡转移机制的影响下,其健康在生理健康和精神健康两个维度上呈现出明显的差异性,迫切需要构建新生代农民工生理健康和精神健康的保障与调适机制。本书在实证调查的基础上,认为构建新生代农民工生理健康和精神健康的保障与调适机制可以从以下三个方面入手。

---

[1] Palloni A, Arias E. *Re-examination of The Hispanic Paradox of Adult Mortality*. revisited, Center for Demography Working Paper, Madison: University of Wisconsin Press, 2003.

[2] Mcdonald J T, Kennedy S. Insights Into the 'Healthy Immigrant Effect': Health Status and Health Service Use of Immigrants to Canada. *Social Science & Medicine*, 2004, 59 (8): 1613-1627.

[3] Findley S E. The Directionality and Age Selectivity of the Health-migration Relation: Evidence From Sequences of Disability and Mobility in the United States. *The International Migration Review*, 1988, 22 (3): 4.

[4] 苑会娜:《进城农民工的健康与收入——来自北京市农民工调查的证据》,《管理世界》2009 年第 5 期。

[5] 黄乾:《教育与社会资本对城市农民工健康的影响研究》,《人口与经济》2010 年第 2 期。

[6] 肖云端:《农民工健康权益保护的困境与对策》,《湖北社会科学》2010 年第 3 期。

[7] 陆文聪、李元龙:《农民工健康权益问题的理论分析:基于环境公平的视角》,《中国人口科学》2009 年第 3 期。

[8] 王彦斌:《民工职业健康服务管理的企业社会责任》,《思想战线》2011 年第 3 期。

（1）健全的社会保障制度是提升新生代农民工健康水平的制度保障。各级政府应继续推进和加强针对新生代农民工的社会保障制度建设，尤其要关注农民工群体中的弱势群体的社会保障权益。在实践操作过程中应该根据不同地区的特点和已有的条件，有重点、分层次地建立新生代农民工的社会保障制度，在此基础上要加大农民工社会保障政策的落实力度，避免政策在实施过程中遭到冷遇，避免政策制定与实施脱节的形式主义。尤其要加强对农民工的教育和培训投资，尽快健全与完善农民工医疗保障制度，加大对农民工的卫生健康服务和健康投入力度，高度重视新生代农民工的健康风险。

（2）确保新生代农民工共享经济社会发展成果是提升其健康水平的物质基础。目前新生代农民工健康受损主要是因为：①受地方保护主义影响，当地相关政府部门歧视农民工，部门间不协调，法律法规难以得到充分落实；②受过度强调资本积累发展观的影响，特别是以国内生产总值（GDP）作为地方政府政绩的衡量标准，使某些地方政府部门单一追求经济效益，而将农民工职业安全与劳动权益置之不理，导致工伤事故居高不下，职业病屡屡发生；③农民工健康防范意识较弱导致其不能形成自我保护意识；④农民工组织化程度较低，缺乏团体力量应对能力，讨价还价能力不高，在职业安全与劳动权益维护上处于劣势[①]。总之，改革开放以来，我国经济的发展使得社会财富得以迅速积累，但急功近利式的"跨越式"发展不可避免地使社会利益结构出现失衡。长期以来以经济建设为中心，"GDP 挂帅"导致了不同程度地牺牲人数众多的弱势群体的利益，从而造成了很多领域的"无发展的增长"现象，其突出的后果之一是导致了新生代农民工无法共享经济社会发展成果，主要表现为劳动报酬在 GDP 中所占的比例过小，工作环境与条件恶劣，合法权益很难得到合理的维护，社会流动的渠道与空间狭窄，有出现"阶层固化"的危险。因此，只有取消各地区、职业、行业和单位的进入限制，摒弃针对农民工的歧视性政策，消除劳动力市场分割和制度壁垒，有效提升新生代农民工的收入水平，改善其工作环境，确保其共享经济社会发展成果，才能从根本上解决新生代农民工生理健康与心理健康状况问题。

---

① 李朝晖：《农民工工伤风险保障问题研究：以湖南湘中五城为例》，北京：中国经济出版社，2011 年，第 230 页。

(3)加快构建健全的"新生代农民工-用工单位-政府"三级调适体系。在新生代农民工自身方面,新生代农民工应该努力增强心理保健意识,学习心理调节知识,增强心理调节的能力,纠正以往认为"健康就是身体健康,只要身体没有疾病就是健康的"的错误观点。应该加强学习,树立良好的心理保健理念,经常关注个人的心理状态,逐步地培养起良好的自我心理调控能力。在用工单位方面,既要优化新生代农民工的具体工作环境,摒弃以往以牺牲新生代农民工身心健康换取更高经济收益的错误行为,同时应主动开展各类培训教育活动,增强农民工的心理调节能力;政府部门应该充分认识到农民工心理健康问题的重要性和迫切性,应将农民工心理健康问题纳入农民工工作的范畴,积极采取措施。在政府部门和劳动部门组织的针对农民工的各类宣传教育活动中,应将心理健康方面的知识纳入,可以邀请高水平的心理专家和心理工作者为农民工开办讲座、提供咨询和治疗等服务,同时积极组织辖区内的心理卫生机构和心理医生深入工地,为农民工进行面对面的心理指导;并定期组织农民工通过听报告、看心理教学资料等途径进行学习,可以在每年进行的培训中增加心理教育的知识[1]。

二、新生代农民工"技能型"人力资本提升滞后于"通用型"人力资本,导致其在就业市场中的可替代性强

人力资本投资简称人力投资,即对人的健康、劳动知识和劳动技能等的投资。人力投资主体则主要有政府、企业和劳动者个人(家庭)[2]。伴随着人力资本在市场中作用地位提高、经济价值提高,其在劳动力市场中的价格及人力资本投资的报酬率也逐渐提高。这种体现在劳动要素收入份额在国民收入分配中的提高。根据有关统计计算的英国、美国和加拿大三国劳动报酬份额增加情况,从1900年到20世纪80年代,美国雇员报酬占国民收入的份额由55%上升到74.3%,英国也由47.7%上升到66.6%,加拿大到20世纪80年代也达到70.7%。这种现象与发达国家工业革命以来人力资本的积累和提高分不开[3]。

---

[1] 赵兴宏、徐晓宁:《沈阳新农村建设软环境研究》,沈阳:东北大学出版社,2012年,第243页。
[2] 方阳春:《人力资本:经济转型升级的内驱力》,杭州:浙江大学出版社,2013年,第238页。
[3] 朱必祥:《人力资本与新型企业产权制度》,北京:中国经济出版社,2007年,第108页。

随着义务教育普及效果的显现，我国新生代农民工人力资本得到了明显提升。但人力资本的结构失衡，"技能型"人力资本提升滞后于"通用型"人力资本，导致其在就业市场中的可替代性强。从本书的调查发现，新生代农民工"通用型"人力资本得到了明显改善，其中提升幅度最大的是受教育程度，本书的调查发现：新生代农民工中初中文凭及以上的占调查总体的95.4%，远远高于第一代农民工的文化水平，表明新生代农民工的"通用型"人力资本的投资效果显著。但"技能型"人力资本的提升却非常有限。本书调查发现：高达40.1%的新生代农民工没有参加过职业培训，仅有30.5%的新生代农民工参加过1次职业培训，有19.9%的新生代农民工参加过2次职业培训，有6.3%的新生代农民工参加过3次职业培训，有3.2%的新生代农民工参加过4次及以上的职业培训。而从新生代农民工每年参加的职业培训时间来看，高达46.1%的新生代农民工每年参加职业培训的时间在一周以下，仅有30.8%的新生代农民工每年参加职业培训的时间在1—2周，两者占调查总体的76.9%。而从反映农民工职业培训效果的直接指标——拥有职业资格证书的状况来看，新生代农民工有60.4%的没有获得过职业资格证书，获得过初级职业资格证书的新生代农民工也仅有22.2%，获得过中级或高级职业资格证书的新生代农民工则更少，分别只有13.1%和4.3%。这表明新生代农民工的职业技能偏低，不利于在劳动力市场中获得就业质量较高的职位。

而随着产业结构升级和技术改造加速，产业工人的主体——新生代农民工的职业技能已成为制约产业结构升级与转型的瓶颈。在农民工劳动力市场中存在一个"悖论"，即农村大量剩余劳动力转移到城市就业的同时，企业却不断出现"技工荒"。虽然政府把农民工培训工作纳入国民经济和社会发展规划，按照地方政府分级管理、职能部门各负其责、农民工工作协调机制统筹协调的原则，建立相互配合、有序运行的工作机制①。目前农民工职业培训主要有农民工自发的培训、政府主导的培训、职业院校主导的培训、企业主导的培训及民办公助的"富平模式"培训等②。但总体来说，

---

① 国务院办公厅：《国务院办公厅关于进一步做好农民工培训工作的指导意见》，中央政府门户网站 www.gov.cn，2010年1月25日。
② 袁庆林、林新奇、洪姗姗：《我国新生代农民工培训主要模式及其比较研究》，《南方农村》2011年第5期。

当前的农民工职业技能培训主要依靠政府出台文件从上往下推动，缺乏必要的培训动力机制，导致培训针对性不强，内容与企业实际需求不一致，培训明显缺乏时效性和针对性①。因而新生代农民工的"技能型"人力资本偏低，而偏低的"技能型"人力资本导致绝大多数进城务工的新生代农民工在城市从事低门槛的"体力型"蓝领工作，这些工作往往收入较低，为他们提供在城市进一步发展的平台与空间非常有限。随着城市劳动力市场中对"技能型"工人的需求与日俱增，近些年频繁出现的"民工荒"现象就反映出城市劳动力市场需求结构的变化。因此，要提升自身价值并实现自身价值与市场需求的有效对接，新生代农民工提升自身的"技能型"人力资本迫在眉睫②。同时，要使职业培训有较强的针对性，开展职业教育，突出应用能力和实用技术培养，使学有所用，满足受教育者的收益预期③。

三、从"通用型"到"技能型"：新生代农民工择业行为人力资本机制的转型

本书实证结果表明："技能型"人力资本对新生代农民工择业行为的影响程度远大于"通用型"人力资本的影响。其中"通用型"人力资本的核心指标——"受教育年限"只对新生代农民工的择业意识、第一份工作持续时间、上份工作持续时间、"被动型"职业适应因子和"能动型"职业适应因子有显著影响，其非标准化回归系数分别为 1.113（$P<0.01$）、-1.897（$P<0.05$）、1.446（$P<0.01$）、-1.103（$P<0.01$）、1.789（$P<0.01$）。而"技能型"人力资本中的"职业培训次数"对新生代农民工的择业机会利用、工作转换次数、第一份工作持续时间、平均每份工作持续时间、"能动型"职业适应因子和结果性职业适应因子有显著影响，其非标准化回归系数分别为 1.976（$P<0.01$）、0.113（$P<0.05$）、-1.773（$P<0.01$）、2.303（$P<0.05$）、2.814（$P<0.05$）和 2.210（$P<0.01$）。"职业培训时间"对新生代农民工的择业意识、择业机会利用、工作转换次数、第一份工作持续时间、上份工作持续时间、平均每份工作持续时间、"被动型"职业适应因子、"能动型"职业适应因子和结果性职业适应因子有显著影响，其非标准化回归系数分

---

① 陈翠玉、王慧：《农民工职业技能培训：问题、成因与对策》，《理论探索》2010 年第 5 期。
② 刘斯漾：《新生代农民工职业教育需求及其模式研究》，《成人教育》2013 年第 10 期。
③ 柳军、谭根梅：《两代农民工参与职业培训的影响因素分析》，《中国劳动》2015 年第 10 期。

别为 2.507（$P<0.01$）、2.077（$P<0.01$）、0.081（$P<0.01$）、-1.992（$P<0.01$）、3.407（$P<0.05$）、2.489（$P<0.05$）、-2.112（$P<0.01$）、2.937（$P<0.01$）和 2.044（$P<0.01$）。"有无职业资格证书"对新生代农民工的择业意识、择业机会评价、择业机会利用、工作转换次数、第一份工作持续时间、上份工作持续时间、平均每份工作持续时间、"被动型"职业适应因子、"能动型"职业适应因子和结果性职业适应因子有显著影响，其非标准化回归系数分别为 4.097（$P<0.01$）、4.078（$P<0.01$）、5.081（$P<0.01$）、-0.107（$P<0.05$）、-2.080（$P<0.01$）、3.924（$P<0.01$）、3.781（$P<0.01$）、-2.195（$P<0.01$）、3.509（$P<0.01$）和 2.412（$P<0.01$）。表明随着经济结构的转型升级，新生代农民工在城市劳动力市场中择业行为的人力资本机制已逐步实现了从"通用型"人力资本为主向"技能型"人力资本为主的转型。

虽然在现实的中国社会情境中，人力资本的作用仍然较为复杂，这很大程度上是源于劳动力市场的断裂。一部分原因是体制性的约束，比如户籍、土地和工资决定机制等；另一部分原因是劳动力市场的重要主体——新生代农民工本身就处于一种社会的断裂的过程中。即使是这样，现阶段通过计划体制渠道取得工作的比例也已大大降低了，人力资本将在劳动力市场中起着重要的作用[1]。正如社会学家哈格维斯特曾说："随着社会的不断进步，教育将成为个体向上流动的主要途径；缺乏教育和教育失败将成为个体向下流动的基本原因。"[2] 从人力资本投资途径来看，舒尔茨将人力资本投资分为五类：包括医疗保健、在职培训、正式教育、成人学习项目及就业迁移[3]。而贝克尔在《人力资本理论》中从人力资本的性质出发将人力资本区分为"通用型"人力资本和"技能型"人力资本[4]。在新生代农民工人力资本结构失衡的情况下，新生代农民工职业技能培训的必要性和重要性随着我国工业化进程的逐步深入和三大产业结构的调整升级而日益凸显出来[5]。这表明随着社会主义市场经济的快速推进，劳动力市场中的竞争越来越激烈。招聘单位对农民工的资质要求也越来越高，推动农村

---

[1] 李培林、张翼：《就业与制度变迁——两个特殊群体的求职过程》，杭州：浙江人民出版社，2000 年。
[2] 杨传昌、侯立元：《教育与当今中国社会阶层流动》，《教育学术月刊》2009 年第 2 期。
[3] ［美］西奥多·W. 舒尔茨：《论人力资本投资》，北京：北京经济学院出版社，1990 年，第 9—10 页。
[4] 黎菲、张胜荣：《农民工职业技能形成过程探讨》，《贵州财经学院学报》2011 年第 3 期。
[5] 马凯、潘焕学、秦涛：《农民工职业技能培训：基于供求框架的分析》，《职业技术教育》2013 年第 7 期。

转移劳动力输出由"体力型"向"技能型"的转变[①]。同时，与老一代农民工相比，新生代农民工更向往在城市工作，参与培训的内在动因更多是为了提高职业稳定性和发展自我[②]。在新生代农民工普遍提高"通用型"人力资本的同时，"技能型"人力资本提升相对缓慢，而与我国现阶段产业结构直接相关联的"技能型"人力资本对其职业的影响更大。这是因为随着市场经济发展及产业结构转型升级，劳动力市场对人力资本的数量及结构要求也相应改变，如果人力资本的数量及结构与经济增长不适应，就容易导致结构性就业问题[③]。在工业化进程中随着产业结构的升级，对就业人员的职业技能有一定的门槛，职业技能的高低不仅成为招聘单位招聘新员工的主要筛选标准。如果技能型新生代农民工的供给跟不上经济增长的需要，"技工荒"等现象就不可避免；另一方面，由于经济结构调整，第二、三产业不断发展，产生大量农村剩余劳动力，但如果农村剩余劳动力普遍缺乏就业技能，就业能力弱，就难以实现农村剩余劳动力的有效转移，农民工的就业压力也将进一步加大。如 Arriagadar 和 Ziderman 对比利时的中等职业教育与就业选择和收入进行了研究，通过引入对口就业变量，估算通过对口职业教育提升的"技能型"人力资本的个人收益率较普通高中高[④]。在我国，就新生代农民工而言，当接受正规学历教育程度普遍偏低时，职业技能对其职业向上流动的贡献普遍大于其正规学历教育的影响，已成为实现职业发展的决定性因素。有学者通过实证研究发现：接受职业技能培训的情况，对新生代农民工就业单位性质和职业类型也有重要影响，同时对提高农民工工作满意度也具有积极的正向作用[⑤]。职业技能培训是影响新生代农民工非农收入水平的最主要因素，且只有连续参加多次职业技能培训或职业培训持续时间较长时，其对新生代农民工工资的增长效应才会凸显出来[⑥]，连续接受 1 个月以上职业技能培训的新生代农民工，其工作收入

[①] 平青、姜长云：《我国农民工培训需求调查与思考》，《上海经济研究》2005 年第 9 期。

[②] 陈微：《需求的跌落——第二代农民工培训需求与培训供给分析》，《当代青年研究》2008 年第 12 期。

[③] 郭继强：《人力资本投资的结构分析》，《经济学季刊》2005 年第 4 期。

[④] Arriagadar A M, Ziderman A.Vocational Secondary Schooling, Occupational Choice and Earning in Brazil, *Population and Human Resources Development WPS 1037*. Washington D.C.: World Bank, 1992.

[⑤] 刘万霞：《职业教育对农民工就业的影响》，《管理世界》2013 年第 5 期。

[⑥] 宋月萍、张涵爱：《应授人以何渔？——农民工职业培训与工资获得的实证分析》，《人口与经济》2015 年第 1 期。

会增长 11.2%①。

因此，在巩固新生代农民工"通用型"人力资本投资成果的基础上，应加强对新生代农民工"技能型"人力资本投资的积极性和有效性。具体而言，一方面要充分激发农民工个人、用工的企业、培训机构、行业组织和政府等②新生代农民工职业培训主体的积极性；另一方面注重职业培训内容的针对性和差异化，丰富培训内容，增强职业培训内容与实践的关联度，建立以提高职业技能为目的、市场导向型的多元化梯次培训机制。同时，在职业培训实践中采取"订单式"或"循环－菜单式"的教学方式，赋予新生代农民工在职业培训过程中的自主选择权③。从而提高新生代农民工职业培训的积极性和有效性，切实提升"技能型"人力资本，充分发挥其在择业过程的重要作用，进而实现从无技能、低技能的"亦农亦工"的农民工转变为具有较高职业技能的"产业工人"。

---

① 罗峰、黄丽：《人力资本因素对新生代农民工非农收入水平的影响——来自珠江三角洲的经验证据》，《中国农村观察》2011 年第 1 期。
② 何腊柏：《构建农民工培训体系的几个重要环节》，《中国人力资源开发》2006 年第 3 期。
③ 金晓彤、李杨：《新生代农民工职业培训研究的回顾与展望》，《求索》2015 年第 5 期。

第六章
社会网络与新生代农民工的择业行为

社会网络（social networks）是社会学研究中的一个理论概念，一般认为，"网络"是由节点及节点之间的某种关系构成的集合。"社会网络"是由作为节点的社会行动者（sociaI actor）及其间的关系构成的集合[①]。社会网络理论关注的是人们之间的互动与联系，认为社会互动，特别是有强度的社会互动，影响着人们的社会行为，断定没有人们相互之间的互动，就不会对人们的社会行为产生影响，并强调这种互动所形成的纽带关系对人们行为的结构性限制，认为人与人之间互动过程中所形成的这种纽带关系不仅对人们的行为产生影响，而且同时也是一种客观存在的社会结构[②]。互助互惠是所有社会网络的基础，反过来说，身处社会网络可以得到他人的帮助和实惠，这种帮助和实惠是该网络之外的人所得不到的。这就是社会网络给网络中的人们所带来的社会资本。而社会资本是一种延伸的资本概念，在20世纪80年代由法国社会学家皮埃尔·布迪厄第一次正式提出，后经卢里、詹姆斯·科尔曼和罗伯特·普特南等学者的发展，现已成为学术界广泛讨论和应用的概念。布迪厄对社会资本的定义是："实际的或潜在的资源的集合，这些资源与由相互默认或承认的关系所组成的持久网络有

[①] 刘军：《整体网分析——UCINET软件实用指南》（第2版），上海：上海人民出版社，2014年，第1页。
[②] 魏晨：《城市的分化——以徐州市为个案的社会分层与底层状况研究》，长春：吉林人民出版社，2006年，第249页。

关，而且这些关系或多或少是制度化的。"①在这一概念中，他第一次明确指出了与社会资本密切相关的三个重要概念，即资源、网络和制度。而詹姆斯·科尔曼则从社会资本的功能来定义社会资本："社会资本不是一个单一体，而是有许多种，彼此之间有两个共同之处：它们都包括社会结构的某些方面，而且有利于处于某一结构中的行动者——无论是个人还是集体行动者的行动。和其他形式的资本一样，社会资本也是生产性的，使某些目的的实现成为可能，而在缺少它的时候，这些目的不会实现。与物质资本和人力资本一样，社会资本也不是某些活动的完全替代物，而只是与某些活动具体联系在一起。"②社会交往是社会结构属性和社会心理相结合的结果，人们更习惯于与自己社会位置相同的人交往③。如果处于社会某位置的个人愿意与处于其他位置的人交往，则说明社会具有一定的开放性，没有形成封闭的分层结构④。社会结构与文化型塑着个人的社会关系，关系网络可以看作是社会结构分析的另一种工具⑤。

社会网络给网络中的人们所带来的社会资本，主要体现在以下三个方面：一是个人通过社会（关系）网络可以获得有价值的信息，从而节约了信息获取的费用。林南曾指出："社会资源并非都为人人所占有，但人们可以通过社会网加以利用。人们可以通过和他直接或间接发生联系的人际关系网络而获得，通过占有关系或'投资'而获得资源。这种资源不仅仅只是嵌入社会网络中的资源，还包括获得社会网络结构本身的权利、财富和声望。"⑥二是社会成员因特殊的网络团体成员资格可以获得非网络成员无法获得的稀缺资源或资本。三是通过社会网络获取的社会资源可以节约交易成本⑦。已有研究通过实证研究发现：社会网络可能同市场化程度和正式

---

① ［法］皮埃尔·布迪厄：《社会资本随笔》，《社会科学研究》1980年。
② ［美］詹姆斯·S. 科尔曼：《社会理论的基础》，邓方译，北京：社会科学文献出版社，1999年，第330页。
③ ［美］彼特·布劳：《不平等和异质性》，王春光、谢圣赞译，北京：中国社会科学出版社，1977年，第67页。
④ 刘精明、李路路：《阶层化：居住空间、生活方式、社会交往与阶层认同——我国城镇社会阶层化问题的实证研究》，《社会学研究》2005年第3期。
⑤ Fischer C S, Shavit Y. National Differences in Network Density: Israel and the United States. *Social Networks*, 1995, 17 (2): 129-145.
⑥ Lin N. *Social Capital: A Theory of Social Structure and Action*. Cambridge: Cambridge University Press, 2001: 44-45.
⑦ 肖冬平、干春秀：《社会资本研究》，昆明：云南大学出版社，2013年，第93页。

制度有着相反的运动方向，以亲缘、血缘和地缘为主的原始型社会网络在逐步完善的市场化环境下其作用逐渐消失[1]。这表明随着市场化程度的提高，人情关系的作用在一定程度上趋于下降，关系效应得到明显抑制，特别是人情资源效应受到很大约束[2]。当然根据格兰诺维特"嵌入"理论，市场机制与社会网络机制是相互"嵌入"的，社会网络机制在资源配置方面的作用是不会消失的，只是随市场化程度的不同其作用形式与效应而有所不同[3]。

第一节 社会网络的研究现状

一、国外有关社会网络的研究

社会网络理论与社会网络分析一直是社会学中一个主要的研究取向。"社会网络是指由行动者在一定文化环境中塑造而成并反过来影响行动者的一系列社会联系或社会关系"[4]。具体来说，社会网络有两个基本要素，"结点"和"联系"（ties），其中"结点"就是社会网络中的行动者，"联系"即行动者之间的关系。社会网络概念中的"行动者"和"关系"这两个要素的外延随着社会网络研究的发展逐渐扩大。而科尔曼将社会网络的范围从个人间关系扩展到其他行动者之间的关系，认为网络行动者可能是个人行动者，也可能是法人行动者[5]。

后来的社会网络研究主要基于"整体网络"与"自我中心网络"两种分析思路平行发展。其中"整体网络"研究流派的代表性人物弗里曼（Freeman）通过使用矩阵方法，提出了一系列网络分析概念，如网络紧密性、网络中心性、网络中距性等来分析小群体的内部关系等问题。而自我中心网络研究，以"个人"作为切入点，通过分析自我中心网络的结构和特征来反映整个社会网络结构。其代表性人物主要是格兰诺维特

---

[1] 武岩、胡必亮：《社会资本与中国农民工收入差距》，《中国人口科学》2014年第6期。
[2] 边燕杰、张文宏：《求职过程的社会网络模型：检验关系效应假设》，《社会》2012年第3期。
[3] 张顺、程诚：《市场化改革与社会网络资本的收入效应》，《社会学研究》2012年第1期。
[4] Emirbayer M, Goodwin J. Network Analysis, Culture, and the Problem of Agency. *American journal of Sociology*, 1994: 1411-1454.
[5] Coleman J S. Social Capital in the Creation of Human Capital. *American Journal of Sociology*, 1988, 94: 95-120.

（Granoveter）、怀特（White）、林南（Lin）和博特（Burt）等。这一分支领域以社会网络结构对职业获得的影响为例，已经发展出了一个较完整的社会网络中层理论，其中代表性的有关系强度观、关系资源观、网络结构观和网络信号观等四个流派[①]。

（1）关系强度观。格兰诺维特首先提出了关系强度概念，他根据社会关系的时间量、情感紧密性、熟识程度（相互信任）及交互服务四个主要指标，将个体关系区分为"强关系"与"弱关系"两种典型类型。并提出了"弱关系充当着信息桥"的假设。在他看来，通过"强关系"获得的信息往往重复性很高，而"弱关系"信息重叠的程度会减少，特别是当其经过较长的社会距离成为桥梁性"弱关系"时，这种信息的获得几乎是垄断的。因此，"弱关系"充当信息桥的判断，是格兰诺维特提出"弱关系力量"的核心依据[②]。后来在此基础上进一步提出经济行为"嵌入"社会结构，而来源于社会关系网络的信任为其提供了嵌入的网络机制[③]。嵌入性观点的研究重点就是网络之中的个人如何透过关系、在动态的互动过程中相互影响，不但影响了个体行动，也会改变相互关系，从而影响整体结构。这种观点一方面调和了低度社会化的观点，另一方面也避免了"社会性孤立"的假设[④]。后来布曼在数学上也证明了在一定的前提下，经济行动者通过维持"弱关系"而不是"强关系"维持他们的利益最大化[⑤]。与此同时，也有学者认为"嵌入性"观点暗含"强关系"的重要性，"弱关系力量假设"和"嵌入性"概念存在着矛盾。实际上，在中国、日本、新加坡这些东方国家，"强关系"似乎比弱关系更有魅力。基于此，边燕杰提出了与"弱关系命题"截然不同的"强关系力量假设"。认为"强关系"可以成为获取社会资源的主要力量，事实上，在中国，"强关系"才是真正充当关系桥梁的纽带[⑥]。也有学者通过实证研究对"强关系"的适用范围进行探讨，认为不同的国

[①] 张顺、郝雨霏：《求职与收入获得的关系机制：理论模型与实证研究》，《社会学研究》2013 年第 5 期。
[②] Granovetter M. The strength of weak ties. *American Journal of sociology*, 1973, 78: 1360-1380.
[③] Granovetter M. Economic Action and Social Structure: The Problem of Embeddedness. *American Journal of Sociology*, 1985, 91 (3): 481-510.
[④] 罗家德：《社会网分析讲义》，北京：社会科学文献出版社，2005 年，第 9 页。
[⑤] Boorman S A. A Combinatiorial Optimization Model for Transmission of Job Information Through Contact Networks. *The Bell Journal of Economics*, 1975, 6 (1): 216-249.
[⑥] Bian Y. Bringing Strong Ties Back in: Indirect Ties, Network Bridges, and Job Searches in China. *American Sociological Review*, 1997, 62 (3): 366-385.

家文化对社会网络的效应发挥不同的调节作用，在"集体主义"文化中，"弱关系"往往不仅难以带来实证性的帮助，还会阻碍对机会的有效认知，"强关系"则能带来很大的运作空间，能有效传递信息，这在很大程度上验证了"强关系力量假设"[①]。

（2）关系资源观。林南认为个人在从事有目的的行动时，可以从自己的社会网络中获得对自己有利的资源，他据此提出"社会资源"理论，将社会资源定义为那些嵌入个人社会网络中，不为个人所直接占有，而是通过个人直接或间接的社会关系而获致的资源总和。认为社会结构是由人的网络构成的，这些人的位置按照控制和摄取有价值的资源的能力呈金字塔状排列。换言之，工具性行动的成功与网络成员所能提供的社会资源正相关。占据或接近社会结构金字塔顶端的网络成员，控制和摄取社会资源的能力较强，这不仅由于更多的有价值资源内在地附着于这些位置，而且因为处在这些位置具有接近其他等级位置（特别是比本人低的其他位置）的最大可能性[②]。

（3）网络结构观。社会网络结构观的议题是处理沟通于两者之间的结构问题。认为社会系统是一个相互依赖性的联系网络，关系直接或间接将网络成员联结起来，任何关系都会对主体的行为产生影响。因此，社会网络理论着重从结构性因素而不是从行动者的内在驱动力解释个体行为[③]。博特进一步指出，网络结构为"桥"带来两个好处：信息利益与控制利益。其中信息利益是以"管道"、"时机"及"介绍"三种形式出现的，而控制利益则可以诠释为"鹬蚌相争"下，中介者可以操控两端从中取利。总之，社会网络中"结构洞"的占据者具有获取信息和控制资源的优势，"结构洞"的信息和控制优势最终会为"结构洞"位置的占据者带来高额的利益回报，也允许竞争者以多种方式获取高额回报[④]。

（4）网络信号观。认为求职者的社会关系具有信号功能，求职者如果

[①] Ma R, Huang Y C. Social Network and Opportunity Recognition: A Cultural Perspective, *Academy of Management Proceedings*, 2008, 1（6）: 1-6.

[②] Lin N. Social Resources and Instrumental Action. In Marsten Peter and Nan Lin（Eds.）, *Social Structure and Network Analysis*. London: Sage Publications, 1982.

[③] Ruan D. Interpersonal Networks and Workplace Controls in Urban China. *The Australian Journal of Chinese Affairs*, 1993: 89-105.

[④] Burt R. *Structural Holes: The Social Structure of Competition*.Cambridge. Mass: Harvard University Press, 1992.

能够找到较高地位的关系人,就会给招聘者传递特有信息,帮助求职者得到较好的工作与收入①。

二、本土化社会网络模型建构探索

近年来关于社会关系的研究持续升温,甚至埃米尔拜尔(Emirbayer)提出了建立"关系社会学"的宣言。他认为最为完善和最广泛应用的分析社会结构的方法显然是社会网络分析,这种新的分析范式的对象就是关系,所以他倡导"关系思维"。而我国更是一个强调人情关系的社会,社会网络在人们的生活与工作的各个方面发挥着重要作用。本土研究的社会网络理论模型有代表性的有费孝通的"差序格局"理论、许烺光的"情境中心"论和黄光国的"人情与面子"理论等。

(1)费孝通的"差序格局"理论。不同于中国的差序格局,费孝通称西方社会为"团体格局",也就是以一个一个的社会类属(social category)结合起来的结构形态;阶级、地位团体、宗教、种族、地域、性别及年龄各类社会经济背景的"条条框框"将人们划分为一个又一个的社会类属,而中国的人情社会是差序格局社会,是以每一个个人为出发点,向外联结各样的关系而成自我中心社会网,但每一个网中的他人,又有其为中心的自我中心社会网,网网相连,结成一片。中国人除了血缘与地缘外,较不受其他社会类属的约制②。在差序格局中,亲属关系至关重要。这不仅仅因为亲属关系是此格局中的主要成分,同时也在于人际关系中远近亲疏的"差序"主要由亲属关系的自然亲疏秩序决定③。"我们的格局好像把一块石头丢在水面上所发生的一圈圈推出去的波纹,每个人都是他社会影响所推出去的圈子的中心,被圈子的波纹所推及的就发生联系。每个人在某一时间某一地点所动用的圈子中心是不一定相同的"④。后来有许多学者在此基础上对我国"差序格局"的人际关系进行研究,如有学者认为"差序格局"

---

① Podolny J M. A Status-based Model of Market Competition. American Journal of Sociology,1993,98(4):829-872.
② 罗家德:《社会网络和社会资本》,载于李培林、李强、马戎主编:《社会学与中国社会》,北京:社会科学文献出版社,2008年,第353页。
③ 费孝通:《费孝通选集》,天津:天津人民出版社,1998年,第93—107页。
④ 费孝通:《乡土中国,生育制度》,北京:北京大学出版社,1998年,第26—27页。

不仅是一种"关系格局",更是一种对"稀缺资源的配置格局"①,导致当前人际关系模式与社会资源具有高度相关性,人际关系形成一个类似金字塔形的"紧缩圈层结构"②。也有学者认为自改革开放以来,我国姻缘关系、拟血缘关系与利益进入差序格局,因而出现了"差序格局理性化"趋势③。

(2)许烺光的"情境中心"论。许烺光认为,与美国人个人中心的处世态度、印度教徒的以超自然为中心的处世态度不同,"中国人的处世态度是'情境中心'的,情境中心的处世态度以一种持久的、把近亲连结在家庭和宗族之中的纽带为特征"④。被编织在这种人际网络中的个人,似乎是以一种怡然自得和有区别的方式对待自己的社会的。他之怡然自得是因为在自己的人类集团中具有某种安全牢靠、不可剥夺的身份;他之有区别是由于受到这样的制约:"他按照把自己群体之内和之外的事物区别开来这种二元立场去理解外部世界"。由于他是出于这一基本假设进行一般化认识的,所以在他一生的经历中,因情境不同而存在种种截然有别的真理⑤。

(3)黄光国的"人情与面子"理论。黄光国的"人情与面子"理论延伸了费孝通之意,指出中国人的差序格局由内而外有三层关系,而且每一层都适用不同的交换规范,分别是情感性关系、工具性关系及混合了情感与工具交换的混合性关系,分别也可以称之为家人、生人及熟人,其互动规范分别适用于"需求法则"、"公平法则"及"人情法则"。当个人与这三种不同关系的他人交往时,他都会考量自己必须付出的"代价"(cost),对方可能做的"回报"(repay),并计算交易的"后果"(outcome)。由于他预期:将来他会和属于"情感性关系"或"混合性关系"的其他人进行长时期的交往,因此,在面临对方交易的要求时,他必须将彼此之间的感情成分考虑在内,因而容易陷入"人情困境",而当他和"生人"交往时,往往会"精打细算",最终作出客观的决策⑥。"人情与面子"理论最大的成就在于区分了情感关系与混合关系,也就是家人与熟人的区隔。其中尤以"熟

---

① 孙立平:《"关系"、社会关系与社会结构》,《社会学研究》1996 年第 5 期。
② 周建国:《紧缩圈层结构论:一项中国人际关系的结构与功能分析》,上海:上海三联书店,2005 年,第 101 页。
③ 林聚任:《社会网络分析:理论、方法与应用》,北京:北京师范大学出版社,2009 年,第 206 页。
④ [美]许烺光:《宗族·种姓·俱乐部》,薛刚译,北京:华夏出版社,1990 年,第 1 页。
⑤ [美]许烺光:《宗族·种姓·俱乐部》,薛刚译,北京:华夏出版社,1990 年,第 1 页。
⑥ 杨国枢、黄国国、杨中芳:《华人本土心理学》(上册),重庆:重庆大学出版社,2008 年,第 218—219 页。

人"与"人情法则"的提出,对西方的网络理论进行了很好的本土化修正。熟人在"强关系"与"弱关系"之间找到的一个中间形式,也正是中国人行为的一大特色①。

第二节 新生代农民工社会网络的实证分析

一、新生代农民工社会网络的构成

对于流动人口社会网络或社会资本的类型的划分,学术界根据其形成过程与特征的不同,将其归纳为"原始社会资本"与"新型社会资本"②、"内聚型社会资本"与"桥梁型社会资本"③、"初级社会网络"和"次级社会网络"④等不同类型。以上对社会网络类型的划分大都以"流动"为节点,大致划分为流动之前形成的社会网络和流动之后建构的社会网络。本书也遵循这一研究思路,基于社会网络资源转换的视角,在已有研究的基础上将新生代农民工的社会网络资源划分为"先赋性社会网络"和"自致性社会网络"。其中新生代农民工的先赋性社会网络主要指进城务工之前以血缘、婚姻、亲缘和地缘等为连接纽带而逐渐建立起来的,以特殊主义的义务性和情感性为主要特征的社会关系网络。而自致性社会网络主要是指新生代农民工进城务工之后主动构建的,以法制关系、契约观念、市场信用为纽带建立起来的,以普遍主义和工具性为主要特征的社会关系网络。

二、新生代农民工的先赋性社会网络

1. 新生代农民工先赋性社会网络的简单描述与推断

从表 6-1 可以发现,从 3 项测量新生代农民工先赋性社会网络资源指标上的均值看,新生代农民工先赋性社会网络差异为 5.26 个,标准差为 3.215,先赋性社会网络规模的平均值为 33.53,标准差为 25.217,先赋性社会网络顶端为 48.61,其标准差为 23.449。

---

① 罗家德:《社会网络和社会资本》,载于李培林、李强、马戎主编:《社会学与中国社会》,北京:社会科学文献出版社,2008 年,第 355 页。
② 赵延东、王奋宇:《城乡流动人口的经济地位获得及决定因素》,《中国人口科学》2002 年第 4 期。
③ 任锋、杜海峰:《社会关系再构建、职业阶层与农民工收入》,《人口与发展》2011 年第 5 期。
④ 曹子玮:《农民工的再建构社会网与网内资源流向》,《社会学研究》2003 年第 3 期。

表 6-1 新生代农民工先赋性社会网络初始描述与推断（$N=1182$）

先赋性社会网络资源测量指标	全体新生代农民工 M（S.D.）	男性新生代农民工 M（S.D.）	女性新生代农民工 M（S.D.）	性别差异 F（Sig）
先赋性社会网络差异（职位个数）	5.26（3.215）	6.13（4.328）	4.27（2.562）	63.612（0.000）
先赋性社会网络规模（人数规模）	33.53（25.217）	37.31（27.322）	29.24（24.234）	27.874（0.000）
先赋性社会网络顶端（最高权力分数）	48.61（23.449）	51.25（27.210）	45.61（22.747）	51.119（0.000）

根据图 6-1 可以直观地看到，男性新生代农民工的先赋性社会网络差异、先赋性社会网络规模和先赋性社会网络顶端 3 个指标上的平均值远高于女性新生代农民工。其中，先赋性社会网络差异均值分别为 6.13 个和 4.27 个，前者比后者高 1.86 个；先赋性社会网络规模的均值分别为 37.31 个和 29.24 个，前者比后者高 8.07 个；先赋性社会网络顶端的均值分别为 51.25 分和 45.61 分，前者比后者高 5.64 分。

均值检验的结果支持了图 6-1 中的直观观察结果。检验的结果表明，男性新生代农民工在"先赋性社会网络差异"（$F=63.612$，Sig=0.000）、"先赋性社会网络规模"（$F=27.874$，Sig=0.000）和"先赋性社会网络顶端"（$F=51.119$，Sig=0.000）等指标上的平均值与女性新生代农民工存在显著的差异。与此同时，男性新生代农民工先赋性社会网络资源各项指标的标准差普遍大于女性新生代农民工，这表明男性新生代农民工先赋性社会网络内部分化比女性新生代农民工较大。

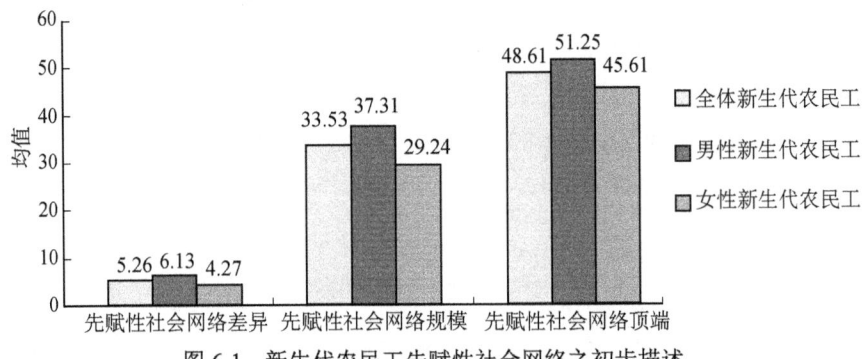

图 6-1 新生代农民工先赋性社会网络之初步描述

2. 新生代农民工先赋性社会网络的因子分析

对以上3个新生代农民工先赋性社会网络资源指标进行Bartlett的球形度检验和KMO度量,新生代农民工先赋性社会网络量表的KMO检验值为0.841,Bartlett球形检验卡方值为1486.732,$P<0.000$,达到显著,表明正式调查数据适合进行因子分析。本书运用正交旋转的主成分法对上述3个新生代农民工先赋性社会网络指标进行因子分析,得到"先赋性社会网络资源"因子,其克隆巴赫系数为0.784,新因子累计方差贡献率67.233%(表6-2)。

表6-2 新生代农民工先赋性社会网络的因子分析

先赋性社会网络测量指标	先赋性社会网络资源因子	共量
网络差异	0.865	0.748
网络规模	0.812	0.659
网络顶端	0.781	0.610
特征值	2.017	
解释方差	67.233%	
量表克隆巴赫系数	0.784	
Bartlett 的球形度检验	1486.732	
DF	3	
KMO 检验值	0.841	
Sig	0.000	

注:提取方法为主成分分析法。

3. 新生代农民工的先赋性社会网络资源之性别比较

为了便于比较分析,将以上因子分析后所得到的各个初始因子值加以转换,使其变为范围在1—100的指数,转换后的结果如表6-3和图6-2所示。

根据表6-3的统计分析结果可知,新生代农民工在先赋性社会网络因子上的平均得分为48.42,其标准差为20.625,这表明农民工群体的先赋性社会网络资源匮乏。这是因为各种形式的社会网络资源都依赖于社会结构的稳定性,而随着经济社会的快速变迁,社会网络赖以形成的原有社会组织或社会关系的瓦解,会在很大程度上使社会网络资源消亡殆尽[①]。同时,行动者对社会网络资源必须长期和连续性的"投资",这样才有利于社会网

---

① [美]詹姆斯·S.科尔曼:《社会理论的基础》,邓方译,北京:社会科学文献出版社,1999年,第376页。

络资源的积累和维护[1]。因此，新生代农民工的城乡转移及缺乏对社会网络资源的连续性"投资"，导致原有社会关系网络的断裂和瓦解。

表 6-3 转换后的新生代农民工先赋性社会网络因子得分之比较（$N=1182$）

	先赋性社会网络资源	
	均值	标准差
全体新生代农民工	48.42	20.625
男性新生代农民工	52.71	27.019
女性新生代农民工	43.54	19.112
F	48.328	
Sig	0.000	

均值检验的结果验证了图 6-2 中的直观观察结果，男性新生代农民工和女性新生代农民工的平均得分分别为 52.71 和 43.54，前者比后者高 9.17 分，且这种差异具有较高的统计显著性（$F=48.328$，Sig=0.000）。这是因为，社会网络资源的不平等不仅体现在不同社区或人群中的拥有量的不同，也体现在男女性别之间的差异。与男性农民工相比，女性农民工在城市社会中获取社会资源更加弱势，男性可以从同群体中获得各种不同的网络关系，而女性农民工在我国传统的"男主外，女主内"的社会性别制度的影响下，忽视了对社会网络资源的维持和扩展，其社会网络局限于亲属网络，这会阻碍网络的多样性，而女性农民工在社会交往和实际支持方面主要依赖亲缘关系会进一步加剧其城市"边缘人"的处境[2]。

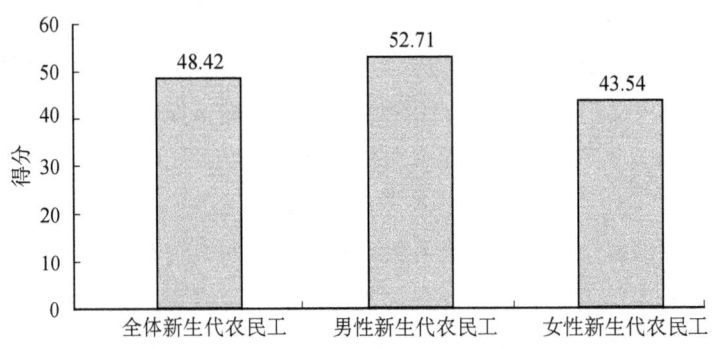

图 6-2 新生代农民工先赋性社会网络因子得分之比较

---

[1] ［法］皮埃尔·布迪厄：《文化资本与社会资本》，载于《文化资本与社会炼金术——布迪厄访谈录》，上海：上海人民出版社，1997 年，第 202—207 页。

[2] 方向新、裴莉：《农村妇女流迁：性别差异与内部差异》，《湘潮理论》2007 年第 1 期。

三、新生代农民工的自致性社会网络

1. 新生代农民工自致性社会网络的简单描述与推断

从表 6-4 可以发现,从 3 项测量新生代农民工自致性社会网络资源指标上的均值看,自致性社会网络顶端为 42.92,其标准差为 24.252;自致性社会网络差异为 3.89 个,标准差为 2.317;自致性社会网络规模的平均值为 22.50,标准差为 13.543。

表 6-4　新生代农民工自致性社会网络初始描述与推断（$N=1182$）

自致性社会网络资源测量指标	全体新生代农民工 M（S.D.）	男性新生代农民工 M（S.D.）	女性新生代农民工 M（S.D.）	性别差异 F（Sig）
自致性社会网络顶端（最高权力分数）	42.92（24.252）	46.27（21.221）	39.12（19.364）	48.253（0.000）
自致性社会网络差异（职位个数）	3.89（2.317）	4.23（2.387）	3.51（1.737）	4.382（0.037）
自致性社会网络规模（人数规模）	22.50（13.543）	25.37（15.328）	19.23（10.497）	45.263（0.000）

根据图 6-3 可以直观地看到,男性新生代农民工的自致性社会网络顶端、自致性社会网络差异和自致性社会网络规模 3 个指标上的平均值远高于女性新生代农民工,其中自致性社会网络顶端的均值分别为 46.27 分和 39.12 分,前者比后者高 7.15 分;自致性社会网络差异的均值分别为 4.23 个和 3.51 个,前者比后者高 0.72 个;自致性社会网络规模的均值分别为 25.37 个和 19.23 个,前者比后者高 6.14 个。

均值检验的结果支持了图 6-3 中的直观观察结果。检验的结果表明,男性新生代农民工在"自致性社会网络顶端"($F=48.253$,Sig=0.000)、"自致性社会网络差异"($F=4.382$,Sig=0.037)和"自致性社会网络规模"($F=45.263$,Sig=0.000)等指标上的平均值与女性新生代农民工存在显著的差异。与此同时,男性新生代农民工自致性社会网络资源各项指标的标准差普遍大于女性新生代农民工,说明新生代农民工自致社会网络资源的内部分化较大。

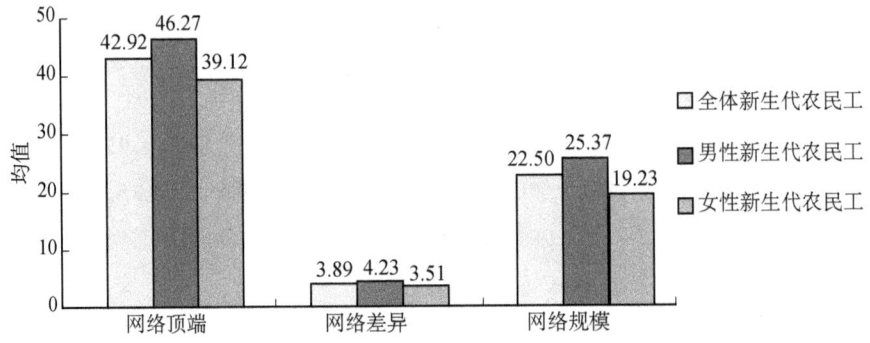

图 6-3 新生代农民工自致性社会网络之初步描述

2. 新生代农民工自致性社会网络的因子分析

对以上 3 个新生代农民工自致性社会网络资源指标进行 Bartlett 的球形度检验和 KMO 度量，结果显示，农民工自致性社会网络量表的 KMO 检验值为 0.743，Bartlett 球形检验卡方值为 1184.287，$P<0.000$，达到显著，表明正式调查数据适合进行因子分析。本书运用正交旋转的主成分法对上述 3 个新生代农民工自致性社会网络资源指标进行因子分析，得到"自致性社会网络资源"因子，其克隆巴赫系数为 0.729，新因子累计方差贡献率达到 61.067%，表明新生代农民工自致性社会网络因子的信度和效度较高（表 6-5）。

表 6-5 新生代农民工自致性社会网络的因子分析（N=1182）

自致性社会网络测量指标	自致性社会网络资源因子	共量
网络顶端	0.871	0.759
网络差异	0.779	0.607
网络规模	0.683	0.466
特征值	1.832	
解释方差	61.067%	
量表克隆巴赫系数	0.729	
Bartlett 的球形度检验	1184.287	
DF	3	
KMO 检验值	0.743	
Sig	0.000	

注：提取方法为主成分分析法。

3. 新生代农民工自致性社会网络之性别比较

为了便于比较分析,将以上因子分析后所得到的各个初始因子值加以转换,使其变为范围在 1—100 的指数,转换后的结果如表 6-6 和图 6-4 所示。

根据表 6-6 统计分析的结果可知,新生代农民工在自致性社会网络资源上的平均得分为 43.06,其标准差为 21.543。这表明新生代农民工的自致性社会网络资源拥有量严重不足。因为社会网络资源的形成遵循"同质性"原则,即社会经济地位相同或相近的人容易建立稳定社会关系网络,特别是在市场经济的冲击下,人们之间的社会关系日益功利化,导致经济社会地位处于底层的新生代农民工在城市难以与城市本地居民建立社会关系,其社会交往大都局限于老乡或外地农民工群体,因而导致其社会交往"内卷化",其自致性社会网络拓展极为有限。

表 6-6 转换后的新生代农民工自致性社会网络因子得分之比较($N=1182$)

	自致性社会网络资源	
	均值	标准差
全体新生代农民工	43.06	21.543
男性新生代农民工	46.25	22.147
女性新生代农民工	39.43	19.854
F	5.757	
Sig	0.017	

均值检验的结果验证了图 6-4 中的直观观察结果,男性新生代农民工和女性新生代农民工在自致性社会网络上的平均得分分别为 46.25 和 39.43,前者比后者高 6.82 分,且这种差异具有较高的统计显著性($F=5.757$,Sig=0.017)。这表明新生代农民工先赋性社会网络资源的性别差异和不平等现象同样在自致性社会网络资源中存在,但这种性别差异呈逐渐缩小的趋势。

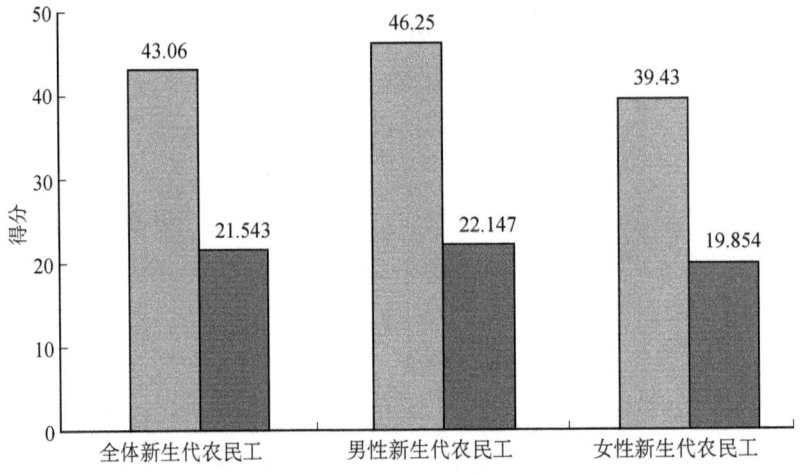

图 6-4 新生代农民工自致性社会网络因子得分之比较

第三节 社会网络对新生代农民工择业行为的影响

一、社会网络与新生代农民工的择业机会

为探讨新生代农民工社会网络与其择业机会的作用机制及影响程度，本书以人口特征、就业地城市类型为控制变量，以转换后的先赋性社会网络因子得分和自致性社会网络因子得分为自变量，以转换后的择业意识、择业机会评价和择业机会利用因子为因变量，利用 SPSS22.0 统计软件构建了六个多元线性回归模型。其中模型 1、模型 3 和模型 5 为基准模型，用来考察主要控制变量对新生代农民工择业机会的影响，模型 2、模型 4 和模型 6 则分别考察先赋性社会网络和自致性社会网络对新生代农民工择业意识、择业机会评价和择业机会利用的影响。所获得的结果如表 6-7 所示。

在进行回归分析之前，本书对模型可能存在的多重共线性、异方差和序列相关问题进行了相关检验。六模型中纳入模型的控制变量和自变量的容忍度都在 0.4 以上，其方差膨胀因子都小于 3，这表明控制变量和自变量之间不存在严重的多重共线性问题[①]。DW 值为 1.862、1.907、1.891、1.890、

---

① 某变量的容忍度等于 1 减去以该变量为反应变量，以进入模型中的其他自变量为自变量所得到的线性回归模型的决定系数。容忍度越小，多重共线性越严重。一般认为，容忍度不应小于 0.2。有学者提出，容忍度小于 0.1 时，存在严重的多重共线性。方差膨胀因子（VIF）等于容忍度的倒数。一般认为，VIF 不应大于 5，对应容忍度的标准，也可放宽至不大于 10。参见张文彤：《SPSS 统计分析高级教程》，北京：高等教育出版社，2004 年，第 113 页。

表 6-7　以新生代农民工择业机会为因变量的多元线性回归分析

预测变量		因变量=择业意识		因变量=择业机会评价		因变量=择业机会利用	
		模型 1	模型 2	模型 3	模型 4	模型 5	模型 6
		B（SE）	B（SE）	B（SE）	B（SE）	B（SE）	B（SE）
控制变量							
人口特征	性别 a	1.212** (0.764)	1.104** (0.206)	2.412** (0.116)	2.327** (0.231)	4.521*** (0.331)	4.468*** (0.339)
	婚姻状况 b	-2.021** (0.212)	-1.913*** (0.254)	1.762 (0.432)	1.523 (0.427)	1.446 (0.311)	1.327 (0.294)
	年龄	-0.751*** (0.456)	-0.743** (0.439)	0.644*** (0.678)	0.635*** (0.561)	0.543*** (0.440)	0.540** (0.426)
就业地城市类型 c	特大城市	2.113*** (0.550)	1.922*** (0.431)	-1.231 (0.455)	-1.162 (0.378)	-2.923** (1.023)	-2.917*** (0.954)
	省会城市	1.843*** (0.431)	1.639*** (0.546)	-1.124 (0.923)	-1.109 (0.853)	-2.376** (0.664)	-2.267** (0.612)
	地级城市	1.211*** (0.642)	1.137*** (0.541)	-0.893 (0.225)	-0.796 (0.249)	-1.231** (0.982)	-1.227** (0.893)
自变量							
先赋性社会网络		—	-0.912** (0.435)	—	-0.447** (0.371)	—	1.991*** (1.950)
自致性社会网络		—	1.633** (0.572)	—	1.963** (0.077)	—	1.184*** (1.368)
F		11.896***	18.871**	6.976*	15.114***	6.723***	21.309****
Adjusted R^2		0.072	0.119	0.061	0.127	0.052	0.135
ΔR^2		—	0.047	—	0.066	—	0.083

*$P<0.1$，**$P<0.05$，***$P<0.01$，****$P<0.001$。a 参照类别为"女性"，b 参照类别为"未婚"，c 参照类别为"县级城市"。

1.979 和 2.247，说明六模型不存在序列相关问题；接着分别对回归模型以标准化预测值为横轴、标准化残差为纵轴进行残差项的散点图分析，散点图呈无序状态，说明六模型均不存在异方差问题。而从回归分析结果中的修正后判定系数 Adjusted R^2 可以看到，对择业机会利用的解释力最大（Adjusted R^2=0.135，$P<0.001$），对择业意识的解释力最小（Adjusted R^2=0.119，$P<0.05$），而对择业机会评价的解释力为 0.127（$P<0.01$）。

1. 社会网络对新生代农民工择业意识的影响

根据表 6-7 的回归分析结果，首先，对模型 1 与模型 2 的统计结果进行比较后发现，纳入解释变量之后，模型的解释力得到了一定幅度的提高。模型解释力从 7.2% 提高到 11.9%，其解释力提高了 4.7%。可见，新生代农民工的社会网络对于预测择业意识具有较高的解释力。从自变量的非标准化回归系数来看，"先赋性社会网络"和"自致性社会网络"对新生代农民工的择业意识有显著影响，其非标准化回归系数分别为-0.912（$P<0.05$）和 1.633（$P<0.05$），这意味着新生代农民工的"先赋性社会网络"因子得分每提高 1 分，其择业意识的因子得分会相应地降低 0.912 分，而"自致性社会网络"因子得分每提高 1 分，其择业意识的因子得分会相应地提高 1.633 分。这是因为新生代农民工的先赋性社会网络资源主要是以"血缘"和"地缘"等为纽带连接形成的，导致新生代农民工在城市就业以熟人介绍为主要途径，这种"熟人抱团"的现象削弱了新生代农民工的择业意识。而自致性社会网络是在城市务工过程中拓展建立起来的，而在与"内群体"以外的本地居民的频繁联系中会产生严重的相对剥夺感，从而激发择业意识。

2. 社会网络对新生代农民工择业机会评价的影响

根据表 6-7 的回归分析的结果，首先，对模型 3 与模型 4 的统计结果进行比较后发现，纳入解释变量之后，模型的解释力得到了一定幅度的提高。模型解释力从 6.1% 提高到 12.7%，其解释力提高了 6.6%。可见社会网络对于预测新生代农民工的择业机会评价具有较高的解释力。从自变量的非标准化回归系数来看，"先赋性社会网络"和"自致性社会网络"对新生代农民工的择业机会评价有显著影响，其非标准化回归系数分别为-0.447（$P<0.05$）和 1.963（$P<0.05$），这意味着新生代农民工的"先赋性社会网络"因子得分每提高 1 分，其择业机会评价的因子得分会相应地降低 0.447 分，而"自致性社会网络"因子得分每提高 1 分，其择业机会评价因子得分会相应地提高 1.963 分。这是因为先赋性社会网络具有很高的"同质性"，其提供的就业信息因重叠性高，对新生代农民工的择业机会评价没有明显的帮助作用，而自致性社会网络因其较高的"异质性"，在就业信息的获取过程中发挥重要的"信息桥"作用，从而有助于新生代农民工提高择业机会的评价能力。

3. 社会网络对新生代农民工择业机会利用的影响

根据表 6-7 的回归分析的结果，首先，对模型 5 与模型 6 的统计结果进行比较后发现，纳入解释变量之后，模型的解释力得到了一定幅度的提高。模型解释力从 5.2%提高到 13.5%，其解释力提高了 8.3%。可见社会网络对于预测新生代农民工的择业机会利用具有较高的解释力。从自变量的非标准化回归系数来看，"先赋性社会网络"和"自致性社会网络"对新生代农民工的择业机会利用有显著影响，其非标准化回归系数分别为 1.991（$P<0.01$）和 1.184（$P<0.01$），这意味着新生代农民工的"先赋性社会网络"因子得分每提高 1 分，其择业机会利用的因子得分会相应地提高 1.991 分，"自致性社会网络"因子得分每提高 1 分，其择业机会利用的因子得分会相应地提高 1.184 分。这表明在我国经济社会转型时期，先赋性社会网络对新生代农民工就业过程中发挥的"人情机制"和自致性社会网络对新生代农民工就业过程中发挥的"信息机制"在同时起作用，而从回归系数的大小来看，先赋性社会网络的"人情机制"的作用还大于自致性社会网络的"信息机制"。这也反映我国正处于市场经济的不断完善过程中，当在城市拓展自致性社会网络受阻时，依赖值得信赖并可靠的先赋性社会网络也是一种明智之举。

二、社会网络与新生代农民工的职业选择

1. 社会网络对新生代农民工工作转换的影响

为探讨新生代农民工社会网络与其工作转换次数的作用机制及影响程度，本书以人口特征、就业地城市类型为控制变量，以转换后的先赋性社会网络因子得分和自致性社会网络因子得分为自变量，以工作转换次数为因变量，利用 SPSS22.0 统计软件构建多元回归模型。其中模型 1 为基准模型，用来考察主要控制变量对新生代农民工工作转换次数的影响，模型 2 考察社会网络对新生代农民工工作转换次数的影响。在进行回归分析之前，本书对模型可能存在的多重共线性、异方差和序列相关问题进行了相关检验。模型中纳入模型的控制变量和自变量的容忍度都在 0.4 以上，其方差膨胀因子都小于 3，这表明控制变量和自变量之间不存在严重的多重共线性问题。DW 值为 1.911 和 1.894，说明模型不存在序列相关问题，所获得的结果如表 6-8 所示。根据表 6-8 的回归分析的结果，首先，对模型 1 与

模型 2 的统计结果进行比较后发现，纳入解释变量之后，模型的解释力得到了一定幅度的提高。模型解释力从 6.7%提高到 14.3%，其解释力提高了 7.6%，可见，社会网络对于预测新生代农民工的工作转换次数具有较高的解释力。从自变量的非标准化回归系数来看，"先赋性社会网络"和"自致性社会网络"对新生代农民工工作转换次数有显著影响，其非标准化回归系数分别为 0.062（$P<0.01$）和 0.039（$P<0.05$），这意味着新生代农民工的"先赋性社会网络"因子得分每提高 1 分，其工作转换次数会相应地提高 6.2%，而"自致性社会网络"因子得分每提高 1 分，其工作转换次数会相应地提高 3.9%。

表 6-8 以新生代农民工的工作转换次数为因变量的多元线性回归分析

预测变量		模型 1 B（SE）	模型 2 B（SE）
控制变量			
人口特征	性别 [a]	0.067** (0.032)	0.065** (0.031)
	婚姻状况 [b]	-0.103** (0.065)	-0.102*** (0.034)
	年龄	-0.053 (0.034)	-0.050 (0.029)
就业地城市类型 [c]	特大城市	0.071*** (0.023)	0.067*** (0.019)
	省会城市	0.047*** (0.021)	0.044*** (0.020)
	地级城市	0.032*** (0.006)	0.029** (0.017)
自变量			
先赋性社会网络		—	0.062*** (0.005)
自致性社会网络		—	0.039** (0.012)
F		15.879***	21.031***
Adjusted R^2		0.067	0.143
ΔR^2		—	0.076

$P<0.05$，*$P<0.01$。a 参照类别为"女性"，b 参照类别为"未婚"，c 参照类别为"县级城市"。

本书发现"先赋性社会网络"因子和"自致性社会网络"因子都对新生代农民工职业转换次数有显著正向影响。但"自致性社会网络"因子产生的职业转换效应比"先赋性社会网络"因子的作用要大。这是因为新生代农民工在进入城市务工初期，往往利用"同乡聚集"中积累的先赋性社会网络，可以克服求职过程中的信息不充分而导致无法进入与自身能力相匹配的岗位的困境。但从长期来看，"同乡聚集"反而限制了移民的发展[①]，因为新生代农民工的"同乡聚集"往往是一种弱势群体的聚集，是在城市产生的"防御性隔离"，呈现出"内卷化"趋势，其本质是社会排斥与分割的结果，这种聚集中信息优势可能并不存在[②]，对其发展甚至是负面的[③]。但由于自致性社会网络大都是基于"异质性"人际关系建立起来的，其信息来源与先赋性社会网络存在显著差异，正如社会学家格兰诺维特提出的"弱关系力量假设"就是源于对信息来源的区分，不同的信息源对应着不同的信息质量，也决定着对求职者的有用程度。"弱关系力量假设"认为"弱关系"的社会关系网络建立在跨团体和跨阶层的基础上，让求职者更有机会获得上层或管理者的信息而影响到求职者的职业地位获得[④]。

2. 社会网路对新生代农民工工作持续时间的影响

为探讨新生代农民工社会网络与其职业持续时间的作用机制及影响程度，本书以人口特征、就业地城市类型为控制变量，以转换后先赋性社会网络因子得分、自致性社会网络因子得分为自变量，分别以新生代农民工第一份工作持续时间、上份工作持续时间和平均每份工作持续时间为因变量，利用 SPSS22.0 统计软件构建了六个多元线性回归模型。其中模型 1、模型 3 和模型 5 为基准模型，用来考察主要控制变量对职业持续时间的影响，模型 2、模型 4 和模型 6 则分别考察社会网络对新生代农民工第一份工作持续时间、上份工作持续时间和平均每份工作持续时间的影响。所获得的结果如表 6-9 所示。

在进行回归分析之前，本书对模型可能存在的多重共线性、异方差和序列相关问题进行了相关检验。六模型中纳入模型的控制变量和自变量的容忍度都在 0.5 以上，其方差膨胀因子都小于 3，这表明控制变量和自变量之间不存在严重的多重共线性问题。DW 值为 1.953、1.946、1.859、1.933、1.978 和 1.875，说明六模型不存在序列相关问题；接着分别对回归模型以标准化预测值为横轴、标准化残差为纵轴进行残差项的散点图分析，散点

---

① Xie M G Y. Ethnic Enclaves and the Earnings of Immigrants. *Demography*，2011，48（4）：1293-1315.
② 陆铭、张爽：《"人以群分"：非市场互动和群分效应的文献评论》，《经济学》（季刊）2007 年第 3 期。
③ 赵延东：《再就业中的社会资本：效用与局限》，《社会学研究》2002 年第 4 期。
④ 孙晓娥、边燕杰：《留美科学家的国内参与及其社会网络强弱关系假设的再探讨》，《社会》2011 年第 2 期。

表 6-9 以新生代农民工职业持续时间为因变量的回归分析

预测变量		因变量=第一份工作持续时间		因变量=上份工作持续时间		因变量=平均每份工作持续时间	
		模型 1	模型 2	模型 3	模型 4	模型 5	模型 6
		B (SE)	B (SE)	B (SE)	B (SE)	B (SE)	B (SE)
控制变量							
人口特征	性别[a]	-3.134** (0.544)	-3.131** (0.497)	1.897 (0.544)	1.893 (0.437)	2.131 (0.367)	2.129 (0.362)
	婚姻状况[b]	4.083** (0.567)	4.081** (0.536)	2.567** (0.523)	2.561** (0.520)	4.044*** (0.441)	4.042*** (0.440)
	年龄	1.078** (0.433)	1.072** (0.431)	1.514*** (0.650)	1.512*** (0.648)	1.012** (0.431)	1.011 (0.426)
就业地城市类型[c]	特大城市	-1.341** (0.432)	-1.335*** (0.411)	4.201** (0.337)	4.101*** (0.587)	-2.330** (1.004)	-3.327** (1.003)
	省会城市	-1.265*** (0.568)	-1.253*** (0.550)	3.115** (0.513)	3.109*** (0.427)	-1.126** (0.615)	-1.121** (0.614)
	地级城市	-0.977** (0.801)	-0.972*** (0.720)	1.991 (0.210)	1.987 (0.220)	-0.761 (0.572)	0.768 (0.569)
自变量							
先赋性社会网络		—	-2.771*** (2.336)	—	1.973*** (1.371)	—	1.561*** (0.050)
自致性社会网络		—	-1.879*** (1.531)	—	2.764*** (1.077)	—	2.065** (0.202)
F		11.021***	18.302***	8.923**	21.293***	7.783***	17.652****
Adjusted R^2		0.056	0.132	0.063	0.168	0.059	0.151
ΔR^2		—	0.076	—	0.105	—	0.092

**P<0.05, ***P<0.01, ****P<0.001。a 参照类别为"女性", b 参照类别为"未婚", c 参照类别为"县级城市"。

图呈无序状态,说明六模型均不存在异方差问题。而从回归分析结果中的修正后判定系数 Adjusted R^2 可以看到,对新生代农民工上份工作持续时间的解释力最大(Adjusted R^2=0.168,$P<0.01$),对第一份工作持续时间的解释力最小(Adjusted R^2=0.132,$P<0.01$),而对平均每份工作持续时间的解释力为 0.151($P<0.001$)。

(1)社会网络对新生代农民工第一份工作持续时间的影响。根据表 6-9 的回归分析结果,对模型 1 与模型 2 的统计结果进行比较后发现,纳入解释变量之后,模型的解释力得到了一定幅度的提高。模型解释力从 5.6%提高到 13.2%，其解释力提高了 7.6%。可见，新生代农民工的社会网络对于预测新生代农民工第一份工作持续时间具有较高的解释力。从自变量的非标准化回归系数来看，"先赋性社会网络"和"自致性社会网络"对新生代农民工第一份工作持续时间有显著影响，其非标准化回归系数分别为-2.771（$P<0.01$）和-1.879（$P<0.01$），这意味着新生代农民工的"先赋性社会网络"因子得分每提高1分，其第一份工作持续时间会相应地减少2.771个月，"自致性社会网络"因子得分每提高1分，其第一份工作持续时间会相应地减少1.879个月。新生代农民工一般是在"先就业后择业"的择业观念引导下获得在城市的第一份工作，在第一份工作期间，大都处于职业试探期和择业活跃期，伺机寻找更好的就业机会，而先赋性社会网络和自致性社会网络正好充当搜寻就业信息的"信息桥"机制，新生代农民工的先赋性社会网络和自致性社会网络越丰富，其职业转换的速度越快，因而在第一份工作岗位上持续的时间越短。但先赋性社会网络的非标准化回归系数大于自致性社会网络的非标准化回归系数，这也反映出新生代农民工在职业初期，主要依靠血缘、地缘等先赋性社会网络来获取就业信息实现职业流动。

（2）社会网络对新生代农民工上份工作持续时间的影响。根据表 6-9 的回归分析的结果，对模型 3 与模型 4 的统计结果进行比较后发现，纳入解释变量之后，模型的解释力得到了一定幅度的提高。模型解释力从 6.3% 提高到 16.8%，其解释力提高了 10.5%。可见，社会网络对于预测新生代农民工的上份工作持续时间具有较高的解释力。从自变量的非标准化回归系数来看，"先赋性社会网络"和"自致性社会网络"对新生代农民工上份工作持续时间有显著影响，其非标准化回归系数分别为 1.973（$P<0.01$）和 2.764（$P<0.01$），这意味着新生代农民工的"先赋性社会网络"因子得分每提高 1 分，其上份工作持续时间会相应地增加 1.973 个月，"自致性社会网络"因子得分每提高 1 分，其上份工作持续时间会相应地增加 2.764 个月，这表明社会网络对新生代农民工上份工作持续时间的影响机制与第一份工作的影响机制截然相反，即社会网络与新生代农民工的第一份工作持续时间成负相关，而与上份工作持续时间成正相关。这是社会网络对新生代农民工职业发展的不同阶段所发挥的作用不同造成的。在新生代农民工职业初期，社会网络主要充当"信息桥"机制，为其提供有用的就业信息

以提高职业匹配度,而到了职业中期,职业进入稳定发展阶段,此时社会网络主要为新生代农民工实现职业发展和社会适应提供各种资源,社会网络越丰富,其职业的稳定性越强。同时,新生代农民工也不会轻易转换工作造成已有社会网络的"断裂"。因而,这两者之间相互促进,延长了新生代农民工上份工作持续时间。但自致性社会网络的非标准化回归系数大于先赋性社会网络的非标准化回归系数,这也反映出新生代农民工在职业中后期,在城市构建与拓展的新型社会网络对其职业发展的作用逐渐增强,而原有的先赋性社会网络对其职业发展的作用逐渐减弱。

(3) 社会网络对新生代农民工平均每份工作持续时间的影响。根据表6-9的回归分析的结果,首先,对模型5与模型6的统计结果进行比较后发现,纳入解释变量之后,模型的解释力得到了一定幅度的提高。模型解释力从5.9%提高到15.1%,其解释力提高了9.2%。可见,社会网络对于预测新生代农民工平均每份工作持续时间具有较高的解释力。从自变量的非标准化回归系数来看,"先赋性社会网络"和"自致性社会网络"对新生代农民工平均每份工作持续时间有显著影响,其非标准化回归系数分别为1.561 ($P<0.01$) 和2.065 ($P<0.05$),这意味着新生代农民工的"先赋性社会网络"因子得分每提高1分,其平均每份工作的持续时间会相应地增加1.561个月,"自致性社会网络"因子得分每提高1分,其平均每份工作的持续时间会相应地增加2.065个月。这表明社会网络资源对新生代农民工职业的稳定性有显著促进作用,并且自致性社会网络对职业稳定性促进作用大于先赋性社会网络资源。因此,新生代农民工在维护原有先赋性社会网络资源的同时要积极"投资"自致性社会网络的构建与拓展,进而为实现职业发展提供网络资源支持。

三、社会网络与新生代农民工的职业适应

为探讨新生代农民工社会网络与其职业适应的作用机制及影响程度,本书以人口特征、就业地城市类型为控制变量,以转换后先赋性社会网络因子得分、自致性社会网络因子得分为自变量,分别以转换后的"被动型"职业适应因子、"能动型"职业适应因子、结果性职业适应因子为因变量,利用SPSS22.0统计软件构建了六个多元线性回归模型。其中模型1、模型3和模型5为基准模型,用来考察主要控制变量对职业适应的影响,模型2、

模型 4 和模型 6 则分别考察社会网络对新生代农民工"被动型"职业适应因子、"能动型"职业适应因子和结果性职业适应因子的影响。所获得的结果如表 6-10 所示。

表 6-10　以新生代农民工职业适应为因变量的回归分析

预测变量		过程性职业适应				结果性职业适应	
		模型 1	模型 2	模型 3	模型 4	模型 5	模型 6
		"被动型"职业适应基准模型	"被动型"职业适应	"能动型"职业适应基准模型	"能动型"职业适应	结果性职业适应基准模型	结果性职业适应
控制变量							
人口特征	性别 a	-3.322** (0.544)	-3.321** (0.542)	4.322** (0.544)	4.320** (0.534)	-2.134*** (0.212)	-2.132*** (0.224)
	婚姻状况 b	2.011** (0.654)	2.009** (0.651)	-3.011** (0.654)	-3.008** (0.633)	3.321 (0.425)	3.318 (0.589)
	年龄	-1.505 (0.357)	-1.503 (0.348)	-1.505 (0.357)	-1.503 (0.357)	1.132 (0.537)	1.127 (0.578)
就业地城市类型 c	特大城市	2.121 (0.670)	2.118*** (0.662)	2.322*** (0.544)	2.321*** (0.457)	-3.121*** (0.334)	-3.097*** (0.328)
	省会城市	1.912 (0.513)	1.911*** (0.510)	2.231*** (0.654)	2.221*** (0.647)	-2.205*** (0.877)	-2.119** (0.861)
	地级城市	1.321 (0.458)	1.320*** (0.453)	1.412*** (0.357)	1.411*** (0.348)	-1.643*** (0.567)	-1.639*** (0.577)
自变量							
先赋性社会网络		—	0.912*** (0.035)	—	0.963** (1.371)	—	-0.982** (1.371)
自致性社会网络		—	-1.656** (0.032)	—	1.787*** (0.175)	—	1.848*** (0.081)
F		9.823***	18.542***	10.321***	17.009**	11.022***	16.327***
Adjusted R^2		0.047	0.091	0.043	0.123	0.046	0.125
ΔR^2		—	0.044	—	0.080	—	0.079

$P<0.05$，*$P<0.01$。a 参照类别为"女性"，b 参照类别为"未婚"，c 参照类别为"县级城市"。

在进行回归分析之前，本书对模型可能存在的多重共线性、异方差和序列相关问题进行了相关检验。六模型中纳入模型的控制变量和自变量的容忍度都在 0.3 以上，其方差膨胀因子都小于 3，这表明控制变量和自变量之间不存在严重的多重共线性问题。DW 值为 1.778、1.917、1.932、1.971、1.933 和 1.849，说明六模型不存在序列相关问题；接着分别对回归模型以标准化预测值为横轴、标准化残差为纵轴进行残差项的散点图分析，散点图呈无序状态，说明六模型均不存在异方差问题。而从回归分析结果中的修正后判定系数 Adjusted R^2 可以看到，对结果性职业适应性因子的解释力最大（Adjusted R^2=0.125，$P<0.01$），对"被动型"职业适应因子的解释力最小（Adjusted R^2=0.091，$P<0.01$)），而对"能动型"职业适应因子的解释力为 0.123（$P<0.05$）。

1. 社会网络对新生代农民工过程性职业适应的影响

（1）社会网络对新生代农民工"被动型"职业适应的影响因素。根据表 6-10 的回归分析的结果，首先，对模型 1 与模型 2 的统计结果进行比较后发现，纳入解释变量之后，模型的解释力得到了一定幅度的提高。模型解释力从 4.7%提高到 9.1%，其解释力提高了 4.4%。可见，社会网络对于预测新生代农民工的"被动型"职业适应因子具有一定的解释力。从自变量的非标准化回归系数来看，"先赋性社会网络"和"自致性社会网络"对新生代农民工"被动型"职业适应有显著影响，其非标准化回归系数分别为 0.912（$P<0.01$）和-1.656（$P<0.05$），这意味着"先赋性社会网络"与"被动型"职业适应呈显著的正相关，"先赋性社会网络"的因子得分每提高 1 分，其"被动型"职业适应的因子得分会相应地提高 0.912 分。而新生代农民工的"自致性社会网络"与其"被动型"职业适应呈显著的负相关，"自致性社会网络"的因子得分每提高 1 分，其"被动型"职业适应的因子得分会相应地减少 1.656 分。这表明新生代农民工的社会交往主要局限于"老乡圈子"时，其职业适应的方式大都是以往农村阶段的"复制"和"强化"，表现出忍气吞声、退让，当合法权益受损时主要运用消极抵抗的"弱者的武器"或者将自身"作为武器的弱者"身份[①]，其职业适应的主动性不强，并且这种消极的职业适应方式在新生代农民工群体相互"感染"，容易形成消极的职业适应文化。而自致性社会网络丰富的新生代农民工，其社会交往突破了仅局限于老乡这一群体的局限，社会交往对象逐渐扩大，加强了与城市本地居民及就业单位管理层等社会"优势群体"的联系，既为新生代农民工采取积极"能动型"职业适应方式提供很好的"示范效应"，使其职业适应方式的改变有了具体"效仿对象"，同时，为其采取"能动型"

---

① 董海军：《"作为武器的弱者身份"：农民维权抗争的底层政治》，《社会》2008 年第 4 期。

职业适应提供方法、策略及情感等方面的支持。

（2）社会网络对新生代农民工"能动型"职业适应的影响。根据表6-10的回归分析的结果，首先，对模型3与模型4的统计结果进行比较后发现，纳入解释变量之后，模型的解释力得到了一定幅度的提高。模型解释力从4.3%提高到12.3%，其解释力提高了8.0%。可见，社会网络对于预测新生代农民工的"能动型"职业适应因子具有较高的解释力。从自变量的非标准化回归系数来看，"先赋性社会网络"和"自致性社会网络"对新生代农民工"能动型"职业适应有显著影响，其非标准化回归系数分别为0.963（$P<0.1$）和1.787（$P<0.01$），这意味着新生代农民工的"先赋性社会网络"因子得分每提高1分，其"能动型"职业适应的因子得分会相应地提高0.963分，"自致性社会网络"因子得分每提高1分，其"能动型"职业适应的因子得分会相应地提高1.787分。这表明社会网络能够帮助新生代农民工改变以往消极的职业适应方式，实现从"被动型"职业适应方式向"能动型"职业适应方式的转变。

2. 社会网络对新生代农民工结果性职业适应的影响

根据表6-10的回归分析的结果，首先，对模型5与模型6的统计结果进行比较后发现，纳入解释变量之后，模型的解释力得到了一定幅度的提高。模型解释力从4.6%提高到12.5%，其解释力提高了7.9%。可见，社会网络对于预测新生代农民工的结果性职业适应因子具有较高的解释力。从自变量的非标准化回归来看，"先赋性社会网络"和"自致性社会网络"对新生代农民工结果性职业适应有显著影响，其非标准化回归系数分别为-0.982（$P<0.05$）和1.848（$P<0.01$），这意味着新生代农民工的"先赋性社会网络"因子得分每提高1分，其结果性职业适应因子得分会相应地减少0.982分，而"自致性社会网络"因子得分每提高1分，其结果性职业适应因子得分会相应地提高1.848分。已有研究发现，虽然农民工职业适应过程中存在"聚集效应"，同乡聚集的先赋性社会网络能给其带来显著的收入回报[①]，但其发挥的效应可能因不同群体及不同的职业发展阶段而呈现出显著的差异性。具体而言，"同乡聚集"是社会分割的结果，"分割效应"对

---

① Zhang C X Y Z C, Sociology D O, Michigan U O. Ethnic Enclaves Revisited: Effects on Earnings of Migrant Workers in Urban China. *Chinese Journal of Sociology*, 2013, 2（2）: 214-234.

不同群体是不一样的,对社会优势群体可能产生"优势强化效应",对新生代农民工这种弱势群体,在进入城市务工初期可能起到"优势强化效应"和降低风险的作用,但进入职业后期发挥的则是"弱势累积效应",这意味着对新生代农民工而言,聚集形成的先赋性社会网络发挥的效应往往是"负效应"[1]。而在城市不断拓展的自致性社会网络,随着职业的发展和市场化程度的提高,对新生代农民工的结果性职业适应发挥着不可替代的"正效应"。

第四节 结论与讨论

一、新生代农民工社会网络结构的严重失衡成为制约其理性择业,实现职业向上流动的"瓶颈"

从本书的统计结果来看,新生代农民工自致性社会网络规模平均值为22.50,自致性社会网络顶端均值为42.92,自致性社会网络差异均值为3.89;而先赋性社会网络规模平均值为33.53,先赋性社会网络顶端均值为48.61,先赋性社会网络差异均值为5.26。这表明新生代农民工进入城市务工后,其社会网络得到了一定程度的拓展,但新型社会网络的拓展有限,新生代农民工的先赋性社会网络在社会网络规模、社会网络顶端、社会网络差异三个维度上的均值都远高于自致性社会网络,社会网络资源的严重失衡,自致性社会网络资源偏低已成为制约其理性择业,进而实现职业向上流动的"瓶颈"。

与市场转型理论的假设不同,目前我国渐进式市场化改革在很大程度上是一种社会资本嵌入式的发展过程[2]。根据格兰诺维特"嵌入"理论,市场机制与社会资本配置资源的机制是相互嵌入的。因此,在市场化的不同阶段或者市场化程度不同的部门,社会网络的作用都会存在,只是作用的形式和程度上存在显著的差异[3]。在求职领域,社会网络是一套可以帮助他们得到工作机会、创建企业及实现其他人生目标的人际关系[4]。社会资本存

---

[1] 魏万青:《自选择、职业发展与农民工同乡聚集的收入效应研究》,《社会学研究》2016年第5期。
[2] 林宗弘、吴晓刚:《中国的制度变迁、阶级结构转型和收入不平等》,《社会》2010年第6期。
[3] 张顺、程诚:《市场化改革与社会网络资本的收入效应》,《社会学研究》2012年第1期。
[4] Casas R, Gortari R D, Santos M J, et al. The Forms of Capital. In Richardson J G (ed.), *Handbook of Theory and Research for the Sociology of Education*. New York: Policy, 1986: 241-258.

在于社会网络之中，人们利用各自所有的社会关系资源来为自己创造机会[1]。首先，人们可能已经是朋友、家族亲戚、合作投资者或者有共同的熟人，共有的社会背景创造了一种以上的社会联系，这种一种以上的多层关系被称为多元关系网。共有文化背景允许人们相互之间建立多层连接关系，多种关系相互交错的形式被称为复合关系。复合连接，将处于不同地点的人们连接在一起并为其开创了多元的相互连接，提高了人们相互连接的社会资本，因为相互紧密结合的社会网络被认为是互益的[2]。他们之间互相巩固彼此之间的信任，从而使得具有相同文化背景的人得以一同工作[3]。其次，人们在不同的场景彼此相互交往，他们中的每一个人都被其他人包围因而加强彼此之间的关系。通过架构及连接多于一种以上的二元及多元关系纽带至不同的社会网络，为更多的人创造了更多且更宽的连接入口。因此，多元化的关系纽带是运用非正式社会支持的关键。相对于一个我们从未接触过的同一族裔的陌生人，我们更倾向于接受朋友介绍的朋友[4]。社会网络是原本处于社会底层的新生代农民工摆脱"阶层凝固"，进而适应城市经济社会生活的重要机制。但随着新生代农民工的迁移，其社会网络包括由亲缘关系而形成的先赋性社会网络资源和进城后在业缘基础上构建的自致性社会网络资源。

但社会网络的"趋同性选择"制约了处于社会分层序列中较低位置的农民工的自致性社会网络资源构建与拓展。社会分工导致了社会关系的生成，而社会关系是社会生活主体间的交往形式。个人所面对的结构环境将影响其社会关系的建立和维持。因此，个人创造和维持其社会网络必然受到某些结构条件的限制。人们只能永久地在几种可能的关系中建立网络，他们的选择是一种社会结构的选择。即个人的社会位置不同，其社会网络和社会行为必然不同[5]。这主要是因为，一方面，关系虽然对个人很有用，但要维持一种好的关系，还是不容易的。这牵涉到彼此的政治地位、财富、

---

① Burt R S. *Structural Holes: The Social Structure of Competition*. Cambridge: Harvard University Press, 1992.
② Granovetter M. Economic Action and Social Structure: The Problem of Embeddedness. *American Journal of Sociology*, 2015, 91 (3): 481-510.
③ Portes A, Bach R L. Latin Journey: Cuban and Mexican Immigrants in the United States. *American Journal of Sociology*, 1987, 62 (4): 352.
④ Krackhardt D. The Strength of Strong Ties: The Importance of Philos in Organizations. *Networks and Organizations*, 1992, 216: 239.
⑤ 张文宏:《中国城市的阶层结构与社会网络》，上海：上海人民出版社，2006年，第17页。

社会声望、年龄大小等，即富贵、贫贱、尊卑的不同身份，以及个人的性格。中国人对于这些条件相对敏感，所谓"世情看冷暖，人面逐高低"，"不信但看筵中酒，杯杯先劝有钱人"，就是说关系常常是很难高攀的，因而有时候会有"相识满天下，知心有几人"的感觉①。现阶段我国社会阶层的地位特征已呈现趋于系统化、结构化和稳定化，资源与机会在社会阶层中的配置出现了严重失衡，原本农村处于整体劣势地位，在与城市各阶层相比较时，农村中各个阶层就都被各种社会制度、社会习惯放到了较低的位置上。因此，农民工在城市的社会分层体系中处于较低的位置上。有学者对农民工社会声望地位多次调查的结果发现，在调查所列的全部100种职业的排位中，进城务工的农民工在1997年排在第94位，2009年也只排在第90位②。而这种客观阶层位置（在社会结构中的位置）至少在相当程度上影响到人们的居住分化、社会交往和社会认同，因为社会网络是一种同质性的现象，个体的社会网络关系的建立并不是随机的，而是具有高度选择性。同时，社会网络的建立及拓展与时间和金钱的投入成正相关，而农民工恰好匮乏这两方面的投入，从而导致了农民工的社会交往范围局限在同质性的群体内。因此，各阶层在建立和发展社会网络时往往具有高度选择性，一般会选择与自己阶层地位相同相近的人交往，这种交往的"阶层界限"造成了阶层之间的相互隔离和自我封闭③。自身资源严重匮乏的农民工所认识的人以社会底层人士为主，这样的结果是农民工与城市居民交往很少，往往在城市中复制、重建血缘、地缘的先赋性社会网络，其社会交往模式呈现出"内卷化"趋势，严重地制约了其自致性社会网络资源的建立与拓展。

同时，新生代农民工频繁地转换工作地点带来的空间转移导致原本存量很小的自致性社会网络资源的"断裂"。社会学家齐美尔在分析现代化进程中城市居民的社会交往关系冷淡、彼此交往频率偏低、感情淡漠的生活状态的原因时指出，社会距离是人与人之间交往的内在屏障。不仅"物以类聚，人以群分"的人际交往原则带来的不同群体之间交往的壁垒，而且农民工自身资源的匮乏成为了农民工在城市建立自致性社会网络资源的"瓶颈"，即使建立的新社会网络关系，其社会交往对象大多数是与其社会

---

① 文崇一、萧新煌：《中国人的观念与行为》，北京：中国人民大学出版社，2013年，第22页。
② 李强：《农民工与中国社会分层》（第二版），北京：社会科学文献出版社，2012年，第4—10页。
③ 张文宏：《中国城市的阶层结构与社会网络》，上海：上海人民出版社，2006年，第196页。

地位相当的人，这种社会网络中"嵌入"的有价值资源非常有限。特别是在新生代农民工频繁转换就业城市和工作岗位，造成工作与生活空间大转移的情况下，由此带来的地理空间位移会阻碍社会网络资源的流动，即使以往建立的自致性社会网络具有丰富的社会资源，也伴随新生代农民工频繁转换工作后造成的巨大空间位移而难以发挥作用，其社会网络的嵌入往往与格兰诺维特所说的"与工作相关的活动与社会网络模式相重叠"现象不同；同时，社会网络资源作为资本的一种形式，其在城市建立的自致性社会网络缺少必要的维护和持续的"投资"，其存量也会随着时间的推移而不断地消解，其"含金量"也会不断贬值[1]。因为新生代农民工与在务工城市认识的各种熟人的社会流动性或者预期的流动性都非常大，按费孝通的观点，如果新生代农民工在城市刚刚构建的自致性社会网络也存在"差序格局"的话，那么这种相对脆弱的自致性社会网络往往难以产生彼此之间较为稳定的期望和责任关系。也就是说，农民工对其务工地认识各种熟人一般都不存在信任感。这种不信任感会随新生代农民工频繁流动而加剧，特别是当这种本来就很脆弱的社会网络不能为新生代农民工传递有利价值的新的信息和资源时，很容易导致自致性社会网络资源的"断裂"。当然，在自致性社会网络资源匮乏导致农民工社会网络资源结构严重失衡的情况下，新生代农民工在城市择业时主要依赖"以亲缘、地缘为纽结的先赋性社会网络"，其本身是"一种非常理性的行为选择"。

二、从"先赋性社会网络资源"到"自致性社会网络资源"：新生代农民工择业行为的社会网络机制转换

本书实证结果表明：自致性社会网络资源对新生代农民工择业行为的影响程度大于先赋性社会网络资源。具体而言，"先赋性社会网络"对新生代农民工的择业意识、择业机会评价、择业机会利用、工作转换次数、第一份工作持续时间、上份工作持续时间、平均每份工作持续时间、"能动型"职业适应和结果性职业适应有显著影响，其非标准化回归系数分别为 -0.912（$P<0.05$）、-0.447（$P<0.05$）、1.991（$P<0.05$）、0.062（$P<0.01$）、-2.771（$P<0.01$）、1.973（$P<0.01$）、1.561（$P<0.01$）、0.963（$P<0.1$）和-0.982（$P<0.05$）。而"自致性社会网络"对新生代农民工的择业意识、择业机会

---

[1] 刘传江、周玲：《社会资本与农民工的城市融合》，《人口研究》2004年第5期。

评价、择业机会利用、工作转换次数、第一份工作持续时间、上份工作持续时间、平均每份工作持续时间、"被动型"职业适应、"能动型"职业适应和结果性职业适应有显著影响,其非标准化回归系数分别为 1.633（$P<0.05$）、1.963（$P<0.05$）、1.184（$P<0.01$）、0.039（$P<0.05$）、-1.879（$P<0.01$）、2.764（$P<0.01$）、2.065（$P<0.05$）、-1.656（$P<0.05$）、1.787（$P<0.01$）和 1.848（$P<0.01$）。

随着农民从乡村流动到城市,其谋生方式也由农业生产向非农业生产转移,农民逐渐转变成新型产业工人。虽然他们仍被称为"农民工",但他们正逐步构建以业缘关系为基础的新型社会网络,并使之成为在城市立足的重要的社会资本。在城市社会网络构建的过程中,业缘关系将成为农民工社会网络中最重要的组成部分,虽然他们业缘关系的绝大多数仍然基于同质群体,但却远远超过了原先乡土社会网络的作用,成为他们城市社会网络的强纽带关系。这种具有同质性的城市社会网络的形成,将为他们在城市的生存与发展提供重要的社会支持,同时这种新构建的社会网络也将成为他们重要的社会资源[1]。

社会网络对流动劳动力影响研究的一个重要视角,是区分流动劳动力在原生活和工作地域积累的社会资本与进入新区域后积累的社会网络,分别考察它们对流动劳动力经济地位获得的不同影响,即社会网络转换问题[2]。科尔曼是最早研究社会资本转换的学者。他将现代社会中家庭和社区所提供的社会资本定义为"原始社会资本",认为这些资本有逐渐衰减的趋势;人们需要在交往活动中创造和建立社会组织,用以替代逐渐失去作用的"原始社会资本"[3]。

在我国有关社会资本与农民工相关问题的研究中也发现社会资本在农村剩余劳动力转移就业中起着特别重要的作用[4]。但大都只关注亲缘关系和地缘关系等"先赋"性社会网络对流动人口生活的影响,忽视了对流动人口在流入城市后逐渐建构起来的流动人口——城市居民网络这一"自致"

---

[1] 李春霞、吴加志、洪眉:《京城保姆——农村进城务工女性社会网络研究》,北京:九州出版社,2013年,第26页。
[2] 叶静怡、周晔馨:《社会资本转换与农民工收入——来自北京农民工调查的证据》,《管理世界》2010年第10期。
[3] Coleman J S. *Foundation of Social Theory*. Cambridge: Belknap Press of Harvard University, 1990.
[4] 李培林:《农民工的社会网络和社会地位》,《社会学研究》1996 年第 4 期。

网络资源的关注。流动人口从一个熟悉的"乡土社会"进入到一个陌生的社会往往处于弱势地位，流动人口——城市居民网络是对其适应与融入城市经济社会至关重要的异质性网络资源①。本书实证研究结果发现，新生代农民工社会网络主要有两个方面的构成：一是以家庭为中心的社会网络所构成的先赋性社会资本。这种资本是先天所得，其总量一般而言相对稳定。新生代农民工家庭社会资本一般主要是以血缘和地缘为联系纽带形成的。二是以新生代农民工自身为中心而形成的社会资本。新生代农民工以自身为中心的社会资本则主要以信任为联系纽带。这种社会资本主要是在新生代农民工通过接受学校教育或迁移，以自我为中心，通过结识老师、同学、同事和朋友等形成社会关系网络。

由于中国乡土社会"差序格局"②，蕴含着农村人往往比城市具有更紧密的家庭成员网络，一旦离开原地，投资于初级乡村关系的社会资本将会损失，而目的地次级乡土关系则尚未形成，社会资本存量因此产生较大的折旧③。由于新生代农民工从农村流入城市，与原有的以家庭为中心的社会资本基本上"绝缘"，超出了以其发挥作用的距离为"半径"的"熟人圈"，导致其处于基本"失灵"状态。先赋性社会资本关系种类比较单一④，以高趋同性、低异质性为特征⑤，农民工在农村原有的社会网络具有很强的同质性。这种同质性高的网络规模的扩大一般对农民工的职业影响不大，因难以带来异质性的资源和信息流动，即使发挥作用也主要是加快了工作搜寻和匹配的速度。利用网络寻找工作虽然能够节省找工作的时间和金钱成本，但是不一定能使他们得到工资较高的工作岗位⑥。而在城市这一新的就业"场域"中，对新生代农民工在城市择业过程中发挥显著作用的主要是进城务工后，在流入地与本地居民、本地的社会群体、社会组织和地方政府形

---

① 悦中山、李树茁、靳小怡，等：《从"先赋"到"后致"：农民工的社会网络与社会融合》，《社会》2011年第6期。
② 费孝通：《乡土中国》，南京：江苏文艺出版社，2007年。
③ 陈瑛、杨先明、周燕萍：《社会资本及其本地化程度对农村非农就业的影响》，《经济问题》2012年第11期。
④ 黄瑞芹：《中国贫困地区农村居民社会网络资本——基于三个贫困县的农户调查》，《中国农村观察》2009年第1期。
⑤ 张文宏、阮丹青、潘允康：《天津农村居民的社会网》，《社会学研究》1999年第2期。
⑥ 刘林平、万向东、张永宏：《制度短缺与劳工短缺——"民工荒"问题研究》，《中国工业经济》2006年第8期。

成更加本地化的自致社会网络[①]。在中国，社会网络中相互信任关系的建立一直沿袭着熟人社会的种种规则，血缘关系和地缘关系的差异，直接导致人们在社会资源获取和自身发展机会等方面的差异。"如果只是在家庭、老乡关系中间打转，那么能够获取的经济资源和社会资源毕竟是有限的。为了谋求生存和发展，人们必然要突破血缘和地缘关系的局限，建立更为广泛的社会网络，获得扩展的社会资本"。在社会转型时期，社会网络有着自身独特的特殊功能，发挥着一种既不同于市场也不同于政府的隐形资源配置方式；特别是在动员社会资源方面，有着市场与政府无法企及的力量，在个体微观层面的具体运作过程中发挥着实际作用[②]。

---

① 任远、陶力：《本地化的社会资本与促进流动人口的社会融合》，《人口研究》2012年第5期。
② 李春霞、吴加志、洪眉：《京城保姆——农村进城务工女性社会网络研究》，北京：九州出版社，2013年，第26页。

第七章
就业环境与新生代农民工的择业行为

随着经济体制的不断深入改革，我国劳动就业工作经历从计划经济时代"统包统配"到"在国家统筹规划和指导下，劳动部门介绍就业、自愿组织就业和自谋职业相结合"的"三结合"方针的变革，在比较宽松的政策环境下，劳动就业开始实行"双向选择"，并不断进行市场化的变革，引进市场机制，实行"劳动者自主就业、市场调节就业、政府促进就业"的方针。这为农村流动人口进入劳动力市场铺平了道路，使其真正成为劳动力市场的主体之一。农民工是我国改革开放、工业化、城镇化进程中涌现出的一支新型劳动力大军，改革开放以来，他们逐渐成为城市生活中不可或缺的群体，城市中的众多基础设施建设、制造业、服务业工作都是由这个群体完成的。他们对城市的经济发展作出了巨大的贡献[1]。与此同时，城市行政和市场的双重壁垒将农民工排斥在城市首要劳动力市场之外，使之无法享受到首要劳动力市场中受到垄断企业、商业联合主义、其他权力群体的政治性勾结和一个"压制性的"福利体系所形成的联合体保护的特权和优势[2]，并且我国城市对农民工采取"集体排他"而非"个体排他"的方式[3]，经过对农民工"类型化"和"污名化"后，将新生代农民工群体排斥在城

---

[1] 李玮：《农民工就业理论与实践研究》，北京：中国档案出版社，2008年，第94页。
[2] Cain G G. The Challenge of Segmented Labor Market Theories to Orthodox Theory: A Survey. *Journal of Economic Literature*，1976，14（4）：1215-1257.
[3] 李强：《农民工与中国社会分层》（第二版），北京：社会科学文献出版社，2012年，第128页。

市的正式居民之外,从而造成了大多数新生代农民工在"户籍分割的劳动力市场"中处于劣势地位,新生代农民工在城市劳动力市场遭遇"同工不同酬"等合法劳动权益受损的现象屡见不鲜,并有日益加剧的趋势。在城市务工的新生代农民工,并未被看作是具有市民或公民身份的主体,他们在制度上未被赋予基本权益[1],从而导致其大都处于表象的城市化或者"半城市化"状态[2]。如有学者在珠江三角洲的调查发现,遭受到利益侵害的受访农民工占调查总体的 23.7%[3],工资被拖欠的现象频繁发生[4],农民工在城市遭受到的这些"多阶剥夺"或"剥夺链"导致了农民工收入偏低,进而缺乏在身份认同、生活方式等方面市民化的物质基础和经济支撑。最终导致我国现阶段各种性质和形态的社会矛盾都呈现出逐步上升的态势。有学者发现,近年来,无论是信访数量还是群体性事件的数量,总体上都在不断上升[5]。

因此,优化农民工就业环境,千方百计扩大就业,构建和谐就业环境,是建设全面小康社会的内在要求和重要途径。所谓就业环境,是指影响劳动者求职的一切因素,涉及政治、经济、文化等方面。构建和谐的就业环境,目的在于为劳动者的劳动就业创造基本的社会条件。虽劳动者的能力及对创造社会财富所作的贡献有大有小,和谐的就业环境应当有助于新生代农民工各尽所能,为其自主择业提供广阔空间,为获取收入和财产提供足够的制度保证,这样既可以使新生代农民工的才能得到充分施展,又可以容许各种非正规就业在不断市场化、信息化、现代化的城市也有立足之地。党中央、国务院高度重视农民工的就业问题,特别是就业环境。2003年1月国务院下发了《国务院办公厅关于做好农民进城务工就业管理和服务工作的通知》,2004年12月下发了《国务院办公厅关于进一步做好改善农民进城就业环境工作的通知》,2006年初下发了《国务院关于解决农民工问题的若干意见》,2016年下发了《国务院办公厅关于全面治理拖欠农民工工资问题的意见》等文件,对规范农民工就业市场,优化其就业环境进行了

---

[1] [美]苏黛瑞:《在中国城市中争取公民权》,王春光、单丽卿译,杭州:浙江人民出版社,2009年,第167页。
[2] 王春光:《农村流动人口的"半城市化"问题研究》,《社会学研究》2006年第5期。
[3] 蔡禾、李超海、冯建华:《利益受损农民工的利益抗争行为研究——基于珠三角企业的调查》,《社会学研究》2009年第1期。
[4] 王美艳:《农民工工资拖欠状况研究》,《中国农村观察》2006年第6期。
[5] 童星:《中国社会风险解析——群体性事件的社会冲突性质》,《学海》2009年第1期。

针对性的"顶层设计",从而为构建新生代农民工和谐就业环境指明了方向。

新生代农民工转移就业决策行为就是在特定动机(愿望、价值系统)基础上,通过环境认知(感应)的过滤过程,产生的转移就业行动意象(决策)[①]。其就业环境主要包括政策环境、市场环境、法制环境等。公民享有平等竞争权,而其核心是平等的市场准入权,即不加歧视的就业权[②]。公正宽松的就业环境正是维护劳动者平等进入劳动力市场,实现平等就业的根本保障。在一个公正宽松的就业环境之中,虽然并不是人人都同样幸运或在竞争中都获得同样的结果,但个人可以凭借自己的资源进行竞争并获得平等的就业机会[③]。对于以外出务工为生活基础的新生代农民工而言,其平等就业权利要想得到保障,就必须有一个公正宽松的就业环境。而目前政策的偏好性对新生代农民工的就业有着直接的影响,我国以往就业政策的制定明显具有城市中心主义,这一政策偏好忽视了农民工在城市现代化建设过程中的积极作用,使得新生代农民工在城乡分割的二元劳动力市场中处于弱势地位,其择业过程重重受阻。因此,为新生代农民工创造一个良好的政策环境,有利于调动其就业的积极性,促使其主动择业。同时,良好的就业环境可以在资源配置和利益分配问题上对处于社会弱势地位的新生代农民工提供有效的保护,增加其社会公平感。这样不仅可以给其充分的就业空间,而且还能为新生代农民工提供必要的政策性支持和市场性保护,从而使其择业行为趋于理性化。

第一节 新生代农民工就业环境的实证分析

一、新生代农民工的就业政策环境

就业政策环境与新生代农民工择业行为息息相关。政策环境的好坏直接影响其在就业市场中择业行为的选择与择业质量的高低。本书从就业培训、就业援助、社会保障、公共服务与户籍管理等五个方面来分析新生代

---

① 赵春雨、苏勤、方觉曙:《农村劳动力转移就业环境认知研究体系与方法》,《地理研究》2013年第5期。
② 江立华:《论城市农民工的平等竞争权问题》,《华中师范大学学报》(人文社会科学版)2002年第4期。
③ [德]柯武刚、史漫飞:《制度经济学——社会秩序与公共政策》,北京:商务印书馆,2004年,第94页。

农民工的就业政策环境。从新生代农民工对就业政策环境满意度的统计分析结果得知（表7-1）：新生代农民工对目前就业培训政策"非常满意"和"比较满意"仅分别占调查总体的10.1%和18.5%，两者只占到了调查总体的28.6%。对就业援助政策"非常满意"和"比较满意"仅分别占调查总体的7.9%和13.7%，两者只占到了调查总体的21.6%。对社会保障政策"非常满意"和"比较满意"仅分别占调查总体的12.2%和20.5%，两者只占到了调查总体的32.7%。对公共服务政策"非常满意"和"比较满意"仅分别占调查总体的8.7%和18.1%，两者只占到了调查总体的26.8%。对户籍管理政策"非常满意"和"比较满意"仅分别占调查总体的10.9%和20.3%，两者只占到了调查总体的31.2%，这表明仅有约1/3的新生代农民工对目前就业政策环境感到满意。

表7-1 新生代农民工就业政策环境的情况统计表

	非常满意（%）	比较满意（%）	一般（%）	不太满意（%）	很不满意（%）	均值（标准差）
就业培训	10.1（119）	18.5（219）	28.3（335）	26.7（315）	16.4（194）	2.79（0.72）
就业援助	7.9（94）	13.7（162）	35.9（424）	27.3（322）	15.2（180）	2.72（0.63）
社会保障	12.2（144）	20.5（243）	36.3（429）	21.1（249）	9.9（117）	3.13（0.51）
公共服务	8.7（103）	18.1（214）	37.5（443）	25.2（298）	10.5（124）	2.89（0.47）
户籍管理	10.9（129）	20.3（240）	34.1（403）	24.3（287）	10.4（123）	2.97（0.63）

注：括号内为人数。

本书接着按五等分李克特量表进行赋值分析，如图7-1所示，新生代农民工在就业培训、就业援助、社会保障、公共服务与户籍管理项目上的得分分别为2.79、2.72、3.13、2.89和2.97，除了在社会保障项目上的得分超过了量表中点（3分）及在户籍管理项目上的得分（2.97分）接近量表中点外，其余得分均在量表中点（3分）以下，表明除"社会保障"与"户籍管理"外新生代农民工身处的就业政策环境不容乐观，亟待改善。

虽然户籍改革的主导权向地方政府下放使得农民工更难以获得城市户籍，分割着城乡人口的户籍制度依然完整并发挥作用[1]，但随着户籍制度的

---

[1] Chan K W，Buckingham W. Is China Abolishing the Hukou System. The China Quarterly，2008，195：582-606.

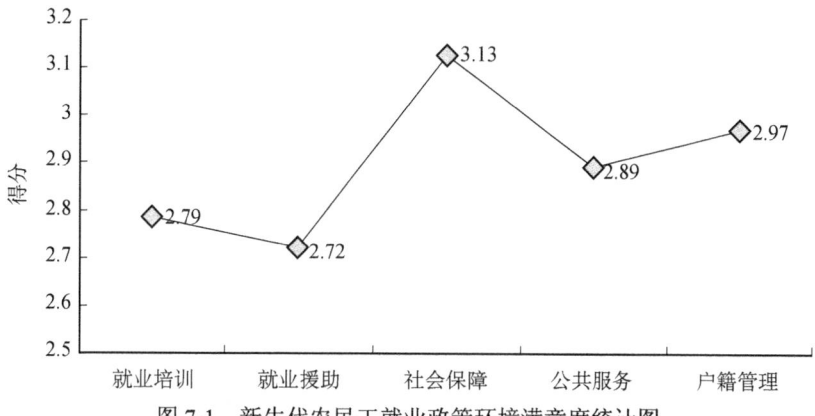

图 7-1 新生代农民工就业政策环境满意度统计图

局部松动,户籍这一"先赋性"符号对劳动流动所起的"屏蔽器"作用正逐步减小。这一方面是由于我国进行的户籍制度改革,逐步消减了其对劳动力流动的阻碍作用,另一方面,由于新生代农民工在城市所从事的"低层次"职业,其招聘对户籍没有特别要求,一旦其要提高就业质量实现向上流动时,现行户籍制度的阻碍作用才会体现出来。

同时,伴随着户籍制度的改革,面向农民工的社会保障制度也取得了较大成绩。以单位制为基础的保障制度已经逐渐衰落,新建立与就业关联的社会保险制度不受户籍限制,开始面向农民工[1]。正如有学者预测,农民工参与城市就业关联社会保险,前景是乐观的,在这一领域,城乡分割式的体制安排已经打破,区域分割治理、保险制度"扩面"等正在有效推进,农民工的社会保险覆盖率将得到进一步提升[2]。

二、新生代农民工的就业市场环境

1. 劳动力市场需求的数量

劳动力市场对新生代农民工的需求是就业环境中最为核心的内容,本书从就业地对其招聘的需求情况来衡量对新生代农民工的需求状况。从对劳动力市场对新生代农民工的需求状况统计分析结果得知(表7-2):认为需求量"非常大"的有 25.1%,认为需求量"比较大"的有 31.6%,两者

---

[1] Tao R. Hukou Reform and Social Security for Migrant Workers in China. In Rachel Murphy(Ed.), *Labour Migration and Social Development in Contemporary China*. London:Routledge,2009:74-95.

[2] 郭菲、张展新:《农民工新政下的流动人口社会保险:来自中国四大城市的证据》,《人口研究》2013年第5期。

占调查总体的 56.7%。而认为需求量"比较小"的只有 11.7%，认为需求量"非常小"的只有 8.3%，两者只占调查总体的 20.0%。

表 7-2　劳动力市场对新生代农民工的需求数量的统计表

劳动力 需求量	非常大	比较大	一般	比较小	非常小	均值 （标准差）
频次	297	374	275	138	98	3.54 (0.53)
百分比（%）	25.1	31.6	23.3	11.7	8.3	

为了更加直观地对农民工就业需求数量状况有一个较为全面的了解，本书接着对其进行加权处理："非常大"赋值 5 分，"比较大"赋值 4 分，"一般"赋值 3 分，"比较小"赋值 2 分，"非常小"赋值 1 分，结果劳动力市场对新生代农民工的需求数量的均值为 3.54 分，标准差为 0.53，其得分在量表赋值中点（3 分）以上。这表明改革开放以来，随着世界产业结构的转移，有着"世界工厂"之称的中国对劳动力需求量很大，沿海各地出现的"民工荒"就是其真实写照。同时，中国已经开始从劳动力"无限供给"转向劳动力"有限剩余"[1]。意味着劳动力结构性短缺会经常出现。结构性短缺导致的"民工荒"现象作为农民工劳动力市场供需状况的转折性标志。究其原因，除受人口结构变化的影响外，主要是各级政府对农村的大力投入及各种惠农政策的实施，大幅提高了农民的收入，这也间接地提高了农民工迁移就业的机会成本。如果新生代农民工外出打工的收入不足以补偿其外出机会成本上升的部分，那么，农村劳动力迁移的意愿就会大幅降低。在经济高速增长，而非农就业工资水平保持不变的情况下，外出机会成本上升减少了农村劳动力的预期收益，农民外出打工的积极性降低，从而推动总供给曲线向上移动，结果造成农村劳动力的意愿供给量小于企业实际需要量，带来了企业用工短缺问题[2]。

2. 劳动力市场需求的结构

除了劳动力市场对新生代农民工需求数量外，其需求结构也是反映就业市场环境的重要指标（图 7-2）。因为与以往计划经济时代的最根本区别在于目前劳动力市场的首要特征是新生代农民工依据"供需匹配"的原则

---

[1] 王德文、蔡昉、高文书：《全球化与中国国内要素流动：新趋势与政策含义》，《开放导报》2005 年第 4 期。

[2] 蔡昉：《劳动力市场变化趋势与农民工培训的迫切性》，《中国职业技术教育》2005 年第 32 期。

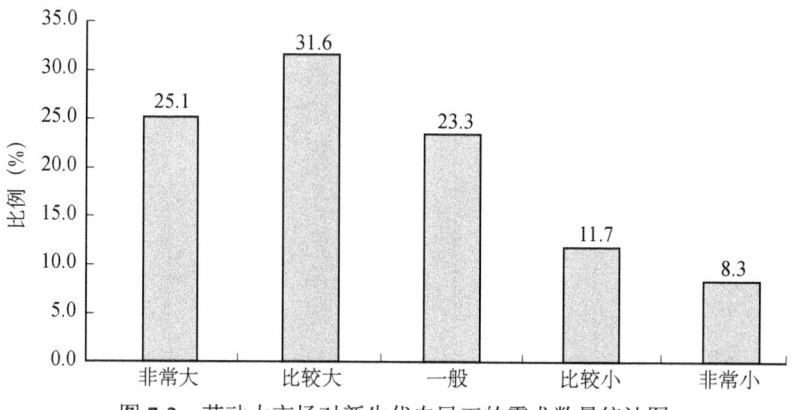

图 7-2 劳动力市场对新生代农民工的需求数量统计图

进行自主择业,充分利用"市场"这一"无形的手"完成职业选择。用人单位会视自身的情况,根据特定的资质条件在符合条件的招聘对象中进行"双向选择"。因为我国新生代农民工主要就业于制造业、建筑业和服务业等行业,这些行业对就业人员的要求不是很高,专业性相对不是太高,一般经过短时间培训就能上岗,本书从新生代农民工自身条件与劳动力市场招聘资质的匹配状况来反映劳动力市场的需求结构。从对新生代农民工自身条件与劳动力市场招聘资质的匹配状况统计分析结果得知(表7-3):认为"非常符合"的有 19.1%,认为"比较符合"的有 26.5%,两者只占调查总体的 45.6%。

表 7-3 新生代农民工自身条件与劳动力市场招聘资质的匹配状况(N=1182)

资质匹配	非常符合	比较符合	一般	不太符合	很不符合	均值(标准差)
频次	226	313	358	186	99	3.32 (0.67)
百分比(%)	19.1	26.5	30.3	15.7	8.4	

为了更加直观地对劳动力市场需求的结构状况有一个较为全面的了解,本书接着对其进行加权处理:"非常符合"赋值 5 分,"比较符合"赋值 4 分,"一般"赋值 3 分,"不太符合"赋值 2 分,"很不符合"赋值 1 分,结果劳动力市场对新生代农民工的需求结构的均值为 3.32 分,标准差为 0.67,其得分在量表赋值中点(3 分)以上。这表明目前就业市场中对需求量最大的一般员工的资质条件与大多数新生代农民工的条件基本符合(图 7-3)。

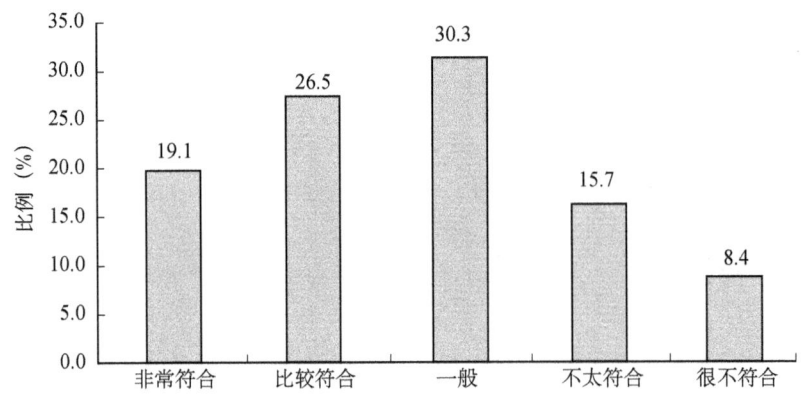

图 7-3 新生代农民工自身条件与劳动力市场招聘资质的匹配状况统计图

3. 劳动力市场的公平性

从对新生代农民工劳动力市场公平状况统计分析结果得知（表 7-4）：认为"非常公平"的仅有 111 人，占调查总体的 9.4%；认为"比较公平"的有 235 人，占调查总体的 19.9%，两者只占调查总体的 29.3%；而认为"不太公平"的有 31.7%，认为"很不公平"的有 10.3%，两者高达调查总体的 42%。

表 7-4 新生代农民工劳动力市场公平状况统计（$N=1182$）

	非常公平	比较公平	一般	不太公平	很不公平	均值（标准差）
频次	111	235	339	375	122	2.86 (0.71)
百分比（%）	9.4	19.9	28.7	31.7	10.3	

为了更加直观地对农民工劳动力市场的公平状况有一个较为全面的了解，本书接着对其进行加权处理："非常公平"赋值 5 分，"比较公平"赋值 4 分，"一般"赋值 3 分，"不太公平"赋值 2 分，"很不公平"赋值 1 分，结果新生代农民工劳动力市场公平状况统计的均值为 2.86 分，标准差为 0.71，其得分在量表赋值中点（3 分）以下。这表明新生代农民工对其劳动力市场的公平性评价较低。随着劳动力市场的不断完善及对新生代农民工歧视性规则的逐渐消除，新生代农民工的城乡转移就业，其实质是个人社会地位的向上流动，同样的付出比在农村务农，收入有明显改善，其生活质量也有较大提高，因而原有僵硬的城乡二元结构导致其社会地位"凝固化"的趋势得到缓解，但在我国劳动力长久以来供过于求的格局和劳动力

市场二元结构下形成的廉价劳动力市场"低工资、低福利"现象,以及新生代农民工在务工过程中参照群体的转换,导致其劳动力市场公平感的主观认知提升有限(图7-4)。

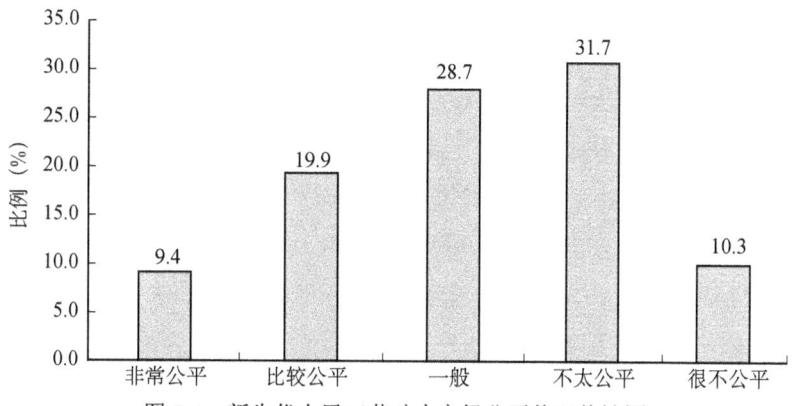

图 7-4 新生代农民工劳动力市场公平状况统计图

新生代农民工城乡转移的主要目标是在城市获得较为理想的就业岗位,因此劳动力市场公平感是新生代农民工社会公平感的核心部分。已有关于农民工社会公平感的研究主要从"结构决定论"和"局部比较论"两种路径来解释农民工社会公平感。其中"结构决定论"源于"理性人"假设,认为人们对社会公平的判断及社会公平感的形成取决于他们在整个社会结构中的具体位置,以及在分配过程中获得的利益的多寡[1]。人们会根据自己的社会经济地位,以个体获得利益的多寡去评判自己获得利益的合理性程度,进而形成社会公平感[2]。一般而言,处于优势地位的人或中上阶层的成员,其在社会结构分层体系中的地位较高,获得的物质利益较多,因而具有较高的公平感[3],更倾向于认为社会现实是较为公平的或合理的,会更加认同和维护当前的社会不平等体系;而处于劣势地位的人或下层阶层的成员,更倾向于认为现实社会是不公平的或不合理的,会倾向于改变当前的不平等体系,各阶层对社会不公平现象的感受越不同,越可能形成差

---

[1] Sears D O, Funk C L. The Role of Self-Interest in Social and Political Attitudes. *Advances in Experimental Social Psychology*, 1991, 24 (1): 1-91.
[2] 李颖晖:《教育程度与分配公平感:结构地位与相对剥夺视角下的双重考察》,《社会》2015年第1期。
[3] 马磊、刘欣:《中国城市居民的分配公平感研究》,《社会学研究》2010年第5期。

异性的阶层意识①。结构决定论在许多实证研究中得到了证实。如有学者在有关农民工的社会公平感的研究中发现，劳动报酬较低和劳动强度超过其承受力时，农民工的社会公平感偏低②，同时，农民工在劳动力市场中的受雇佣的地位，其社会不公平感会显著增强③。而"局部比较论"主要基于"相对剥夺理论"和"社会比较理论"的理论视角，对居民的社会公平进行阐述。相对剥夺感是指人们通过与参照群体相比较，产生的认为自身利益被其他群体剥夺的感受或认知④。当社会变迁导致社会的价值能力小于个人的价值期望时，人们就会产生相对剥夺感⑤。而社会比较揭示了相对剥夺感产生的过程。个体的获得感往往是建立在自我和他人的比较中，而较少发生在客观标准之上⑥。认为人们对当前境遇的公平感不仅是建立在自己所获得资源（绝对量）的多少或地位的高低上，还会将自己获得的资源或地位与参照群体进行对比。如果他们在对比中处于劣势，将会产生相对剥夺感，进而产生不公平感和其他消极的社会态度。因此，个体的客观社会经济地位与社会公平感并不一定存在线性关系，社会公众对公平的认知往往与实际的公平状况存在差异⑦。人们的社会不公平感并非取决于客观的社会经济地位，而是来源于与其同类人群的社会比较⑧。在此基础上，学者们进行了众多实证研究。如有研究发现，当农民工以过去的经济状况为参照物进行纵向利益比较时，期望值往往较低，因而有助于其形成较为积极的社会公平感⑨。但当其参照群体转变为城市居民时，农民工的社会公平感普遍低于本地或外地城市工人，尽管两代农民工的公平感没有显著差异⑩。因为其在追求平等享有城市资源和服务的过程中产生了更为强烈的不公平感。

---

① 李春玲：《断裂与碎片：当代中国社会阶层分化实证分析》，北京：社会科学文献出版社，2005年，第292页。
② 李升：《受雇农民工的城市劳动关系状况与公平感研究》，《青年研究》2015年第4期。
③ 龙书芹、风笑天：《社会结构、参照群体与新生代农民工的不公平感》，《青年研究》2015年第1期。
④ 郭星华：《城市居民相对剥夺感的实证研究》，《中国人民大学学报》2001年第3期。
⑤ 赵鼎新：《社会与政治运动讲义》，北京：社会科学文献出版社，2006年，第78页。
⑥ Schmitt M T. Categorizing at the Group-level in Responseto Intragroup Social Comparisons: A Self-categorization Theory Integration of Self-evaluation and Social Identity Motives. *European Journal of Social Psychology*, 2006, 36（3）.
⑦ Headey B. Distributive Justice and Occupational Incomes: Perceptions of Justice Determine Perceptions of Fact. *British Journal of Sociology*, 1991, 42（4）: 581.
⑧ 刘欣：《相对剥夺地位与阶层认知》，《社会学研究》2002年第1期。
⑨ 李培林、李炜：《农民工在中国转型中的经济地位和社会态度》，《社会学研究》2007年第3期。
⑩ 王甫勤：《新生代与传统农民工社会公平感的影响因素研究》，《中国人口科学》2016年第5期。

当然,"结构决定论"与"局部比较论"在解释新生代农民工的公平感时并非绝对的"非此即彼"的关系,二者在一定程度上应是互补的关系,只是在不同研究对象与不同研究情境中孰轻孰重的问题[①]。如有研究发现,"结构决定论"所侧重的社会经济地位和"局部比较论"所青睐的参照群体的选择并不对农民工的社会公平感产生显著影响,而是其"生活体验"对其社会公平感的形成起着至关重要的作用[②]。因此,要从改善新生代农民工的经济社会地位、缩小与城市居民的差距,从而降低其相对剥夺感,提高其在城市的获得感,使其在城市务工和融入城市过程中获得良好的"生活体验"。

三、新生代农民工的具体工作环境

新生代农民工具体工作环境是指新生代农民工在目前受聘单位开展工作过程中涉及日均劳动时间的长短、劳动的强度、劳动安全保护设施情况等方面的微观工作环境。这与新生代农民工的工作体验与工作质量息息相关,是影响其择业行为选择的重要因素。

1. 日均劳动时间的长短

争取合理的工作时间是劳工运动与立法的核心议题。1919 年 11 月 28 日,国际劳工组织通过国际公约规定在工业企业实行每工日 8 小时和每周 48 小时工作制[③]。《中华人民共和国劳动法》明确规定:"国家实行劳动者每日工作时间不超过八小时、平均每周工作时间不超过四十四小时的工时制度。"虽然立法层面有明确的规定,但在实行过程中,"加班"现象非常普遍,尤其是体制外连"工人"身份尚未得到承认的农民工群体,加班更是一种常态。从新生代农民工日均劳动时间的统计分析结果得知(表 7-5):日均劳动时间"8 小时及以下"的仅有 407 人,占调查样本的 34.4%;日均劳动时间在"8—10 小时"的有 504 人,占调查样本的 42.6%;日均劳动时间在"10—12 小时"的有 223 人,占调查样本的 18.9%;日均劳动时间"12 小时及以上"的也多达 48 人,占调查样本的 4.1%。

---

① 魏钦恭、张彦、李汉林:《发展进程中的"双重印象":中国城市居民的收入不公平感研究》,《社会发展研究》2014 年第 3 期。
② 王毅杰、冯显杰:《农民工分配公平感的影响因素分析》,《社会科学研究》2013 年第 2 期。
③ 朱玲:《农村迁移工人的劳动时间和职业健康》,《中国社会科学》2009 年第 1 期。

表 7-5　新生代农民工日均劳动时间状况统计表（$N=1182$）

日均劳动时间	8小时及以下	8—10小时	10—12小时	12小时及以上	均值（标准差）
频次	407	504	223	48	9.01 (1.41)
百分比（%）	34.4	42.6	18.9	4.1	

从图 7-5 可以更直观地看出，仅有 34.4%的新生代农民工日均工作时间在 8 小时及以下，符合法定的工作时间，而高达 65.6%的新生代农民工的日均工作时间在 8 小时以上，超过了法定工作时间，不同程度存在加班现象。同时，统计结果显示，新生代农民工的日均工作时间高达 9.01 小时（表 7-5），超过法定时间 1.01 小时。已有研究也得出相似的结果，如由智联招聘联合北京大学社会调查研究中心发布的 2012 年度中国职场调研报告显示，中国人日平均工作时间为 8.66 小时，其中广州职场人日均工作时间最长为 9.02 小时[1]。有学者以珠江三角洲 9 个城市农民工为调查对象，发现农民工周工作平均天数为 6.33 天，日均工作时数为 9.45 小时，周均工作时数为 60.21 小时，日均加班时数 3.18 小时[2]。有研究显示，与正常工作时间的工人相比，工作时间过长会导致工伤相对危险度增加 61%，长工作日的工伤相对危险度增加 37%，长工作周的工伤相对危险增加 23%[3]。

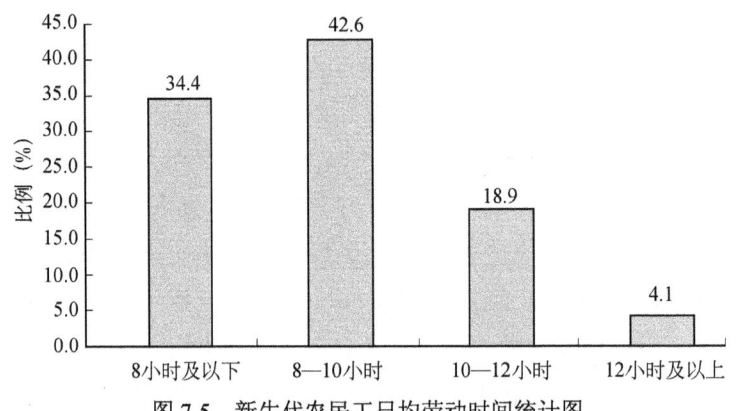

图 7-5　新生代农民工日均劳动时间统计图

---

[1] 赵超：《中国职场人日平均工作时间为 8.66 小时》，《共产党员》2012 年第 12 期。
[2] 刘林平、张春泥、陈晓娟：《农民的效益观与农民工的行为逻辑——对农民工超时加班的意愿与目的分析》，《中国农村经济》2010 年第 9 期。
[3] Dembe A E, Erickson J B, Delbos R G, et al. The Impact of Overtime and Long Work Hours on Occupational Injuries and Illnesses: New Evidence From the United States. *Occupational & Environmental Medicine*, 2005, 62 (9): 588.

2. 劳动的强度

劳动强度作为最直接体现劳动"付出"的程度表现,也成为讨论劳动者的劳动权益的重要指标[①]。劳动强度是指新生代农民工在从事目前工作时单位时间内承担的工作量的客观状况及身心承受力的主观体验。新生代农民工大都在次级劳动力市场就业,在很大程度上是"顶替"城市居民不太愿意干或干不好的一些重要的脏、累、苦和危险的工作,其劳动强度普遍偏大。其实劳动强度与其劳动时间是高度相关联的,劳动强度和负担的沉重往往导致新生代农民工不得不加班加点工作,大部分新生代农民工在规定时间往往难以完成单位规定的高强度工作任务,超时工作是其完成重负荷工作量的唯一选择。从新生代农民工劳动强度的统计分析结果得知(表 7-6):认为当前从事工作的劳动强度"非常大"的有 265 人,占调查样本的 22.4%;认为当前从事工作的劳动强度"比较大"的有 379 人,占调查样本的 32.1%;认为当前从事工作的劳动强度"一般"的有 239 人,占调查样本的 20.2%;认为当前从事工作的劳动强度"比较小"的有 188 人,占调查样本的 15.9%;认为当前从事工作的劳动强度"非常小"的仅有 111 人,占调查样本的 9.4%。

表 7-6 新生代农民工劳动强度状况统计（N=1182）

劳动强度	非常大	比较大	一般	比较小	非常小	均值（标准差）
频次	265	379	239	188	111	3.42（1.18）
百分比（%）	22.4	32.1	20.2	15.9	9.4	

从图 7-6 更能直观地发现新生代农民工劳动强度普遍较大,认为劳动强度"非常大"和"比较大"的新生代农民工占调查样本的 54.5%。同时,统计结果显示,新生代农民工的劳动强度均值为 3.42(表 7-6),超过中点(3 分)0.42 分。劳动强度偏大是影响新生代农民工就业质量和工作满意度的重要因素,也成为其频繁"跳槽"的主要原因。

3. 劳动安全保护措施

劳动安全保护措施的健全情况是衡量新生代农民工具体工作环境的重要方面。《国务院办公厅关于做好农民进城务工就业管理和服务工作的通知》(国办发〔2003〕1 号)明确指出"各地区、各有关部门要高度重视农

[①] 李升:《受雇农民工的城市劳动关系状况与公平感研究》,《青年研究》2015 年第 4 期。

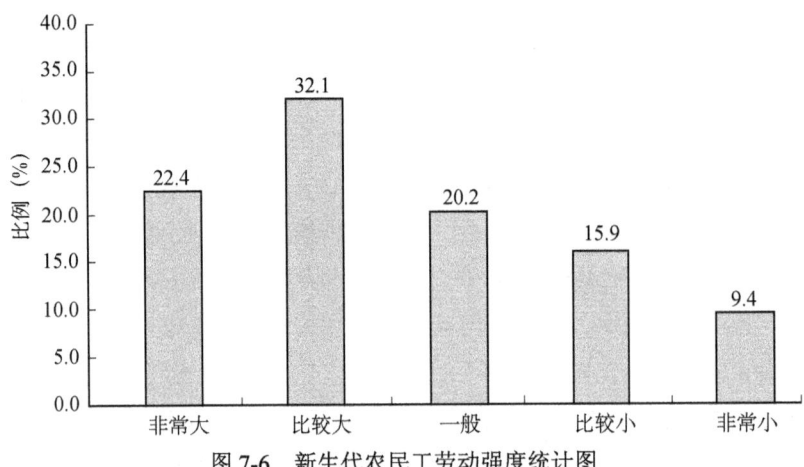

图 7-6　新生代农民工劳动强度统计图

民工的生产安全和职业病防治问题。使用农民工的单位，必须按照国家标准和行业要求，为农民工提供必要的安全生产设施、劳动保护条件及职业病防治措施。从事矿山、建筑和危险物品生产经营作业的农民工上岗前必须依法接受培训"[①]。具体而言，劳动安全保护措施既包括传统的"显性"生产安全防范措施，同时也包括"隐性"的职业病预防措施。从新生代农民工生产安全防范措施情况的统计分析结果得知（表7-7）：认为生产安全防范措施"非常好"的有105人，占调查样本的8.9%；认为生产安全防范措施"比较好"的有299人，占调查样本的25.3%；认为生产安全防范措施"一般"的有369人，占调查样本的31.2%；认为生产安全防范措施"不太好"的有240人，占调查样本的20.3%；认为生产安全防范措施"非常不好"的有169人，占调查样本的14.3%。

表 7-7　新生代农民工生产安全防范措施情况统计（$N=1182$）

生产安全防范措施	非常好	比较好	一般	不太好	非常不好	均值（标准差）
频次	105	299	369	240	169	2.94（0.97）
百分比（%）	8.9	25.3	31.2	20.3	14.3	

从图 7-7 更能直观地发现新生代农民工生产安全防范措施虽有很大改善，但总体情况不容乐观，认为劳动强度"非常好"和"比较好"的新生代农民工仅占调查样本的34.2%。同时，统计结果显示（表7-7），新生代

---

① 山东省劳动和社会保障厅：《最新就业政策解读》，济南：山东大学出版社，2003年，第201页。

农民工的劳动强度均值为 2.94,略低于中点(3 分)0.06 分。国家统计局 2006 年 8 月在全国范围内开展的一次城市农民工生活质量状况的专项调查结果也显示,在特殊岗位上就业的农民工中,10.93%的农民工有非常严密的劳动安全防护措施,23.74%的农民工有较为严密的劳动安全防护措施,51.47%的农民工有一些劳动安全防护措施,只有 13.86%的农民工没有劳动安全防护措施①。

新生代农民工生产安全防范措施的逐渐完善,一方面得益于各级政府对生产企业的"问责制度"的落实,另一方面是新生代农民工相对于第一代农民工的安全意识普遍增强,求职时受聘企业的生产安全是其考虑的重要因素,那些存在明显安全漏洞的企业被排除在受聘企业之外。

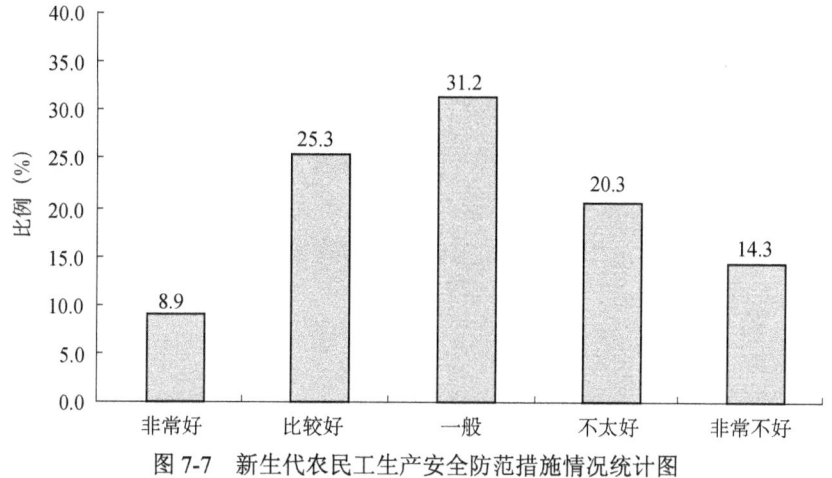

图 7-7 新生代农民工生产安全防范措施情况统计图

2009 年河南农民张海超"开胸验肺"事件,让农民工的职业病问题进入公众视野。近年来,新生代农民工发生事故比例在下降,但是新型职业危害却在上升②。目前对新生代农民工伤害最大的是各种隐性的"职业病"。根据我国 2002 年 5 月 1 日起颁布并实施的《职业病防治法》中的规定,职业病是指企业、事业单位和个体经济组织的劳动者在职业活动中,因接触粉尘、放射性物质和其他有毒有害物质等因素而引起的疾病。而新生代农民工因其职业的特殊性,在从事职业活动中因接触有毒有害因素的概率比一般城市工人要大很多,如果缺乏防保措施,极易引起职业病。我国规定

---

① 国家统计局课题组:《城市农民工生活质量状况调查报告》,《调研世界》2007 年第 1 期。
② 叶俊:《提升新生代农民工健康意识的策略探讨》,《中国健康教育》2011 年第 3 期。

职业病种类为 10 大类 115 种[①]。从新生代农民工职业病预防措施情况的统计分析结果得知（表 7-8）：认为职业病预防措施"非常好"的仅有 79 人，占调查样本的 6.7%；认为职业病预防措施"比较好"的有 232 人，占调查样本的 19.6%；认为职业病预防措施"一般"的有 285 人，占调查样本的 24.1%；认为职业病预防措施"不太好"的有 358 人，占调查样本的 30.3%；认为职业病预防措施"非常不好"的多达 228 人，占调查样本的 19.3%。

表 7-8　新生代农民工职业病预防措施情况统计（N=1182）

职业病预防措施	非常好	比较好	一般	不太好	非常不好	均值（标准差）
频次	79	232	285	358	228	2.64 (1.12)
百分比（%）	6.7	19.6	24.1	30.3	19.3	

全国总工会新生代农民工问题课题组的调查数据显示（图 7-8），不同程度的职业危害因素在不同的场合对新生代农民工的健康造成危害，其中最大危害是噪声或者震动，占 34.4%；其次是高温或者低温环境作业，占 24.3%；粉尘是职业危害因素的第 3 位，占 16.9%；有毒化学物质的职业危害因素排第 4 位，占 15.5%。加工制造业和建筑行业职业危害较为突出[②]。

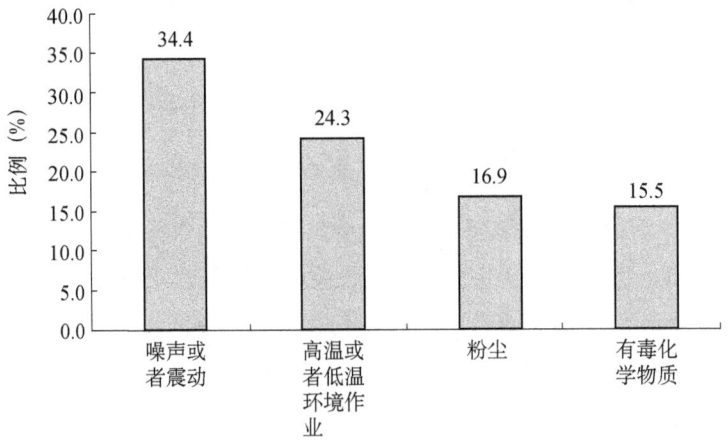

图 7-8　新生代农民工职业病成因统计图

---

① 甘肃省预防医学会职业病防治专业委员会：《农民工职业病防治例谈》，兰州：甘肃文化出版社，2008 年，第 1 页。
② 全国总工会新生代农民工问题课题组：《关于新生代农民工问题的研究报告》，《工人日报》2010 年 6 月 21 日。

第二节　就业环境对新生代农民工择业行为的影响

一、就业环境与新生代农民工的择业机会

为探讨新生代农民工就业环境与其择业机会的作用机制及影响程度，本书以人口特征、就业地城市类型为控制变量，以转换后的择业意识、择业机会评价和择业机会利用因子为因变量，利用SPSS22.0统计软件构建了六个多元线性回归模型。其中模型1、模型3和模型5为基准模型，用来考察主要控制变量对新生代农民工择业机会的影响，模型2、模型4和模型6则分别考察就业环境对新生代农民工择业意识、择业机会评价和择业机会利用的影响。所获得的结果如表7-9所示。

表7-9　以新生代农民工择业机会为因变量的多元线性回归分析

预测变量		因变量=择业意识		因变量=择业机会评价		因变量=择业机会利用	
		模型1 B(SE)	模型2 B(SE)	模型3 B(SE)	模型4 B(SE)	模型5 B(SE)	模型6 B(SE)
人口特征	性别[a]	1.212** (0.764)	1.104** (0.206)	2.412** (0.116)	2.327** (0.231)	4.521*** (0.331)	4.468*** (0.339)
	婚姻状况[b]	-2.021** (0.212)	-1.913*** (0.254)	1.762 (0.432)	1.523 (0.427)	1.446 (0.311)	1.327 (0.294)
	年龄	-0.751*** (0.456)	-0.743** (0.439)	0.644*** (0.678)	0.635*** (0.561)	0.543*** (0.440)	0.540** (0.426)
就业地城市类型[c]	特大城市	2.113*** (0.550)	1.922*** (0.431)	-1.231 (0.455)	-1.162 (0.378)	-2.923** (1.023)	-2.917** (0.954)
	省会城市	1.843*** (0.431)	1.639*** (0.546)	-1.124 (0.923)	-1.109 (0.853)	-2.376** (0.664)	-2.267** (0.612)
	地级城市	1.211*** (0.642)	1.137*** (0.541)	-0.893 (0.225)	-0.796 (0.249)	-1.231** (0.982)	-1.227** (0.893)
就业环境							
就业的政策环境		—	1.923 (1.003)	—	1.054 (1.622)	—	2.201*** (1.011)
市场需求的数量		—	2.837*** (0.612)	—	-2.232*** (1.021)	—	3.571*** (1.123)
市场需求的结构		—	-2.121*** (0.721)	—	3.210*** (1.236)	—	3.330** (1.087)
就业市场公平性		—	-2.076 (0.651)	—	1.189 (1.331)	—	2.971*** (1.234)

续表

预测变量	因变量=择业意识		因变量=择业机会评价		因变量=择业机会利用	
	模型1	模型2	模型3	模型4	模型5	模型6
	B(SE)	B(SE)	B(SE)	B(SE)	B(SE)	B(SE)
劳动时间	—	1.058(1.043)	—	-1.959**(0.643)	—	0.758(1.943)
劳动强度	—	2.077***(1.012)	—	1.177(0.878)	—	1.221(1.018)
生产安全防范措施	—	-2.527**(1.404)	—	1.114(1.004)	—	2.224***(0.794)
职业病预防措施	—	1.791(0.514)	—	0.891(0.514)	—	0.936(0.524)
F	11.896***	18.871**	6.976*	15.114***	6.723***	21.309****
Adjusted R^2	0.072	0.139	0.061	0.144	0.052	0.154
ΔR^2	—	0.067	—	0.083	—	0.102

*$P<0.1$，**$P<0.05$，***$P<0.01$，****$P<0.001$。a 参照类别为"女性"，b 参照类别为"未婚"，c 参照类别为"县级城市"。

在进行回归分析之前，本书对模型可能存在的多重共线性、异方差和序列相关问题进行了相关检验。六模型中纳入模型的控制变量和自变量的容忍度都在 0.4 以上，其方差膨胀因子都小于 3，这表明控制变量和自变量之间不存在严重的多重共线性问题。DW 值为 1.991、1.876、1.775、1.922、1.807 和 1.911，说明六模型不存在序列相关问题；接着分别对回归模型以标准化预测值为横轴、标准化残差为纵轴进行残差项的散点图分析，散点图呈无序状态，说明六模型均不存在异方差问题。而从回归分析结果中的修正后判定系数 Adjusted R^2 可以看到，对择业机会利用的解释力最大（Adjusted R^2=0.154，$P<0.001$），对择业意识的解释力最小（Adjusted R^2=0.139，$P<0.05$），而对择业机会评价的解释力为 0.144（$P<0.01$）。

1. 就业环境对新生代农民工择业意识的影响

根据表 7-9 的回归分析结果，首先，对模型 1 与模型 2 的统计结果进行比较后发现，纳入解释变量之后，模型的解释力得到了一定幅度的提高。模型解释力从 7.2%提高到 13.9%，其解释力提高了 6.7%，可见，新生代农民工的就业环境对于预测择业意识具有较高的解释力。其次，从自变量的非标准化回归系数来看，其中"市场需求的数量"和"劳动强度"对新生代农民工的择业意识有显著的正向影响，其非标准化回归系数分别为 2.837

（$P<0.01$）和 2.077（$P<0.01$），意味着其中"市场需求的数量"和"劳动强度"每提高 1 个等级，其择业意识的因子得分会相应地提高 2.837 分和 2.077 分。这是因为新生代农民工在劳动力市场有多种选择，就会激发其择业意识，特别是当目前从事工作的劳动强度越大时，会产生一种逃离当前工作岗位的"冲动"，其择业意识会越强烈。而"市场需求的结构"和"生产安全防范措施"对新生代农民工的择业意识有显著的负向影响，其非标准化回归系数分别为-2.121（$P<0.01$）和-2.527（$P<0.05$），意味着其中"市场需求的结构"和"生产安全防范措施"每提高 1 个等级，其择业意识的因子得分会相应地降低 2.121 分和 2.527 分。这是因为当新生代农民工自身的资质越符合就业市场的需求，生产安全措施越健全时，其在首次或上次择业时往往会找到较为理想的岗位，其关注的重点已从"找好工作"转移到了"干好工作"，努力干好当前工作，积累工作经验，在当前单位实现职业的向上流动成为其奋斗目标。

2. 就业环境对新生代农民工择业机会评价的影响

根据表 7-9 的回归分析的结果，首先，对模型 3 与模型 4 的统计结果进行比较后发现，纳入解释变量之后，模型的解释力得到了一定幅度的提高。模型解释力从 6.1%提高到 14.4%，其解释力提高了 8.3%，可见，就业环境对于预测新生代农民工的择业机会评价具有较高的解释力。其次，从主要自变量的非标准化回归系数来看，"市场需求的结构"对新生代农民工的择业机会评价有显著的正向影响，其非标准化回归系数为 3.210（$P<0.01$），这意味着"市场需求的结构"每提高 1 个等级，其择业机会评价的因子得分会相应地提高 3.210 分。而"市场需求的数量"和"劳动时间"对新生代农民工的择业机会评价有显著的负向影响，其非标准化回归系数分别为-2.232（$P<0.01$）和-1.959（$P<0.05$），这意味着"市场需求的数量"和"劳动时间"每提高 1 个等级，其择业机会评价的因子得分会相应地降低 2.232 分和 1.959 分。"市场需求的数量"和"劳动时间"对农民工择业机会评价产生负向影响可能是当劳动力就业市场上就业机会较多的时候，新生代农民工由于缺乏城市就业的经历，加之就业信息的不对称，反而会降低其对择业机会的正确评价。同时，新生代农民工的劳动时间越长，会减少其对就业市场其他择业机会评价的时间和精力。据调查，珠江三角洲有 46%的农民工每天工作 12—14 小时，47%的农民工反映他们没有

休息日，河南的农民工调查数据显示的结果与此类似①。超长的劳动时间导致新生代农民工在客观上缺乏对择业机会进行正确评价的时间及和其他农民工进行交流的机会，在主观上缺乏对择业机会进行评价的精力，当每天超负荷工作后筋疲力尽时很难对其他择业机会进行准确的评价。

3. 就业环境对新生代农民工择业机会利用的影响

根据表7-9的回归分析的结果，首先，对模型5与模型6的统计结果进行比较后发现，纳入解释变量之后，模型的解释力得到了一定幅度的提高。模型解释力从5.2%提高到15.4%，其解释力提高了10.2%，可见，就业环境对于预测新生代农民工的择业机会利用具有较高的解释力。其次，从主要自变量的非标准化回归系数来看，"就业的政策环境"、"市场需求的数量"、"市场需求的结构"、"就业市场公平性"和"生产安全防范措施"对新生代农民工的择业机会利用有显著影响，其非标准化回归系数分别为2.201（$P<0.01$）、3.571（$P<0.01$）、3.330（$P<0.05$）、2.971（$P<0.01$）和2.224（$P<0.01$），这意味着"就业的政策环境"、"市场需求的数量""市场需求的结构"、"就业市场公平性"和"生产安全防范措施"每提高1个等级，其择业机会利用的因子得分会相应地提高2.201分、3.571分、3.330分、2.971分和2.224分。由于中国城市就业制度环境的逐步改善，可以不断创造巨大的就业增量。实践已经证明，恶劣的就业制度会极大地压缩就业容量，而良好的就业制度会放大就业容量。我国以往城乡二元结构下严苛的就业制度，羁绊了农村劳动力的自由流动，降低了劳动力资源配置效果，人为扼制缩小了城市就业容量，束缚了城乡生产力发展。而随着城市就业政策的放宽，城市就业容量将会不断创造和扩大。政府对进城农民自主创业就业政策的放宽，会催生大批农民自办小型企业，创造大量社会需要的就业岗位②，这将对新生代农民工择业机会的利用产生积极影响。

二、就业环境与新生代农民工的职业选择

1. 就业环境对新生代农民工工作转换的影响

为探讨新生代农民工就业环境及其工作转换次数的作用机制及影响程度，本书以人口特征、就业地城市类型为控制变量，以就业环境为自变量，

---

① 郭军：《中国社会主义劳动关系的经济理论探识》，北京：经济管理出版社，2013年，第137页。
② 张秋锦：《农本论：当代中国农民问题思考》，北京：中国农业出版社，2008年，第211页。

以工作转换次数为因变量，利用 SPSS22.0 统计软件构建多元回归模型。其中模型 1 为基准模型，用来考察主要控制变量的影响对新生代农民工工作转换次数的影响，模型 2 考察就业环境对新生代农民工工作转换次数的影响作用。在进行回归分析之前，本书对模型可能存在的多重共线性、异方差和序列相关问题进行了相关检验。模型中纳入模型的控制变量和自变量的容忍度都在 0.4 以上，其方差膨胀因子都小于 3，这表明控制变量和自变量之间不存在严重的多重共线性问题。DW 值为 1.882、1.903，说明模型不存在序列相关问题，所获得的结果如表 7-10 所示。

根据表 7-10 的回归分析的结果，首先，对模型 1 与模型 2 的统计结果进行比较后发现，纳入解释变量之后，模型的解释力得到了一定幅度的提高。模型解释力从 6.7% 提高到 18.3%，其解释力提高了 11.6%，可见就业环境对于预测新生代农民工的工作转换次数具有较高的解释力。其次，从主要自变量的非标准化回归来看，"市场需求的数量"、"市场需求的结构" 和 "劳动强度" 对新生代农民工的工作转换次数有显著影响，其非标准化回归系数分别为 0.107（$P<0.01$）、0.122（$P<0.01$）和 0.211（$P<0.01$），这意味着新生代农民工的 "市场需求的数量"、"市场需求的结构" 和 "劳动强度" 每提高 1 个等级，其工作转换次数会相应地提高 10.7%、12.2% 和 21.1%。这是因为劳动力市场需求的数量和需求的结构为新生代农民工提供工作转换的 "可选空间"，为其从 "生存型" 择业向 "发展型" 择业提供了机会，而劳动强度越大则会促使新生代农民工进行工作转换，与第一代农民工相比，新生代农民工的高强度劳动的承受力较低，劳动强度成为大多数新生代农民工择业时考虑的重要因素。

表 7-10　以新生代农民工的工作转换次数为因变量的多元线性回归分析

预测变量		模型 1	模型 2
		B（SE）	B（SE）
控制变量			
人口特征	性别 [a]	0.067** （0.032）	0.065** （0.031）
	婚姻状况 [b]	-0.103** （0.065）	-0.102*** （0.034）
	年龄	-0.053 （0.034）	-0.050 （0.029）
就业地城市类型 [c]	特大城市	0.071*** （0.023）	0.067*** （0.019）
	省会城市	0.047*** （0.021）	0.044*** （0.020）
	地级城市	0.032*** （0.006）	0.029** （0.017）

续表

预测变量	模型 1 B（SE）	模型 2 B（SE）
自变量		
就业的政策环境	—	-0.188（0.043）
市场需求的数量	—	0.107***（0.028）
市场需求的结构	—	0.122***（0.024）
就业市场公平性	—	0.091（0.009）
劳动时间	—	0.181（0.057）
劳动强度	—	0.211***（0.034）
生产安全防范措施	—	0.122（0.024）
职业病预防措施	—	-0.131（0.058）
F	15.879***	21.031***
Adjusted R^2	0.067	0.183
ΔR^2	—	0.116

P<0.05，*P<0.01。a 参照类别为"女性"，b 参照类别为"未婚"，c 参照类别为"县级城市"。

2. 就业环境对新生代农民工工作持续时间的影响

为探讨新生代农民工就业环境与其职业持续时间的作用机制及影响程度，本书以人口特征、就业地城市类型为控制变量，以就业环境为自变量，分别以新生代农民工第一份工作持续时间、上份工作持续时间和平均每份工作持续时间为因变量，利用 SPSS22.0 统计软件构建了六个多元线性回归模型。其中模型 1、模型 3 和模型 5 为基准模型，用来考察主要控制变量的影响对职业持续时间的影响，模型 2、模型 4 和模型 6 则分别考察就业环境对新生代农民工第一份工作持续时间、上份工作持续时间和平均每份工作持续时间的影响。所获得的结果如表 7-11 所示。

在进行回归分析之前，本书对模型可能存在的多重共线性、异方差和序列相关问题进行了相关检验。六模型中纳入模型的控制变量和自变量的容忍度都在 0.5 以上，其方差膨胀因子都小于 3，这表明控制变量和自变量之间不存在严重的多重共线性问题。DW 值分别为 1.884、1.761、1.794、1.879、1.905 和 1.847，说明六模型不存在序列相关问题；接着分别对回归模型以标准化预测值为横轴、标准化残差为纵轴进行残差项的散点图分析，

表 7-11 以新生代农民工职业持续时间为因变量的回归分析

预测变量		因变量=第一份工作持续时间		因变量=上份工作持续时间		因变量=平均每份工作持续时间	
		模型 1	模型 2	模型 3	模型 4	模型 5	模型 6
		B(SE)	B(SE)	B(SE)	B(SE)	B(SE)	B(SE)
控制变量							
人口特征	性别 a	-3.134** (0.544)	-3.131** (0.497)	1.897 (0.544)	1.893 (0.437)	2.131 (0.367)	2.129 (0.362)
	婚姻状况 b	4.083** (0.567)	4.081** (0.536)	2.567** (0.523)	2.561** (0.520)	4.044*** (0.441)	4.042*** (0.440)
	年龄	1.078** (0.433)	1.072** (0.431)	1.514*** (0.650)	1.512*** (0.648)	1.012*** (0.431)	1.011 (0.426)
就业地城市类型 c	特大城市	-1.341** (0.432)	-1.335*** (0.411)	4.201** (0.337)	4.101*** (0.587)	-2.330** (1.004)	-3.327** (1.003)
	省会城市	-1.265*** (0.568)	-1.253*** (0.550)	3.115*** (0.513)	3.109*** (0.427)	-1.126** (0.615)	-1.121** (0.614)
	地级城市	-0.977** (0.801)	-0.972*** (0.720)	1.991 (0.210)	1.987 (0.220)	-0.761 (0.572)	0.768 (0.569)
自变量							
就业的政策环境		—	1.867*** (0.547)	—	1.928 (0.437)	—	1.509 (0.124)
市场需求的数量		—	-2.872*** (1.231)	—	-1.733 (0.763)	—	-2.559*** (0.213)
市场需求的结构		—	-3.334*** (1.291)	—	2.660*** (0.258)	—	3.860*** (0.220)
就业市场公平性		—	1.592 (0.334)	—	3.483*** (0.210)	—	1.773** (0.342)
劳动时间		—	1.942 (0.410)	—	-1.207*** (0.789)	—	0.994 (0.621)
劳动强度		—	-1.652 (1.031)	—	-2.014*** (1.357)	—	-1.974** (1.510)
生产安全防范措施		—	1.020 (0.889)	—	1.301*** (0.971)	—	1.247*** (0.845)
职业病预防措施		—	0.782 (0.379)	—	1.410*** (1.004)	—	1.143*** (0.911)
F		11.021***	18.302***	8.923**	21.293***	7.783***	17.652****
Adjusted R^2		0.056	0.132	0.063	0.168	0.059	0.151
ΔR^2			0.076	—	0.105	—	0.092

$P<0.05$,*$P<0.01$,****$P<0.001$。a 参照类别为"女性",b 参照类别为"未婚",c 参照类别为"县级城市"。

散点图呈无序状态,说明六模型均不存在异方差问题。而从回归分析结果中的修正后判定系数 Adjusted R^2 可以看到,对新生代农民工上份工作持续时间的解释力最大(Adjusted R^2=0.168,$P<0.01$),对第一份工作持续时间的解释力最小(Adjusted R^2=0.132,$P<0.01$),而对平均每份工作持续时间的解释力为 0.151($P<0.001$)。

(1)就业环境对新生代农民工第一份工作持续时间的影响。根据表 7-11 的回归分析结果,首先,对模型 1 与模型 2 的统计结果进行比较后发现,纳入解释变量之后,模型的解释力得到了一定幅度的提高。模型解释力从 5.6%提高到 13.2%,其解释力提高了 7.6%,可见,新生代农民工的就业环境对于预测新生代农民工第一份工作持续时间具有较高的解释力。其次,从主要自变量的非标准化回归系数来看,"就业的政策环境"对新生代农民工的第一份工作持续时间有显著的正向影响,其非标准化回归系数为 1.867($P<0.01$),意味着"就业的政策环境"每提高 1 个等级,其第一份工作的持续时间会相应地增加 1.867 个月。这是因为新生代农民工对就业政策环境越满意,越能折射出现行的农民工就业政策较为健全的现状,这样有利于尽快适应新的城市工作,提高其工作满意度,较好的工作与生活状态会促使其延长在第一份工作岗位上的工作时间。而"市场需求的数量"和"市场需求的结构"对新生代农民工的第一份工作持续时间有显著负向影响,其非标准化回归系数分别为-2.872($P<0.01$)、-3.334($P<0.01$),意味着"市场需求的数量"和"市场需求的结构"每提高 1 个等级,其第一份工作的持续时间会相应地减少 2.872 个月和 3.334 个月。这是因为在市场需求的数量较大,而自身资质符合市场需求的结构的情况下,新生代农民工会在劳动力市场处于"优势"地位,在心理上会增强谋求更理想工作的自信心和降低离开第一份工作的风险感知,从而在客观上促使其缩短在第一份工作岗位上的持续时间。

(2)就业环境对新生代农民工上份工作持续时间的影响。根据表 7-11 的回归分析的结果,首先,对模型 3 与模型 4 的统计结果进行比较后发现,纳入解释变量之后,模型的解释力得到了一定幅度的提高。模型解释力从 6.3%提高到 16.8%,其解释力提高了 10.5%,可见,就业环境对于预测新生代农民工的上份工作的持续时间具有较高的解释力。其次,从主要自变量的非标准化回归系数来看,"市场需求的结构"、"就业市场公平性"、"生产安全防范措施"和"职业病预防措施"对新生代农民工上份工作的持续时间施加显著的正向影响，其非标准化回归系数分别为 2.660（$P<0.01$）、3.483（$P<0.01$）、1.301（$P<0.01$）和 1.410（$P<0.01$），这意味着"市场需求的结构"、"就业市场公平性"、"生产安全防范措施"和"职业病预防措施"每提高 1 个等级，其上份工作持续时间分别会相应地增加 2.660 个月、3.483 个月、1.301 个月和 1.410 个月。而"劳动时间"和"劳动强度"对新生代农民工上份工作的持续时间产生显著的负向影响，其非标准化回归系数分别为-1.207（$P<0.01$）和-2.014（$P<0.01$），这意味着"劳动时间"和"劳动强度"每提高 1 个等级，其上份工作持续时间分别会相应地缩短 1.207 个月和 2.014 个月。目前新生代农民工在城市务工大都是超长时间的高强度的工作。正如有学者的调查也显示：从上周工作天数看，大多数（73.9%）被访者每周工作 7 天，10.9%的被访者能够休息 1 天，仅有 15.2%的被访者能够获得一星期休息 2 天的法定休息日数。从工作日劳动时间看，仅有 35.4%的被访者能够在 8 小时以内正常下班，工作 8—10 小时的占 30.1%，10—12 小时的占 22.4%，12 小时以上的占 12.1%[1]。同时也有调查显示，外出务工农民工中有 54.1%属于自愿加班[2]。但这些调查没有严格区分农民工的类型及在城市务工的具体情况，其实，农民工内部已产生明显的分化，新生代农民工与第一代农民工在择业的态度与行为上呈现出显著的差异。新生代农民工在城市换了几次工作后，对"劳动时间"和"劳动强度"的看法和接受程度会发生很多变化，刚进入城市时大都自愿拼命加班超负荷工作换取较高工资收入，当其适应城市后，逐渐转化为提升自身技能以获取更高收入，并对工作质量提出了一定的要求，维权意识增强，因此，当上份工作的劳动时间越长，工作强度越大时，会促使其寻找新的合适工作，从而缩短其在上份工作岗位上的持续时间。

（3）就业环境对新生代农民工平均每份工作持续时间的影响。根据表 7-11 的回归分析的结果，首先，对模型 5 与模型 6 的统计结果进行比较后发现，纳入解释变量之后，模型的解释力得到了一定幅度的提高。模型解释力从 5.9%提高到 15.1%，其解释力提高了 9.2%，可见，就业环境对于

---

[1] 洪小良、王雪梅：《新世纪北京城市弱势群体研究》，北京：中国经济出版社，2012 年，第 138 页。
[2] 刘林平、张春泥、陈晓娟：《农民的效益观与农民工的行为逻辑——对农民工超时加班的意愿与目的分析》，《中国农村经济》2010 年第 9 期。

预测新生代农民工平均每份工作持续时间具有较高的解释力。其次，从主要自变量的非标准化回归系数来看，"市场需求的结构"、"就业市场公平性"、"生产安全防范措施"和"职业病预防措施"对新生代农民工的平均每份工作持续时间施加显著的正向影响，其非标准化回归系数分别为 3.860（$P<0.01$）、1.773（$P<0.05$）、1.247（$P<0.01$）和 1.143（$P<0.01$），这意味着"市场需求的结构"、"就业市场公平性"、"生产安全防范措施"和"职业病预防措施"每提高 1 个等级，其平均每份工作持续时间会分别增加 3.860 个月、1.773 个月、1.247 个月和 1.143 个月。而"市场需求的数量"和"劳动强度"对新生代农民工的平均每份工作持续时间施加显著的负向影响，其非标准化回归系数分别为-2.559（$P<0.01$）和-1.974（$P<0.05$），这意味着"市场需求的数量"和"劳动强度"每提高 1 个等级，其平均每份工作持续时间会分别减少 2.559 个月和 1.974 个月。高强度的劳动会严重影响人的身心健康，据中国医师协会、中国医院协会、慈铭体检集团等在 2009 年发起的《中国城市健康状况大调查》的结果显示：中国内地白领 76%处于亚健康状态，接近六成处于过劳状态，高收入人群生物年龄比实际年龄衰老 10 年[①]。与第一代农民工不同，大多新生代农民工不会用牺牲身体健康去换取暂时的高收入，劳动强度状况往往成为新生代农民工选择工作时考虑的重要因素。

三、就业环境与新生代农民工的职业适应

为探讨新生代农民工就业环境与其职业适应的作用机制及影响程度，本书以人口特征、就业地城市类型为控制变量，以就业环境为自变量，分别以转换后的"被动型"职业适应、"能动型"职业适应和结果性职业适应的因子得分为因变量，利用 SPSS22.0 统计软件构建了六个多元线性回归模型。其中模型 1、模型 3 和模型 5 为基准模型，用来考察主要控制变量对新生代农民工职业适应的影响，模型 2、模型 4 和模型 6 则分别考察就业环境对新生代农民工"被动型"职业适应因子、"能动型"职业适应因子、结果性职业适应因子的影响。所获得的结果如表 7-12 所示。

---

① 孟续铎、肖鹏燕：《过劳研究在中国——访首都经贸大学劳动经济学院杨河清教授》，《中国人力资源开发》2012 年第 10 期。

表 7-12 以新生代农民工职业适应为因变量的回归分析

预测变量		过程性职业适应				结果性职业适应	
		模型 1	模型 2	模型 3	模型 4	模型 5	模型 6
		"被动型"职业适应基准模型	"被动型"职业适应	"能动型"职业适应基准模型	"能动型"职业适应	结果性职业适应基准模型	结果性职业适应
控制变量							
人口特征	性别[a]	-3.322** (0.544)	-3.321** (0.542)	4.322** (0.544)	4.320** (0.534)	-2.134*** (0.212)	-2.132*** (0.224)
	婚姻状况[b]	2.011** (0.654)	2.009** (0.651)	-3.011** (0.654)	-3.008** (0.633)	3.321 (0.425)	3.318 (0.589)
	年龄	-1.505 (0.357)	-1.503 (0.348)	-1.505 (0.357)	-1.503 (0.357)	1.132 (0.537)	1.127 (0.578)
就业地城市类型[c]	特大城市	2.121 (0.670)	2.118*** (0.662)	2.322** (0.544)	2.321*** (0.457)	-3.121*** (0.334)	-3.097*** (0.328)
	省会城市	1.912 (0.513)	1.911*** (0.510)	2.231** (0.654)	2.221*** (0.647)	-2.205*** (0.877)	-2.119** (0.861)
	地级城市	1.321 (0.458)	1.320*** (0.453)	1.412*** (0.357)	1.411*** (0.348)	-1.643*** (0.567)	-1.639*** (0.577)
自变量							
就业的政策环境		—	1.723 (1.003)	—	2.854*** (1.622)	—	4.101*** (1.611)
市场需求的数量		—	-3.237*** (1.112)	—	3.932*** (1.821)	—	2.771 (2.123)
市场需求的结构		—	-3.321*** (0.721)	—	4.210*** (1.936)	—	5.830*** (2.087)
就业市场公平性		—	-2.776** (0.651)	—	2.789** (1.331)	—	4.971*** (2.234)
劳动时间		—	1.511 (1.021)	—	1.607 (1.207)	—	-2.874 (1.240)
劳动强度		—	-2.310 (1.204)	—	1.509*** (0.933)	—	-3.731*** (1.210)
生产安全防范措施		—	2.972 (0.705)	—	1.013 (0.947)	—	2.071 (0.788)
职业病预防措施		—	2.861 (0.551)	—	1.922 (0.891)	—	2.116 (0.972)
F		9.823***	18.542***	10.321***	17.009**	11.022***	16.327***
Adjusted R^2		0.047	0.091	0.043	0.123	0.046	0.125
ΔR^2		—	0.044	—	0.080	—	0.079

$P<0.05$,*$P<0.01$。a 参照类别为"女性",b 参照类别为"未婚",c 参照类别为"县级城市"。

在进行回归分析之前，本书对模型可能存在的多重共线性、异方差和序列相关问题进行了相关检验。六模型中纳入模型的控制变量和自变量的容忍度都在 0.3 以上，其方差膨胀因子都小于 3，这表明控制变量和自变量之间不存在严重的多重共线性问题。DW 值为 2.017、1.905、1.977、1.893、1.854 和 1.930，说明六模型不存在序列相关问题；接着分别对回归模型以标准化预测值为横轴、标准化残差为纵轴进行残差项的散点图分析，散点图呈无序状态，说明六模型均不存在异方差问题。而从回归分析结果中的修正后判定系数 Adjusted R^2 可以看到，就业环境对结果性职业适应因子的解释力最大（Adjusted R^2=0.125，$P<0.01$），对"被动型"职业适应因子的解释力最小（Adjusted R^2=0.091，$P<0.01$），而对"能动型"职业适应因子的解释力为 0.123（$P<0.05$）。

1. 就业环境与新生代农民工过程性职业适应

（1）就业环境对新生代农民工"被动型"职业适应的影响。根据表 7-12 的回归分析的结果，首先，对模型 1 与模型 2 的统计结果进行比较后发现，纳入解释变量之后，模型的解释力得到了一定幅度的提高。模型解释力从 4.7% 提高到 9.1%，其解释力提高了 4.4%，可见，就业环境对于预测新生代农民工的"被动型"职业适应因子具有较高的解释力。其次，从主要自变量的非标准化回归系数来看，"市场需求的数量"、"市场需求的结构"和"就业市场公平性"对新生代农民工的"被动型"职业适应因子有显著影响，其非标准化回归系数分别为-3.237（$P<0.01$）、-3.321（$P<0.01$）和-2.776（$P<0.05$），这意味着"市场需求的数量"、"市场需求的结构"和"就业市场公平性"每提高 1 个等级，其"被动型"职业适应因子得分会相应地降低 3.237 分、3.321 分和 2.776 分。这表明"市场需求的数量"、"市场需求的结构"和"就业市场公平性"状况与新生代农民工"被动型"职业适应方式呈显著的负相关。因为新生代农民工面临"供过于求"的劳动力市场，而自身拥有的劳动技能与劳动力市场招聘的资质要求匹配性差，且劳动就业市场的不公正程度较高时，在劳动利益受损的情况下往往更多的是忍气吞声、抱怨、退出、呼吁甚至是沉默。如有学者通过深圳外来女工的尖叫和梦魇来窥视被资本、现行分割体制等势力撕裂下，透过工厂中的种种慢性痛楚来加以反抗及获得自由和叛离的可能性[①]。因为在严峻的就业形势

---

① 潘毅：《开创一种抗争的次文体：工厂里一位女工的尖叫、梦魇和叛离》，《社会学研究》1999 年第 5 期。

下,新生代农民工惧怕丢掉来之不易的就业机会,对雇主可能的辞退整日提心吊胆,此时容易采取"被动型"职业适应方式,而雇主会利用这样有利的状况对新生代农民工采取"分割"或"分化"的策略,削弱其集体抗争的能力[①],从而在这一过程进一步形塑和强化新生代农民工业已形成的"生存理性"[②]和"生存文化"[③]。

(2)就业环境对新生代农民工"能动型"职业适应的影响。根据表7-12的回归分析的结果,首先,对模型3与模型4的统计结果进行比较后发现,纳入解释变量之后,模型的解释力得到了一定幅度的提高。模型解释力从4.3%提高到12.3%,其解释力提高了8.0%,可见,就业环境对于预测新生代农民工的"能动型"职业适应因子具有较高的解释力。其次,从主要自变量的非标准化回归系数来看,"就业的政策环境"对新生代农民工的"能动型"职业适应因子有显著影响,其非标准化回归系数为2.854($P<0.01$),这意味着"就业的政策环境"每提高1个等级,其"能动型"职业适应因子得分会相应地提高2.854分。这表明良好的就业政策环境能为在城市劳动力市场处于弱势地位的新生代农民工争取合法的劳动权益保驾护航。而优化新生代农民工的就业政策环境既要消除既有歧视性政策对新生代农民工就业造成的排斥,同时也要提高就业的各项服务政策的服务水平。"市场需求的数量"、"市场需求的结构"和"就业市场公平性"对新生代农民工的"能动型"职业适应因子有显著影响,其非标准化回归系数为3.932($P<0.01$)、4.210($P<0.01$)和2.789($P<0.05$),这意味着"市场需求的数量"、"市场需求的结构"和"就业市场公平性"每提高1个等级,其"能动型"职业适应因子得分会分别相应地提高3.932分、4.210分和2.789分。这表明"市场需求的数量"、"市场需求的结构"和"就业市场公平性"状况与新生代农民工"能动型"职业适应方式呈显著的正相关。当新生代农民工面临"供不应求"的劳动力市场,而自身拥有的劳动技能与劳动力市场招聘的资质要求匹配性较高,且劳动就业市场的公正程度越高时,其采取"能动型"职业适应方式来提高职业适应水平的主动性增强,因为"紧凑的"劳动力市场(tight labormarket)带来的较低的失业率是决定新生代

---

① 刘爱玉:《劳动权益受损与行动选择研究:两代农民工的比较》,《江苏行政学院学报》2011年第1期。
② 黄平:《寻求生存——当代中国农村外出人口的社会学研究》,昆明:云南人民出版社,1997年,第102页。
③ 陈佩华:《生存的文化——通过私人信件透视外来工的生活》,《清华社会学评论》2002年第4期。

农民工行动选择策略和行动能力的关键性因素，能显著提升其在劳动力市场讨价还价的空间和能力[①]。而"劳动强度"的标准化回归系数为1.509（$P<0.01$），这意味着"劳动强度"提高1个等级，其"能动型"职业适应因子得分会相应地提高1.509分。这表明当劳动强度超过新生代农民工的承受力时，特别是高强度的劳动在工资报酬方面没有显著差异情况下，会激发起新生代农民工权益维护的主动性，长时间积累的不满和抵抗情绪会爆发，冲击目前看似和谐的劳动关系。

2. 就业环境与新生代农民工结果性职业适应

根据表7-12的回归分析的结果，首先，对模型5与模型6的统计结果进行比较后发现，纳入解释变量之后，模型的解释力得到了一定幅度的提高。模型解释力从4.6%提高到12.5%，其解释力提高了7.9%，可见，就业环境对于预测新生代农民工的结果性职业适应因子具有较高的解释力。其次，从主要自变量的非标准化回归系数来看，"就业的政策环境"对新生代农民工的结果性职业适应因子有显著的正向影响，其非标准化回归系数为4.101（$P<0.01$），这意味着"就业的政策环境"每提高1个等级，其结果性职业适应的因子得分会相应地提高4.101分。"市场需求的结构"和"就业市场公平性"对新生代农民工的结果性职业适应因子有显著的正向影响，其非标准化回归系数分别为5.830（$P<0.01$）和4.971（$P<0.01$），这意味着"市场需求的结构"和"就业市场公平性"每提高1个等级，其结果性职业适应因子得分会相应地提高5.830分和4.971分。这是因为目前新生代农民工的工作虽然还处于对城市居民工作岗位的替换和补充阶段，但其职业技能普遍得到提升，在城市发展过程中发挥着不可或缺的作用。随着"市场机制"逐渐成为劳动力市场中劳动力资源配置主要方式，新生代农民工的就业地位和主动性大幅提高，特别是当其职业技能符合市场需求的结构，他们既具有积极对抗资方不法行为的资本，同时也具有"用脚决定"的能力和空间，因而其结果性职业适应的水平会得到显著提升。而"劳动强度"对新生代农民工的结果性职业适应因子有显著的负向影响，其非标准化回归系数分别为-3.731（$P<0.01$），这意味着"劳动强度"每提高1个等级，其结果性职业适应因子得分会相应地降低3.731分。这可能是因为长时间

[①] Wright E O. Working-Class Power, Capitalist-Class Interests, and Class Compromise. *American Journal of Sociology*, 2000, 105（4）: 957-1002.

在高强度劳动岗位的新生代农民工大多数职业技能较低，其职业竞争力偏低会削弱其结果性职业适应水平。

第三节 结论与讨论

一、新生代农民工就业政策环境的改善滞后于就业市场环境的改善，使"强资本，弱劳工"格局难以扭转

从新生代农民工的就业政策环境来看，按五等分李克特量表进行赋值分析，新生代农民工在就业培训、就业援助、社会保障、公共服务与户籍管理项目上的得分分别为2.79、2.72、3.13、2.89和2.97，除了在社会保障项目上的得分超过了量表中点（3分）及在户籍管理项目上的得分接近量表中点外，其余得分均在量表中点（3分）以下；而从新生代农民工的市场环境来看，劳动力市场对新生代农民工的需求数量、需求结构的均值分别为3.54分和3.34分，其得分在量表赋值中点（3分）以上。而市场公平性的均值为2.86分，其得分低于量表赋值中点（3分）。这表明新生代农民工的就业环境得到了显著改善。

但就业政策环境的改善滞后于就业市场环境的改善，使"强资本，弱劳工"格局难以扭转。因为随着社会主义市场经济的快速推进，正如卡尔·波兰尼所言，自由与放任的市场的形成其实是一种"计划"经济，需要一项由国家、市场与意识形态共同打造的错综复杂的规训工程，是为了将中国与世界接轨的一种必要的主体塑造工程。它在自由和放任的名义下，将融入集体的社会成员化约为竞争性的原子化市场个体[①]。布洛威（Buroway）从生产政治的分析范式出发，认为生产体制共包括四个基本维度：劳动过程和劳动力再生产模式两个微观层面的维度，以及市场竞争和国家干预两个外部宏观层面的维度。强调工人阶级用以维持自身劳动力再生产和家庭生存的劳动力再生产模式必然受到国家提供的各种制度安排（产业制度、福利制度、就业保障制度等），在某些条件下甚至还包括国家的直接治理手段等国家干预的影响。他认为，针对工业化过程中存在的大量移民劳动的不合理再生产模式，国家权力有意识地运作和安排不仅没有

---

① ［英］卡尔·波兰尼：《大转型：我们时代的政治与经济起源》，杭州：浙江人民出版社，2007年。

对其削弱和改变,反而将其加固,从而有效降低工业生产成本,减少城市化的压力①。农村与城市的改革,一方面大量的农村劳动力不得不进城打工,成为新兴工人阶级的主体,另一方面户籍制度为核心的壁垒依然存在,从而造成"农民工"这样一种特殊的身份。②农民工的工人身份却长期被有意无意地忽略,致使他们的无产阶级化过程变得异常艰难,总是处在一种"非工非农"的尴尬境地,处在半无产阶级化状态。"农民工"这种模糊的身份代表一种体制的伤害,而这种伤害为资本所利用,成为资本过度剥削的条件。体制和资本的力量共同决定了农民工的命运。

现阶段党中央提出提升政府的社会治理能力,其中扩大社会自我管理并不意味政府对公共事务就撒手不管,而是实现政府、社会、民众多主体共同进行社会治理③。因为我国的劳动力市场,特别是新生代农民工所在的次级劳动力市场,市场机制还很不完善,不仅受制于农村转移劳动力将长期处于供大于求的局面,而且从劳动力市场雇佣双方的地位来看,雇主本来就处于比较有利的、有权的地位,新生代农民工处于不利的、无权的地位。从世界各国劳动力市场的发展来看,受雇一方地位的改善是在工联主义兴起以后。而现阶段农民工的组织化很弱,处于弱势的新生代农民工只有在政策的照顾下,才能充分保障自身的权益不受侵害,并不断提升其劳动力报酬在总产出的比例。有些地方政府为了应对上级政绩考核的要求,在雇主、劳动者与政府三方博弈中往往偏向本来就处于强势地位的雇主,宁愿牺牲劳资关系的公共管理目标而偏向企业主一方④。

二、从"政策型"到"市场型":新生代农民工择业过程中就业环境的变迁

随着农民工进入城市劳动力市场,虽然出现了另一种基于城乡身份的城市劳动力市场区隔⑤,但随着改革的深入和劳动力市场逐步建立,农民工

---

① Harvey D. *The Limits to Capital* . Oxford: Blackwell, 1982.
② 潘毅:《大工地:建筑业农民工的生存图景》,北京:北京大学出版社,2012年,第6页。
③ 陈成文、刘辉武、程珊:《论加强社会工作与提升社会治理能力》,《社会工作》2014年第2期。
④ 罗竖元:《走出私营企业劳资关系困境——基于劳动者、雇主和政府三方博弈分析的视角》,《长白学刊》2010年第1期。
⑤ Meng X, Zhang J. The Two-Tier Labor Market in Urban China-Occupational Segregation and Wage Differentials Between Urban Residents and Rural Migrants in Shanghai. *Journal of Comparative Economics*, 2001, 29 (3): 485-504.

与城市工人的劳动回报已呈现出"趋同"的趋势,表明了在城市劳动力市场,至少在城市低端劳动力市场,城乡劳动力已经逐步融合[①]。本书实证结果表明:"就业的政策环境"只对新生代农民工的择业机会利用、第一份工作持续时间、"能动型"职业适应因子和结果性职业适应因子有显著影响,其非标准化回归系数分别为 2.201($P<0.01$)、1.867($P<0.01$)、2.854($P<0.01$)和 4.101($P<0.01$)。而就业市场环境中的"市场需求的数量"对新生代农民工的择业意识、择业机会评价、择业机会利用、工作转换次数、第一份工作持续时间、平均每份工作持续时间、"被动型"职业适应因子和"能动型"职业适应因子施加显著影响,其非标准化回归系数分别为 2.837($P<0.01$)、-2.232($P<0.01$)、3.571($P<0.01$)、0.107($P<0.01$)、-2.872($P<0.01$)、-2.559($P<0.01$)、-3.237($P<0.01$)、3.932($P<0.01$)。"市场需求的结构"对新生代农民工的择业意识、择业机会评价、择业机会利用、工作转换次数、第一份工作持续时间、上份工作持续时间、平均每份工作持续时间、"被动型"职业适应因子、"能动型"职业适应因子和结果性职业适应因子有显著影响,其非标准化回归系数分别为-2.121($P<0.01$)、3.210($P<0.01$)、3.330($P<0.05$)、0.122($P<0.01$)、-3.334($P<0.01$)、2.660($P<0.01$)、3.860($P<0.01$)、-3.321($P<0.01$)、4.210($P<0.01$)和 5.830($P<0.01$)。"就业市场公平性"对新生代农民工的择业机会利用、上份工作持续时间、平均每份工作持续时间、"被动型"职业适应因子、"能动型"职业适应因子和结果性职业适应因子有显著影响,其非标准化回归系数分别为 2.971($P<0.01$)、3.483($P<0.01$)、1.773($P<0.05$)、-2.776($P<0.05$)、2.789($P<0.05$)和 4.971($P<0.01$)。

在计划经济时代,农村剩余劳动力的转移基本上是也是被禁止的,除少数符合"工业优先、城市偏向"发展战略的计划内转移外,如他们有的借助继承性的顶职、特殊行业政策性招工、随军随干、教育转移、征兵提干等方式进入城市,有的通过购买城市户口变为城市居民,更多的是随着城市化的进程由失地农民变为市民,但无一不受政府人为设置的门槛或配额限制,从转移的决策方式和劳动力来看,这期间的农民向城市迁移基本上都属于"政府行为推进的政策型转移"。但改革开放后,农村劳动力的转

[①] 谢桂华:《农民工与城市劳动力市场》,《社会学研究》2007 年第 5 期。

移出现了另一种方式，起先是乡镇企业异军突起，吸纳了广大农村隐性失业的劳动力就地转移，其后是随着外围渐进性改革的进展，国家逐步放开了对农村劳动力进城的限制，导致大量离土又离乡的农民工异地转移，形成了"经济利益诱致的市场型转移"模式①。随着我国农村剩余劳动力向城市转移由计划经济时代的"政府行为推进的政策型转移"向改革开放以来的"经济利益诱致的市场型转移"的转变，农民工从农村转移到城市的迁移行为及在城市的职业选择的自主性增强，其遵循的行动逻辑也相应地由"政策主导型"转变为"市场主导型"。从农村城市化发展规律和农业劳动力非农化的国际经验来看，"经济利益诱致的市场型转移"道路应发挥主力作用，是农村剩余劳动力迁移到城市的主渠道。因为世界上绝大多数国家的农村剩余劳动力转移都是劳动者一种微观的、个人的、自发的、市场性的决策和行为。

另外，与老一代农民工相比，新生代农民工也实现了从"传统人"向"市场人"的蜕变，20世纪80年代，第一代农民工刚刚进入市场体制，其思维和行为还停留在传统体制的模式，但新生代农民工随着市场经济的发展和经验教训的增加，他们越来越多地观察、分析、思考和交流，逐渐认识到市场体制的特点，意识到了市场体制对自己地位和命运的影响，逐渐地转变思维模式，认清了自己作为市场人的劳动市场的主体地位，知道必须通过市场获得自己的个人利益，并且看清市场规则，认清如何在市场体制中牟取利益，以至如何以行动冲击和改变规则，如何对利益相对方采取行动，进行博弈②。

当然，我国社会主义市场经济还正处于不断深化与完善的过程中，劳动力市场的"市场自律"还经常处于缺位的状况下，新生代农民工必须争取某种保护政策，在"社会保护"的庇护下，顺利融入城市，真正成为产业工人的主体。正如卡尔·波兰尼所言，现代社会的原动力是由一双重倾向支配着：一方面是市场不断扩张；另一方面是这个倾向遭到一个相反的倾向——把市场之扩张局限在一个特定的方向的对抗。即社会中有两种组织原则在起作用，其中之一是经济自由主义原则，其目的是要建立一个自律性市场，受到商人阶级的支持，而且使用自由放任与自由贸易为其谋生；

---

① 刘传江、程建林、董延芳：《中国第二代农民工研究》，济南：山东人民出版社，2009年，第5—6页。
② 王同信、翟于娟：《深圳新生代农民工待查研究报告》，北京：中国法制出版社，2013年，第15页。

但存在波斯特所说的"市场化悖论",即"脱离政府管制的非正规经济只是表面上接近真实的自由市场,公平竞争和自由选择的市场契约可能并不是普遍有效的规则,反而可能更多的是依赖于社会关系来控制其有效运转"①。

现阶段,随着刘易斯转折点的到来,农村剩余劳动力无限供给特征不复存在②,给进城务工农民工带来了积极影响。一方面,由于劳动力供求关系发生逆转,农民工在劳资谈判中的发言权会提高,同时也为政府发展和完善劳动力市场规则提供了难得的良机;另一方面,在农民工"用脚投票"的压力下,地方政府的政策取向也在变化,将提供更好的社会保障和公共服务,以吸引流动人口。由此看来,有利于农民工的政策和制度变迁,可以在经济发展新阶段上发现过去没有的动力源泉③。因此,在市场推进的同时,政府要为劳动者提供必要的"社会保护",切实推进基本公共服务均等化,努力实现区域间基本公共福利保障一致化,为劳动力公平有序流动创造基本条件,以保障农民的平等就业权和迁徙自由,消除地方保护主义,建立真正有利于农民工就业的制度规则,创新现行公共服务模式,实现公共服务均衡、有效供给④。

三、具体工作环境对新生代农民工择业行为的影响呈现出明显的差异性

本书实证结果表明:新生代农民工在日均劳动时间"8 小时及以下"的仅有 407 人,占调查样本的 34.4%;日均劳动时间在"8—10 小时"的有 504 人,占调查样本的 42.6%;日均劳动时间在"10—12 小时"的有 223 人,占调查样本的 18.9%;日均劳动时间"12 小时及以上"的也多达 48 人,占调查样本的 4.1%。而对新生代农民工劳动强度的调查结果显示:认为当前从事工作的劳动强度"非常大"的有 265 人,占调查样本的 22.4%;认为当前从事工作的劳动强度"比较大"的有 379 人,占调查样本的 32.1%;

---

① Portes A. *The Informal Economy and Its Paradoxes*. Princeton: Princeton University Press, 1994: 426-449.
② Garnaut R, Song L. *The Turning Point in China's Economic Development*. Canberra: Asia Pacific Press, 2006.
③ 蔡昉:《成长的烦恼:中国在刘易斯转折期间面临的就业难题》,北京:社会科学文献出版社,2010 年。
④ 周小刚、李丽清:《区域分割、职业背景、户籍特征与城市农民工收入水平差异分析》,《软科学》2012 年第 2 期。

认为当前从事工作的劳动强度"一般"的有 239 人,占调查样本的 20.2%;认为当前从事工作的劳动强度"比较小"的有 188 人,占调查样本的 15.9%;认为当前从事工作的劳动强度"非常小"的仅有 111 人,占调查样本的 9.4%。回归分析结果也显示:"劳动时间"只对新生代农民工的择业机会评价、上份工作持续时间有显著影响,其非标准化回归系数分别为-1.959($P<0.05$)、-1.207($P<0.01$),而"劳动强度"对新生代农民工的择业意识、工作转换次数、上份工作持续时间、平均每份工作持续时间、"能动型"职业适应因子和结果性职业适应因子有显著影响,其非标准化回归系数分别为 2.077($P<0.01$)、0.211($P<0.01$)、-2.014($P<0.01$)、-1.974($P<0.05$)、1.509($P<0.01$)和-3.731($P<0.01$)。工作时间与劳动强度虽然息息相关,超出时间往往会大大增加新生代农民工的劳动强度,但两者之间在本质上还是存在很大不同,新生代农民工对劳动时间与劳动强度的接受程度表现出显著的差异,具体表现为对延长劳动时间的接受程度大大超过对高强度工作的接受程度。新生代农民工往往会选择牺牲休息时间加班以获取更高收入,但大都会选择逃离劳动强度过大的工作岗位。

与此同时,对新生代农民工生产安全防范措施情况的调查结果显示:认为生产安全防范措施"非常好"的有 105 人,占调查样本的 8.9%;认为生产安全防范措施"比较好"的有 299 人,占调查样本的 25.3%;认为生产安全防范措施"一般"的有 369 人,占调查样本的 31.2%;认为生产安全防范措施"不太好"的有 240 人,占调查样本的 20.3%;认为生产安全防范措施"非常不好"的有 169 人,占调查样本的 14.3%。对新生代农民工职业病预防措施情况的调查结果显示:认为职业病预防措施"非常好"的仅有 79 人,占调查样本的 6.7%;认为职业病预防措施"比较好"的有 232 人,占调查样本的 19.6%;认为职业病预防措施"一般"的有 285 人,占调查样本的 24.1%;认为职业病预防措施"不太好"的有 358 人,占调查样本的 30.3%;认为职业病预防措施"非常不好"的多达 228 人,占调查样本的 19.3%。但回归结果显示:只有"生产安全防范措施"对新生代农民工的择业意识、择业机会利用、上份工作持续时间和平均每份工作持续时间有显著影响,其非标准化回归系数分别为-2.527($P<0.05$)、2.224($P<0.01$)、1.301($P<0.01$)和 1.247($P<0.01$),而"职业病预防措施"对新生代农民工择业行为均没有显著影响。这也反映出新生代农民工对生产

安全防范措施与职业病预防措施的感知程度呈现出明显的差异。但职业病的隐蔽性、潜伏性特征并不能掩盖目前农民工职业病呈现居高不下的发展态势。农民工接触职业病危害人数多，患病数量大。我国每年因职业病死亡5000多人，全国实际接触粉尘、毒物和噪声等职业危害的职工有2500万人以上，而其中农民工占了80%以上。据卫生部的数据显示，截至2008年年底，各地累计报告职业病70多万例，其中尘肺病累计发病近64万例，平均每年报告新发尘肺病高达1万例左右，每年因职业病危害造成的直接经济损失约达1000亿元。农民工职业病害分布行业广，中小企业危害重。目前职业病害已从煤炭、冶金、化工、建筑等传统工业扩展到汽车制造、医药、计算机、生物工程等新兴产业，在这些产业中中小企业占到90%以上，大量劳动力都是农民工。同时，农民工职业病具有隐匿性、迟发性及潜伏期较长的特点。据卫生部统计，全国每年报告新发各类职业病1.3万余例，累计报告职业病70万余例，还有一些不知道患了职业病或是没有被诊断的，这是一个巨大的数字，并且，由于尘肺病或某些化学中毒的潜伏期可长达数年甚至数十年，这导致农民工发病死亡率相当高，如此高发的职业病事件无疑正在成为公共卫生事业保障的一个悖论[①]。

---

① 李朝晖：《农民工工伤风险保障问题研究：以湖南湘中五城为例》，北京：中国经济出版社，2011年，第96页。

第八章
择业行为与新生代农民工的就业质量

党的十八届三中全会指出："推进农业转移人口市民化，逐步把符合条件的农业转移人口转为城镇居民。"据国家统计局2009年的常规农民工监测调查及2010年进行的新生代农民工专项调查发现，全国新生代农民工总人数为8487万，占全部外出农民工总数的58.4%，已经成为外出农民工的主体。新生代农民工作为农业人口转移人口的主体力量，随着刘易斯转折点的到达，农村剩余劳动力无限供给特征已经消失，与以往只能选择低声望与低技术职业的农民工就业模式不同[1]，新生代农民工与本地劳动者的工资收入差距呈缩小的趋势[2]，与第一代农民工相比，新生代农民工有更多的机会获得劳动关系稳定、劳动保障健全的"正规就业"和"准正规就业"机会，就业质量总体上优于第一代农民工[3]，成为农村转移人口中市民化能力与意愿最强的群体，而在城市找到一份较为"体面"的职业是其市民化的重要保障。以往研究主要关注农民向城市迁移的动机与意愿，而对迁移后的择业行为缺乏系统的研究。其实新生代农民工的择业行为与其在城市的就业质量息息相关，合理的择业行为往往能有效地提升其就业质量。因此，引导新生代农民工理性择业，是提升就业质量的前提与推进市民化进

---

[1] 殷晓清：《农民工就业模式对就业迁移的影响》，《人口研究》2001年第3期。
[2] 蔡昉、都阳：《工资增长、工资趋同与刘易斯转折点》，蔡昉主编：《中国人口与劳动问题报》第12期，北京：社会科学文献出版社，2011年，第3—190页。
[3] 陈藻：《我国农民工就业代际差异研究》，《人口学刊》2011年第2期。

程的重要步骤，同时也是我国新型城镇化战略推进的核心议题。

就业质量主要源自国际劳工组织1999年提出的"体面劳动"概念。体面劳动是指"在自由、平等、安全和尊严的条件下的生产性工作，其中权利被保护、足够的报酬和社会保险被提供"[1]。其中农民工的就业质量涉及的内容广，需要在多维的分析框架下建立指标体系才能深入全面地了解其真实状况[2]。20世纪初以来，随着人们生活和工作质量的快速提升，就业质量议题日益引起学术界的关注。我国学者主要从就业者和地区两个层面展开对就业质量的研究。在就业者层面，如有学者采用等价收入测量模型和客观指标指数法测量模型，用"工作满意度"作为就业质量的替代指标对2008—2010年农民工就业质量状况进行了探讨，发现农民工就业质量稳步上升，就业质量分别增长了约6%和10%。且年龄与农民工的就业质量呈倒"U"型关系，并存在显著的性别差异。同时教育程度与农民工就业质量成正相关，而工作年限达到10年及以上后，其就业质量提升很有限，甚至会出现下降[3]。在地区层面，如有学者从工作环境、社会保护、劳动者收入、就业能力及劳动关系等维度对我国就业质量进行了比较[4]。总体来说，目前新生代农民工的就业质量不太理想[5]，因价值追求与权利意识不同造成就业质量存在明显的代际差异，新生代农民工在社会保障待遇和覆盖率、职业发展前景等方面好于第一代农民工[6]，但也普遍存在劳动时间过长、工作压力大及就业满意度低等问题[7]。而与城市青年相比，新生代农民工在工作特征上表现出收入水平偏低、劳动合同签订率低，社会保险覆盖范围小、就业稳定性差及发展空间狭窄等特点[8]。

总体来说，在当前就业形势依然严峻的现实环境下，现阶段对新生代农民工就业机会的关注往往掩盖了对就业质量的关怀。因此，旨在提高就

---

[1] Decent work & vocational training. http://www.ilo.org/public /Spanish/region/ampro/cinterFor/publ/sala/dec_work/ii.htm.
[2] Clark A E. Your Money or Your Life: Changing Job Quality in OECD Countries. *British Journal of Industrial Relations*, 2005, 43(3): 377-400.
[3] 明娟：《农民工就业质量状况及变动趋势》，《城市问题》2016年第3期。
[4] 赖德胜：《中国各地区就业质量测算与评价》，《经济理论与经济管理》2011年第11期。
[5] 张敏、祝华风：《新生代农民工就业质量与社会认同问题研究》，《中国青年研究》2017年第1期。
[6] 马继迁、张宏如：《就业质量的代际差异——基于江苏、浙江、广东的农民工调查数据》，《福建论坛》（人文社会科学版）2014年第6期。
[7] 赵蒙成、李丹阳：《新生代农民工就业质量的调查研究》，《中国职业技术教育》2016年第11期。
[8] 唐美玲：《青年农民工的就业质量：与城市青年的比较》，《中州学刊》2013年第1期。

业质量预期的择业行为也受到了学术界的"忽视",没有得到应有的关注。就业质量概念的提出,在一定意义上就是对只关注数量意义的"就业机会"的数量指标的补充与发展。新生代农民工作为一个理性的个体,其提高就业质量的择业的预期能否转变为现实劳动力市场中客观就业质量的提升?如果能提升的话,其作用机制是什么?其中"择业机会"、"职业选择"与"职业适应"所起的具体作用有多大?而其影响的程度是否会因市场化程度与新生代农民工拥有的劳动力类型的不同而有所差异?本书试图通过实证研究回答这些问题。与以往的实证研究相比,本书的改进主要包括:第一,与以往集中从人力资本、社会资本、就业制度等视角研究就业质量不同,本书拟从择业的视角研究新生代农民工的就业质量,并将新生代农民工的择业行为视为一个包括"择业机会"、"职业选择"与"职业适应"在内的不断循环的过程。第二,由于择业变量可能存在内生性问题,本书试图寻找有效的工具变量予以修正。第三,以往实证研究大多都是静态分析,并没有考虑在市场化改革不断深入的过程中,新生代农民工择业行为的就业质量提升效应会发生相应的变化,本书构建新生代农民工择业变量与市场化程度的交互项,以从动态分析的视角考察市场化程度如何影响择业对就业质量提升效应。对于这些问题的回答,能为引导新生代农民工理性择业的政策的制定与实施提供实证依据,从而有利于提高其针对性与有效性。

第一节 新生代农民工的就业质量的实证分析

一、新生代农民工的月均收入

本书对新生代农民工月均收入的统计分析发现,新生代农民工的月均职业收入为2100.54元,其标准差为1300.89,表明新生代农民工群体内部的收入差距较大(图8-1)。国家统计局《2011年我国农民工调查监测报告》指出,我国外出农民工2011年月均收入2049元,比上年增加359元,增长21.2%[①]。而据国家统计局调查数据显示,2011年中国城镇单位就业人员的年均收入为41 799元,平均月工资为3483.25元[②]。农民工的工作收入远

[①] 国家统计局:《2011年我国农民工调查监测报告》,http://www.stats.gov.cn/ztjc/ztfx/fxbg/201204/t20120427_16154.html。

[②] 国家统计局:《城镇单位就业人员平均月工资》,http://data.stats.gov.cn/search.htm?s=2011。

远低于全国平均工资水平，仅为城镇职工的 58.8%。其他调查研究也得出相似结论，如农民工平均月工资收入为 2274 元，城镇职工平均月收入为 4002 元，仅为城镇职工的 56.8%[1]。这主要是在我国户籍制度及城乡二元结构的影响下，城市劳动力市场存在明显的拥挤效应、搜寻工作成本增加及劳动力市场歧视等非竞争性因素[2]，特别是入职户籍门槛是阻碍农民工进入公有制单位、获取较高收入的重要原因，假如城市工人与农民工在劳动力市场遭遇同等的入职条件，城市工人中仅有 8.61%能进入公有制单位就业，而实际进入公有制单位工作的比例高达 42.46%[3]。因此，新生代农民工在城市务工过程中受到制度性排斥和市场性歧视导致新生代农民工的月均收入偏低。

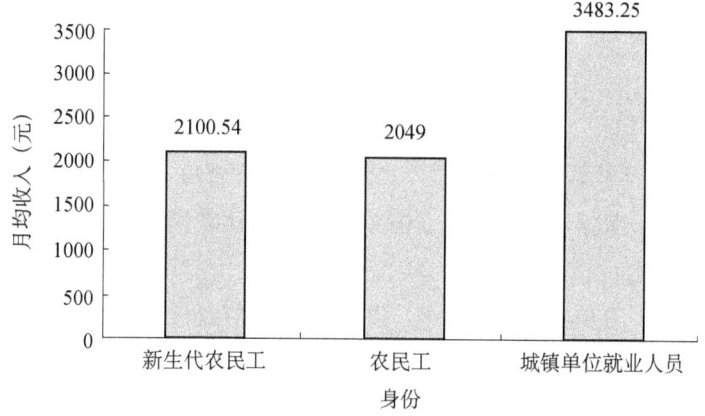

图 8-1　2011 年新生代农民工、农民工与城镇单位就业人员月均收入对比图

从图 8-2 来看，虽然农民工的人均月收入稳步提高，但其增长速度明显低于城镇单位就业人员的月均收入增长水平，两类群体之间的月均收入的差距日益扩大。这既跟我国经济结构转型升级有关，同时也反映我国劳动力市场对新生代农民工的就业歧视消除程度远小于对城镇单位就业人员保护性制度的消除程度。

---

[1] 胡晓书、许传新：《农民工工作满意度的影响因素研究——基于与城镇职工的比较》，《企业经济》2014 年第 11 期。
[2] 孙婧芳：《中国城镇劳动力市场对农民工歧视的研究进展》，《经济学动态》2015 年第 7 期。
[3] 田丰：《城市工人与农民工的收入差距研究》，《社会学研究》2010 年第 2 期。

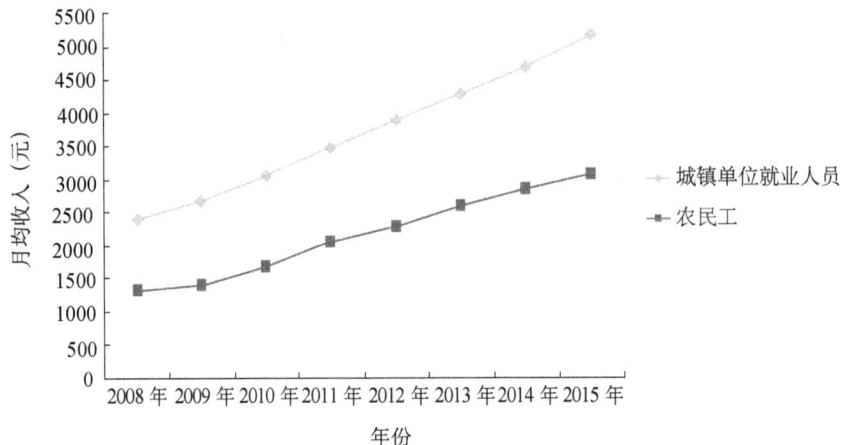

图 8-2　2008—2015 年农民工与城镇就业人员月均收入对比图
资料来源：国家统计局 2008—2015 年城镇单位就业人员平均月工资和 2009—2015 年我国农民工调查监测报告

二、新生代农民工的职业满意度

如表 8-1 所示，在测量新生代农民工职业满意度的 7 个指标中，在"劳动报酬"这一指标上的得分为 3.01 分，处于"比较满意"和"一般"之间，而"工作环境"、"劳动时间"和"工作稳定性"三个测量指标上的得分分别为 2.93 分、2.95 分和 2.91 分，均接近量表中点分（3 分），表明新生代农民工在这 4 个测量指标上的得分处于中等水平。而在"劳动强度"、"发展前景"和"劳动权益" 3 个测量指标上的得分分别为 2.53 分、2.59 分和 2.54 分，表明新生代农民工在务工过程中对劳动强度、发展前景和劳动权益的满意度相对偏低。

表 8-1　新生代农民工职业满意度现状统计表（$N=1182$）

项目	均值（M）	标准差（S.D.）
工作环境	2.93	1.754
劳动强度	2.53	0.918
劳动时间	2.95	1.947
工作稳定性	2.91	1.023
劳动报酬	3.01	1.581
发展前景	2.59	1.214
劳动权益	2.54	0.991
总体水平	2.78	1.761

从图 8-3 可以得知，新生代农民工职业满意度总体水平的得分为 2.78 分，处于"不太满意"与"一般"之间，表明新生代农民工的总体职业满意度偏低。有学者通过对与城镇职工的比较研究发现：农民工对晋升机会、工作环境、工作时间、能力和技能使用及在工作中表达意见的机会等方面的职业满意度评价均处于中等偏上水平，在工作满意度方面与城镇职工的差异性远多于相似性[①]。同时，也有研究得出相反的结论，发现农民工的工作满意度高于城镇工人，并认为形成这种差异的主要原因是各自的参照群体不同而形成了不同的"相对满意"[②]。显然这些研究忽视了农民工在职业满意度上的代际差异。新生代农民工背井离乡转移到陌生的城市务工，职业状况处于生活中核心位置，与城市居民相比，职业状况对其生活的各方面将产生更大的影响[③]。因其流动性强，又处于城市社会底层，迫切希望实现职业向上流动，融入城市社会，一般对职业报酬、工作条件、工作安全性、劳动强度和企业福利等方面特别关注与重视[④]。研究发现工作时间、就业环境对新生代农民工职业满意度的解释力呈上升趋势，而劳动报酬的解释力则逐渐下降[⑤]。

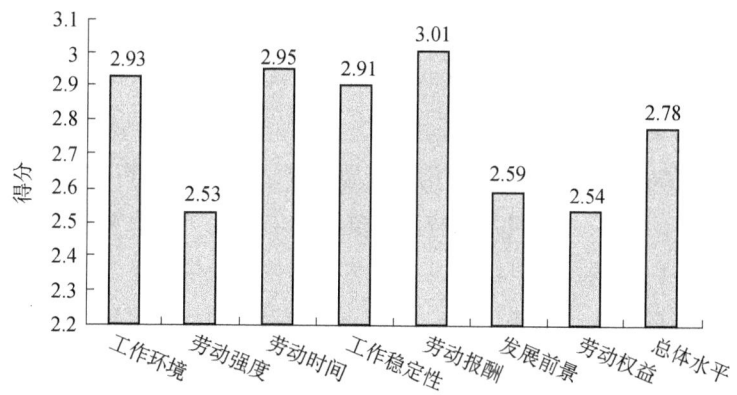

图 8-3　新生代农民工职业满意度统计图

---

① 胡晓书、许传新：《农民工工作满意度的影响因素研究——基于与城镇职工的比较》，《企业经济》2014 年第 11 期。
② 刘爱玉、陈彦勋：《工作满意度：农民工与城镇工人的比较》，《江苏行政学院学报》2010 年第 2 期。
③ 秦昕：《从农村到城市：农民工的城市融合影响模型》，《管理世界》2011 年第 10 期。
④ 姚植夫、张译文：《新生代农民工工作满意度影响因素分析——基于西北四省的调查数据》，《中国农村经济》2012 年第 8 期。
⑤ 赵智晶：《新生代农民工工作满意度实证分析——基于结构方程模型的研究》，《四川农业大学学报》2010 年第 2 期。

第二节 择业行为对新生代农民工就业质量的影响

本书在探讨择业行为对新生代农民工就业质量的影响的同时，构建新生代农民工择业变量与市场化程度、劳动力市场类型的交互项，以从动态分析的视角考察市场化程度如何影响择业对就业质量提升效应。

首先将就业市场的市场化程度作为分析择业对就业质量提升效应的调节变量。劳动力市场分割理论认为，劳动力市场不是一个统一体，在政治、社会和经济力量的综合作用下，劳动力市场实际上被分割成一个个具有不同市场特性和行为规则的次级市场。这种市场性分割是在市场演化过程中自然形成的，是劳动力市场运行的常态[1]。大量学者用数据验证了劳动力市场分割的存在[2]。就业地区的市场化程度是与新生代农民工密切相关的就业环境，已有研究也发现市场化改革能显著地提高劳动生产率，且其贡献度呈现东部增加、西部降低、中部为负的区域特征[3]。而这种贡献特征会对劳动者特别是流动人口的就业机会、劳动报酬产生影响，因而与就业质量息息相关[4]。关于市场化程度的测量，已有研究大都采用某行业中非国有部门从业人员占该行业总从业人员的比例来衡量这一行业的市场化程度[5]，而本书采用樊纲等所著的《中国市场化指数——各地区市场化相对进程2011年报告》中2009年的市场化进程相对指数来度量市场化程度。该指数是在将政府与市场的关系、非国有经济的发展、产品市场的发育程度、要素市场的发育程度、市场中介组织的发育和法律制度环境等五个方面指数合成市场化进程相对指数，反映了各省在市场化进程中的相对水平，而不是绝对水平。各省（市）市场化进程相对指数从1到10，指数越大表示市场化程

---

[1] 张昭时、钱雪亚：《城乡分割、工资差异与就业机会不平等》，《中国人口科学》2011年第3期。
[2] Démurger S，Fournier M，Shi L，et al. Economic Liberalization With Rising Segmentation in China's Urban Labor Market. *Asian Economic Papers*，2006，5（3）：58-101.
[3] 王丽英：《市场化程度与区域经济增长的实证研究——基于省际面板数据的分析》，《经济体制改革》2010年第2期。
[4] 郝君富、文学：《市场化程度与社会网络的收入效应》，《财经研究》2013年第6期。
[5] 郝大海、李路路：《区域差异改革中的国家垄断与收入不平等：基于2003年全国综合社会调查》，《中国社会科学》2006年第2期。

度越高[1]，本书在分析时用新生代农民工就业省份的市场化指数表示市场化程度，并在分析时将在同一省份少于20人的新生代农民工样本纳入市场化指数与其务工地区最为接近的省份，以保证统计分析的无偏差性。

同时，新生代农民工的劳动力类型对其择业的收入效应具有调节作用。一般按照劳动力的表现形式将劳动分为简单劳动、技能劳动和知识劳动。并将仅能从事简单劳动的劳动力视为体能型劳动力，把能从事技能劳动的劳动力视为技能型劳动力，而把能从事知识劳动的劳动力称为知识型劳动力。这是按劳动力素质对劳动力进行的一种分类[2]。而本书根据农民工劳动力的实际情况，将新生代农民工的劳动力类型按其从事的职业岗位对劳动者职业资格的要求高低分为技能型劳动力与体能型劳动力两种。职业资格是对从事某一职业所必备的学识、技术和能力的基本要求，它既是劳动者先赋的综合素质与后致的教育水平、职业技能培训等综合的体现，同是也与其在劳动力市场的预期贡献密切相关。目前我国对职业资格的认定已逐渐规范化与制度化，一般由政府劳动与人事部门组织对劳动力市场中的生产、运输设备操作人员、农林牧渔水利业生产人员、商业、服务业人员、办事人员和有关人员的职业资格认定，通过资格考试、专家评定、职业技能鉴定等方式进行评价，对合格者授予国家职业资格证书，并在此基础上建立了职业技术等级。本书中的技能型劳动力是指获得1种及以上职业资格证书的新生代农民工；而体能型劳动力则是没有获得过任何职业资格证书的新生代农民工。在统计分析中将其设置为一虚拟变量（表8-2）。

表8-2　新生代农民工调节变量的描述性统计（$N=1182$）

变量	变量赋值	均值	标准差	类型
市场化程度	用新生代农民工就业省份的市场化指数表示	6.23	2.17	定距
劳动力类型	技能型劳动力=1，体能型劳动力=0	0.31	0.28	定类
初职月收入	任初职时所在单位发放的月总收入、工资单以外的每月奖金和其他收入等（元）	1500.76	1105.34	定距

为了客观地回答"择业能否提升新生代农民工就业质量"这种中心问

---

[1] 樊纲、王小鲁、朱恒鹏：《中国市场化指数——各地区市场化相对进程2011年报告》，北京：经济科学出版社，2011年，第23—98页。

[2] 王志华、董存田：《我国制造业结构与劳动力素质结构吻合度分析》，《人口与经济》2012年第5期。

题，本书以新生代农民工的择业机会、职业流动次数及其平方项、职业适应为自变量，以新生代农民工就业质量的 2 个变量——月均收入与职业满意度为因变量进行多元线性回归分析，并将就业地区的市场化程度与新生代农民工劳动力类型作为调和变量纳入回归模型来检验它是否会对新生代农民工择业和就业质量的因果关系产生影响。除了将新生代农民工的一些重要的人口学变量（如性别、年龄、受教育程度）和社会经济地位变量作为控制变量外，为了处理可能存在的"未观测到的异质性"（unobserved heterogeneity）问题，即择业变量的"内生性"问题，本书试图寻找有效的工具变量予以修正，统计分析中将新生代农民工初职月收入的自然对数作为控制变量，从而获得对择业行为的就业质量提升效应的无偏估计。回归分析结果如表 8-3 所示。

表 8-3　新生代农民工就业质量的回归分析

变量	因变量=月均收入			因变量=职业满意度		
	模型 1	模型 2	模型 3	模型 4	模型 5	模型 6
控制变量						
性别（男=1）	0.078** (0.221)	0.075** (0.203)	0.072*** (0.201)	0.102 (0.203)	0.100*** (0.161)	0.092 (0.216)
年龄	0.022** (0.023)	0.019*** (0.031)	0.017 (0.026)	0.123*** (0.031)	0.119 (0.101)	0.108 (0.024)
年龄的平方	−0.041 (0.022)	−0.040 (0.014)	−0.038 (0.012)	−0.051 (0.031)	−0.044 (0.013)	−0.036 (0.054)
受教育年限	0.134** (0.035)	0.131** (0.031)	0.122** (0.029)	0.084 (0.027)	0.076 (0.036)	0.072 (0.027)
初职月收入（自然对数）	0.082** (0.051)	0.082*** (0.043)	0.073 (0.039)	−0.087*** (0.152)	−0.084 (0.048)	−0.077 (0.079)
市场化程度	0.133 (0.037)	0.121 (0.054)	0.110 (0.041)	0.131 (00.34)	0.120 (0.023)	0.113 (0.043)
劳动力类型（技能型劳动力=1）	0.107** (0.034)	0.091** (0.031)	0.085** (0.052)	0.161** (0.112)	0.151** (0.043)	0.134** (0.067)
自变量						
择业机会	—	0.085*** (0.015)	0.081** (0.013)	—	−0.074 (0.023)	−0.072 (0.056)
职业流动次数	—	0.088*** (0.023)	0.071*** (0.025)	—	−0.131*** (0.054)	−0.126** (0.023)
职业流动次数的平方	—	−0.012*** (0.007)	−0.011** (0.006)	—	0.021*** (0.012)	0.020** (0.013)

续表

变量	因变量=月均收入			因变量=职业满意度		
	模型1	模型2	模型3	模型4	模型5	模型6
职业适应("能动型"职业适应=1)	—	0.113 (0.021)	0.095 (0.031)	—	-0.067*** (0.033)	-0.065** (0.121)
交互项						
择业机会ᵃ×市场化程度ᵃ	—	—	0.047*** (0.010)	—	—	0.041** (0.021)
职业流动ᵃ×市场化程度ᵃ	—	—	0.042 (0.005)	—	—	0.032 (0.007)
职业适应×市场化程度ᵃ	—	—	0.051*** (0.013)	—	—	0.057** (0.016)
择业机会ᵃ×劳动力类型	—	—	0.043 (0.024)	—	—	0.051** (0.030)
职业流动ᵃ×劳动力类型	—	—	-0.035** (0.011)	—	—	0.035 (0.032)
职业适应×劳动力类型	—	—	-0.042** (0.031)	—	—	0.045*** (0.041)
样本数	1182	1175	1175	1180	1171	1171
常数项	4.354**	4.212**	5.012**	3.563**	3.466**	4.120**
Adjusted R^2	0.091	0.164	0.212	0.112	0.175	0.207

注：（1）括号中为标准误差。（2）择业机会ᵃ=择业机会-择业机会均值；职业流动ᵃ=职业流动次数-职业流动次数的平均值；市场化程度=市场化指数-市场化指数的均值；而职业适应与劳动力类型均为0—1赋值，未对其进行中心化处理。（3）**$P\leqslant 0.01$，***$P\leqslant 0.001$（双尾检验）。

一、择业行为与新生代农民工月均收入

为探讨新生代农民工择业变量与其月均收入的作用机制及影响程度，本书利用SPSS22.0统计软件构建了三个多元线性回归模型（表8-3），其中模型1为基准模型用来考察主要控制变量的影响，模型2考察择业变量的职业收入效应，模型3则将交互项纳入回归模型中，考察市场化程度与劳动力类型对择业变量职业收入效应的影响。从模型的修正后的判定系数来看，随着纳入模型的变量增多，其解释力度大幅提升。具体来看，将择业变量纳入模型后，其判定系数从0.091增加到0.164，而将择业变量与市场化程度及劳动力类型的交互项纳入模型后，其判定系数显著地提高到了0.212。从模型2来看，控制其他变量后，新生代农民工识别与利用择业机

会对其职业月收入有显著影响，其回归系数为 0.085，表明新生代农民工的总体把握择业机会能力因子得分每提高 1 分，其月均收入会增加 8.5%。而职业流动次数及其平方项都显著，其回归系数前者为正（0.088）、后者为负（-0.012），表明新生代农民工职业流动次数与其月均收入成倒"U"型关系，曲线的顶点约为 4 次[1]。也就是说，新生代农民工职业流动 4 次时其月均收入是最高的，在此之前，新生代农民工月均收入与职业流动次数成正相关，而当职业流动次数超过 4 次时，其月均收入会随着职业流动次数的增加而减少。这与李强研究认为农民工只有初次职业流动有"向上流动效应"不同[2]，而与符平[3]和吴愈晓[4]的研究得出倒"U"型流动轨迹相一致。这可能在中国逐渐成为"世界工厂"的过程中，随着城市就业机会的急剧增加、劳动需求信息的透明化与新生代农民工对就业信息可获得性增强，新生代农民工一般要经过几次"试错"的过程才可能找到合适的工作岗位。

从模型 3 分析发现，择业机会、职业适应与市场化程度交互项的回归系数分别为 0.047 和 0.051，表明市场化程度对新生代农民工择业机会与职业适应的职业月收入效应有促进作用，即市场化指数每提高 1 个单位，新生代农民工择业机会的职业月收入效应会相应地增加 4.7%，而与"被动型"职业适应的新生代农民工相比，市场化指数每提高 1 个单位，采取"能动型"职业适应的新生代农民工的月均收入效应会相应地增加 5.1%。而职业流动、职业适应与劳动力类型的交互项的回归系数分别为 -0.035 和 -0.042，表明与体能型劳动力相比，拥有技能型的劳动力的新生代农民工的职业流动与职业适应的收入效应分别呈下降趋势，即采取"被动型"职业适应的新生代农民工职业流动的收入效应会下降 3.5%，而与"被动型"职业适应的新生代农民工相比，采取"能动型"职业适应的收入效应会下降 4.2%。这表明，虽然只从职业适应的回归系数来看，采取"能动型"职业适应的新生代农民工的月均收入比采取"被动型"职业适应的高出 9.5%，但其影

---

[1] 计算方法为将原变量系数除以平方项系数的 2 倍 $[0.071 \div (2 \times 0.011)] \approx 4$。
[2] 李强：《中国大陆城市农民工的职业流动》，《社会学研究》1999 年第 3 期。
[3] 符平：《倒"U"型轨迹与新生代农民的社会流动——新生代农民工的流动史研究》，《浙江社会科学》2009 年第 12 期。
[4] 吴愈晓：《劳动力市场分割、职业流动与城市劳动者经济地位获得的二元路径模式》，《中国社会科学》2011 年第 1 期。

响程度会因新生代农民工拥有劳动力类型的不同而产生不同的影响机制，这是因为技能型新生代农民工一般会进入首要劳动力市场，其"内部劳动力市场"的运行规范会对其报酬与就业环境做出合理安排，若一味采取过激的抗争维权行为会与"内部劳动力市场"提供的晋升条件与途径相冲突，进而会削弱其对月均收入的提升效应[①]。

二、择业行为与新生代农民工职业满意度

为探讨新生代农民工择业变量与其职业满意度的作用机制及影响程度，本书利用 SPSS22.0 统计软件构建了三个多元线性回归模型（表 8-3），其中模型 4 为基准模型用来考察主要控制变量的影响，模型 5 考察择业变量的职业满意度提升效应，模型 6 则将交互项纳入回归模型中，考察市场化程度与劳动力类型对择业变量的职业满意度提升效应的影响。从模型 5 来看，控制其他变量后，职业流动次数及其平方项都显著，其回归系数前者为负（-0.131）、后者为正（0.021），表明新生代农民工职业流动次数与其职业满意度成"U"型关系，曲线的顶点约为 3 次[②]。也就是说，新生代农民工职业流动达到 3 次时其职业满意度是最低的，在此之前，新生代农民工月均收入与职业流动次数成负相关，而当职业流动次数超过 3 次时，其职业满意度会随着职业流动次数的增加而增加。而新生代农民工的职业适应对其职业满意度的影响显著，其回归系数为-0.067，表明与"被动型"职业适应新生代农民工相比，采取"能动型"职业适应的新生代农民工的职业满意度低 6.7%。

从模型 6 分析发现，择业机会、职业适应与市场化程度交互项对新生代农民工的职业满意度有显著影响，其回归系数为分别为 0.041 和 0.057，而只从择业机会与职业适应的回归系数来看（系数分别为-0.072 与-0.065），其对职业满意度均产生负面影响，这表明市场化程度对新生代农民工择业机会与职业适应的职业满意度的负面效应有促进作用，即随着市场化指数每提高 1 个单位，新生代农民工择业机会的职业满意度的负面效应会相应地增加 4.1%，而与"被动型"职业适应相比，采取"能动型"职业适应新

---

① Spilerman S. Careers, Labor Market Structure, and Socioeconomic Achievement. *American Journal of Sociology*, 1977, 83 (3): 551-593.
② 计算方法为将原变量系数除以平方项系数的 2 倍 [0.131÷（2×0.021）] ≈3。

生代农民工的职业满意度的负面效应也会增加 5.7%。而择业机会、职业适应与劳动力类型的交互项的回归系数分别为 0.051 和 0.045，表明与只拥有体能型劳动力的新生代农民工相比，拥有技能型的劳动力对新生代农民工择业机会与职业适应的职业满意度负向效应有促进作用，即新生代农民工识别与利用择业机会的职业满意度负面效应会相应地增加 5.1%，而与"被动型"职业适应相比，采取"能动型"职业适应新生代农民工的职业满意度负面效应会相应地增加 4.5%。

第三节　结论与讨论

本书基于择业的视角探讨其对新生代农民工就业质量的作用机制及影响程度，利用对湖南、安徽与贵州三省新生代农民工抽样调查数据，从识别与利用择业机会的能力、职业流动及职业适应三个维度探讨其对就业质量的影响，同时也考察了市场化程度与劳动力类型对新生代农民工择业的收入效应与职业满意度的提升效应的影响。

一、择业机会与职业适应对新生代农民工月均收入与职业满意度的影响呈现出截然不同的二元路径模式

实证研究发现，新生代农民工的择业机会与月均收入成正相关，职业适应则与职业满意度成负相关，具体表现为新生代农民工的总体把握择业机会能力因子得分每提高 1 分，其月均收入会增加 8.5%，而与"被动型"职业适应新生代农民工相比，"能动型"职业适应的新生代农民工的职业满意度则要低 6.7%。究其原因，造成这种择业对就业质量影响的二元路径主要是由就业质量指标体系的性质不同造成，其中月均收入是客观性指标，而职业满意度是主观性指标。在城乡二元分割背景下，城市与农村本来就处于社会分层序列的不同位置，随着以户籍制度为核心的控制人口流动的制度功能弱化，新生代农民工从机会匮乏的农村流动到充满诸如"分工日益深化的生产空间、多层次社会生存空间、多元化的社会生活空间、多选择性的社会创造空间、多层次社会享受空间、自我趋向型社会价值实现空间的城市"[①]，自

[①] 张鸿雁：《侵入与接替：城市社会结构变迁新论》，南京：东南大学出版社，2000 年，第 205 页。

然拥有更多的"经济机会"[①]，从而实现了结构性向上流动，因而会带来月均收入的大幅提升。当然城市客观机会能否转化为新生代农民工现实的"高收入"就业机会还取决于其识别与利用择业机会的能力，识别与利用择业机会越强的新生代农民工，其月均收入也越高。而新生代农民工采取"能动型"职业适应策略反映了新生代农民工正在以"行动"凸显自身的群体特征，面对"拆分型劳动力生产体制"、"工厂专制政体"造成的劳动权益侵害[②]，开始积极进行抗争，在一定程度上直接挑战了国家现有的规制方式和企业政体，迫使政府与资本部分地对其行为做出加薪、改善就业环境、重组工会、落实集体协商制度等实质性的回应。"能动型"职业适应的职业行动激发了新生代农民工的职业"价值期望"（value expectation），而社会的"价值能力"（value capacity）提升却有限，从而导致社会价值能力与新生代农民工的职业价值期望之间的落差扩大，产生强烈的"发展型相对剥夺感"[③]，从而降低其职业满意度。

二、新生代农民工月均收入与职业满意度影响机制的不同导致了职业流动对其截然相反的影响路径

实证研究结果表明：新生代农民工月均收入与满意度影响机制的不同导致了职业流动对其截然相反的影响轨迹，即职业流动次数与月均收入成倒"U"型关系，而与职业满意度则成"U"型关系。新生代农民工职业流动 4 次时的月均收入是最高的，在此之前，月均收入与职业流动次数成正相关，而当职业流动次数超过 4 次时，其月均收入会随着职业流动次数的增加而减少。新生代农民工职业流动 3 次时的职业满意度是最低的，在此之前，月均收入与职业流动次数成负相关，而当职业流动次数超过 3 次时，其职业满意度会随着职业流动次数的增加而增加。职业流动是新生代农民工寻求高收入和高满意度职业而采取的一种策略性行动，而研究结果得出的截然相反的影响路径主要是因为就业质量指标体系的生成机制不同，其中月均收入是新生代农民工在劳动力市场中获得的职业报酬，其高

---

① [英]安东尼·吉登斯：《社会的构成》，李康、李猛译，北京：生活·读书·新知三联书店，1998年，第380—381页。

② Burawoy M. *The Politics of Production: Factory Regimes Under Capitalism and Socialism*. London: Verso, 1985.

③ 赵鼎新：《社会与政治运动讲义》（第二版），北京：社会科学文献出版社，2012年，第80页。

低虽然与职业流动相关,但最终不能掩盖劳动力贡献的决定性作用。而职业满意度则更多是由其主观期望值与其现实境遇的关系决定的,并在与工作单位中职业地位相似的人的比较中形成具体的职业满意度。当面对与劳动付出不相称的薪资收入,新生代农民工往往选择"用脚投票",通过频繁换工作来表达不满[①]。一般通过适当的职业流动才能达到月均收入提升的目的,但过于频繁的职业流动则会对其收入有负面影响,不稳定的工作不利于其积累工作经验,学习特定的劳动技能,从而损害收入回报。而职业满意度的影响路径却与此相反,新生代农民工从农村转移到城市就业,客观上实现了结构性向上流动,"进城后的新生代农民工不再以他们来源地的农民而是以市民作为参照群体,起初的那种结构性社会流动对其心态的积极影响就不再明显"[②]。此时容易产生的"相对剥夺感"降低了其职业满意度,但当其职业流动次数增加后,逐渐认识到自身就业能力的缺乏及众多结构性限制,会理性地调整自身的期望值,进行合适的角色定位,此时其职业满意度又会逐渐上升,从而形成职业流动与职业满意度之间的"U"型影响轨迹。

三、市场化程度对新生代农民工择业行为的月均收入提升效应与职业满意度的消极效应均有显著的促进作用

本书实证研究发现:市场化程度对新生代农民工择业行为的月均收入提升效应与职业满意度的消极效应均有显著的促进作用,即其择业行为对就业质量的影响会因就业地区的市场化程度的提高而加强。市场化指数每提高1个单位,新生代农民工总体把握择业机会能力的月均收入效应会相应增加4.7%,职业满意度的负面效应也相应增加4.1%,而与"被动型"职业适应新生代农民工相比,采取"能动型"职业适应新生代农民工的月均收入效应增加5.1%,其职业满意度的负面效应也会增加5.7%。在以往有关农民工就业的研究中,主要关注社会关系网络的存在及其支持作用。正如波斯特"市场化悖论"指出:"脱离政府管制的非正规经济只是表面上接近真实的自由市场,公平竞争和自由选择的市场契约可能并不是普遍有效的规则,反而可能更多是依赖于社会关系来控制其有效运转。"[③] 但随着

[①] 沈原:《社会转型与新生代农民工》,《清华社会学评论》2013年第6辑,第67页。
[②] 彭国胜:《青年农民工的就业质量与阶层认同》,《青年研究》2008年第1期。
[③] Portes A. The Informal Economy and Its Paradoxes. In Smelser N J and Swedberg R (Eds.), *The Handbook of Economic Sociology*. Princeton: Princeton University Press, 1994.

市场经济体制改革的深入发展，新生代农民工"可能采取主动竞争和自发地形成市场契约规则的方式，以便获得更好的就业效果，并依赖自己的技术和经验来增强竞争能力及应付市场陷阱"[①]。市场化规则将在其资历积累、月均收入和向上流动过程中发挥决定性作用。在市场化程度较高的劳动力市场，新生代农民工职业流动在需求、供给与供求匹配"三位一体"的择业机制下进行合理的职业选择[②]。新生代农民工的职业流动大都是收入驱动机制下向较高职业收入岗位流动的过程，是一个"人往高处走"的职业流动效应的真实写照。因此，市场化程度对新生代农民工择业行为的月均收入效应产生显著的促进作用。

我国在从计划经济向市场经济转变的过程中，往往主要以政府管制的退出作为市场化进程的衡量标准，但缺乏市场机制的建立与完善。在劳动市场中形成的"工厂政体"中，劳动者的强度大，时间安排和身体的空间移动被严格管制，管理者的规训和电子眼的监控无处不在，人格羞辱、身体侵害、职业病时有发生[③]。如查克利巴蒂（Chakrabarty）所说，在资本主义生产关系中，主奴特征的地方性生产关系的再造甚于公民规则的形成，市场或者利润的逻辑无以捍卫个人朝向公民逻辑的转向[④]。因此，在向完全市场化迈进的过程中，市场化程度的提高幅度不足以弥补退出市场的原来政府管制对劳动者的保护，在这种就业环境下，市场化程度对新生代农民工择业行为职业满意度的消极效应会产生显著的促进作用。当然，从更长远来看，随着市场化程度的进一步提升，其对新生代农民工择业行为职业满意度的消极效应会逐渐消除。

四、新生代农民工择业行为对就业质量的影响因其劳动力类型的不同而呈现出差异性

本书实证研究发现：新生代农民工择业行为对就业质量的影响会因劳动力类型的不同而呈现出差异性。技能型劳动力因"内部劳动力市场"的存在降低了择业对就业质量的提升效应，而体能型劳动力的择业则是在缺

---

① 万向东：《非正式自雇就业农民工的社会网络特征与差异》，《学术研究》2012年第12期。

② O'Higgins N. Government Policy and Youth Employment. *World Youth Summit to Be Held in Alexandria, Egypt*, 2002: 7-11.

③ Lee C K. Engendering the Worlds of Labor: Women Workers, Labor Markets, and Production Politics in the South China Economic Miracle. *American Sociological Review*, 1995, 60 (3): 378-397.

④ Chakrabarty D. Universalism and Belonging in the Logic of Capital. *Public Culture*, 2000, 12 (3): 653-678.

乏"职业庇护"情况下利用市场机制来提高就业质量的理性选择，与体能型新生代农民工相比，技能型新生代农民工的职业流动与职业适应的收入效应分别呈下降趋势，即新生代农民工职业流动的收入效应会相应地下降3.5%，而与"被动型"职业适应相比，采取"能动型"职业适应的新生代农民工的收入效应也会下降4.2%。而从择业机会、职业适应与劳动力类型的交互项的回归系数可以得知，与体能型劳动力相比，技能型的劳动力对新生代农民工择业机会与职业适应的职业满意度消极效应有促进作用，即新生代农民工识别与利用择业机会的职业满意度负面效应会相应地增加5.1%，而与"被动型"职业适应相比，采取"能动型"职业适应的新生代农民工的职业满意度会相应地增加4.5%。究其原因，具有技能型劳动力的新生代农民工因具备相关的职业资格证书而大都就业于工作条件相对优越、劳动报酬高且工作稳定的首要劳动力市场，而只具有体能型劳动力的新生代农民工则只能进入低报酬、工作环境恶劣、缺乏发展空间的次要劳动力市场。在首要劳动力市场中存在一系列次要劳动力市场没有的"内部劳动力市场"，从而为其提供特有的"职业庇护"，具体表现为劳动配置、工资决定等活动都是在企业内部通过管理规则或惯例来进行的，而不受外部的劳动力市场控制[①]。同时，内部劳动力市场对劳动者的工作经验的积累与工作年资有很高的经济回报，随着在本单位工作时间的增加，工资水平呈现出显著的上升趋势[②]。如果频繁流动的话，会对其月均收入和职业满意度产生负面效应。与此相反，只拥有体能型劳动力的新生代农民工则因缺乏"内部劳动力市场"的职业庇护，只能在市场收入机制的驱动下，通过职业流动提高月均收入。同时，劳动力因缺乏特有的"职业庇护"降低了他们采取维权抗争的风险与代价，从而极大地增加了维权抗争发生的可能性。他们可以利用"偷懒、装糊涂、假装顺从、装傻卖呆、暗中破坏等弱者的武器进行日常形式的抗争，他们几乎不需要协调或计划，他们利用心照不宣的理解和非正式的网络，通常表现为一种个体的自助形式，避免直接地、象征性地和权威对抗"[③]。也可以利用当前国家大力提高农民待遇与

[①] Doeringer P B, Piore M J. *Internal Labor Market and Manpower Analysis*. Lexington, Massachusetts: Health, 1971.

[②] 栾敬东：《流动人口的社会特征及其收入影响因素分析》，《中国人口科学》2003年第2期。

[③] [美]詹姆斯·C.斯科特：《弱者的武器》，郑广怀等译，北京：译林出版社，2011年，第2—3页。

权益的"三农政策"背景下政府层面的有关新生代农民工的优惠政策与相关规定、企业为了贯彻中央与地方政府的有关"三农问题"的精神而出台的企业层面的文件与规定进行"以法抗争",从而切实维护自身利益。并随着自身生存环境的持续改善,新生代农民工的择业动机也相应地实现了由"生存理性"向"经济理性"与"社会理性"的转变,这既体现了新生代农民工在城市能获得多样化的选择机会与发展空间,也从侧面折射出新生代农民工在城市生存境遇的持续改善,获得月均收入与职业满意度的同步提升。

第九章
引导新生代农民工理性择业的路径选择

农民工是我国城乡二元结构下调整农村经济社会结构，加快工业化、城市化和农业现代化进程的产物。而新生代农民工随着农民工群体的世代更替，已成为农民工群体的现实主体。新生代农民工很多从小在城市长大，或已在城市生活的时间比较长，大都缺乏务农经验及相关知识，对自身的农民身份已不再像第一代农民工那样认同，往往倾向于把自己定位为城市居民。如果新生代农民工在城市盲目择业，不能尽快实现职业的"去体力化"和身份的"去农民工化"，实现职业的向上流动的目标，则会存在被农村和城市双重边缘化的倾向，直接影响到其生存与发展。可以说，新生代农民工的择业行为问题不仅关乎其自身，更关系到当前我国城乡融合和一体化进程与社会主义和谐社会的顺利转型。而千方百计扩大就业，构建和谐就业环境，是建设全面和谐社会的内在要求和重要途径。

党的十八届三中全会通过的《中共中央关于全面深化改革若干重大问题的决定》指出："要推进农业转移人口市民化，逐步把符合条件的农业转移人口转为城镇居民……推进以人为核心的城镇化。"就业乃民生之本，新生代农民工的择业行为与其就业质量息息相关，并进一步影响其对城市的认同与融入程度及市民化的进程。但目前农民工进城就业，特别是在主要劳动力市场，进入门槛和制度藩篱仍然存在。目前虽然农民工进城就业的户籍、行业、工种等各种"显性"的限制逐步取消，但因制度"惯性"造成的消极影响还在不同程度上存在,同时在转移就业过程中仍存在各种"隐性"的制度性和社会性的限制,对农民工的就业歧视还未从根本上消除。特别是城市公共服务体系对农民工开放还受到诸多因素的制约,离农民工享受均等化公共服务的目标还有很大的差距。与此同时,近年来,农民工的工资收入虽然有所上升,但农民工在城镇的生活成本也在迅速增加,农民工务工收入在扣除住房、子女教育、生活消费等方面的支出后就所剩不多了。如享受不到与城镇居民同等的公共资源和服务,大量额外支出都在一定程度上会影响农民工流动就业的积极性[①]。据国家统计局 2009 年的常规农民工监测调查及 2010 年进行的新生代农民工专项调查发现,全国新生代农民工总人数为 8487 万,占全部外出农民工总数的 58.4%,已经成为外出农民工的主体。新生代农民工作为现阶段农业转移人口的主体力量,很多从小在城市长大或已在城市生活的时间比较长,缺乏务农经验及相关知识,对自身的农民身份已不再像第一代农民工那样认同,往往倾向于把自己定位为城市居民。但由于其现阶段身份的特殊性,存在被农村和城市双重边缘化的倾向,直接影响到他们的生存与发展。目前大多数新生代农民工的市民化意愿强烈,渴望融入城市社会,在城市"落地生根",实现向市民的身份转换是其进城务工的主要目标。这一奋斗目标的实现主要取决于能否实现职业的向上流动。而择业行为与新生代农民工的职业流动和就业质量息息相关,但现阶段新生代农民工的择业行为在不同程度上呈现出盲目状态,具体表现为识别择业机会的能力较弱、职业选择呈现出盲目性及职业适应困难性,从而导致其就业质量不高,难以为其市民化的顺利实现提供足够的物质基础。

因此,本书试图在实证研究的基础上,从转变择业观念、增强职业技能、社会网络转和优化就业环境等方面入手,积极引导新生代农民工理性择业,进而提高就业质量,为进一步顺利实现市民化提供物质保障和职业支撑,从而加快我国新型城镇化战略的快速推进,并使"三农问题"得到有效的解决。

[①] 张勇:《中国就业制度变迁与公共政策选择》,南昌:江西科学技术出版社,2007 年,第 180 页。

第一节 转变择业观念：引导新生代农民工实现从"生存型"择业向"发展型"择业的转变

择业行为是新生代农民工在拥有足够就业机会的城市空间里有意识地识别与利用择业机会，在需求、供给与供求匹配"三位一体"的择业机制下进行合理的职业选择，并此基础上不断适应新就业岗位的过程。目前，我国农民工的职业流动性非常频繁，不仅明显高于城市劳动者，也远远高于发达的市场经济体制国家[①]。目前新生代农民工的"短工化"职业流动主要是受其择业观念的影响。从"生存型"择业向"发展型"择业的转变是新生代农民工形成正确合理的择业观念、实现职业向上流动的必经之路。

"生存型"择业是新生代农民工进城务工初期，因农业生产的"内卷化"与"过密化"导致农业收益率低下，严重威胁广大农村人口的生存安全，形成的以"生存理性"与"安全第一"为核心的低层次的择业观。斯科特将这种行为称之为"农民的道义经济学"，当人的生活选择要围绕生存而进行时，是那些有可能对农户基本生存形成直接威胁的风险而非利润最大化的利润风险，决定着个体农民的行为首选目标。因此，"生存型"择业是一种以家庭为决策单位，旨在确保生存、减少风险的保守性的择业行为。

而随着进城务工时间的推移，新生代农民工多年打工的积蓄及对城市就业环境的不断熟悉增强了其在城市的"本体安全感"，而农业生产收益逐年提高保障其基本的生存需要，可以免除其后顾之忧。这时要引导新生代农民工提高获取城市多样化的选择机会与拓展发展空间的意识和能力，营造一种积极向上的由最初被动型的"生存理性"向主动型的"经济理性"与"社会理性"转变的农民工"打工文化"，在广大新生代农民工群体中塑造一种旨在获得一定物质积累前提下进而获得在城市更大发展的"发展型"择业。"发展型"择业是新生代农民工寻求高收入和高满意度职业而采取的一种策略性行动，能促使其就业质量得到持续改善，进而提高其在社会职业分层序列中的位置。这是因为，"人的行动是作为一种绵延而发生的，是

[①] Knight J, Yueh L. Job Mobility of Residents and Migrants in Urban China: *Journal of Comparative Economics*, 2004, (32): 637-660.

一种持续不断的行为流。有目的的行动并不是由一堆或一系列单个分离的意图、理由或动机构成的，而是一种不间断的行动流，一个我们不断加以监控和理性化的过程"①。"发展型"择业是新生代农民工在识别与利用就业机会在城市承载能力范围内，具有反思性监控能力的"行动者"对其在城市择业"行为流"不断加以监控和理性化的过程，其目的是保障基本生存的基础上追求更高层次的发展。首先，择业是新生代农民工对行动具有"反思性监控"的结果，他们在行动过程中留意、计算行为的结果，以便能够了解身在其中的社会环境，行动者通过反思性监控，对自己所做的事情和结果都有相当的了解。新生代农民工会对进城务工的行动进行"反思性监控"，对客观的就业机会进行合理评估，并极力发现与拓展进入更高层次工作的途径。其次，择业也是新生代农民工行动的理性化过程。即行动者对自身活动的根据始终保持"理性的理解"，这就意味着行动者具备了处理问题的"资格能力"。因为进城务工的决定及后来的职业选择对新生代农民工来说，都是一些影响自身生存与发展的"重大的抉择"，因此，在进行抉择前，都会对进城前后、岗位转换前后的"境遇"进行分析与比较，能更好地实现自身特定目标（职业报酬、工作环境、发展前景等）往往会成为新生代农民工"理性的理解"后进行择业决定的"根据"。这是因为新生代农民工只有在新的工作更适合自己或有更高的职业报酬的前提下才会变换工作②。其实农民工职业流动是一种"用脚投票"的行为，主要目标是为了寻找下一个适合自己的工作岗位③。伴随着择业过程的是新生代农民工就业能力的增强，进而提高其就业质量。因此，积极引导新生代农民工由"生存型"择业向"发展型"择业转变是其提高就业质量，积累实现市民化的物质基础的重要保障。

择业观念是新生代农民工择业行动的先导，引导着新生代农民工合理的择业行为，以实现职业的向上流动。党的十七大报告在谈及就业问题时明确指出：要"加强就业观念教育"。使新生代农民工转变择业观念，构建自身职业技能与劳动力市场相吻合的正确择业观念，将有利于实现扩大就

---

① ［英］安东尼·吉登斯：《社会的构成》，李康、李猛译，北京：生活·读书·新知三联书店，1998年，第62页.
② Mortensen D T, Pissarides C A. Job Creation and Job Destruction in the Theory of Unemployment. *Review of Economic Studies*，1993，61（3）：397-415.
③ 高颖：《农村富余劳动力的供需变动及分析》，《人口研究》2008年第5期.

业与充分就业目标，优化新生代农民工职业结构，摆脱"就业难"与"民工荒"的悖论。引导新生代农民工树立正确的择业观，实现由"生存型"择业向"发展型"择业转变，具体可以从以下几个方面入手。

（1）引导新生代农民工形成正确的职业发展观。已有研究发现目前新生代农民工的职业发展存在盲目的频繁职业流动、悲观的职业晋升预期、非理性的高创业意愿等现实困境[①]。因此，新生代农民工要基于自身的职业竞争力、职业发展潜力及劳动力市场的需求数量与结构给自己设定一个"量身定制"的职业发展规划，这样既能逐步实现事业发展目标，同时又能避免其职业选择陷入"高不成、低不就"的困境。首先，在政府方面，要加快消除城乡二元管理体制对新生代农民工职业发展的限制和消极影响，为新生代农民工提供均等化的公共服务，消除新生代农民工悲观的职业发展预期。其次，在用人单位方面，要从根本上破除身份、户籍等先赋性因素对新生代农民工职业流动和岗位晋升的限制，形成人尽其才的良好用人氛围，同时积极开展对新生代农民工职业发展的专题讲座，邀请农民工群体中"精英人士"对新生代农民工进行有针对性的辅导，起到正向的激励作用，进而引导新生代农民工形成发展型职业发展观。最后，就新生代农民工自身而言，一方面要清醒地认识到职业发展是一个循序渐进的过程，新生代农民工不要仅把外出务工当成是一个解决生计问题的权宜之计，而要把其规划成一个不断开阔眼界、积累工作经验与阅历、提升自身职业技能、拓展新型人际关系的过程。因此，在职业的行业和职位的选择时，既要考虑"生存"问题以降低盲目择业的风险，同时更要看重其职业的发展性。另一方面应尽量摆脱现阶段职业选择的"短工化"倾向，因为在同一行业和岗位的工作经验的积累是需要一个过程的，而对于文化程度较低的新生代农民工而言，工作经验是其职业向上流动的最重要因素，而频繁的"短工化"职业流动不利于其职业技能和工作经验地积累，会导致其"水平化"职业流动甚至是"向下"职业流动。尤其在信息化快速发展的时代，新生代农民工要及时对劳动力市场的就业信息进行了解和评价，这样既能减少工作转换的盲目性，同时又能找到与自身"匹配"得更好的职业岗位。目前新生代农民工的就业信息大都来自"老乡"的介绍，这类就业信息的同

---

① 田立博、赵宝柱、付晓娜：《从就业状况看新生代农民工职业发展》，《成人教育》2016年第1期。

质性较高,对于在城市已经务工一段时间的新生代农民工来说,其价值普遍偏低。因此,要主动利用求职网站等新途径获取价值更高的就业信息。与此同时,劳动力市场不断发展变化,随着新的行业的兴起会诞生许多新兴职业,这些新兴职业一般比传统职业有更好的发展空间和前景,有助于新生代农民工实现职业发展的目标。

(2) 引导新生代农民工形成正确的职业报酬观。获取较高的职业报酬是新生代农民工进入城市务工的主要动因之一,同时也是实现劳动力再生产的基本保障。逐步提高工资在初次分配中的比例也是我国进行收入分配制度改革的重要内容。据经济史学家对国民经济统计资料的分析发现,在西方国家,市场经济机制下劳动者工资约占国民生产总值的2/3—3/4左右,在其他影响均衡价格和平均工资率的因素存在的情况下,工资占国民收入的比例通常是65%—70%,其他收入则约占国民收入的30%—35%[①]。而我国居民劳动报酬占GDP的比例,在1983年达到56.5%的峰值后,就持续下降,2005年已经下降到36.7%,22年间下降了近20个百分点[②]。而1978—2005年,与劳动报酬比例的持续下降形成了鲜明对比的,是资本报酬占GDP的比例上升了20个百分点[③]。有学者通过计算发现,在1989—2006年,我国农民工对经济增长的贡献率为11.27%,分享率仅为6.6%[④]。

虽然农民工的工资收入与其对GDP增长的贡献不相称,其实际收入回报远低于应得收入。但从其工资历年的增长趋势来看,近30年来,我国农民工的名义货币工资以年均近10%的速度增长[⑤]。特别是与曾经从事生产效率很低的农业生产时比较的话,农民工收入的绝对满意度相对较高,但与城市高收入人群相比,其收入的相对剥夺感严重,其工资收入的相对满意度又普遍表现为偏低的现状。总体而言,农民工工资收入的满意度在绝对满意度与相对满意度两个维度上呈现出截然相反的结果。这种貌似矛盾的态度折射出现阶段新生代农民工的职业报酬观陷入"两难"困境,引导其树立正确的职业报酬观刻不容缓。一方面要引导新生代农民工从发展的角度来理解其工作报酬的现状,从工资报酬逐年增长趋势的"事实"中提高

---

① 迟福林:《破题收入分配改革》,北京:中国经济出版社,2011年,第103页。
② 张建国:《中国居民劳动报酬占GDP比重连降22年》,《理论参考》2010年第7期。
③ 迟福林:《破题收入分配改革》,北京:中国经济出版社,2011年,第104页。
④ 胡伟清、张宗益、张国俊:《农民工的贡献与分享:差距到底多大》,《探索》2008年第5期。
⑤ 卢锋:《中国农民工工资走势:1979—2010》,《中国社会科学》2012年第7期。

其工作收入的实际"获得感",避免新生代农民工一味在短时间追求工资的急剧增加,使其形成合理的工资收入预期,这样不仅能避免其通过过于频繁地更换工作来寻找高收入工作岗位的盲目行为,而且能为企业的稳定生产提供充足的人力资源,这样才能提高企业效益,为逐步提高新生代农民工的工资收入提供物质基础。另一方面,要引导新生代农民工在"职业发展"与"工作报酬"之间的平衡中形成合理的职业报酬观,使"职业发展"和"工作报酬"之间形成良性循环,这样才能真正实现职业的持续发展。因此,新生代农民工要坚持出于促进职业发展的逻辑去劳动力市场寻找报酬相对合理的职业岗位,只有那些能充分发挥自身优势和才能、同时能提供职业技能增长的工作岗位,才能为其提供提升自身职业竞争力的机会和空间,从而在职业生涯中后期获得更高的职业报酬。

(3) 引导新生代农民工形成正确的职业声望观。与第一代农民工主要出于生计需求大都集中于工资收入相对较高的体力型工作岗位不同,新生代农民工在择业时,职业声望成为其择业过程中重要的考虑指标。新生代农民工从农村转移到城市就业后,因其既不是"农民"也不是"工人"的特殊身份,导致其在城市社会分层体系中处于底层,在经济和社会层面都遭受"双重歧视",受教育程度和职业技能相对较高的新生代农民工急切想改变自身的处境,避免重蹈第一代农民工的覆辙,他们往往寻求较高职业声望的工作。因此,在择业过程中,新生代农民工在择业地域、就业行业、具体工作岗位的选择上都明显地表现出"职业声望优先"倾向。在本调查样本中,从事制造业的新生代农民工的比例比农民工总体高出近10%,而从事建筑业的新生代农民工比农民工总体低10%。同时,新生代农民工在流动区域选择上倾向于长距离流动,在城市选择上有大城市的"偏爱",而在具体工作岗位的选择上,大都倾向于相对体面的工作。新生代农民工的这些"偏好"虽然是其追求职业发展的具体表现,但同时也反映出新生代农民工有盲目追求较高职业声望的心态。其实,择业地域、就业行业、具体工作岗位的选择要根据其自身的情况来选择,如果一味地追求较高职业声望的就业地域、行业和工作岗位,往往适得其反,会错失很多职业发展的机会,职业声望的提升也会化为泡影。

(4) 引导新生代农民工形成正确的择业代价观。择业代价观是新生代农民工择业观的重要组成部分,新生代农民工在寻求理想职业过程中所付出的经济成本与非经济成本都属于其择业代价的范畴。其中经济成本主要指新生代农民工在城市择业过程中搜索就业信息、交通费及择业等待期的开支等方面的求职成本，为使自己在城市就业合法化而办理相关证件向有关部门支付的管理费用，以及为提升职业技能参加各种职业技能培训成本等①。而非经济成本主要指新生代农民工在外出务工过程中因离开亲人、家乡产生思乡情绪的心理成本，因工作与家庭相冲突及受到城市本地居民"污名化"等行为产生的社会歧视成本等。而"付出才有回报"，必要的择业代价是其理想职业的获得及实现职业向上流动的前提。因此要引导新生代农民工清醒地认识到择业过程中的代价会在以后的职业发展中得到成倍的"补偿"，是一个收益很高的投资行为。因为劳动力市场的信息不对称，新生代农民工只有付出必要的代价才能搜寻到有价值的就业信息，只有参加必要的职业培训才能切实提升自身的职业竞争力，并进而实现高质量就业。

第二节 提升人力资本：激励新生代农民工提高参与职业技能培训的积极性与有效性

社会学家哈格维斯特曾经指出：随着社会的不断进步，教育将成为个体向上流动的主要途径，缺乏教育和教育失败将成为个体向下流动的基本原因②。根据倪志伟（Victor Nee）的市场转型理论③，随着中国市场经济的不断发展，劳动力市场的资源配置机制已越来越呈现出市场本身的特性，人力资本的价值在新生代农民工群体的就业质量上日益得以体现。因此，不断丰富新生代农民工的人力资本，是提升其就业质量的基础。

国际金融危机爆发后，世界各国重新认识到实体经济的极端重要性。美国从"去工业化"转向"再工业化"，是为抢占新一轮科技和产业竞争制高点。为此，美国不断完善其先进的教育体系，让产业工人有更多时间和精力去从事学习、创新、研究、交流等活动。中国制造业要想赢得国际竞争，提高产业工人素质是决胜之道，而产业工人素质高低又取决于占产业

---

① 钱雪飞：《我国农村劳动力城乡迁移中个人就业成本的构成》，《南通大学学报》（社会科学版）2006年第7期。
② 杨传昌、侯立元：《教育与当今中国社会阶层流动》，《教育学术月刊》2009年第2期。
③ 余传贵：《西方人力资本理论评析》，《财经理论与实践》2001年第5期。

工人主体的农民工素质高低①。

"世界工厂"需要大量的劳动力，外向型的经济发展模式对劳动力的需求，与小农经济对劳动力的排斥，构成了一对相互配合的推力和拉力，将一批又一批农村青壮年劳动力送上进城打工之路②。但农民工不仅因年龄的不同区分为第一代农民工与新生代农民工两个不同的群体，即使是年龄相近的新生代农民工也因自身具有的职业技能的不同而在就业环境、职业待遇与发展前景等方面发生分化。职业技能培训是新生代农民工继续社会化的重要内容与主要形式，是以往学校教育的延续与补充。同时也发挥着对劳动力"筛选"机制的作用。因为教育程度与职业技能培训是衡量劳动力质量的"指示器"，劳动力市场通过筛选后，新生代农民工分被分配到高低不同的职业位置上。其中，劳动力市场中技能型新生代农民工因具备相关的职业资格证书而大都就业于工作条件相对优越、劳动报酬高且工作稳定的首要劳动力市场，而只具有体能型劳动力的新生代农民工则只能进入低报酬、工作环境恶劣、缺乏发展空间的次要劳动力市场。在首要劳动力市场中存在一系列次要劳动力市场没有的"内部劳动力市场"，从而为其提供特有的"职业庇护"，具体表现为劳动配置、工资决定等活动都是在企业内部通过管理规则或惯例来进行的，而不受外部的劳动力市场控制③。实证研究表明，技能型新生代农民工可以进入高待遇、稳定的首要劳动力市场，并受到"内部劳动力市场"的职业庇护，成为体能型新生代农民工梦寐以求的职业选择。造成这种天壤之别的原因就是新生代农民工是否拥有"一技之长"。因此，加强对新生代农民工的职业培训是提高其职业竞争力，并在一定程度上消解家庭背景、所有制、户籍制度等制约能力主义原则发挥作用的因素的影响，避免形成阶层流动的"凝固"，进而进入首要劳动力市场的最有效途径。

但现阶段新生代农民工职业培训的实效性受到两个方面的制约。一方面，新生代农民工参与职业培训的积极性。只有充分发挥其职业培训的积极性，进行合理职业规划，并有针对性地学习适合自己的实用的职业技能，

---

① 樊纲、马蔚华：《农业转移人口市民化与中国产业升级》，北京：中国经济出版社，2013年，第160页。
② 潘毅、卢晖临、张慧鹏：《大工地——建筑业农民工的生存图景》，北京：北京大学出版社，2012年，第17页。
③ Doeringer P B, Piore M J. *Internal Labor Markets and Manpower Analysis*. Lexington, Massachusetts: Heath, 1971.

提高职业培训的效率,才能切实提升职业竞争力。但目前因职业培训的"形式主义"盛行,对政府的信任感偏低,以及自身学习能力不足等原因,导致了新生代农民工对职业培训参与的积极性不高,学习缺乏主动性与针对性。使政府针对农民工的职业培训政策出现"功能异化",不能实现提高新生代农民工职业技能,进而提高其在劳动力市场竞争能力的目的。另一方面,新生代农民工这一矛盾性的身份,削弱了其获得职业培训特别是高质量的职业培训的有效性。因为"市场通常对所有来者都开放,但那些不具有成员资格的人在市场中是最脆弱和不受保护的,他们往往容易被排斥在共同的安全和福利供应之外"[①]。这样,在"体制壁垒"与"资本壁垒"双重排斥下,新生代农民工长期被城市区隔和另类标签,以户口为基础形成的城乡二元结构使城市劳动力被人为地分割为正式市场与非正式市场,高度区隔的劳动力市场导致了严重的就业限制。绝大多数新生代农民工只能在非正式市场寻找就业机会[②],使新生代农民工无法获得与具有"市民身份"的城市居民同等的职业培训的机会,因而削弱了其流向首要劳动力市场的可能性。因此,在提高新生代农民工的积极性的同时,提高其对职业培训机会获得的有效性,使其与市民获得同等职业培训的机会,才能使新生代农民工提高自身职业技能,进而在职业分层序列中实现向上流动。

因此,要增强新生代农民工的职业竞争力,其切实可行的途径是引导其参加职业技能培训。但要避免使职业技能培训流于形式,基本消除新生代农民工无职业技能从业现象,切实发挥应有的职业向上流动的促进作用,就必须要提高新生代农民工参与职业培训的积极性与有效性。

(1) 提高新生代农民工职业技能培训积极性。首先,要引导新生代农民工树立正确的职业发展观,让其认识到职业技能在职业向上流动过程中的重要作用。对于已经结束正规学历教育的新生代农民工而言,人力资本投资的最佳途径就是职业技能培训,职业技能培训不仅有利于提高人力资本的存量,而且有利于已有人力资本的补充和转化,对新生代农民工职业地位的获得及职业晋升的作用与其接受正规学历教育的作用相差无几[③]。麦

---

① [美] 迈克尔·沃尔泽:《正义诸领域:为多元主义和平等一辩》,褚松燕译,南京:译林出版社,2002年,第32页。
② 潘泽泉:《社会、主体性与秩序:农民工研究的空间转向》,北京:社会科学文献出版社,2007年,第250页。
③ 赵延东、王奋宇:《城乡流动人口的经济地位获得及决定因素》,《中国人口科学》2002年第4期。

肯锡全球研究院发布的《全球劳动力报告》指出,对于许多职业来讲,职业技能培训往往比正规学历教育更重要①。特别是对于正规学历教育整体较低的新生代农民工而言,技能培训对其职业收入的影响远远大于正规学历教育的影响②。因此,职业技能培训是新生代农民工能够凭借自身努力实现职业向上流动的最主要途径。其次,要提高新生代农民工职业技能培训的实用性和职业技能培训的吸引力。现阶段绝大多数新生代农民工的职业技能提升主要得益于传统的师徒制度,"边干边学"是其主要途径。虽然新生代农民工参加职业技能培训的愿望强烈,但现行的新生代农民工的职业培训大都流于形式,重理论轻实践、导致职业培训质量较低,无法让新生代农民工获得一技之长,严重地挫伤了新生代农民工参加职业技能培训的积极性。同时,职业技能培训的时间往往与新生代农民工的工作时间相冲突,严重阻碍了职业培训政策的实施。新生代农民工职业时间长,加班已是一种常态,长时间高强度的工作使得其身心疲惫,参加职业技能培训往往心有余而力不足。因此,要在培训内容上提高针对性,可采取"订单式"培训形式,满足新生代农民工职业技能的个性化需求,用人单位也要制定新生代农民工职业培训制度,可以采取服务合同制的形式安排新生代农民工参加培训,保证新生代农民工"有闲"来参加职业技能培训,从而提高培训的参与率和职业培训质量。最后,国家要积极探索符合我国经济结构调整的职业资格认证制度,对新生代农民工执证上岗的给予经济补偿和职业晋升上的激励,避免形成"技术流动的社会断裂"。因此,对具有一定职业技能的农民工给予正式的技术认定,从而实现农民工职业结构转型,进而实现中国社会向中产阶级社会转型③。

(2)提高新生代农民工职业培训的有效性。虽然政府出于新生代农民工职业发展的目的,出台了一系列相关的农民工职业技能培训的政策(表9-1),也取得了可喜的成绩。但为了进一步提高新生代农民工职业技能培训的有效性,必须加强政府对新生代农民工职业培训政策输出的连贯性,克服"碎片化"倾向。现阶段新生代农民工职业培训政策"碎片化"主要指政府部门内部在农民工职业培训政策的资源配置、实施过程中存在的各

---

① 李俊:《职业培训与新生代农民工的职业发展》,《中国青年研究》2014 年第 12 期。
② 侯风云:《农村外出劳动力收益与人力资本状况相关性研究》,《财经研究》2004 年第 4 期。
③ 李强:《为什么农民工"有技术无地位"——技术工人转向中间阶层社会结构的战略探索》,《江苏社会科学》2010 年第 6 期。

种分割状况。现阶段新生代农民工职业技能培训涉及农业部、教育部等多个中央部门，呈现出"政出多门、条块分割"现象，在很大程度上模糊了新生代农民工培训渠道的选择，造成了培训资源的重复投入甚至浪费[①]。因此，要加强新生代农民工职业技能培训的"顶层设计"，各部门要统筹安排，集中资源，设计与组织在培训内容、时间安排、培训形式、地点选择等与新生代农民工实际情况相匹配的新生代农民工职业技能培训模式，同时要建立科学、全面的评估指标体系，及时对新生代农民工职业技能培训效果进行科学评估，加强对农民工培训政策实施情况的监管力度，避免培训流于形式及对培训人数、内容和时间造假以套取培训资金的乱象。

表9-1 新生代农民工职业培训政策、制度供给的演化[②]

实施阶段	主要目标	相关的主要政策和法规
探索期 （2003.9—2005.12）	制定农民工职业培训组织、实施和激励政策，为农民工获得职业技能培训机会，切实提升农民工的职业技能，从而提升其职业竞争力	1.《国务院办公厅转发农业部等部门2003—2010年全国农民工培训规划的通知》（国办发〔2003〕79号） 2.《农业部等六部关于组织实施农村劳动力转移培训阳光工程的通知》（农科教发〔2004〕3号） 3.《教育部关于印发农村劳动力转移培训计划的通知》（教职成〔2004〕1号） 4.《劳社部关于进一步做好职业培训工作的意见》（劳社部发〔2005〕28号）
完善期 （2006.1—2010.12）	切实维护农民工的合法权益，建立和谐的劳动关系，加强对农民工职业技能培训制度的统筹与监管，引导农民工实现职业向上流动	1.《国务院关于解决农民工问题的若干意见》（国发〔2006〕5号） 2.《关于企业职工教育经费提取与使用管理的意见》（财建〔2006〕317号） 3.《扶贫办关于印发〈关于在贫困地区实施"雨露计划"的意见〉和〈贫困青壮年劳动力转移培训工作实施指导意见〉的通知》（国开办发〔2007〕15号） 4.《劳动合同法》、《就业促进法》、《劳动争议调解仲裁法》、《社会保险法》 5.《国务院办公厅关于切实做好当前农民工工作的通知》（国办发〔2008〕130号） 6.《教育部关于切实做好返乡农民工职业教育和培训等工作的通知》（教职成〔2009〕5号） 7.《人社部和财政部关于进一步规范农村劳动者转移就业技能培训工作的通知》（人社部发〔2009〕48号） 8.《国务院办公厅关于进一步做好农民工培训工作的指导意见》（国办发〔2010〕11号） 9.《人社部关于进一步实施特别职业培训计划的通知》（人社部发〔2010〕13号） 10.《国务院关于加强职业培训促进就业的意见》（国发〔2010〕36号）

---

① 李国梁：《新生代农民工职业发展的政府干预策略：困境与路径优化》，《中国人力资源开发》2016年第19期。

② 李国梁：《新生代农民工职业发展的政府干预策略：困境与路径优化》，《中国人力资源开发》2016年第19期。

续表

实施阶段	主要目标	相关的主要政策和法规
拓展期 （2011.1—）	切实提升农民工职业技能和就业创业能力，培育新型职业农民，努力开创农民工多元职业路径选择	1.《教育部等九部门关于加快发展面向农村的职业教育的意见》（教职成［2011］13号） 2.《农业部办公厅、财政部办公厅关于印发〈2013年农村劳动力培训阳光工程项目实施指导意见〉的通知》（农［2013］36号） 3.《农民工职业技能提升计划——"春潮行动"实施方案》（人社部发［2014］26号） 4.《国务院关于进一步做好为农民工服务工作的意见》（国发［2014］40号） 5.《国务院办公厅关于支持农民工等人员返乡创业的意见》（国办发［2015］47号） 6.《农民工学历与能力提升行动计划——"求学圆梦行动"实施方案》（教职成函［2016］2号）

第三节 转换社会网络：鼓励新生代农民工实现从"先赋性"社会网络向"自致性"社会网络的转换

以格拉诺维特为代表的"新经济社会学派"指出：经济生活是深深地"嵌入"社会网络和社会关系之中的，这一情况并不因为现代化的发展而有所变化。在个人求职和就业过程中，"社会网络"所起的作用不容忽略，这是因为与就业有关的网络信息和机会并不只是通过劳动力市场来流动和传递。相反，它更多地通过人们的社会关系网络来传递。社会网络有助于解决劳动力市场中的信息不对称问题，促进信息流动，帮助个人获得就业的信息和机会[1]。农民工如何才能突破他们进城前积累的原始社会网络，构建基于城市就业和生活的新型人际社会关系，实现社会网络的转换，不仅关系到他们工资和收入水平的提高、个人和家庭福利水平的增进，而且可能成为影响他们是否能定居城市，从而影响我国城镇化进程的一个重要因素[2]。

一方面，新生代农民工进城务工后，随着地域的转移，由于城乡隔离的二元社会体制的"社会屏蔽"机制及新生代农民工采取的被动型"社会性防御"（social defense）策略，使新生代农民工在城市大都难以适应并融入城市社会，导致其处于"游民化"状态，同时由于城市居民长期生活在

---

[1] Granovetter M. The Strength of Weak Ties. *American Journal of Sociology*，1973，78（6）：1360-1380.
[2] 叶静怡、周晔馨：《社会资本转换与农民工收入——来自北京农民工调查的证据》，《管理世界》2010年第10期。

城市"福利城堡"中，占据着社会资源与竞争方面优势，使得某些市民形成"一等公民"的身份优势意识，"一等公民"心态实际上已内化为一种城市的市民性格①。这种心态体现在本地居民与新生代农民工交往会采取"污名化"策略，给新生代农民工贴上种种歧视性的"标签"，将其隔离在城市生活之外，导致其日益处于"边缘化"处境。具体表现为：新生代农民工进城务工后与城市本地居民虽然"共居"于同一城市空间，但他们之间的交往却是隔离的，客观上生活在"两个世界"，这两大人群在许多方面是格格不入、彼此失去信任的。

另一方面，新生代农民工在城市重建以血缘、地缘关系为主要联系纽带的"乡土社会"空间，导致其社会认同呈"内卷化"趋势，即新生代农民工的城市社会的人际交往在不能向外部（城市本地人）转变和扩张的情况下只能转向内部的群体，新生代农民工内部群体具有共同的语言与生活习性等，导致其内部的认同更加坚定，因为他们从小都受"乡土社会"文化的影响，所以他们往往更多与和自己有同质文化的群体交往，而排斥异质文化。当然这种做法并不是为了节约流动成本和交往成本的考虑，更不是一种出于本能和非理性的社会行为选择。事实上，这种对乡土社会关系的复制和扩大是其城市融入失败的产物，是一种遭到城市"社会性排斥"而做出的一种无奈的选择，是一种城市生存策略，也可以理解为 G.H. 埃尔德所提出的是一种"社会性防御"。G.H. 埃尔德认为，"社会性防御是'迷恋事情的旧日面貌'的症状。一味同过去的满足感和标准相比，只能增强经济受损家庭对现实的不满，使重新调整的过程变得更困难和更漫长"②。这样的后果是，新生代农民工在城市中只能寄寓在一个被隔离了的"共存空间"，成为城市社会的"局外人"，同时，又不得不面临着随时被"污名化"的危险，无法在一种合法的秩序中完成对城市生活方式的学习和培育，这种城市融入的谋划注定是无法完全成功的，因而只能是一种"半城市化生存"。因此要拓展与重构新生代农民工的社会网络，实现新生代农民工社会网络的转换，是引导新生代农民工择业行为合理化的基础前提。

（1）通过积极维护和建立新生代农民工的正式社会支持网络的途径拓展其自致性社会网络。新生代农民工进入城市后，与处于优势地位的城市

---

① 朱力：《群体性偏见与歧视——农民工与市民的磨擦性互动》，《江海学刊》2001 年第 6 期。
② ［美］G.H. 埃尔德：《大萧条的孩子们》，田禾等译，南京：译林出版社，2002 年，第 37 页。

本地居民相比，无论从社会经济地位方面还是自信心方面，都处于劣势地位。通过正式社会支持网络成为其适应和融入城市的至关重要的途径。为新生代农民工建立正式的社会支持网络，是指政府部门要从制度的层面出发，通过不断完善劳动就业制度、工资制度、社会保障制度，以维护新生代农民工的合法权益，尽量避免其因迫于生存的压力而盲目择业，忽视自己在法律上应享有的各项权利。既要维护新生代农民工输出地原有的支持网，尤其是正式组织中的社会支持网，如输出地的基层政府和党团组织，应该对进城务工的农村青年始终保持联系，密切关注他们的工作和生活，保证他们在家乡应该享有的基本权益，消除他们的"无根感"。同时，也应当充分利用工会等非政府组织较为完善的网络体系，通过运用各种宣传工具，引导广大市民理解和尊重新生代农民工，促进其与城市居民之间的良性互动，从而拓展新生代农民工新型社会关系网络。

（2）拓展与重构新生代农民工的非正式社会支持网络，实现新生代农民工社会网络的转换。即从以先赋性社会网络为主向以自致性社会网络为主。新生代农民工进入城市打工以后，他们面对一个不熟悉的、充满着"陌生人"的"他群体"。他们早期在乡村生活中所建立的那些主要由血缘、地缘等纽带联系起来的邻居、同学和亲戚等所构成的"我群体"被远远地抛在了家乡，他们在乡土社会中所遵循的那些规范和观念，也在这个充满陌生人的城市社会中变得越来越不适应。他们原来的那些社会联系由于他们外出打工的行为而被无可奈何地和强制性地割断。这样所造成的一个直接的后果，是新生代农民工自身在城市中由此形成了一种社会和心理上的结构性紧张和危机。面对这种结构性的紧张和危机，为了在城里生活、适应和发展的需要，他们必须学会和城市里的"他群体"打交道。因此，首先要充分经营城市社区在拓展新生代农民工自致社会网络中的"共有空间"作用。因为新生代农民工迁入城市后，"社区"是其生活的主要"城市空间"，成为其余城市居民生活与交往的"共存空间"。对于新生代农民工来说，他们与城市社会的接触和交往，主要是在居住的"社区"内进行的，城市社区是新生代农民工城市社会融入的"场域"，而融入社区是其城市融入的有效方式和最终目标。欧盟国家就极其重视社区在移民融入主流社会中的作用，从更广泛的视角积极关注人们的社区生活，通过专业化的社区发展方法，探讨有效的对抗社会排斥的途径，促进市民社会的发展①。社区行动（community activity）已成为促进移民社会融入的重要机制。通过社区行动的"自下而上"的途径，不仅可以发展特定的项目，传递相关的服务，而且能够在组织者与服务的使用者之间创造更频繁的社会互动。2003—2004年英国政府发展社区参与项目，通过社区学习包（the community learning chest）行动项目与社区赋权网络工作（the community empowerment network），激励个人与组织的参与，决策制定者、服务提供者的介入，改善社区成员的技能，加强群体能力，不断建立并发展社会资本，实现社会融入②。基于此，2006年国务院发布的《国务院关于解决农民工问题的若干意见》中就明确指出："要建设开放型、多功能的城市社区，构建以社区为依托的农民工服务和管理平台。鼓励农民工参与社区自治，增强作为社区成员的意识，提高自我管理、自我教育和自我服务能力。发挥社区的社会融合功能，促进农民工融入城市生活，与城市居民和谐相处。"③社区的地域性特征能给新生代农民工提供具体的非正式支持和制度性支持网络。各种有效的社区支持能够帮助其真正进入城市社区，在经济生活、社会生活和心理层面上完成市民化。具体而言，社区通过改变农民工对生活地域的认同，在角色、身份、生活模式、归属感和认同感方面对二元结构性制度规定实现渐进性的超越，社区融入是农民工适应城市社会的有效方式和最终目标，它可以超越户籍这种外在屏障，实现农民工真正的社会融入④，从而拓展自致性社会网络存量。

（3）要充分发挥城市社区文化在拓展新生代农民工自致性社会网络中的载体作用。虽然城市社区为农民工拓展自致性社会网络、实现城市融入提供了"共存空间"，而社区文化成为其有效拓展自致性社会网络、实现城市融入的现实载体。但目前城市社区文化建设大都陷入困境，呈现出下列三种张力，无法发挥应有的功能。①社区文化组织模式行政化的盛行与社

---

① Henderson P. *Including the Excluded: From Practice to Policy in European Community Development*. Bristol: Policy Press, 2005.
② Taylor M. Communities in Partnership: Developing a Strategic Voice. *Social Policy and Society*, 2006, 5(2).
③ 国务院：《国务院关于解决农民工问题的若干意见》，http://www.gov.cn/jrzg/2006-03/27/content_237644.htm。
④ 郎晓波、俞云峰：《农民工融入当地社区的壁垒及实践策略研究》，《北京行政学院学报》2012年第2期。

区文化自主性特征之间的张力。随着"单位人"向"社会"（社区）人的转变，社区的管理功能逐渐凸显，原来由政府部门承担的职责，也部分转移给了社区，并且构成了所谓社区服务的基本内容，导致社区又成了"第二政府"，偏离了它作为基层自治组织的性质规定，承担了繁重而又复杂的行政管理事务，社区文化往往也成了社区管理的"替代物"和应付上级检查的"政绩工程"，社区居民特别是处于"边缘化"地位的新生代农民工在社区文化建设中的自主性遭到无情的泯灭。②社区成员参与度的不足与社区文化群众性特征之间的张力。社区文化是一种群体性的大众文化，社区文化的发起者、参与者和受益者应该是社区内全体居民，因此，社区成员的参与度高低是衡量社区文化绩效的关键指标。目前社区居民参与度低的现状，折射出社区文化脱离了居民的实际需求，与其"理想"的社区文化存在不小差距。③文化设施享用的选择性与社区文化共享性特征之间的张力。从本质上来看，社区文化是一种"共享文化"，但实际上，在由城乡户籍制度导致的现行社区管理体制的分割性造成社区文化资源对农民工的"显性隔离"和由新生代农民工自身的"封闭性"而导致的"隐性隔离"双重隔离下，新生代农民工不能与社区居民共享社区文化服务设施，往往被排除在社区文化之外。

而从社区文化功能的角度看，作为社区构成要素的社区文化是社区建设的重要资源。首先，在新生代农民工拓展自致性社会网络的社会行动过程中，城市社区文化是其城市融入的桥梁和纽带，这是因为，社区文化是一个社区的灵魂，新生代农民工融入社区必须先熟悉和掌握这一社区的文化，因为对于生活在社区中的"局内人"而言，熟悉和掌握本社区的文化就成为一种适应社区的"生存和生活技艺"，这种"技艺"能够使他在社区里的一切生活和活动显得"自然而然"[①]。其次，开展丰富多彩的社区文化活动，能够改变新生代农民工文化交往的封闭性，可以增加新生代农民工与社区居民交往的空间与机会，让他在共同的社区活动加深相互理解，消除误会，进而在有机会习得"城市性"，并在发挥群体间的"接触效应"的过程中起到"去污名化"效应，从而营造与城市居民形成良性互动的氛围[②]。

[①] 毕天云：《社区文化：社区建设的重要资源》，《思想战线》2003年第4期。
[②] 罗竖元、李浩：《流动时间与居住空间：新生代农民工城市融入的时空制约》，《广东行政学院学报》2013第5期。

同时，社区文化建设有助于形成宽容精神，因为宽容精神不仅能理顺社区内各种人际关系、协调社会矛盾，更重要的在于它能促进代表"乡土文化"的新生代农民工与代表"都市文化"的城市居民之间的互动与包容，这样最终有助于社区个体成员之间形成和谐的人际关系，避免文化矛盾和冲突。最后，社区文化能够充分培养新生代农民工社区参与意识。新生代农民工往往在城市中重建的"乡土社会"空间更多地表现为传统社会的特征。而勒纳（Lerner）曾经说过："传统社会是一种典型的非参与型的社会，大都采取世袭的方式把人们安排在隔绝与偏僻的社区中，彼此缺少相互依存的纽带，人们的视野被局限在一个地方。"[①]因此，"具有自觉的主体性和自我意识的个体的生成，需要一种以平等的交互主体性为基础的理性的公共活动空间，来表达主体性的内涵和价值需求，或者抵御公共权力的自律化所造成的体系对生活世界的殖民化"[②]。而社区文化活动正好提供这种"交互主体性为基础的理性的公共活动空间"，在社区活动中培养其社区参与意识和能力，逐渐改变其在社区话语体系中的边缘位置，从而维护自身利益，进而有助于融入城市社会，引导新生代农民工在融入城市的过程中重建与拓展其自致社会资本[③]。因此，要充分发挥社区文化在新生代农民工扩展社会交往范围、拓展自致性社会网络中的桥梁作用，必须贯彻"共建共享"的原则。首先，社区文化建设必须以社区居民需求为导向，凸显社会文化建设的社区居民、基层政府、城市社区文化精英在内的"多元主体"，在引导农民工参与城市社区文化建设中培育城市融入的主体意识。同时又要坚持与贯彻社区文化"共享"的原则。社区文化与个体性文化不同之处在于社区文化是全体社区成员在实践活动中"共建共享"。因此，在社区文化建设过程中，一方面，要加强社区文化服务设施的整体规划，建立社区文化建设资源投入的长效机制，从而提高社区居民社区文化服务设施的可获得性；另一方面，在提高社区文化资源可获得性同时，提高社区农民工文化服务设施的有效性，保障其共享社区文化资源并参与社区文化活动。

另外，在观念上引导新生代农民工在加强与其初级群体的沟通和联系的同时，鼓励其在城市中建构以业缘为主的次级关系，不断扩大其社会支

---

① ［英］安德鲁·韦伯斯特：《发展社会学》，北京：华夏出版社，1987年，第30页。
② 衣俊卿：《现代性的维度及其当代命运》，《中国社会科学》2004年第4期。
③ 罗坚元、李萍：《社区文化：农民工随迁子女城市融入的现实载体》，《广西社会科学》2013年第12期。

持网络规模，促进新生代农民工城市社会支持网络的建设，发挥企业（雇主）、大学生（志愿者）、研究机构、政府部门、学校与法律事务所等城市社会支持网络的优势，为青年农民工提供就业信息、法律援助、素质培训等多方面的服务[1]增强其在城市获取资源的能力，从而实现顺利就业。与此同时，也可以尝试发展农民工非政府组织，即直接并主要为农民工及其家庭提供服务的民间公益性组织，为刚步入择业队伍的新生代农民工提供就业信息、就业心理辅导与咨询服务。在城市接受职业教育和培训过程中形成的同学关系、与城市本地居民混合居住所形成的邻里关系、就业单位内各种社团活动带动的超出同乡间的交往等，都是农民工基于城市的社会人际关系拓展、自致性社会网络积累的重要渠道[2]。

第四节 优化就业环境：切实为新生代农民工理性择业提供"市场自律"与"社会保护"的双重庇护

按照勒维在《带有人类面孔的野蛮人》一书中的说法："我们必须破除经济基础和上层建筑的形而上学……因为问题并非如此，远为根本的问题应该是：权力并非盗用世界，权力持续不断地从各个向度生产世界……权力远非恶意地想扯断其社会结构之线，相反，它编织起日常现实之网。"[3]因此，政府及各部门应当及时了解新生代农民工在择业过程中所遇到的各种现实问题，充分考虑新生代农民工的利益，为新生代农民工择业提供一个良好的环境。

我国对于农村劳动力进城就业的政策，经历了几个发展阶段，这与我国的经济体制的变革也有一定的联系。学者们对此的划分也有所不同。如胡鞍钢认为：我国对于农民工进城就业的政策大致经历了计划经济体制下的红灯阶段，改革开放后放松限制或有条件允许农民进城的黄灯阶段，"十五"计划后的绿灯阶段。而改革开放以后，我国对于农民工流动的就业政策主要经历了控制流动（1979—1983 年）、允许流动（1984—1988 年）、控

---

[1] 黄平、杜铭那克：《农民工反贫困》，北京：社会科学文献出版社，2006 年，第 34 页。
[2] 叶静怡、周晔馨：《社会资本转换与农民工收入——来自北京农民工调查的证据》，《管理世界》2010 年第 10 期。
[3] [英]安东尼·吉登斯：《第三条道路》，杭州：浙江大学出版社，2002 年，第 36 页。

制盲目流动（1989—1991年）、规范流动（1992—2000年）、公平流动（2000年以后）5个阶段。随着我国农村剩余劳动力向城市转移由计划经济时代的"政府行为推进的政策型转移"向改革开放以来的"经济利益诱致的市场型转移"[1]，政府应该着力推动政策创新，优化政策环境，充分发挥劳动力市场的"市场自律"与"社会保护"对新生代农民工的双重保护作用。卡尔·波兰尼认为现代社会的原动力是由一双重倾向支配着：一方面是市场不断扩张，另一方面是这个倾向遭到一个相反的倾向——把市场之扩张局限在一个特定的方向的对抗。即社会中有两种组织原则在起作用，其中之一是经济自由主义原则，其目的是要建立一个自律性市场，受到商人阶级的支持，而且使用自由放任与自由贸易为其谋生；但存在波斯特所说的"市场化悖论"，即"脱离政府管制的非正规经济只是表面上接近真实的自由市场，公平竞争和自由选择的市场契约可能并不是普遍有效的规则，反而可能更多的是依赖于社会关系来控制其有效运转"[2]，同时，在劳动力市场中形成的"工厂政体"中，劳动者的强度大，时间安排和身体的空间移动被严格管制，管理者的规训和电子眼的监控无处不在，人格羞辱、身体侵害、职业病时有发生[3]。如查克利巴蒂所说，在资本主义生产关系中，"主奴"特征的地方性生产关系的再造甚于公民规则的形成，市场或者利润的逻辑无以捍卫个人朝向公民逻辑的转向[4]。

另一个原则是社会保护原则，其目的是人类、自然与生产组织的保护，当市场经济对社会组织中的人性要素与自然要素构成威胁时，社会各阶层自然就会各自争取某种保护政策[5]。当今中国，在市场化进程中，新生代农民工正在以"行动"凸显自身的群体特征，面对"拆分型劳动力生产体制"、"工厂专制政体"造成的劳动权益侵害，开始积极进行抗争，在一定程度上直接挑战了国家现有的规制方式和企业政体，迫使政府与资本部分地对其行为做出加薪、改善就业环境、重组工会、落实集体协商制度等实质性的

---

[1] 刘传江、程建林、董延芳：《中国第二代农民工研究》，济南：山东人民出版社，2009年，第5页。
[2] Portes A. *The Informal Economy and Its Paradoxes*. Princeton: Princeton University Press. 1994: 426-449.
[3] Lee C K. Engendering the Worlds of Labor: Women Workers, Labor Markets, and Production Politics in the South China Economic Miracle. *American Sociological Review*, 1995, 60（3）: 378-397.
[4] Chakrabarty D. Universalism and Belonging in the Logic of Capital. *Public Culture*, 2000, 12（3）: 653-678.
[5] [英]卡尔·波兰尼：《巨变：当代政治与经济的起源》，黄树民译，北京：社会科学文献出版社，2013年，第238—266页。

回应。但由于劳动者自身组织化程度不高，其发挥的维权保护作用很有限，因而，国家是劳动力市场中承担社会保护的最重要力量。而在"招商引资"的规模成为考核各地方政府的重要指标时，容易偏袒资本，忽视处于弱势地位的新生代农民工群体成为一种普遍现象，同时我国的劳动力市场的建立主要是由政府推动的，在一定程度上是一个政治化的过程，因此，处处可以看到政府这一"有形之手"的影子，偏袒往往促成了正在建立的劳动力市场规则朝着有利于资本的方向发展。这种情况下，新生代农民工的就业质量低下，城市生存境遇艰难。因此，只有充分发挥劳动力的"市场自律"与"社会保护"的双重保护作用，才能使原本处于弱势地位的新生代农民工在劳动力市场中获得平等的市场地位，并能充分的运用市场规则充分保障自身各种的权益，增强其进一步融入城市的能力，这样才能从根本上避免出现各种"自我救济式犯罪"等极端维权方式进一步演变成和谐社会建设过程中的不稳定因素。

现阶段对新生代农民工提供"市场自律"与"社会保护"双重保护，主要是从就业政策环境和就业市场环境两个方面不断优化其就业环境。

（1）要在新生代农民工就业政策的"顶层设计"和具体实施过程中注重"外生性"就业政策和"内生性"就业政策的协调。就新生代农民工的就业政策而言，其就业政策既包括由国家的相关机构颁布的关于农民工就业的政策、法律和行政法规等"外生性"就业政策，同时也包括用人单位和新生代农民工在相互博弈过程中形成的现实的就业的惯例和习俗等"内生性"就业政策。前者属于正式的就业政策，后者属于非正式的就业政策，但前者的实施效果最后主要取决于后者的具体实践情况。而目前"内生性"的农民工就业制度变迁的滞后性"外生性"就业制度，形成一个就业政策对新生代农民工保护的"悖论"，即就业政策的逐渐完善对新生代农民工就业权益的保护出现意料之外的结果，企业的最佳选择是不遵守限制政策，新生代农民工的最佳策略也是不遵守限制政策[①]。这就需要在新生代农民工就业政策的"顶层设计"和具体实施过程中要注重"外生性"就业政策和"内生性"就业政策的协调，改善"内生性"就业政策的博弈规则和优化具体的实施环境，最大程度地抑制那些低效的"内生性"制度的形成和继续

---

① 田松青：《农民工劳动力市场地位改善为何滞后？——内生性制度视角的研究》，《经济管理》2010年第12期。

发挥作用,防止陷入"内生性"的农民工就业制度变迁的滞后性"外生性"就业制度的困境。

(2)消除各种制度性藩篱对新生代农民工就业的歧视。有研究发现城镇职工的工资率是农民工工资率的1.79倍,而新生代农民工在劳动力市场遭受的户籍歧视可以解释这两类工资差异的12.99%[1]。也有研究进一步发现,新生代农民工在劳动力市场遭受的歧视包括直接歧视和反向歧视(即对城市居民的制度性保护),分别占到工资差异的36.2%和19.0%[2]。新生代农民工在劳动力市场属于典型的弱势群体,其遭受的"制度型歧视"使其难以取得与城市本地人的同等待遇,导致其在城市的处境"雪上加霜",市民化进程步履艰难。因此,政府部门要消除各种制度性藩篱对新生代农民工就业的歧视。首先,目前各级地方政府的就业促进政策大都没有摆脱地方保护主义的思维,认为新生代农民工是导致城市居民失业率上升的主要原因,其"歧视性就业政策"大都以户籍为轴心展开,利用了城乡二元结构使自己从中获益,"流动的劳动力体制"[3]使农民工遭受直接歧视和反向歧视。因此,政府部门首先应加快户籍制度改革的步伐和力度,最大程度地减少户籍等先赋性因素对新生代农民工就业和城市适应的消极影响,消除劳动力市场中的就业歧视,最终达成城乡经济一体化的目标。其次,要实现公共服务供给在各类人群中的"均等化",提高对新生代农民工就业服务的水平。政府向人民群众提供无差别的公共服务,就是公共服务均等化所要达到的目标。在市场经济体制下,政府的公共活动要以全社会的公共利益为逻辑起点和根本目标,着眼于全体社会成员,着眼于所有市场活动主体,而不是某些特定阶层、某些特定利益集团的要求和利益[4]。我国城乡间基本公共服务与社会政策供给的二元体制,或者说附着于城乡户籍身份之上的社会福利资格的二元化,是城乡二元分割结构的产物[5]。新生代农民工进入城市后,将原本属于简单的城乡社会福利资格的二元化带入城市内部,其弊端日益明显,对新生代农民工在城市的就业和生活产生巨大的

---

[1] 郭凤鸣、张世伟:《教育和户籍歧视对城镇职工和农民工工资差异的影响》,《农业经济问题》2011年第6期。
[2] 谢嗣胜、姚先国:《农民工工资歧视的计量分析》,《中国农村经济》2006年第4期。
[3] 刘玉兰:《新生代农民工精神健康状况及影响因素研究》,《人口与经济》2011年第5期。
[4] 唐亚林:《长江三角洲区域治理的理论与实践》,上海:复旦大学出版社,2014年,第121页。
[5] 严国萍:《共建共享和谐社会的制度保证》,杭州:浙江大学出版社,2014年,第166页。

消极影响,严重削弱其社会公平感。因此,各级政府要实现公共服务供给在各类人群中的"均等化",提高对新生代农民工就业服务的水平。确保农民工共享改革发展成果,推进城市基本公共服务由对本地户籍人口提供向包括农民工在内的所有常住人口提供转变,逐步实现农民工在就业居住地平等享有各项基本公共服务,加快建立健全符合国情的均等化基本公共服务制度①。最后,要切实维护新生代农民工的合法权益。与第一代农民工相比,新生代农民工的权益维护和利益抗争意识和行动大大增强,因新生代农民工个体的力量微弱,内部的"分割"、"分化"导致组织化程度低,缺乏与处于强势地位的用人单位抗衡的力量,导致现阶段其劳动报酬权和劳动安全与休息权遭受侵犯,劳动合同的签订率低,基本保险与福利的覆盖率低②。因此,为切实维护新生代农民工的合法权益,首先,改变传统的GDP考核机制,而把社会的和谐程度作为考核地方官员的考核标准,这样有利于把地方官员从容易偏向资本的态势中解脱出来,同时对于可能存在的部分地方政府官员的官商勾结进行问责,努力建设责任政府和信用政府③。同时要引进集体谈判机制,建立政府、企业主组织和工会之间的三方协商机制,形成用人单位、新生代农民工与政府之间的制度性协商平台。

(3)积极优化新生代农民工就业的市场环境,营造一个开放、公平、城乡一体化的劳动力就业市场,使新生代农民工免受市场歧视。首先要消除劳动力市场的制度性歧视。如果在劳动力市场中具有相同生产率的劳动力因其归属于不同类别的群体而被区别对待,则表明劳动力市场存在歧视④。以户籍制度为基础构建起来的城市二元劳动力市场对新生代农民工就业歧视严重。在次级劳动力市场中在特定阶段存在着户籍逆向歧视现象,即次级劳动力市场偏爱的工资低、劳动强度承受力高的新生代农民工,在首要劳动力市场中受到普遍歧视,严重制约其职业发展。因此要逐步消除户籍等先赋性因素的消极影响,构建以自致性因素为基础的、开放、公平、城乡一体化的劳动力市场,从根本上破除二元劳动力市场的制度性分割。其次,要加快城乡劳动力市场信息化建设步伐,建立针对农民工的个性化"就

---

① 王建:《城镇化与中国经济新未来》,北京:中国经济出版社,2013年,第270页。
② 许传新:《农民工权益保障状况及影响因素的实证研究》,《农业技术经济》2011年第3期。
③ 陈凌、曹飞:《农民工劳动契约执行机制与权益保护:基于法经济学的分析视角》,杭州:浙江大学出版社,2009年,第222页。
④ Becker G. *The Economics of Discrimination*, Chicago: University of Chicago Press, 1957.

业信息平台",并逐步培育和完善省、市、县三级劳务中介市场,使新生代农民工准确了解劳动力市场供需状况,快捷地寻找就业信息,以便提高其职业的匹配度,减少择业的盲目性。最后,要建立公平的劳动力市场,降低社会网络对劳动力市场的分割效应。我国城市劳动力市场既具有市场的本质特征——竞争性,同时也表现出城乡户籍分割的二元特征[①],并且社会关系网络在其中发挥着重要的作用,新生代农民工和城市的本地居民拥有社会网络存量与质量的差异可能进一步加剧劳动力市场分割[②]。因此,要防止社会网络对劳动力市场机制的扭曲,充分发挥市场机制在劳动力市场资源配置中的基础性作用,从而有效抑制人情、关系效应在劳动力市场中发挥作用的空间。

总之,在新型城镇化背景下,引导新生代农民工进行合理择业,实现"高质量"就业,进而顺利适应、融入城市社会,实现"市民化",是落实"人的城镇化",加快新型城镇化进程的最重要环节与最终归属。而市民化的前提和基础是市民化主体有较强的市民化能力,只有市民化能力与市民化进程同步的市民化模式才是健康、可持续的市民化模式。而就业质量是衡量新生代农民工市民化能力最核心的评价指标,只有高质量就业的新生代农民工才能真正地实现市民化,并能有效防止因市民化能力与市民化进程不同步而陷入"半市民化"的陷阱。因此,要引导新生代农民工实现高质量就业,必须加强新生代农民工就业市场的"顶层设计",通过积极引导新生代农民工由被动的"生存型"择业向能动的"发展型"择业转变,优化新生代农民工择业的政策与市场环境,充分发挥"市场自律"与"社会保护"的双重"庇护"作用,引导新生代农民工实现从"先赋性社会网络"向"自致性社会网络"的转换,同时通过提高新生代农民工职业培训的积极性与有效性增强职业竞争力。只有这样,新生代农民工才能从根本上实现从"农村转出"向"城市融入"的转变,进而真正实现市民化。

---

① 王美艳:《城市劳动力市场上的就业机会与工资差异——外来劳动力就业与报酬研究》,《中国社会科学》2005 年第 5 期。
② 章元、陆铭:《社会网络是否有助于提高农民工的工资水平?》,《管理世界》2009 年第 3 期。

参 考 文 献

[1] Bandura A. Social Foundations of Thought and Action: A Social Cognitive Theory. *Prentice-Hall*, 1986.

[2] Anker R. Measuring Decent Work With Statistical Indicators. *International Labor Review*, 2003, 142 (2).

[3] Appleton S, Knight J, Song L, et al. Towards a Competitive Labour Market? Urban Workers, Rural Migrants, Redundancies and Hardships in China. 2001.

[4] Arriagadar M A, Ziderman A. Vocational Secondary Schooling, Occupational Choice and Earning in Brazil. *Population and Human Resources Development WPS 1037*, Washington: World Bank, 1992.

[5] Stein B N. Occupational Adjustment of Refugees: The Vietnamese in the United States. *International Migration Review*, 1979, (13): 25-45.

[6] Becker G. *The Economics of Discrimination*. Chicago: University of Chicago Press, 1957.

[7] Becket G S. *Human Capital: A Theoretical and Empirical Analysis with Special Reference to Education*. Chicago: University of Chicago' Press, 1964.

[8] Betz N E, Hackett G. The Relationship of Career-related Self-efficacy Expectations to Perceived Career Options in College Woman and Men. *Journal of Counseling Psychology*, 1981, (28): 399-410.

[9] Bian Y. Bringing Strong Ties Back in: Indirect Ties, Network Bridges, and Job Searches in China. *American Sociological Review*, 1997, 62 (3): 366-385.

[10] Birgit J. Migrant Integration in Rural and Urban Areas of New Settlement Countries: Thematic Introduction. *International Journal of Multicultural Societies*, 2007 (1).

[11] Blumen I, Kogan M, McCarthy P. *The Industrial Mobility of Labor as a*

Probability Process. Ithaca: Cornell University. Press, 1955.

[12] Bojnec S, Dries L. Causes of Changes in Agricultural Employment in Slovenia Evidence From Micro-data. *Journal of Agricultural Economics*, 2005 (12).

[13] Bonnet F, Figueiredo G B, Standing G. A Family of Decent Work Indexes. *International Labor Review*, 2003, 142 (2).

[14] Boorman S A. A Combinatiorial Optimization Model for Transmission of Job Information Through Contact Networks. *The Bell Journal of Economics*, 1975: 216-249.

[15] Boskin M J. A Conditional Logit Model of Occupational Choice. *Journal of Political Economy*, 1974, 82 (2): 389-398.

[16] Burawoy M. *The Politics of Production: Factory Regimes Under Capitalism and Socialism*. London: Verso, 1985.

[17] Bosma N, Praag M V, Thurik R, et al. The Value of Human and Social Capital Investments for the Business Performance of Startups. *Small Business Economics*, 2004, 23 (3).

[18] Chakrabarty D. Universalism and Belonging in the Logic of Capital. *Public Culture*, 2000, 12 (3): 653-678.

[19] Chan K W, Zhang L. The Hukou System and Rural-Urban Migration in China: Processes and Changes. *The China Quarterly*, 1999, 160 (1): 818-855.

[20] Chan K W, Buckingham W. Is China Abolishing the Hukou System. *The China Quarterly*, 2008, 195: 582-606.

[21] Chan K W. *Cities With Invisible Walls: Reinterpreting Urbanization in Post-1949 China*. Hongkong: Oxford University Press, 1991.

[22] Chevalier A. Education, Occupation and Career Expectations: Determinants of the Gender Pay Gap for UK Graduates. *Oxford Bulletin of Economics and Statistics*, 2007, 69 (6): 819–842.

[23] Chriswick B R. The Labor Market Status of American Jews: Patterns and Determinants. *American Jewish Year Book*, 1985.

[24] Coleman J S. Social Capital in the Creation of Human Capital. *American Journal of Sociology*, 1988: 95-120.

[25] Coleman J S. *Foundation of Social Theory*. Cambridge: Belknap Press of Harvard University, 1990.

[26] Mortensen D T, Pissarides C A. Job Creation and Job Destruction in the Theory of Unemployment. *Review of Economic Studies*, 1994, 61 (3): 397-415.

[27] Dembe A E, Erickson J B, Delbos RG Banks S M. The Impact of Overtime and Long Work Hours on Occupational Injuries and Illnesses: New Evidence From the United States. *Occupational & Environmental Medicine*, 2005, 62 (9): 588.

[28] Démurger S, Fournier M, Shi L, et al. Economic Liberalization With Rising Segmentation in China's Urban Labor Market. *Asian Economic Papers*, 2008, 5 (3): 58-101.

[29] Démurger S, Gurgand M, Li S, et al. Migrants as Second-class Workers in Urban China? A Decomposition Analysis. *Journal of Comparative Economics*, 2009, 37 (4): 610-628.

[30] Dries N, Pepermans R, Carlier O. Career Success: Constructing a Multidimensional Model. *Journal of Vocational Behavior*, 2008, 73 (2): 254-267.

[31] Elliott J R. Social Isolation and Labor Market Insulation: Network and Neighborhood Effects on Less-Educated Urban Workers. *Sociological Quarterly*, 1999, 40 (2): 199-216.

[32] Emirbayer M, Goodwin J. Network Analysis, Culture, and the Problem of Agency. *American Journal of Sociology*, 1994, 99 (6): 1411-1454.

[33] Feng W, Zuo X, Ruan D. Rural Migrants in Shanghai: Living Under the Shadow of Socialism. *International Migration Review*, 2002, 36 (2): 520-545.

[34] Findley S E. The Directionality and Age Selectivity of the Health-migration Relation: Evidence From Sequences of Disability and Mobility in the United States. *The International Migration Review*, 1988, 22 (3): 4.

[35] Fischer C S, Shavit Y. National Differences in Network Density: Israel and the United States. *Social Networks*, 1995, 17 (2): 129-145.

[36] Freedman R, Hawley A H. Migration and Occupational Mobility in the Depression. *American Journal of Sociology*, 1949, 55: 171-177.

[37] Garnaut R, Song L. The Turning Point in China Economic: Development. Canberra: Asia Pacific Press, 2006.

[38] Ghai D. Decent Work: Concept and Indicators. *International Labour Review*, 2003, 142 (2): 113-145.

[39] Granovetter M. The Strength of Weak Ties. *American Journal of Sociology*, 1973, (78): 1360-1380.

[40] Granovetter M. Economic Action and Social Structure: The Problem of Embeddedness. *American Journal of Sociology*, 2015, 91: 481-510.

[41] Granovetter M. Afierword: Reconsiderations and a New Agenda. In *Getting A Job*. Chicago: The University of Chicago Press, 1995: 139-182.

[42] Dorigo G, Tobler W. Push-Pull Migration Laws. *Annals of the Association of American Geographers*, 1983, 73 (1): 1-17.

[43] Guitton H, Blumen L, Kogan M, et al. The Industrial Mobility of Labor as a Probability Process. *Revue De L Institut International De Statistique*, 1957, 8 (2).

[44] Headey B. Distributive Justice and Occupational Incomes: Perceptions of Justice

Determine Perceptions of Fact. *British Journal of Sociology*, 1991, 42 (4): 581.

[45] Henderson P.*Including the Excluded: From Practice to Policy in European Community Development*. Bristol: Policy Press, 2005.

[46] Hurh W M, Kim K C. Adhesive Sociocultural Adaptation of Korean Immigrants in the U.S.: An Alternative Strategy of Minority Adaptation. *Int Migr Rev*, 1984, 18 (2): 188-216.

[47] Jovanovic B.Firm-specific Capital and Turnover. *The Journal of Political Economy*, 1979: 1246-1260.

[48] Knight J, Yueh L. Job Mobility of Residents and Migrants in Urban China. *Journal of Comparative Economics*, 2004, 32 (4): 637-660.

[49] Krackhardt D. The Strength of Strong Ties: The Importance of Philos in Organizations. *Networks and Organizations: Structure, Form, and Action*, 1992, 216: 239.

[50] Grand C L, Tåhlin M. Job Mobility and Earnings Growth. *European Sociological Review*, 2002, 18 (4): 381-400.

[51] Lee C K. Engendering the Worlds of Labor: Women Workers, Labor Markets, and Production Politics in the South China Economic Miracle. *American Sociological Review*, 1995, 60 (3): 378-397.

[52] Lewin-Epstein N, Semyonov M. Sheltered Labor Markets, Public Sector Employment, and Socioeconomic Returns to Education of Arabs in Israel. *American Journal of Sociology*, 1994, 100 (3): 622-651.

[53] Lewis W A. Economic Development With Unlimited Supplies of Labour. *The Manchester School*, 1954, 22 (2): 139-191.

[54] Lin N, Bian Y. Getting Ahead in Urban China. *American Journal of Sociology*, 1991, 97 (3): 657-688.

[55] Lin N. Social Resources and Instrumental Action. In Peter Marsten and Nan Lin (Eds.), *Social Structure and Network Analysis*. London: Sage Publications, 1982.

[56] Lin N. Social Network and Status Attainment. *Annual Review of Sociology*, 1999, 25 (1): 467-487.

[57] Littler C R. *The Developement of the Labour Process, in Capitalisstsocieties*. London: Henemann Educational BooksLtd, 1982: 44-46.

[58] Ma R, Huang Y C. Social Network and Opportunity Recognition: A Cultural Perspective. *Academy of Management Proceedings*, 2008, 1 (6): 1-6.

[59] Mannheim K. The Sociological Problem of Generations. *Essays on the Sociology of Knowledge*, 2009: 163-195.

[60] Massey D S, Espinosa K E. What's Driving Mexico-U.S. Migration? A

Theoretical, Empirical, and Policy Analysis. *American Journal of Sociology*, 1997, 102 (4): 939-999.

[61] Mcdonald J T, Kennedy S. Insights Into the 'Healthy immigrant effect': Health Status and Health Service Use of Immigrants to Canada. *Social Science & Medicine*, 2004, 59 (8): 1613-1627.

[62] Meng X, Zhang J. Occupational Segregation and Wage Differentials Between Urban Residents and Rural Migrants in Shanghai. *Journal of Comparative Economics*, 2001, 29 (3): 485-504.

[63] Mortensen D T, Pissarides C A. Job Creation and Job Destruction in the Theory of Unemployment. *Review of Economic Studies*, 1993, 61 (3): 397-415.

[64] Mortensen D T, Vishwanath T. Personal Contacts and Earnings: It's Who You Know! *Labor Economics*, 1994, 1 (2): 187-201.

[65] Mushkin S J. Health as an Investment. *Journal of Political Economy*, 1962, 70 (5): 129-157.

[66] O'Higgins N. Government Policy and Youth Employment. *World Youth Summit to be Held in Alexandria, Egypt*, 2002: 7-11.

[67] Doeringer P B, Piore M. *Internal Labor Market and Manpower Analysis*. Lexington, Massachusetts: Health, 1971.

[68] Palloni A, Arias E. *The Hispanic Paradox of Adult Mortality*. revisited, Center for Demography Working Paper, Madison: University of Wisconsin Press, 2003.

[69] Park R E. Human Migration and the Marginal Man. *American Journal of Sociology*, 1928, 33 (6): 881-893.

[70] Podolny J M. A Status-Based Model of Market Competition. *American Journal of Sociology*, 1993, 98 (4): 829-872.

[71] Popkin S L. *The Rational Peasant: The Political Economy of Rural Society in Vietnam*. California: University of California Press, 1979.

[72] Portes A, Bach R L. Latin Journey: Cuban and Mexican Immigrants in the United States. *American Journal of Sociology*, 1987, 62 (4): 352.

[73] Portes A. *The Informal Economy and Its Paradoxes*. Princeton: Princeton University Press, 1994: 426-449.

[74] Burt R S. *Structural holes: The social structure of competition*. Cambridge: Harvard University Press, 1992.

[75] Ruan D. Interpersonal Networks and Workplace Controls in Urban China. *The Australian Journal of Chinese Affairs*, 1993, 29: 89-105.

[76] Spilerman S. Careers, Labor Market Structure, and Socioeconomic Achievement. *American Journal of Sociology*, 1977, 83 (3): 551-593.

[77] Sanders J M, Nee V. Immigrant Self-Employment: The Family as Social Capital and the Value of Human Capital. *American Sociological Review*, 1996, 61 (2): 231.

[78] Schmitt M T. Categorizing at the Group-level in Responseto Intragroup Social Comparisons: A Self-categorization Theory Integration of Self-evaluation and Social Identity Motives. *European Journal of Social Psychology*, 2006, 36 (3).

[79] Schuhz T W. *The Economic Value of Education*. New York: Columbia University Press, 1963.

[80] Schultz T W. The Value of the Ability to Deal With Disequilibria. *Journal of Economic Literature*, 1975, 13 (3): 827-846.

[81] Sears D O, Funk C L. The Role of Self-Interest in Social and Political Attitudes. *Advances in Experimental Social Psychology*, 1991, 24 (1): 1-91.

[82] Simon C J, Warner J T. Matchmaker, Matchmaker: The Effect of Old Boy Networks on Job Match Quality, Earning and Tenure. *Journal of Labor Economics*, 1992, 10 (3): 306-330.

[83] Stark O, Taylor J E. Migration Incentives, Migration Types: The Role of Relative Deprivation. *Economic Journal*, 1991, 101 (408): 1163-1178.

[84] Szelenyi I. The Intelligentsia in the Class Structure of State Socialist Societies. *American Journal of Sociology*, 1982.

[85] Taylor M. Communities in Partnership: Developing a Strategic Voice. *Social Policy & Society*, 2006, 5 (2): 269-279.

[86] Taylor K M, Betz N E.Applications of Self-efficacy Theory to the Understanding and Treatment of Career Indecision. *Journal of Vocational Behavior*, 1983, 22 (1): 63-81.

[87] Todaro M P. A Model of Labor Migration and Urban Unemployment in Less Developed Countries. *The American Economic Review*, 1969, 59 (1): 138-148.

[88] Walder A G. Career Mobility and the Communist Political Order. *American Sociological Review*, 1995, 60 (3): 309-328.

[89] Wickrama K A S, Bryant C M. Community Context of Social Resources and Adolescent Mental Health. *Journal of Marriage and Family*, 2003, 65 (4): 850-866.

[90] Wright E O. Working-Class Power, Capitalist-Class Interests, and Class Compromise. *American Journal of Sociology*, 2000, 105 (4): 957-1002.

[91] Xie Y, Gough M. Ethnic Enclaves and the Earnings of Immigrants. *Demography*, 2011, 48 (4): 1293-1315.

[92] Zhang C X Y Z C, Sociology D O, Michigan U O. Ethnic Enclaves Revisited: Effects on Earnings of Migrant Workers in Urban China. *Chinese Journal of Sociology*, 2013, 2 (2): 214-234.

[93] Zhou H. Rural-urban Disparity and Sectoral Labour Allocation in China.

Journal of Development Studies，1998，35（3）：105-133.

[94] Zhou X，Tuma N B，Moen P. Institutional Change and Job-shift Patterns in Urban China，1949 to 1994. *American Sociological Review*，1997，62（3）：339-365.

[95]［德］柯武刚、史漫飞：《制度经济学——社会秩序与公共政策》，北京：商务印书馆，2004年。

[96]［德］马克斯·韦伯：《经济与社会》，林荣远译，北京：商务印书馆，1997年。

[97]［法］H. 孟德拉斯：《农民的终结》，李培林译，北京：社会科学文献出版社，2005年。

[98]［法］皮埃尔·布迪厄：《文化资本与社会炼金术——布迪厄访谈录》，上海：上海人民出版社，1997年。

[99]［美］詹姆斯·C. 斯科特：《弱者的武器》，郑广怀等译，南京：译林出版社，2011年。

[100]［美］G. H. 埃尔德：《大萧条的孩子们》，田禾等译，南京：译林出版社，2002年。

[101]［美］乔纳森·特纳：《社会学理论的结构》，北京：华夏出版社，2001年。

[102]［美］苏黛瑞：《在中国城市中争取公民权》，王春光、单丽卿译，杭州：浙江人民出版社，2009年。

[103]［美］托达罗：《第三世界的经济发展》，印金强等译，北京：中国人民大学出版社，1989年。

[104]［美］许烺光：《宗族·种姓·俱乐部》，薛刚译，北京：华夏出版社，1990年。

[105]［美］詹姆斯·S. 科尔曼《社会理论的基础》，北京：社会科学文献出版社，1999年。

[106]［日］广田康生：《移民和城市》，马铭等译，北京：商务印书馆，2005年。

[107]［英］安德鲁·韦伯斯特：《发展社会学》，北京：华夏出版社，1987年。

[108]［英］安东尼·吉登斯：《现代性的后果》，南京：译林出版社，2000年。

[109]［英］安东尼·吉登斯：《社会的构成》，李康、李猛译，北京：生活·读书·新知三联书店，1998年。

[110]［英］卡尔·波兰尼：《巨变：当代政治与经济的起源》，黄树民译，北京：社会科学文献出版社，2013年。

[111]［美］坎贝尔·R. 麦克南、斯坦利·L. 布鲁、大卫·A. 麦克菲逊：《当代劳动经济学》（第七版），北京：人民邮电出版社，2006年。

[112] 白南生、李靖：《农民工就业流动性研究》，《管理世界》2008年第7期。

[113] 毕天云：《社区文化：社区建设的重要资源》，《思想战线》2003年第4期。

[114] 边燕杰、李煜：《中国城市家庭的社会网络资本》，《清华社会学评论》2001年第2辑。

[115] 边燕杰、张文宏：《经济体制、社会网络与职业流动》，《中国社会科学》2001

年第 2 期。

[116] 边燕杰、张文宏：《求职过程的社会网络模型：检验关系效应假设》，《社会》2012 年第 3 期。

[117] 边燕杰：《城市居民社会资本的来源及作用：网络观点与调查发现》，《中国社会科学》2004 年第 3 期。

[118] 边燕杰：《社会网络与地位获得》，北京：社会科学文献出版社，2012 年。

[119] 边燕杰：《市场转型与社会分层》，北京：生活·读书·新知三联书店，2002 年。

[120] 蔡昉：《成长的烦恼：中国在刘易斯转折期间面临的就业难题》，《中国人口与劳动问题报告》No.11，北京：社会科学文献出版社，2010 年。

[121] 蔡昉：《劳动力市场变化趋势与农民工培训的迫切性》，《中国职业技术教育》2005 年第 32 期。

[122] 蔡昉：《中国人口与劳动问题报告》，北京：社会科学文献出版社，2011 年。

[123] 蔡禾、李超海、冯建华：《利益受损农民工的利益抗争行为研究——基于珠三角企业的调查》，《社会学研究》2009 年第 1 期。

[124] 曹子玮：《农民工的再建构社会网与网内资源流向》，《社会学研究》2003 年第 3 期。

[125] 曾福生、周化明：《农民工职业发展影响因素的实证分析——基于 25 个省（区、市）1141 个农民工的调查数据》，《中国农村观察》2013 年第 1 期。

[126] 陈成文、刘辉武、程玠：《论加强社会工作与提升社会治理能力》，《社会工作》2014 年第 2 期。

[127] 陈成文：《当代大学生择业观教育研究》，北京：中央文献出版社，2008 年。

[128] 陈昌兴：《转型期中国农民工价值观研究》，北京：知识产权出版社，2014 年。

[129] 陈翠玉、王慧：《农民工职业技能培训：问题、成因与对策》，《理论探索》2010 年第 5 期。

[130] 陈军：《信息不平等：进城农民求职难的信息成因》，《情报科学》2006 年第 6 期。

[131] 陈凌、曹飞：《农民工劳动契约执行机制与权益保护：基于法经济学的分析视角》，杭州：浙江大学出版社，2009 年。

[132] 陈微：《需求的跌落——第二代农民工培训需求与培训供给分析》，《当代青年研究》2008 年第 12 期。

[133] 陈瑛、杨先明、周燕萍：《社会资本及其本地化程度对农村非农就业的影响》，《经济问题》2012 年第 11 期。

[134] 陈藻：《我国农民工就业代际差异研究》，《人口学刊》2011 年第 2 期。

[135] 陈昭玖、艾勇波、邓莹，等：《新生代农民工就业稳定性及其影响因素的实证分析》，《江西农业大学学报》（社会科学版）2011 年第 3 期。

[136] 程蹊、尹宁波：《浅析农民工的就业质量与权益保护》，《农业经济》2003 年

第 11 期。

[137] 池子华：《农民工与近代社会变迁》，合肥：安徽人民出版社，2006 年。

[138] 迟福林：《破题收入分配改革》，北京：中国经济出版社，2011 年。

[139] 余传贵：《西方人力资本理论评析》，《财经理论与实践》2001 年第 5 期。

[140] 崔智敏、宁泽逵：《健康、教育与农民外出就业行为研究》，《统计与信息论坛》2010 年第 6 期。

[141] 杜妍冬、刘一伟：《职业流动对农民工收入的影响及其代际差异——基于我国七城市的调查数据》，《南京农业大学学报》（社会科学版）2015 年第 4 期。

[142] 杜海峰、白萌、刘茜，等：《农民工生存与发展状况调查报告》，北京：社会科学文献出版社，2015 年。

[143] 樊纲、马蔚华：《农业转移人口市民化与中国产业升级》，北京：中国经济出版社，2013 年。

[144] 樊纲、王小鲁、朱恒鹏：《中国市场化指数——各地区市场化相对进程 2011 年报告》，北京：经济科学出版社，2011 年。

[145] 樊纲、郭万达：《农民工早退：理论、实证与政策》，北京：中国经济出版社，2013 年。

[146] 范成杰：《城市居民个人背景与其职业适应性研究》，《市场与人口分析》2005 年第 5 期。

[147] 方俐洛：《职业心理与成功求职》，北京：机械工业出版社，2001 年。

[148] 方阳春：《人力资本：经济转型升级的内驱力》，杭州：浙江大学出版社，2013 年。

[149] 费孝通：《费孝通选集》，天津：天津人民出版社，1998 年。

[150] 费孝通：《乡土中国，生育制度》，北京：北京大学出版社，1998 年。

[151] 风笑天、王晓焘：《城市在职青年的工作转换：现状、特征及影响因素分析》，《社会科学》2013 年第 1 期。

[152] 冯兰瑞：《略论劳动就业环境的变革》，《特区经济》2003 年第 2 期。

[153] 冯子标：《人力资本营运论》，北京：经济科学出版社，2000 年。

[154] 符平、黄莎莎：《在梦想与现实之间："80 后"新生代农民工与"四个世界"关系的研究》，《青年研究》2009 年第 4 期。

[155] 符平、唐有财：《倒"U"型轨迹与新生代农民工的社会流动——新生代农民工的流动史研究》，《浙江社会科学》2009 年第 12 期。

[156] 冯虹、李国正：《中国农民工发展状况及管理机制研究》，南宁：广西师范大学出版社，2016 年。

[157] 高颖：《农村富余劳动力的供需变动及分析》，《人口研究》2008 年第 5 期。

[158] 郭菲、张展新：《农民工新政下的流动人口社会保险：来自中国四大城市的证据》，《人口研究》2013 年第 5 期。

[159] 郭凤鸣、张世伟:《教育和户籍歧视对城镇工和农民工工资差异的影响》,《农业经济问题》2011 年第 6 期。

[160] 郭继强:《人力资本投资的结构分析》,《经济学季刊》2005 年第 4 期。

[161] 郭锦墉、杨国强、梁志民:《农民工职业流动性代际差异分析——基于江西省农民工调研数据》,《农业技术经济》2014 年第 10 期。

[162] 郭军:《中国社会主义劳动关系的经济理论探识》,北京:经济管理出版社,2013 年。

[163] 郭龙、付泳:《人力资本理论问题研究》,成都:电子科技大学出版社,2014 年。

[164] 郭蕊:《新生代农民工的社会保障对策》,《理论探讨》2011 年第 6 期。

[165] 郭星华:《城市居民相对剥夺感的实证研究》,《中国人民大学学报》2001 年第 3 期。

[166] 郭于华:《"道义经济"还是"理性小农"——重读农民学经典论题》,《读书》2002 年第 5 期。

[167] 郭云涛:《农民非农初职间隔及其影响因素作用的代际差异——基于"CGSS2006"调查数据的实证研究》,《中国人口科学》2010 年第 4 期。

[168] 国家统计局课题组:《城市农民工生活质量状况调查报告》,《调研世界》2007 年第 1 期。

[169] 国务院研究室课题组:《中国农民工调研报告》,北京:中国言实出版社,2006 年。

[170] 郝大海、李路路:《区域差异改革中的国家垄断与收入不平等:基于 2003 年全国综合社会调查》,《中国社会科学》2006 年第 2 期。

[171] 郝君富、文学:《市场化程度与社会网络的收入效应——基于农民工数据的实证研究》,《财经研究》2013 年第 6 期。

[172] 何腊柏:《构建农民工培训体系的几个重要环节》,《中国人力资源开发》2006 年第 3 期。

[173] 何卫平:《新生代农民工职业发展内卷化倾向及选择性城市融入——以新生代青年农民工 H 为个案的研究》,《西华师范大学学报》(哲学社会科学版) 2013 年第 3 期。

[174] 何雪松:《城乡迁移与精神健康:基于上海的实证研究》,《社会学研究》2010 年第 1 期。

[175] 和红、任迪:《新生代农民工健康融入状况及影响因素研究》,《人口研究》2014 年第 6 期。

[176] 贺雪峰、董磊明:《农民外出务工的逻辑与中国的城市化道路》,《中国农村观察》2009 年第 2 期。

[177] 洪小良、王雪梅:《新世纪北京城市弱势群体研究》,北京:中国经济出版社,2012 年。

[178] 侯风云:《农村外出劳动力收益与人力资本状况相关性研究》,《财经研究》

2004 年第 4 期。

[179] 侯风云：《中国农村人力资本收益率研究》，《经济研究》2004 年第 12 期。

[180] 胡荣、陈斯诗：《影响农民工精神健康的社会因素分析》，《社会》2012 年第 6 期。

[181] 胡伟清、张宗益、张国俊：《农民工的贡献与分享：差距到底多大》，《探索》2008 年第 5 期。

[182] 韩长赋：《中国农民工的发展与终结》，北京：中国人民大学出版社，2007 年。

[183] 黄乾：《工作转换对城市农民工收入增长的影响》，《中国农村经济》2010 年第 9 期。

[184] 黄乾：《城市农民工的就业稳定性及其工资效应》，《人口研究》2009 年第 3 期。

[185] 黄乾：《教育与社会资本对城市农民工健康的影响研究》，《人口与经济》2010 年第 2 期。

[186] 黄鹏进：《农民经济行为的文化逻辑兼读〈农民的道义经济学：东南亚的反判与生存〉的思考》，《中国农村观察》2006 年第 1 期。

[187] 黄平、杜铭那克：《农民工反贫困》，北京：社会科学文献出版社，2006 年。

[188] 黄平：《寻求生存——当代中国农村外出人口的社会学研究》，昆明：云南人民出版社，1997 年。

[189] 黄瑞芹：《中国贫困地区农村居民社会网络资本：基于三个贫困县的农户调查》，《中国农村观察》2009 年第 1 期。

[190] 黄岩：《农民工权益保护：多元路径与本土经验》，北京：经济科学出版社，2016 年。

[191] 贾伟、秦富：《人力资本对农民工工作搜寻的影响分析》，《江汉论坛》2016 年第 8 期。

[192] 江立华：《论城市农民工的平等竞争权问题》，《华中师范大学学报》（人文社会科学版）2002 年第 4 期。

[193] 蒋永萍：《社会转型中的中国妇女社会地位》，北京：中国妇女出版社，2006 年。

[194] 金晓彤、李杨：《新生代农民工职业培训研究的回顾与展望》，《求索》2015 年第 5 期。

[195] 金维刚、石秀印：《中国农民工政策研究》，北京：社会科学出版社，2016 年。

[196] 康兰媛、朱红根：《"民工荒"背景下农民工择业稳定性影响因素实证分析》，《江西农业大学学报》（社会科学版）2013 年第 3 期。

[197] 郎晓波、俞云峰：《农民工融入当地社区的壁垒及实践策略研究》，《北京行政学院学报》2012 年第 2 期。

[198] 黎菲、张胜荣：《农民工职业技能形成过程探讨》，《贵州财经学院学报》2011 年第 3 期。

[199] 李朝晖:《农民工工伤风险保障问题研究：以湖南湘中五城为例》，北京：中国经济出版社，2011年。

[200] 李春玲:《流动人口地位获得的非制度途径——流动劳动力与非流动劳动力之比较》，《社会学研究》2006年第5期。

[201] 李春玲:《断裂与碎片：当代中国社会阶层分化实证分析》，北京：社会科学文献出版社，2005年。

[202] 李春霞、吴加志、洪眉:《京城保姆——农村进城务工女性社会网络研究》，北京：九州出版社，2013年。

[203] 李桂萍:《现代企业人力资源管理》，北京：中国物价出版社，2003年。

[204] 李国梁:《新生代农民工职业发展的政府干预策略：困境与路径优化》，《中国人力资源开发》2016年第19期。

[205] 李红艳:《新生代农民工就业信息获取渠道中的断裂现象》，《青年研究》2011年第2期。

[206] 李健、刘永功:《农民工社会网络研究的3种范式：一个反思性的文献综述》，《中国农学通报》2011年第6期。

[207] 李俊:《职业培训与新生代农民工的职业发展》，《中国青年研究》2014年第12期。

[208] 李萌:《劳动力市场分割下乡城流动人口的就业分布与收入的实证分析——以武汉市为例》，《人口研究》2004年第6期。

[209] 李梦迪、田飞:《农民工的阶层认同及其影响因素——基于2006CGSS的实证分析》，《内蒙古农业大学学报》（社会科学版）2012年第4期。

[210] 李明欢:《20世纪西方国际移民理论》，《厦门大学学报》（哲学社会科学版）2000年第4期。

[211] 李明欢:《欧洲华侨华人史》，北京：中国华侨出版社，2002年。

[212] 李培林:《农民工的社会网络和社会地位》，《社会学研究》1996年第4期。

[213] 李培林、李炜:《农民工在中国转型中的经济地位和社会态度》，《社会学研究》2007年第3期。

[214] 李培林、田丰:《中国农民工社会融入的代际比较》，《社会》2012年第5期。

[215] 李培林、张翼:《就业与制度变迁——两个特殊群体的求职过程》，杭州：浙江人民出版社，2000年。

[216] 李强、刘海洋:《变迁中的职业声望——2009年北京职业声望调查浅析》，《学术研究》2009年第12期。

[217] 李强:《农民工与中国社会分层》（第二版），北京：社会科学文献出版社，2012年。

[218] 李强:《为什么农民工"有技术无地位"——技术工人转向中间阶层社会结构的战略探索》，《江苏社会科学》2010年第6期。

[219] 李强：《中国大陆城市农民工的职业流动》，《社会学研究》1999 年第 3 期。

[220] 李强：《转型时期冲突性的职业声望评价》，《中国社会科学》2000 年第 4 期。

[221] 李莹：《中国农民工政策变迁》，北京：社会科学文献出版社，2013 年。

[222] 李荣彬、袁城、王国宏，等：《新生代农民工市民化水平的现状及影响因素分析——基于我国 106 个城市调查数据的实证研究》，《青年研究》2013 年第 1 期。

[223] 李瑞华：《贫困与反贫困的经济学研究——以内蒙古为例》，北京：中央编译出版社，2014 年。

[224] 李升：《受雇农民工的城市劳动关系状况与公平感研究》，《青年研究》2015 年第 4 期。

[225] 李玮：《农民工就业理论与实践研究》，北京：中国档案出版社，2008 年。

[226] 李颖晖：《教育程度与分配公平感：结构地位与相对剥夺视角下的双重考察》，《社会》2015 年第 1 期。

[227] 李长安：《实施就业优先战略的核心是提高就业质量》，《北京社会科学》2013 年第 1 期。

[228] 梁波、王海英：《国外移民社会融入研究综述》，《甘肃行政学院院报》2010 年第 2 期。

[229] 梁幸枝：《代理论与城市青少年研究——以近年城市青少年消费研究为切入点》，《中国青年研究》2004 年第 7 期。

[230] 李实、邢春冰：《农民工与城镇流动劳动人口经济状况分析》，北京：工人出版社，2016 年。

[231] 廖根深：《当代青年职业流动周期的研究——兼论当代中国青年职业发展的三个阶段》，《中国青年研究》2010 年第 1 期。

[232] 廖小官、陈东红：《农民人力资本投资收益实现的制约因素分析》，《农业经济》2007 年第 1 期。

[233] 林聚任：《社会网络分析：理论、方法与应用》，北京：北京师范大学出版社，2009 年。

[234] 林枚、李隽、曹晓丽：《职业生涯开发与管理》，北京：清华大学出版社，2010 年。

[235] 林宗弘、吴晓刚：《中国的制度变迁、阶级结构转型和收入不平等》，《社会》2010 年第 6 期。

[236] 刘欣：《相对剥夺地位与阶层认知》，《社会学研究》2002 年第 1 期。

[237] 刘爱玉：《劳动权益受损与行动选择研究：两代农民工的比较》，《江苏行政学院学报》2011 年第 1 期。

[238] 刘成斌：《生存理性及其更替：两代农民工进城心态的转变》，《福建论坛》（人文社会科学版）2007 年第 7 期。

[239] 刘传江、程建林、董延芳：《中国第二代农民工研究》，济南：山东人民出

版社，2009 年。

［240］刘传江、程建林：《第二代农民工市民化：现状分析与进程测度》，《人口研究》2008 年第 5 期。

［241］刘传江、程建林：《我国农民工的代际差异与市民化》，《经济纵横》2007 年第 4 期。

［242］刘传江、董延芳：《农民工的代际分化、行为选择与市民化》，北京：科学出版社，2014 年。

［243］刘传江、周玲：《社会资本与农民工的城市融合》，《人口研究》2004 年第 5 期。

［244］刘怀廉：《农村剩余劳动力转移新论》，北京：中国经济出版社，2004 年。

［245］刘家强、王春蕊、刘嘉汉：《农民工就业地选择决策的影响因素分析》，《人口研究》2011 年第 2 期。

［246］刘精明、李路路：《阶层化：居住空间、生活方式、社会交往与阶层认同——我国城镇社会阶层化问题的实证研究》，《社会学研究》2005 年第 3 期。

［247］刘军：《整体网分析——UCINET 软件实用指南》（第 2 版），上海：格致出版社、上海人民出版社，2014 年。

［248］刘林平、张春泥：《农民工工资：人力资本、社会资本、企业制度还是社会环境——珠江三角洲农民工工资的决定模型》，《社会学研究》2007 年第 6 期。

［249］刘林平、万向东、张永宏：《制度短缺与劳工短缺——"民工荒"问题研究》，《中国工业经济》2006 年第 8 期。

［250］刘林平、张春泥、陈晓娟：《农民的效益观与农民工的行为逻辑：对农民工超时加班的意愿与目的分析》，《中国农村经济》2010 年第 9 期。

［251］刘林平：《劳动权益与精神健康——基于对长三角和珠三角外来工的问卷调查》，《社会学研究》2011 年第 4 期。

［252］刘士杰：《人力资本、职业搜寻渠道、职业流动对农民工工资的影响》，《人口学刊》2011 年第 5 期。

［253］刘斯漾：《新生代农民工职业教育需求及其模式研究》，《成人教育》2013 年第 10 期。

［254］刘万霞：《职业教育对农民工就业的影响》，《管理世界》2013 年第 5 期。

［255］刘玉兰：《新生代农民工精神健康状况及影响因素研究》，《人口与经济》2011 年第 5 期。

［256］柳军、谭根梅：《两代农民工参与职业培训的影响因素分析》，《中国劳动》2015 年第 10 期。

［257］龙书芹、风笑天：《社会结构、参照群体与新生代农民工的不公平感》，《青年研究》2015 年第 1 期。

［258］娄玉花、徐公义：《开展新生代农民工教育和培训模式的研究》，《中国职业

技术教育》2013年第30期。

[259] 卢锋：《中国农民工工资走势：1979—2010》，《中国社会科学》2012年第7期。

[260] 卢现祥：《西方新制度经济学》，北京：中国发展出版社，1996年。

[261] 陆德梅：《职业流动的途径及其相关因素：对上海市劳动力市场的实证分析》，《社会》2005年第3期。

[262] 陆铭、张爽：《"人以群分"：非市场互动和群分效应的文献评论》，《经济学》（季刊）2007年第3期。

[263] 陆文聪、李元龙：《农民工健康权益问题的理论分析：基于环境公平的视角》，《中国人口科学》2009年第3期。

[264] 陆益龙：《关系网络与农户劳动力的非农化转移——基于2006年中国综合社会调查的实证分析》，《中国人民大学学报》2011年第1期。

[265] 栾敬东：《流动人口的社会特征及其收入影响因素分析》，《中国人口科学》2003年第2期。

[266] 罗峰、黄丽：《人力资本因素对新生代农民工非农收入水平的影响——来自珠江三角洲的经验证据》，《中国农村观察》2011年第1期。

[267] 罗家德：《社会网分析讲义》，北京：社会科学文献出版社，2005年。

[268] 罗忆源：《城市不同社会阶层的和谐关系及实现途径》，《理论研究》2007年第1期。

[269] 吕晓兰：《工作转换、流动与农民工收入增长》，《农业经济问题》2013年第12期。

[270] 马磊、刘欣：《中国城市居民的分配公平感研究》，《社会学研究》2010年第5期。

[271] 马凯、潘焕学、秦涛：《农民工职业技能培训：基于供求框架的分析》，《职业技术教育》2013年第7期。

[272] 马克思：《资本论》（第一卷），北京：人民出版社，1975年。

[273] 马庆发：《提升就业质量：职业教育发展的新视角》，《教育与职业》2004年第12期。

[274] 苗旭、董新泽：《职业选择理论与大学生就业指导》，《辽宁高职学报》2005年第3期。

[275] 聂伟、风笑天：《农民工的城市融入与精神健康——基于珠三角外来农民工的实证调查》，《南京农业大学学报》（社会科学版）2013年第5期。

[276] 潘毅、卢晖临、张慧鹏：《大工地：建筑业农民工的生存图景》，北京：北京大学出版社，2012年。

[277] 潘毅：《开创一种抗争的次文体：工厂里一位女工的尖叫、梦魇和叛离》，《社会学研究》1999年第5期。

[278] 潘泽泉：《农民工融入城市的困境：共有的空间何以可能》，《中州学刊》2008年第 3 期。

[279] 潘泽泉：《社会、主体性与秩序：农民工研究的空间转向》，北京：社会科学文献出版社，2007 年。

[280] 潘泽泉：《国家调整农民工社会政策研究》，北京：中国人民大学出版社，2013 年。

[281] 彭国胜：《青年农民工的就业质量与阶层认同》，《青年研究》2008 年第 1 期。

[282] 彭红碧：《我国农民工工资水平非公平性的实质与根源》，《现代经济探讨》2010 年第 6 期。

[283] 平青、姜长云：《我国农民工培训需求调查与思考》，《上海经济研究》2005年第 9 期。

[284] 任锋、杜海峰：《社会关系再构建、职业阶层与农民工收入》，《人口与发展》2011 年第 5 期。

[285] 任远、陶力：《本地化的社会资本与促进流动人口的社会融合》，《人口研究》2012 年第 5 期。

[286] 山东省劳动和社会保障厅：《最新就业政策解读》，济南：山东大学出版社，2003 年。

[287] 沈原：《社会转型与新生代农民工》，《清华社会评论》（第 6 辑），北京：社会科学文献出版社，2013 年。

[288] 史清华：《农户经济增长与发展研究》，北京：中国农业出版社，1999 年。

[289] [美] 西奥多·W. 舒尔茨：《论人力资本投资》，北京：北京经济学院出版社，1990 年。

[290] 宋国学：《就业能力开发的绩效衡量与实证分析》，北京：中国社会科学出版社，2008 年。

[291] 宋月萍、张涵爱：《应授人以何渔？——农民工职业培训与工资获得的实证分析》，《人口与经济》2015 年第 1 期。

[292] 宋月萍：《职业流动中的性别差异：审视中国城市劳动力市场》，《经济学》（季刊）2007 年第 2 期。

[293] 孙立平：《"关系"、社会关系与社会结构》，《社会学研究》1996 年第 5 期。

[294] 孙晓娥、边燕杰：《留美科学家的国内参与及其社会网络强弱关系假设的再探讨》，《社会》2011 年第 2 期。

[295] 唐亚林：《长江三角洲区域治理的理论与实践》，上海：复旦大学出版社，2014 年。

[296] 田立博、赵宝柱、付晓娜：《从就业状况看新生代农民工职业发展》，《成人教育》2016 年第 1 期。

[297] 田艳平：《农民工职业选择影响因素的代际差异》，《中国人口·资源与环境》

2013年第1期。

[298] 童星：《中国社会风险解析——群体性事件的社会冲突性质》，《学海》2009年第1期。

[299] 陶建杰：《中国新生代农民工问题研究》，上海：上海交通大学出版社，2015年。

[300] 万向东：《非正式自雇就业农民工的社会网络特征与差异》，《学术研究》2012年第12期。

[301] 汪清：《职业声望研究综述》，《重庆职业技术学院学报》2007年第3期。

[302] 王爱武：《简论成人教育促进人力资本的增殖》，《中国成人教育》2002年第5期。

[303] 王超恩、符平：《农民工的职业流动及其影响因素——基于职业分层与代际差异视角的考察》，《人口与经济》2013年第5期。

[304] 王崇举、张永鹏：《城市吸纳新生代农民工容量及其演变规律研究》，北京：科学出版社，2013年。

[305] 王春光：《农村流动人口的"半城市化"问题研究》，《社会学研究》2006年第5期。

[306] 王春光：《新生代农村流动人口的社会认同与城乡融合的关系》，《社会学研究》2001年第3期。

[307] 王春光：《中国职业流动中的社会不平等问题研究》，《中国人口科学》2003年第2期。

[308] 王德文、蔡昉、高文书：《全球化与中国国内要素流动：新趋势与政策含义》，《开放导报》2005年第4期。

[309] 王甫勤：《新生代与传统农民工社会公平感的影响因素研究》，《中国人口科学》2016年第5期。

[310] 王桂新、沈建法、刘建波：《中国城市农民工市民化研究——以上海为例》，《人口与发展》2008年第1期。

[311] 王建：《城镇化与中国经济新未来》，北京：中国经济出版社，2013年。

[312] 王丽英：《市场化程度与区域经济增长的实证研究——基于省际面板数据的分析》，《经济体制改革》2010年第2期。

[313] 王美艳：《农民工工资拖欠状况研究》，《中国农村观察》2006年第6期。

[314] 王美艳：《城市劳动力市场上的就业机会与工资差异——外来劳动力就业与报酬研究》，《中国社会科学》2005年第5期。

[315] 王同信、翟玉娟：《深圳新生代农民工调查报告》，北京：中国法制出版社，2013年。

[316] 王卫东：《中国社会文化背景下社会网络资本的测量》，《社会》2009年第3期。

[317] 王小章：《从"生存"到"承认"：公民权视野下的农民工问题》，《社会学

研究》2009年第1期。

[318] 王兴周：《新生代农民工的群体特性探析：以珠江三角洲为例》，《广西民族大学学报》（哲学社会科学版）2008年第4期。

[319] 王彦斌：《民工职业健康服务管理的企业社会责任》，《思想战线》2011年第3期。

[320] 王正中：《"民工荒"现象与新生代农民工的理性选择》，《理论学刊》2006年第9期。

[321] 王志华、董存田：《我国制造业结构与劳动力素质结构吻合度分析》，《人口与经济》2012年第5期。

[322] 王忠军、龙立荣：《员工的职业成功：社会资本的影响机制与解释效力》，《管理评论》2009年第8期。

[323] 韦芳芳：《新生代农民工就业特征分析》，《淮海工学院学报》2010年第7期。

[324] 尉建文、赵延东：《权力还是声望?——社会资本测量的争论与验证》，《社会学研究》2011年第3期。

[325] 魏晨：《城市的分化——以徐州市为个案的社会分层与底层状况研究》，长春：吉林人民出版社，2006年。

[326] 魏万青：《自选择、职业发展与农民工同乡聚集的收入效应研究》，《社会学研究》2016年第5期。

[327] 魏众：《健康对非农就业及其工资决定的影响》，《经济研究》2004年第2期。

[328] 文崇一、萧新煌：《中国人的观念与行为》，北京：中国人民大学出版社，2013年。

[329] 翁定军、何丽：《社会地位与阶层意识的定量研究——以上海地区的阶层分化为例》，上海：上海人民出版社、格致出版社，2007年。

[330] 吴国存：《企业职业管理与雇员发展》，北京：经济管理出版社，1999年。

[331] 吴晓刚：《1993—2000年中国城市的自愿与非自愿就业流动与收入不平等》，《社会学研究》2008年第6期。

[332] 吴愈晓：《劳动力市场分割、职业流动与城市劳动者经济地位获得的二元路径模式》，《中国社会科学》2011年第1期。

[333] 武岩、胡必亮：《社会资本与中国农民工收入差距》，《中国人口科学》2014年第6期。

[334] 夏丽霞、高君：《新生代农民工市民化进程中的社会保障》，《城市发展研究》2009年第7期。

[335] 夏显力、张华：《新生代农民工市民化意愿及其影响因素分析》，《西北人口》2011年第2期。

[336] 项飚：《跨越边界的社区：北京"浙江村"的生活史》，北京：生活·读书·新知三联书店，2000年。

[337] 项继权:《农民工的社会融合及其制度基础》,《襄樊学院学报》2007 年第 12 期。

[338] 肖冬平、王春秀:《社会资本研究》,昆明:云南大学出版社,2013 年。

[339] 肖云端:《农民工健康权益保护的困境与对策》,《湖北社会科学》2010 年第 3 期。

[340] 谢桂华:《农民工与城市劳动力市场》,《社会学研究》2007 年第 5 期。

[341] 谢建社:《新生代农民工融入城镇问题研究》,北京:人民出版社,2011 年。

[342] 徐建玲:《中国农民工就业问题——基于农民工市民化视角研究》,北京:中国农业出版社,2007 年。

[343] 谢嗣胜、姚先国:《农民工工资歧视的计量分析》,《中国农村经济》2006 年第 4 期。

[344] 谢勇:《农民工就业流动的工资效应研究》,《人口与发展》2009 年第 4 期。

[345] 胥仕元:《新生代农民工职业发展影响因素的理论分析》,《河北大学学报》(哲学社会科学版)2013 年第 6 期。

[346] 许传新:《农民工权益保障状况及影响因素的实证研究》,《农业技术经济》2011 年第 3 期。

[347] 严国萍:《共建共享和谐社会的制度保证》,杭州:浙江大学出版社,2014 年。

[348] 严新明:《生存与发展:中国农民发展的社会时空分析》,北京:社会科学文献出版社,2005 年。

[349] 严于龙、李小云:《农民工对经济增长贡献及成果分享的定量测量》,《统计研究》2007 年第 1 期。

[350] 岳经纶:《农民工公共服务:国际经验·本地实践·政策建议》,广州:中山大学出版社,2012 年。

[351] 杨传昌、侯立元:《教育与当今中国社会阶层流动》,《教育学术月刊》2009 年第 2 期。

[352] 杨国枢、黄光国、杨中芳:《华人本土心理学》(上册),重庆:重庆大学出版社,2008 年。

[353] 杨菊华:《从隔离、选择融入到融合:流动人口社会融入问题的理论思考》,《人口研究》2009 年第 1 期。

[354] 杨善华、朱伟志:《手机:全球化背景下的"主动"选择——珠三角地区农民工手机消费的文化和心态解读》,《广东社会科学》2005 年第 2 期。

[355] 杨肖丽、张广胜:《城市化进程中新生代农民工迁移行为及模式研究》,北京:中国农业出版社,2011 年。

[356] 杨雪、魏洪英:《就业稳定性与收入差异:影响东北三省劳动力外流的动因分析》,《人口学刊》2016 年第 6 期。

[357] 杨云彦、褚清华:《外出务工人员的职业流动、能力形成和社会融合》,《中

国人口·资源与环境》2013 年第 1 期。

[358] 姚德薇：《基于社会互构论的农民工阶层认同分析》，《社会学评论》2014 年第 2 期。

[359] 姚先国、赖普清：《中国劳资关系的城乡户籍差异》，《经济研究》2004 年第 7 期。

[360] 姚先国、俞玲：《农民工职业分层与人力资本约束》，《浙江大学学报》（人文社会科学版）2006 年第 5 期。

[361] 姚缘、张广胜：《信息获取与新生代农民工职业流动》，《农业技术经济》2013 年第 9 期。

[362] 叶静怡、周晔馨：《社会资本转换与农民工收入——来自北京农民工调查的证据》，《管理世界》2010 年第 10 期。

[363] 叶俊：《提升新生代农民工健康意识的策略探讨》，《中国健康教育》2011 年第 3 期。

[364] 衣俊卿：《现代性的维度及其当代命运》，《中国社会科学》2004 年第 4 期。

[365] 殷晓清：《农民工就业模式对就业迁移的影响》，《人口研究》2001 年第 3 期。

[366] 袁金勇：《基于流动视角的农民工社会保障管理模式探究》，《农业经济》2015 年第 11 期。

[367] 袁庆林、林新奇、洪姗姗：《我国新生代农民工培训主要模式及其比较研究》，《南方农村》2011 年第 5 期。

[368] 苑会娜：《进城农民工的健康与收入——来自北京市农民工调查的证据》，《管理世界》2009 年第 5 期。

[369] 悦中山、李树茁、靳小怡等：《从"先赋"到"后致"：农民工的社会网络与社会融合》，《社会》2011 年第 6 期。

[370] 张春泥、谢宇：《同乡的力量：同乡聚集对农民工工资收入的影响》，《社会》2013 年第 1 期。

[371] 张春泥：《农民工为何频繁变换工作：户籍制度下农民工的工作流动研究》，《社会》2011 年第 6 期。

[372] 张德：《人力资源管理》，北京：中国发展出版社，2003 年。

[373] 张广胜、周密：《新生代农民工市民化进程的测度及其决定机制——基于人力资本与社会资本耦合的视角》，北京：经济科学出版社，2013 年。

[374] 张洪霞、崔宁：《人力资本对新生代农民工就业转型的影响——基于 3402 个样本的 Logistic 回归分析》，《江苏农业科学》2015 年第 6 期。

[375] 张鸿雁：《侵入与接替：城市社会结构变迁新论》，南京：东南大学出版社，2000 年。

[376] 张秋锦：《农本论：当代中国农民问题思考》，北京：中国农业出版社，2008 年。

[377] 张顺、程诚：《市场化改革与社会网络资本的收入效应》，《社会学研究》2012

年第 1 期。

[378] 张顺、郝雨霏：《求职与收入获得的关系机制：理论模型与实证研究》，《社会学研究》2013 年第 5 期。

[379] 张清泉：《二元经济结构条件下的中国农民工研究》，北京：经济科学出版社，2008 年。

[380] 张文宏、阮丹青、潘允康：《天津农村居民的社会网》，《社会学研究》1999 年第 2 期。

[381] 张文宏：《中国城市的阶层结构与社会网络》，上海：上海人民出版社，2006 年。

[382] 张文彤：《SPSS 统计分析高级教程》，北京：高等教育出版社，2004 年。

[383] 张兴祥、金超：《青年农民工的职业技能培训：问题与对策》，《中国青年研究》2010 年第 7 期。

[384] 张秀中：《转型之路：转型时期构建农民工基本公共服务体系研究》，广州：广东人民出版社，2012 年。

[385] 张勇：《中国就业制度变迁与公共政策选择》，南昌：江西科学技术出版社，2007 年。

[386] 张昭时、钱雪亚：《城乡分割、工资差异与就业机会不平等》，《中国人口科学》2011 年第 3 期。

[387] 章元、陆铭：《社会网络是否有助于提高农民工的工资水平？》，《管理世界》2009 年第 3 期。

[388] 章铮、杜峥鸣、乔晓春：《论农民工就业与城市化——基于年龄结构-生命周期分析》，《中国人口科学》2008 年第 6 期。

[389] 张敏、祝华凤：《新生代农民工就业质量与社会认同问题研究》，《中国青年研究》2017 年第 1 期。

[390] 赵鼎新：《社会与政治运动讲义》（第二版），北京：社会科学文献出版社，2012 年。

[391] 赵光伟：《农民工问题与社会稳定相关性研究》，《人民论坛》2010 年第 17 期。

[392] 赵显洲：《人力资本、市场分割与农民工的工资决定》，《农业经济问题》2012 年第 4 期。

[393] 赵兴宏、徐晓宁：《沈阳新农村建设软环境研究》，沈阳：东北大学出版社，2012 年。

[394] 赵延东、王奋宇：《城乡流动人口的经济地位获得及决定因素》，《中国人口科学》2002 年第 4 期。

[395] 赵延东、王奋宇：《当前我国城市职业流动的障碍分析》，《人口与经济》2004 年第 5 期。

[396] 赵延东：《再就业中的社会资本：效用与局限》，《社会学研究》2002 年第 4 期。

[397] 郑莉：《东南亚华人的同乡同业传统——以马来西亚芙蓉坡兴化人为例》，《开

放时代》2014 年第 1 期。

[398] 周建国:《紧缩圈层结构论:一项中国人际关系的结构与功能分析》,上海:上海三联书店,2005 年。

[399] 周可、王厚俊:《两代农民工流动动因与择业期望代际差异的比较》,《统计与决策》2009 年第 6 期。

[400] 周敏、林闽钢:《族裔资本与美国华人移民社区的转型》,《社会学研究》2004 年第 3 期。

[401] 周小刚、李丽清:《区域分割、职业背景、户籍特征与城市农民工收入水平差异分析》2012 年第 2 期。

[402] 周晓红:《现代社会心理学》,上海:上海人民出版社,1997 年。

[403] 周化明:《中国农民工职业发展问题研究》,北京:中国农业出版社,2013 年。

[404] 朱必祥:《人力资本与新型企业产权制度》,北京:中国经济出版社,2007 年。

[405] 朱光磊:《当代中国社会各阶层分析》,天津:天津人民出版社,2007 年。

[406] 朱广琴、余建辉:《农民工市民化需要社会保障支持》,《学习论坛》2016 年第 1 期。

[407] 朱力:《论农民工阶层的城市适应》,《江海学刊》2002 年第 6 期。

[408] 朱力:《群体性偏见与歧视——农民工与市民的磨擦性互动》,《江海学刊》2001 年第 6 期。

[409] 朱力:《中国民工潮》,福州:福建人民出版社,2002 年。

[410] 朱玲:《农村迁移工人的劳动时间和职业健康》,《中国社会科学》2009 年第 1 期。

附录

编　码：□□□
调查员：□□□

新生代农民工择业行为及其影响因素研究调查问卷

您好！

　　为了解新生代农民工择业行为现状及其影响因素，探索引导其理性择业的服务支持体系的构建方案提供参考依据，我们在全国范围内开展了这项调查。我们在湖南、安徽和贵州三省随机抽取了部分新生代农民工，作为代表，您是其中的一位。本调查不用填写姓名，答案也没有对错之分。请您根据自己的实际情况做出回答即可，如没有特殊说明，每题都只选一个答案。遇到有＿＿＿线的问题，就请直接在＿＿＿中填写。我们会严格遵守法律和道德的原则，在研究过程将会为您的回答严格保密，在研究论文中也不涉及任何个人资料，请您放心填写问卷。

　　衷心感谢您的支持与合作！

新生代农民工择业行为研究课题组
2011.12

第一部分　基本情况

A1. 您的性别是：（　　）
（1）男　（2）女

A2. 您上过几年学？（从上学开始，不包括托儿所、幼儿园）＿＿＿年。

A3. 您目前在＿＿＿省（自治区、直辖市）＿＿＿市（地、州）工作。

A4. 您的常住户口类型是：（　　）

（1）非农户口　（2）农业户口

A5. 您是哪一年出生的？____年，____年开始外出打工。

A6. 您是中共党员吗？（　　）

（1）是（如是党员，入党时间____年）　（2）不是

A7. 您是否担任过村干部？（　　）

（1）以前担任过（担任了____年）　（2）现正担任（从____年开始担任）　（3）没有

A8. 您是否有参军的经历？（　　）

（1）有（参军____年）　（2）没有

A9. 您的婚姻状况是：（　　）

（1）未婚　（2）已婚　（3）离异　（4）丧偶

A10. 您目前就业的行业是：（　　）

（1）制造业　（2）建筑业　（3）批发和零售业　（4）交通运输、仓储和邮政业　（5）住宿和餐饮业　（6）居民服务、修理和其他服务业　（7）其他行业

A11. 您认为您家的综合社会经济地位在就业地大体属于哪个层次？（　　）

（1）上层　（2）中上层　（3）中层　（4）中下层　（5）下层

A12. 您认为您家的综合社会经济地位在家乡大体属于哪个层次？（　　）

（1）上层　（2）中上层　（3）中层　（4）中下层　（5）下层

A13. 您觉得您的身体健康状况是：（　　）

（1）很不健康　（2）比较不健康　（3）一般　（4）比较健康　（5）很健康

A14. 您的身体健康状况，如果与刚外出打工时相比：（　　）

（1）差了很多　（2）差一些　（3）差不多　（4）好一些了　（5）好了很多

A15. 您信教吗？（　　）

（1）不信教　（2）信佛教　（3）信伊斯兰教　（4）信道教　（5）信基督教　（6）信天主教　（7）其他（请注明）

A16. 您当初外出打工的原因是什么？请在相应的数字上（代表是否）打"√"。

当初外出打工的原因	是	否
家里土地太少，没事干	1	0
从事农业相对收入太低	1	0
不喜欢农村，向往城市生活	1	0
缺钱，只是想出来发财	1	0
想出来学习技术，见见世面	1	0
周围人都外出，跟着出来	1	0
政府的大力鼓励与引导	1	0

A17. 您在外出务工过程中的收获是什么？请在相应的数字上（代表是否）打"√"。

外出务工的收获	是	否
积累了资金	1	0
学到了技术	1	0
见了世面	1	0
锻炼了意志	1	0
扩大了社会交往	1	0
有了市场经济头脑	1	0
企业经营管理方法	1	0

A18. 您的家有____人，其中有____个16岁以下未成年子女，有____个60岁以上的老人。

A19. 您配偶与您在一起打工吗？（　　）

（1）目前单身　（2）在老家务农　（3）在一个城市打工　（4）不在一个城市打工

A20. 您家目前承包的耕地大约有____亩，年收入大概____元。

A21. 您现在个人的打工月收入大约____元，您第一份工作的月收入大约____元。

A22. 您对您目前的工作状况满意吗？请在相应的方框内打"√"。

	非常满意	比较满意	一般	不太满意	很不满意
工作环境					
劳动强度					
劳动时间					
工作稳定性					
劳动报酬					
发展前景					
劳动权益					

A23. 您目前或最后一次进城打工时住在：（   ）

（1）员工集体宿舍　（2）出租屋　（3）借住亲朋好友家　（4）工作场所　（5）自购房

A24. 您认为目前政府在维护农民工权益时（可多选）：（   ）

（1）出台了很多文件，但大都没有执行　（2）政府往往暗中偏袒那些老板们　（3）只有闹大了，政府才会管一管　（4）政府会为农民工维持公道　（5）其他

A25. 您一周当中参与下列闲暇活动所花费的时间情况如何？请在相应的方框内打"√"。

	5小时及以下	6—10小时	11—15小时	16—20小时	21小时及以上
1. 与家人、朋友、老乡聊天					
2. 看电视、听广播、看电影录像					
3. 学手艺、学技术、学文化					
4. 逛街、散步					
5. 喝酒、喝茶					
6. 下棋、打牌、打麻将					
7. 看书、读报					
8. 上网（家里或网吧）					
9. 去歌舞厅或色情场所娱乐					
10. 参与单位组织的活动					
11. 参加宗教活动					
12. 种花养草					
13. 吹拉弹唱					
14. 洗头、洗脚、按摩					
15. 旅游（近郊或外出）					
16. 睡觉休息，什么也不干					

第二部分　择业行为现状

B1. 下面是关于一些择业机会的问题，您在多大程度上符合下面的说法，请在相应的方框内打"√"。

项目	完全符合	比较符合	一般	不太符合	很不符合
1. 我经常会从身边的人打听新的就业信息					
2. 我经常会向亲戚朋友打听好的就业门路					
3. 我经常会留意网络与报纸上的招聘信息					
4. 我会通过自身实践来评估新的就业机会					
5. 我会向有经验的人请教就业机会的可行性					
6. 我会向在新就业岗位上工作的人来打听情况					
7. 如果有更好的就业机会我会尽快决定					
8. 我善于向新的潜在雇主展示自身优势					
9. 我会尽量通过熟人获得更好的工作					

B2. 请问您外出打工以来，有没有换过工作？（　　）

（1）没有　（2）换过，____次。

B3. 请您在下表中填写您过去进城务工的经历。（若多于8次，可以加行）

	工作起止时间	从事什么职业	在哪里就业
第一份非农工作	___年___月—___年___月		
第二份非农工作	___年___月—___年___月		
第三份非农工作	___年___月—___年___月		
第四份非农工作	___年___月—___年___月		
第五份非农工作	___年___月—___年___月		
第六份非农工作	___年___月—___年___月		
第七份非农工作	___年___月—___年___月		
第八份非农工作	___年___月—___年___月		

B4. 请问您未来是否有流动意向？（　　）

（1）有流动意向　（2）没有流动意向

B5. 下面是关于一些职业适应方式的问题，您在多大程度上符合下面的说法，请在相应的方框内打"√"。

项目	完全符合	比较符合	一般	不太符合	很不符合
1. 我经常会在工作之余向优秀员工学习技能与方法					
2. 我经常会主动与一起工作的同事聚餐					
3. 我经常愉快地与同事合作完成工作任务					
4. 我经常会积极调整心态，保持乐观进取的工作状态					
5. 我经常会采取集体维权方式来维护自己的合法劳动权益					
6. 我经常会借助政府或媒体的力量来维护自身的权益					
7. 我经常觉得向优秀员工学习会显示自己的无能					
8. 我觉得工作是一个人的事，与别人无关					
9. 我觉得自己出身低微，在单位没什么地位					
10. 我觉得势单力薄，面对老板的各种剥削无能为力					
11. 我经常感到在工作岗位上无所适从					

B6. 下面是关于一些职业适应结果的问题，您在多大程度上符合下面的说法，请在相应的方框内打"√"。

项目	完全符合	比较符合	一般	不太符合	很不符合
1. 我完全掌握了目前工作岗位所需的基本技能					
2. 我在单位经常获得各种奖励或荣誉					
3. 我目前在工作中与上级领导相处得很融洽					
4. 我目前在工作中与同事相处得很融洽					
5. 我在目前工作岗位上很有成就感					
6. 我对目前工作的待遇很满意					
7. 我非常喜欢目前单位的管理方式					
8. 我非常适应领导的管理风格					
9. 我非常喜欢目前与同事分工合作的工作方式					

第三部分 择业行为的影响因素

C1. 下面是关于职业发展观的一些问题,您在多大程度上符合下面的说法,请在相应的方框内打"√"。

观点/看法	完全赞同	比较赞同	一般	不太赞同	很不赞同
选择工作时,发展前景最重要					
我会优先选择能发挥我才能的工作					
选择工作时,我的特长是我考虑的首要因素					
如果目前的工作发展空间很有限,待遇再好我也会辞职再择业					
能提升职业技能的工作岗位,即使收入低点我也会继续干					

C2. 下面是关于职业报酬观的一些问题,您在多大程度上符合下面的说法,请在相应的方框内打"√"。

观点/看法	非常重视	比较重视	一般	不太重视	很不重视
工作环境舒适度					
工资性收入以及各种奖励的高低					
是否提供"五险一金"					
工作的风险性和稳定性程度					
能否实现职业向上流动的空间和机会					

C3. 下面是关于职业声望观的一些问题,您在多大程度上符合下面的说法,请在相应的方框内打"√"。

观点/看法	完全符合	比较符合	一般	不太符合	很不符合
我偏向于喜欢在沿海地区或发达地区工作					
我更喜欢在大城市或省会城市工作					
我宁愿工资低一点,也不愿意干那些脏累差的工作					
我比较看重工作单位的社会知名度					
我比较看重工作单位的社会美誉度					

C4. 下面是关于择业代价观的一些问题，您在多大程度上符合下面的说法，请在相应的方框内打"√"。

观点/看法	完全符合	比较符合	一般	不太符合	很不符合
我愿意在找工作上花大量时间					
我愿意在找工作上花费较多金钱					
为了找到好工作，我愿意承担择业等待期的损失					
为了获得理想的岗位，我会想办法动用各类关系					
当理想的职业与家庭发生冲突时，我也不会轻易放弃					

C5. 下面是关于身体健康的一些问题，您在多大程度上符合下面的说法，请在相应的方框内打"√"。

项目	完全符合	比较符合	一般	不太符合	很不符合
我感觉身体健康状况很好					
我目前没有患慢性病					
我每年很少去医院看病					
我很少去药房买药吃					
我经常觉得自己活着没意义					
我经常觉得自己没有用					
我经常感到很孤独					
我经常感觉对什么都不感兴趣					
我容易哭泣或想哭					
我经常烦躁易怒					
我经常睡不着觉（失眠）					

C6. 您是否获得过国家承认的职业资格证书、技术等级证书？请在相应的方框内打"√"。

	没有	有
初级证书		
中级证书		
高级证书		

C7. 您在外出打工期间有没有参加职业培训？（　　）

(1) 有（_____次）　（2) 没有

如果您在外出打工期间参加过参加职业培训，那您去年参加职业培训的时间大约是？

_____天

C8. 下面是关于择业效能感的一些问题，您在多大程度上符合下面的说法，请在相应的方框内打"√"。

项目	非常符合	比较符合	一般	不太符合	很不符合
我能对自己拥有的各项能力进行准确的评价					
我非常清楚我的择业目的和就业目标					
我完全明白实现职业发展的努力方向					
我对选择职业的标准有准确的把握					
我能准确预测从事职业的发展前景					
我能准确判断企业招聘员工的技能要求					
我善于向我想要应聘企业的员工了解信息					
我能够运用多种途径寻找就业信息					
我非常清楚我适合干什么工作					
在理想的就业机会面前，我毫不犹豫					
我有信心能找到自己理想的工作					
我能够有计划地完成我的工作任务					
我能够为实现职业的发展做好准备					
我有信心应付求职过程中各种考核					
我有能力规划自己职业生涯					
我有能力及时调整我的职业规划					
我能及时调试求职失败的消极情绪					
我有信心完成的工作中遇到的难题					
我有信心实现理想工作岗位的转换					
我对自己职业目标的实现充满信心					

C9. 您在老家，今年春节期间，以各种方式（不含手机短信）互相拜年、交往的人大概有：

(1) 亲戚____人　(2) 朋友____人　(3) 其他____人。

C10. 您在老家相互拜年的人中有无从事下列职业、在下列单位类型里工作的人？如果有，请在选项后的方框中打"√"。（复选）

职业类别				单位类别	
1. 科学研究人员		11. 民警		1. 党政机关	
2. 法律专业人员		12. 会计		2. 国有企业	
3. 工程技术人员		13. 司机		3. 国有事业	
4. 大学教师		14. 护士		4. 集体企事业	
5. 中小学教师		15. 营销人员		5. 个体经营	
6. 经济业务人员		16. 饭店/餐馆服务员		6. 私营/民营企业	
7. 行政办事人员		17. 产业工人		7. 三资企业	
8. 企事业单位领导		18. 保姆、计时工		8. 其他类型	
9. 党政机关领导干部		19. 医生			
10. 厨师/炊事员					

C11. 您在打工地，今年春节期间返城后，会以各种方式（不含手机短信）互相拜年、交往的人大概有：

（1）老家亲戚朋友：＿＿＿人　（2）外地的农民工朋友：＿＿＿人　（3）当地城市居民：＿＿＿人。

C12. 您在打工地相互拜年的人中有无从事下列职业、在下列单位类型里工作的人？如果有，请在选项后的方框中打"√"。（复选）

职业类别				单位类别	
1. 科学研究人员		11. 民警		1. 党政机关	
2. 法律专业人员		12. 会计		2. 国有企业	
3. 工程技术人员		13. 司机		3. 国有事业	
4. 大学教师		14. 护士		4. 集体企事业	
5. 中小学教师		15. 营销人员		5. 个体经营	
6. 经济业务人员		16. 饭店/餐馆服务员		6. 私营/民营企业	
7. 行政办事人员		17. 产业工人		7. 三资企业	
8. 企事业单位领导		18. 保姆、计时工		8. 其他类型	
9. 党政机关领导干部		19. 医生			
10. 厨师/炊事员					

C13. 在下面有关政策的满意度中，您在多大程度上符合下面的说法，请在相应的方框内打"√"。

	非常满意	比较满意	一般	不太满意	很不满意
就业培训					
就业援助					
社会保障					
公共服务					
户籍管理					

C14. 您在找工作时，用人单位的劳动力的需求状况如何？（　　）

（1）非常大　（2）比较大　（3）一般　（4）比较小　（5）非常小

C15. 您在找工作时，发现自身条件与劳动力市场招聘资质的匹配状况如何？（　　）

（1）非常符合　（2）比较符合　（3）一般　（4）不太符合　（5）很不符合

C16. 您觉得目前劳动力市场的公平状况如何？（　　）

（1）非常公平　（2）比较公平　（3）一般　（4）不太公平　（5）很不公平

C17. 您平均每天的工作时间大概为：（　　）

（1）8小时及以下　（2）8—10小时　（3）10—12小时　（4）12小时及以上

C18. 您目前工作的强度状况如何？（　　）

（1）非常大　（2）比较大　（3）一般　（4）不太大　（5）非常小

C19. 您目前工作单位的生产安全防范措施情况如何？（　　）

（1）非常好　（2）比较好　（3）一般　（4）不太好　（5）非常不好

C20. 您目前工作单位的职业病预防措施情况如何？（　　）

（1）非常好　（2）比较好　（3）一般　（4）不太好　（5）非常不好

C21. 您认为自己的"农民工"的身份，对自己的影响主要有（可多选）：（　　）

（1）不能享受"市民"待遇，被排斥在城市福利体系之外

（2）不能享有"工人"待遇，在工作单位不能享有与城市劳动者平等的福利待遇

（3）没有享有"劳动主体"的充分权利，缺乏与老板对抗的资本

（4）子女在城市受教育权受到限制

(5) 年老了或不能干活了只能回老家养老

C22. 您认为进城务工后，您在多大程度上符合下面的说法，请在相应的方框内打"√"。

	非常符合	比较符合	一般	不太符合	很不符合
1. 我注重现在与未来，有很强的时间观念					
2. 我对个人和社会的能力充满信心，办事讲效率					
3. 我注重提前安排自己在工作和生活上的事情					
4. 我更喜欢用法律来维护自己的权益					
5. 我尊重并愿意考虑不同意见和看法					
6. 我认为一个人的成功主要靠自身努力					
7. 我乐于接受新生活经验、思想观念与行为方式					
8. 我觉得自己已经是城市的一部分					
9. 我觉得我是城市的成员					
10. 我越来越觉得自己不属于农民了					
11. 我的社会地位逐渐与当地人平等了					
12. 我的生活开支与当地人的差距变小了					
13. 我的住房条件与当地人的差距变小了					
14. 我的休闲消费与当地人的差距变小了					
15. 我的教育消费与当地人的差距变小了					
16. 我经常参加体育活动保持身体健康					
17. 我经常和家人、朋友在节假日一同外出游玩					
18. 我经常上网交友聊天、浏览新闻或购物					
19. 我经常参加城市各种社团组织					
20. 我家用了好些艺术品、艺术画来装饰家庭气氛					
21. 休息时，我总是要听些音乐、或欣赏一些艺术作品					
22. 我和我的家人过生日时，总是到餐馆去聚餐					
23. 我在家里的休息时间多数是看电视度过的					
24. 我愿意放弃在老家的田地					
25. 我逐渐打消了返回家乡的念头					

调查到此结束，再次感谢您的参与！

后　记

　　党的十八大报告指出:"解决好农业、农村、农民问题是全党工作重中之重,城乡发展一体化是解决'三农'问题的根本途径。"其实在"三农"问题外,还存在一个"农民工"问题,被学术界并称为"四农"问题。"农民工"问题虽是"三农"问题的派生物,却是解决"三农"问题的核心,其根本出路是引导农民工融入城市,顺利实现市民化。而新生代农民工作为农民工群体中市民化意愿较高、职业竞争力较强的新生力量,引导其通过合理择业,提高就业质量实现市民化是解决"三农"问题、实现城乡发展一体化的根本途径。正是基于对上述问题的思考,农民工问题是我近年来关注的主要对象。

　　本书是我主持的教育部人文社会科学研究项目"新生代农民工择业行为及其影响因素研究"的最终成果。自课题立项以来,严格按照课题研究设计的内容和进度开展研究,并奔赴湖南、安徽和贵州三省进行了抽样问卷调查和深度个案访谈,获得了较为丰富的、信度较高的第一手资料,从而保证了本书创作的顺利进行。

　　本书作为我个人学术生涯中第一本著作,在即将出版之际,我要感谢我的恩师和学术引路人陈成文教授和胡荣教授,正是在你们的教诲和引导下,才使天性愚笨的我慢慢步入做学问的道路。你们的教诲将使我受益终身,在学习和生活上的帮助我会铭记于心!我要感谢我的家人,你们在物质上的支持与精神上的鼓励,让我深深体验到了家的温暖和爱的力量,这是我不断前进的动力。尤其是我的妻子李萍女士为我安心做学问提供了坚强后盾，多年来在繁忙工作的同时抚养小孩、操持家务，虽异常辛劳却无怨无悔，我的内心充满了歉意和感谢。特别是女儿甜甜的出生是上天给我最好的礼物，为我对学术的追求增添了新的动力！同时要感谢所在单位贵州师范大学历史与政治学院这个大家庭，特别是唐昆雄教授、杨芳教授、阳黔花教授、陈华森教授以及彭国胜教授为我的科研和教学提供便利与帮助！也要诚恳地感谢科学出版社范鹏伟编辑付出的辛勤劳动！

  本书在写作过程中参考了国内外众多学者的研究成果，再次表示诚挚的谢意！书中未能详细注明之处，请学术界同仁见谅！本书中还存在一些缺点和不足之处，恳请学术界同仁不吝赐教，以便我们修改，使之日臻完善。

罗竖元

2017 年 3 月 22 日于贵阳鹿冲关公园